중국사학사

중국사학사

李宗侗 저 | 조성을 역

혜안

저자 서문

중국의 역사학은 면면히 이어져 내려와 역사서가 매우 많다. 그러나 송(宋)나라 이전에 서적은 단지 필사본이 있었을 뿐이고 오대(五代)에 이르러 비로소 판각이 시작되었다. 이것은 두 가지 다른 현상을 낳았다. 즉 송나라 이전의 역사서는 이름만 존재할 뿐 서적 자체는 전하지 않는 것이 많지만 송나라 이후의 것은 너무 많아 이루 다 열거할 수 없다. 송나라 이전 저술된 『후한서(後漢書)』, 『진서(晉書)』라는 명칭의 역사서가 적지 않다. 그러나 지금에 전해지는 것은 범울종(范蔚宗)[범엽(范曄)]의 『후한서(後漢書)』 및 당수신(唐修新)의 『진서(晉書)』뿐이다. 나머지 사람들의 저작 가운데에는 우연히 남은 부분을 후대인이 모아 놓은 것이 있지만 남아 있는 부분은 매우 소략하여 그를 통해 전모를 살피기 어렵다. 체계적인 소개를 하고자 하면 때로 미혹되어 쉽지 않다.

송나라 이후의 여러 저작들의 경우는 판각 덕택으로 시대를 내려올수록 더욱 번성하고 더욱 많아진다. 저작의 번성과 판각의 확대가 서로 영향을 주어 이런 상태가 조성된 것은 이치상 당연한 일이다. 너무 많아 일일이 소개하고자 하면 지나치게 양이 많아지므로 제한하여 소개할 수밖에 없으며 상세하게 설명하기도 어렵다. 이것은 송나라 이전 역사서에 비해 상황은 상반되지만, 결과는 같게 한다. 이 점이 비교적 완벽한 중국사학사를 만들고자 하는 사람들이 함께 느끼는 곤란함이며 만족스럽게 느껴지지 못하는 요인 가운데 하나이다.

'미언대의(微言大義)'는 세상 사람들이 보통 매양 공자(孔子)에서 시작되었다고 한다. 하지만 태사공(太史公)[사마천(司馬遷)]은 이미 "좌구명(左丘明)이 자기 제자들이 서로 단서를 다르게 하여 진실을 잃게 될까 걱정하였다면, 공자께서 돌아가신 뒤 어찌 사람들이 표준을 정할 수 있었겠는가?"라고 비판하는 말을 하였다. 더욱이 미언대의가 아닌데도 후대인이 견강부회한 것들이 있다. 예를 들면, "춘왕정월(春王正月)"은 원래 노(魯)나라가 주(周)나라의 기년을 따른 것이며 곽공(郭公)에 대한 기사는 원래 우연히 남은 단편적 죽간이므로 공자의 미언대의와는 전혀 무관하다. 억지로 해설을 붙이고자 한다면 공자의 원 뜻이 아닌 것이 된다. 후세 역사가로서 특히 미언대의를 중시하여 서법(書法)의 표준으로 하는 사람은 여릉(廬陵)과 자양(紫陽 : 朱子)을 매우 존경한다. 그러나 공자의 서법에 대하여는 삼전(三傳)[『춘추(春秋)』의 『좌전(左傳)』·『공양전(公羊傳)』·『곡량전(穀粱傳)』]에 각각 해설이 있어 어느 쪽이 맞는지가 이미 문제된다. 그렇다면 여릉과 자양 둘의 서법이 과연 위로 공자와 합치된다고 할 수 있겠는가. 그리고 두 사람이 과연 서로 합치되는가. 이런 점들이 미언대의를 논하고 서법을 말하는 자의 어려움이다. 이것 또한 사학사(史學史) 저술자가 만족스럽게 쓰지 못하는 요인 가운데 하나이다.

중국에서 역사를 논하는 사람들은 때때로 역사서의 진실을 돌아보지 않고 단지 역사서의 문장만을 중시한다. 이것이 사마천(司馬遷), 반고(班固), 구양수(歐陽修), 범엽(范曄) 등이 더욱 추숭되는 이유이다. 옛날 성인(聖人)이 "말은 꾸미는 것이 아니며 행동은 가까운 데에서부터 하여야 한다"고 하였다. 진실로 맞는 말이다. 더욱이 역사에서 존중해야 할 것은 기록의 진실이다. 만약 문장이 웅혼한 데 더하여 기록도 사실에 맞아서 두 가지를 겸비한다면 이것은 상급이다. 만약 이와 같을 수 없다면 차라리 진실을 취하고 웅혼한 문장을 포기해야 한다. 맹견(孟堅)[반고(班固)의 자]이 자장(子張 : 공자의 제자)의 기록에 대하여 "실록(實錄)"이라고 한 것은 이런 의미이다. 후대인들은 항상 진실을 소홀히 하고 문장에 치중하여 왔다. 그 원인은 세상에 문사(文士)는 많고 역사가는 적은 까닭이다. 속수(涑水)[1]의 문장은 비록 용문(龍門)[2]과 같은 웅혼함은 없지만 그의 고증이 사실에 맞음을 『고이(考異)』[『자치통감고이(資治通鑑考異)』]의 곳곳에서 볼 수 있다. 이미 새로운 사학(서양사학의 영향을 받으면서 20세기 중국에서 새로이 전개되고 있던 사학)의 관점에 합치되어 실로 후대 하자의 모범이 될 만하다. 내가 본서에서 『통감(通鑑)』[『자치통감(資治通鑑)』]에 대하여 2개의 장을 할애

---

1) 역자주 : 속수는 황하의 지류로서 여기에서는 사마광(司馬光)을 가리킨다. 그는 『속수기문(涑水記聞)』을 지었다.
2) 역자주 : 용문은 황하의 상류에 있는 산 혹은 그곳의 여울을 가리킨다. 사마천은 이 지역 사람이다. 따라서 여기에서는 사마천(司馬遷)을 가리킨다.

하여 전문적으로 논한 것은 이 때문이다.

본서는 원래 교과서용으로 만든 것이므로 시간을 고려하여 지나치게 상세히 논하지는 못하였다. 효봉(曉峯) 선생께서 본서에 대하여 듣고 기꺼이 총서 가운데 넣어 주신 것은 큰 행운이다. 그러나 역사서의 명칭 나열은 상세하지만 저자들의 생애에 대한 소개가 소략하여 사람을 알며 시대를 논하기에는 아직 부족한 감이 있다. 이후 『중국사학가 열전』을 편찬하여 본서의 부족한 점을 보충하고자 한다. 이 『중국사학사』는 역사서에 대한 언급에 편중되어 있고 열전은 역사가의 생애에 편중될 것이므로 양자를 서로 합친다면 아마도 비교적 완벽해질 수 있을 것이다. 본서의 편찬 과정에서 사료의 점검, 초고의 윤문은 모두 임장정(任長正) 여사의 도움을 받아 순조롭게 완성할 수 있었다. 감사하는 마음을 특별히 여기에 기록한다.

중화민국 42년(1953) 7월 이종동(李宗侗)

목 차

12

제1장 사(史)의 기원

제1절 사(史)의 처음 의미는 사관(史官)

사(史)의 원래 의미는 사관(史官)을 가리키는 것이지 사서(史書)를 가리키는 것이 아니다. 이 점에서 서구의 그리스어 "historia"에서 유래한 역사(history)와는 의미가 다르다. 그리스어 "historia"는 원래 "진리의 탐구"라는 뜻이므로 역사서를 지칭한다. 중국에서는 역사서라는 의미는 뒤에 덧붙여진 것으로서 사관이라는 의미가 확대되어 사관이 기록한 역사서라는 의미도 갖게 되었다.

사(史)의 원래 의미가 사관이었다는 사실은 글자 자체로 증명할 수 있다. 『설문해자(說文解字)』의 사부(史部)에서 "사(史)는 일을 기록하는 사람(記事者)이다. 손(手)으로 중(中)을 잡고 있으며 중(中)은 정(正)을 뜻한다"고 하였다. 허신(許愼 : 『설문해자』의 저자)이 사(史)에 대하여 일을 기록하는 사람이라고 하였으므로, 사(史)가 사관(史官)을 의미하였음은 분명하다. 다만 중(中)을 정(正)으로 본 것은 잘못이다. 오대징(吳大澂)은 『설문고주보(說文古籀補)』에서 허신의 위 설에 다음과 같이 반박하였다.

사(史)는 일을 기록하는 사람(記事者)이다. 손으로 죽간(竹簡)을 잡고 있는 모습을 형상화하였다. 살펴보건대 고문에 [지금의] 중(中)이라는

16

글자는 '肀'이라고 하였으며 중(中)이라는 [모양의] 글자는 없다.

손으로 잡고 있는 중(中)은 죽간의 모습을 형상화한 것이지 중정(中正)이라는 의미의 중(中)을 뜻하는 것이 아니다. 고문에서 '中'과 '肀'은 다른 글자이다. 사(史)가 유래한 글자는 '中'이다. 청동기 금문(金文)에서 중정(中正)을 의미하는 중(中)은 '肀'으로 되어 있다. 두 글자는 원래 서로 다르다.

왕국유(王國維)도 「석사(釋史)」에서는 사(史)에서의 중(中)은 죽간 혹은 점치는 도구를 담은 그릇을 의미한다고 하였다. 강영(江永)은 『주례의의거요(周禮疑義擧要)』에서 일찍이 다음과 같이 언급하였다.

무릇 관청의 서류를 중(中)이라고 하였다. 따라서 관리와 관련하여 "치중(治中 : 서류를 다룬다)", "수중(受中 : 서류를 받는다)", "소사구(小司寇)가 서민들 송사(訟事)의 서류를 처결한다[小司寇, 斷庶民訟獄之中]"라고 한 것 등에서 중(中)은 모두 서류를 의미한다. 오늘날 문서와 같다.

이상의 각 설 가운데 허신이 중(中)을 정(正)으로 해석하고 추상적인 것으로 간주하여 옛 사람의 심리와 다르게 해석한 것을 제외하면, 중(中)을 죽간을 형상화한 것으로 보든, 죽간을 담는 그릇 혹은 점치는 도구를 담는 그릇으로 보든, 일을 기록하는 사람이 손으로 죽간을 잡고 있는 모습을 형상화한 것으로 보는 점에서 모두 한 가지이다. 따라서 사(史)의 원래 의미는 확실히 역사를 관장하는 관리였으며 역사서(간책)가 아닌 것은 분명하다.

그렇다면 사(史 : 사관)의 직무는 어떠하였을까? 처음에는 점치는 자와 비슷하였다. 사관이 포괄하는 직무는 매우 광범위하여 실로 후대의 사관의 임무가 단순한 것과는 달랐다. 왕국유(王國維)의 「석사(釋史)」
를 통해 처음의 사정을 잘 알 수 있다.

　사(史)는 서적을 관장하는 관리이므로 예로부터 요직이었다. 은(殷)나
라 이전 사관의 위치는 알 수 없다. 하지만 대소의 관직명과 직분의 명
칭이 사에서 나온 것이 많으므로 사(史)의 지위가 높고 중요하였음을
알 수 있다.……옛날 관직명 가운데 사(史)에서 나온 것이 많다. 은(殷)
나라와 주(周)나라 때에 왕실의 집정관을 경전, 즉 『서(書)』[『서경(書
經)』]의 「목서(牧誓)」, 「홍범(洪範)」, 「고명(顧命)」편 및 『시(詩)』[『시경
(詩經)』]의 「상송(商頌)」에서 '경사(卿士)'라고 하였으며 「모공정(毛公
鼎)」, 「소자사돈(小子師敦)」, 「번생돈(番生敦)」 등에서는 '경사(卿事)'라
고 하였고 은허(殷墟)의 복사(卜辭)에서는 '경사(卿史)'라고 하였다. 이
경사(卿士)의 원래 명칭이 사(史)이다. 또 천자, 제후의 집정관을 통칭
어사(御事)라고 하였고 『서(書)』의 「목서(牧誓)」, 「대고(大誥)」, 「주고
(酒誥)」, 「재재(梓材)」, 「낙고(洛誥)」, 「문후지명(文侯之命)」 및 은허(殷
墟)의 복사(卜辭)에서는 어사(御史)라고 하였으며, 어사(御事)는 또한
원래 사(史)라고도 칭하였다. 그리고 옛날의 '육경(六經)'에 대하여 『서
(書)』의 「감서(甘誓)」에서 '육사(六事)'라고 하였으며 사도(司徒), 사마
(司馬), 사공(司空)에 대하여 『시(詩)』의 「소아(小雅)」에서 '삼사(三事)'
또는 '삼유사(三有事)'라고 하였고 『춘추좌씨전(春秋左氏傳)』에서는
'삼리(三吏)'라고 하였다. 이것은 모두 고관의 명칭이다. 사(事)는 리(吏)
와 같으니 사(史)라고 칭하였다. (왕국유(王國維), 「석사(釋史)」)

이와 같이 사관(史官)이 처음에는 지위가 높고 요직이었음은 진실로
왕국유가 말한 바와 같다. 다만 사관의 최초 직무는 서류의 관장만이
아니었다. 이 점에서 왕국유는 약간의 착오가 있다. 직무 관장의 범위
가 서류 관장보다 광범위하였다. 이것이 후대 관직 가운데 사(史)라는
호칭이 많은 까닭이며 최초의 사(史)의 직무에서 분화된 것이다.

18

　바로 동주(東周) 때에 이르러서도 사(史)와 축(祝) 및 사(史)와 무(巫)는 나란히 언급되었다. 왕중(汪中)은 『술학좌씨춘추석의(述學左氏春秋釋義)』에서 다음과 같이 말하였다.

　　초(楚)나라의 공자(公子) 기(棄)가 진(陳)나라를 미워하여 멸망시키고자 하였다. 사(史)인 조(趙)는 세(歲)나라가 석목(析木)의 나루에 있으므로 이를 경유할 수 있다고 생각하였다. 오(吳)나라가 월(越)나라에 군사를 사용하기 시작하였다. 따라서 사(史) 묵(墨)은 월나라가 세나라를 얻으면 오나라가 이를 칠 것이어서 반드시 흉한 일이 있을 것이라고 생각하였다. 그러므로 사(史)는 진실로 하늘을 담당하였다(司天)고 할 수 있다. 신(神)이 신(莘)나라에 내리는 일이 있어 혜왕(惠王)이 내사(內史)인 과(過)에게 묻자 과는 제물을 바치라고 하였다. 적인(狄人)이 사(史)인 화룡활(華龍滑)과 예공(禮孔)을 가두자 두 사람이 "우리는 태사(太史)로서 실제로 제사를 관장한다"라고 하였다. 그렇다면 사(史)는 진실로 귀신을 담당하였다(司鬼神)고 할 수 있다. 운석이 송오(宋五)에 떨어져 육익(六鷁)이 도망치며 날다가 송(宋)나라 도읍을 지나자 송 양공(襄公)이 길조인지, 흉조인지 주내사(周內史)인 숙흥(叔興)에게 물었다. 구름이 붉은 새가 여럿이 모인 것 같이 보이면서 해를 끼고서 3일 동안이나 날아다니자 초자(楚子)가 사자를 보내 주태사(周太史)에게 물었다. 그러므로 사(史)는 진실로 재상(災祥)을 담당하였다(司災祥). 진경중(陳敬仲)이 태어날 때 주태사 가운데 『주역(周易)』을 갖고 진후(陳侯)를 뵈러 온 사람이 있었다. 진후가 그로 하여금 점을 치게 하였다. 한기(韓起)가 태사에게서 『서(書)』를 보고 『역상(易象)』을 보았다. 공성자(孔成子)가 군주를 세우는 일에 대하여 점을 치고 사(史)인 조(朝)에게 보였다. 그러므로 사(史)는 진실로 복서(卜筮)를 담당하였다(司卜筮)고 할 수 있다.

　한편 『국어(國語)』「초어(楚語)」에도 "소호씨(少皥氏)가 쇠퇴하여 구려(九黎)가 덕을 어지럽히고 사람과 귀신이 뒤섞여 사물이 정돈되지 않자, 사람들이 제사를 드리기 위해 가(家)에 무·사(巫·史)가 있게 되었다"라는 언급이 있다. 내가 살펴보건대, 무·사(巫·史)는 두 단어의 연결[巫와 史]이다. 그들은 직무가 서로 비슷하였다. 「초어(楚語)」의 주에서 "무(巫)는 접신(接神)을 관장하며 사(史)는 [제사에서의] 서열을 정한다"라고 한 것은 사실 억지로 구분한 것이다. 원문에서 "남자는 격(覡), 여자는 무(巫)이다. 이들이 신들의 위치와 차주(次主)를 정하여 그들에게 제기를 올린다"라고 하였다. 따라서 무 또한 신들의 위치를 정하였고 이 직무와 권한은 결코 사(史)가 전담한 것이 아니었다. 위 『좌전(左傳)』 및 『국어(國語)』의 기록을 종합해 보면 사(史)의 직무는 동주(東周) 때에 이르기까지 여전히 무축(巫祝)과 구분하기 어려웠다. 사와 무축은 동일하게 하늘과 인간 사이의 각종 사무를 관장하였다. 시대를 거슬러 올라갈수록 사의 직무는 무축의 그것에 조금씩 더 가까워진다. 왕국유의 주장, 즉 "중(中)은 협(筴 : 점치는 도구)을 담는 그릇"이며 "옛날에는 점치는 데 협(筴)을 많이 사용하였다"라는 「석사」의 주석을 따른다면, 앞서 사(史)의 최초의 직무는 점복을 포괄한다고 한 것과 서로 합치된다. 중(中)을 관장하는 것이 아마도 가장 오래된, 사관의 직무이고 또 점복을 가장 중요하게 여겼을 것이다. 그리고 점을 친 뒤에 기록하는 것은 은(殷)나라 때 정인(貞人)이 먼저 점을 치고 나서 뒤에 갑골에 새기는 것과 유사하다. 정인도 사관의 본래 의미를 갖고 있다. 정인이란 고대 사관의 일종이다.

유지기(劉知幾)는 『사통(史通)』의 「사관(史官)」편에서 "옛날부터 태사의 직책은 비록 저술을 위주로 하였으나 겸하여 역상(易象), 일월(日月), 도수(度數)를 관장하였다"라고 하였다. 내가 살펴보건대, 유지기는 당(唐)나라 때 사람인데서 당나라 당시의 사관은 이미 무축과는 멀어져 저작을 전업으로 하였다. 따라서 유지기는 고대의 사관 역시 저술

을 위주로 한 것으로 오해하였다. 유지기는 그러면서도 여전히 고대의
태사가 역상, 일월, 음양, 도수를 겸하여 관장하였음을 명확하게 표명
하였다. 이러한 그의 설은 유래한 바가 있을 것이므로 우리들이 중시
하여야 한다. 이것은 또한 사(史)의 처음 의미가 무(巫)와 서로 가깝다
는 사실에 대한 증거가 된다.

한편 사마천(司馬遷) 자신이 말한 바에 의거하여도 또한 그런 의미
를 잘 살펴볼 수 있다. 『한서(漢書)』 「사마천전(司馬遷傳)」에 다음과
같은 언급이 있다.

나의 부친은 부부(剖符)와 단서(丹書)에 공로가 있었던 것은 아니다.
문사(文史)와 성력(星曆)은 복축(卜祝)에 가까운 것이어서 실로 주상께
서 희롱하신 바였으며 광대로 대접하면서 기르셨다.

사마천이 사(史)는 복축에 가까웠다고 한 것은 맞는 말이다. 그러므
로 『후한서(後漢書)』 「백관지(百官志)」에서는 다음과 같이 말하였다.

태사령(太史令) : 원래 주[사마표(司馬彪)의 주]에 "천시(天時)와 성
력(星曆)을 관장하여 새해의 달력을 올리며 나라의 제사와 장례에 길
일 및 시절의 금기를 상주하는 일을 관장하고 나라에 길조와 흉조가
있으면 기록을 담당한다"라고 하였다.
승(丞) 1인, 명당(明堂) 및 영대승(靈臺丞) 1인 : 원래 주에 "2승(丞)이
명당과 영대를 지키는 일을 관장한다. 영대는 일월, 성기(星氣)를 살피
는 일을 맡는다. 모두 태사에 소속된다"라고 하였다.

또 『한관의(漢官儀)』를 인용하여 다음과 같이 말하였다.

"태사(太史) 대조(待詔)는 37인이다. 그 가운데 6인은 역(曆), 2인은

구복(龜卜), 3인은 여택(廬宅), 4인은 시(時), 3인은 역서(易筮), 2인은 전
양(典禳)을 담당한다"라고 하였다.

그렇다면 곧바로 후한 때에 이르기까지 태사의 직무는 여전히 역산
(曆算), 점복(占卜), 망기(望氣 : 자연의 기운을 살피는 일) 등을 포괄하
였다. 또 후한의 태사령이었던 단표(單颷)는 "천관(天官)과 산술(算術)
에 밝아서" 「방술전(方術傳)」에 수록되었다. 태사령 장형(張衡)은 "천
문, 음양, 역산에 더욱 신경을 썼으며",[1] 「방술전」에서는 "중세(中世)의
장형은 음양의 조종(祖宗)"이라고 하였다. 이들은 모두 동한(東漢)[후
한(後漢)] 때에 이르러서도 사(史)는 여전히 무(巫)와 관계가 있음을 증
명한다. 그렇다면 가장 옛날, 사의 본래 직책이 그러하였음은 말할 것
도 없다.

이상 말한 바를 총괄하면 사(史)의 처음 의미는 사관(史官)이며 그
직무와 권한은 대략 3단계로 변하였다. 나라 전체의 모든 종교적 정치
적 권한을 관장하는 것이 최초의 직무였다.[2]

대체로 가장 옛날에는 종교적 권한과 정치적 권한이 원래 분리되어
있지 않았으므로, 사(史)가 이미 천·인(天·人) 사이의 모든 사무를 관
장하였다면, 일체의 종교적 권한과 정치적 권한을 모두 관장했다고 보
는 것은 매우 합리적이다.

뒤에 점차 변화가 생겨나 정치적 권한과 종교적 권한이 분리되어 천
·인의 관계는 종교적 권한의 범위에 속하게 되었으므로 사관의 직무
와 권한이 축소되어 단지 천·인 관계의 사무 및 그것의 기록이라는

---

1) 『후한서(後漢書)』「장형전(張衡傳)」.
2) 왕국유, 「석사」, "『시(詩)』와 『서(書)』와 청동기의 금문(金文)에서 보면 내사(內
史)는 실제 집정 가운데 한 사람으로서 그 직무는 후한 이후의 상서령(尚書
令), 당(唐)·송(宋)의 중서사인(中書舍人)·한림학사(翰林學士), 명(明)나라의
대학사(大學士)에 해당한다. 대체로 매우 요직이다."

임무만 맡게 되면서 정치적 권한에는 참여하지 못하게 되었다. 이것이 제2단계이다.

다음으로 단지 국사(國史)를 저술하는 것만을 업무로 하게 된 것이 제3단계이다. 이것이 바로 후세의 사관(史官)에 대한 일반적 관념이다. 대체로 시대가 내려올수록 사관의 권한은 축소되고, 거슬러 올라갈수록 권한이 넓어진다. 이 점을 명확히 인식하여야 사(史)에 대한 진실을 알 수 있다. 즉 지위로서 말하자면 또한 최초가 가장 높고 후대로 내려올수록 낮아진다.

『한서(漢書)』「사마천전」의 주에서는 여순(如淳)을 인용하여 다음과 같이 말하였다.

> 『한의주(漢儀注)』 : "태사공(太史公)이라는 관직은 무제(武帝)가 설치하였으며 지위는 승상의 위에 있다. 천하의 계획을 먼저 태사공에게 올리고 승상(丞相)에게 부의하는 것은 절차가 옛날 춘추(春秋 : 춘추시대)와 같다."

「사기태사공자서정의(史記太史公自序正義)」에서는 우희(虞喜)의 『지림(志林)』을 인용하여 다음과 같이 말하였다.

> 옛날 천관(天官)을 관장하는 자는 모두 상공(上公)이었다. 주(周)나라에서 한(漢)나라 사이에 그 직무가 낮아졌으나 조회에서 앉는 자리는 여전히 공(公)의 위에 있었다. 하늘을 존중하여서였다.[3]

한(漢)나라 때 태사공이 앉는 자리가 여전히 승상의 위에 있었다면 더 이른 시기의 지위는 더욱 높았을 것임을 알 수 있고 직무가 더욱

---

3) 『한의주』는 즉 『한관의(漢官儀)』이다. 4권으로서 위굉(衛宏)의 저작이며 위굉은 동한(후한) 초의 사람이다.

중하였음도 조금도 의심할 바가 없을 듯하다.

제2절 고대 역사는 귀족이 관장

고대 왕국[천자의 나라]의 전책(典冊 : 국가제도에 관한 자료)은 모두 왕[천자]의 관리가 관장하였으며 열국(列國 : 제후국)에서는 열국의 관리가 관장하였다. 아래로 대부(大夫)의 경우는, 그 가문의 전책을 또한 가문이 사유하였다. 관리가 아니면 전책을 관리할 수 없었을 뿐 아니라 학습할 수도 없었고 학습 받을 곳도 없었다. 학습에는 반드시 스승이 있어야 하였는데 스승은 모두 귀족 출신의 관리였으므로 또한 외부인에게는 가르쳐 주려 하지 않았다. 역사서는 전책(典冊)에 속하였으므로 관리, 좁게 말해 사관(史官)이 관장하였다. 사관은 제자에게 전해 주었는데 제자 역시 귀족이었으며 혹 사관의 친척이었을 수 있다. 춘추시대 진(晉)나라의 동사(董史)는 그 가문이 대대로 역사를 맡았다. 『좌전(左傳)』 소공(昭公) 15년 조에 주(周)나라 경왕(景王)이 "신유(辛有)의 둘째 아들 동지(董之)에 이르러서 진(晉)나라에 동사(董史)가 있게 되었다"라고 하였다.

또 『좌전』 선공(宣公) 2년 조에서는 다음과 같이 말하였다.

태사(太史)가 "조순(趙盾)이 자기 군주를 죽였다"라고 기록하고서 조정에 보였다. 선자(宣子 : 조순)가 "그렇지 않다"라고 하자 (태사가) "당신은 정경(正卿)으로서 도망가 국경을 넘지도 않았고 도적을 토벌하지 않았으니 당신이 아니라면, 누가 죽였다고 하겠는가"라고 대답하였다. 선자가 "아아, 나의 잘못이다. 제 잘못이라는 말은 나를 가리키는 것이다"라고 하였다.

공자(孔子)가 "동호(董狐)는 옛날의 훌륭한 사관(史官)이다. 서법(書

法)에 숨김이 없다. 조선자(趙宣子)는 옛날의 훌륭한 대부(大夫)이다. 법대로 잘못을 인정하였다. 국경을 넘어 도망갔다면 허물을 면할 수 있었을 것이다"라고 하였다.

두예(杜預)가 동호(董狐)를 동사(董史)의 후손이라고 여긴 것은 잘못이 아니다. 아마도 동사의 가문은 진(晉)나라에서 수백 년 동안 대대로 국사(國史)를 관장하였을 것이다.

춘추시대 제(齊)나라의 태사 또한 형제가 계승한 경우가 있다.『좌전』양공(襄公) 25년 조에 다음과 같은 언급이 있다.

> 태사(太史)가 "최저(崔杼)가 자기 군주를 죽였다"라고 쓰자 최자(崔子 : 최저)가 그를 죽였다. 태사의 동생들이 뒤이어 이 일을 기록하다가 두 사람 모두 죽었다. 그 밑의 동생 또한 이 일을 기록하자 그대로 두었다.

이것은 형제 4인이 서로 이어 태사가 된 것이다. 이상 두 가지 일은 모두 군주 시해로 인하여 우연히『좌전』에 기재된 것이다. 그 나머지 세습적인 태사들은 정변을 만나지 못해 혁혁한 이름이 나지 않았다. 그러나 역사를 귀족이 관장한 것은 의심할 바 없다. 고대에 귀족이 세습되는 상황에서 이것은 당연한 현상이다. 반고(班固)의『한서(漢書)』「예문지(藝文志)」는 원래 유흠(劉歆)의『칠략(七略)』에서 나온 것으로서, 제자(諸子) 10가에 대한 서술은 모두 무슨 가(家)는 무슨 관(官)에서 나왔다고 되어 있다. 무슨 관에서 유래했다는 것을 실로 다 믿을 수는 없지만 고대의 전장(典章)은 모두 관리가 관장하였으므로 반고는 그 의미를 잘 알았다고 하겠다.

『사기(史記)』「진시황본기(秦始皇本紀)」에서 "법령을 배우고자 하는 자는 관리를 스승으로 삼아야 한다"라고 한 것은 고대에 관리로 하여금 그 일을 관장하게 한 것을 따른 것일 것이다. 공자(孔子)는 예(禮)에 대하여 노자(老子)에게 질문하였고 거문고를 사양(師襄)에게서 배웠으며, 관(官)에 대하여 담자(郯子)에게 질문하였다.[4] 사양(師陽)은 사(師)로서 이는 음악을 관장하는 관리이고, 노자는 『사기』에 따르면 주(周)나라의 주하사(柱下史)이며 담자는 담나라의 군주이다. 이상은 공자 이전에는 귀족이 아니면 학습할 곳이 없었음을 증명한다.

최초의 사관(史官)은 통일적인 것이 전혀 아니었다. 각국에 각기 사관이 있었음은 이미 앞에서 서술한 바와 같다. 각국에는 또한 각기 사서(史書)가 있었으며 각각 그 나라에 보존되어 있었다. 내용이 모두 서로 같지는 않으며 명칭 또한 모두 서로 다르다. 따라서 『맹자(孟子)』에서는 "진(晉)나라의 『승(乘)』, 초(楚)나라의 『도올(檮杌)』, 노(魯)나라의 『춘추(春秋)』"라고 하였다. 사관의 직권이 처음에는 비교적 넓었으므로 처음 역사서의 기록은 단순히 역사적 자취에 그치지 않았다. 사관의 기록은 일체의 종교적 활동까지 포괄하였다. 최초의 정치 혹은 사회는 종교와 관련되지 않은 것이 없으므로, 최초의 정권(政權)은 신권(神權)에서 유래하였다.

역사서는 명칭이 달랐을 뿐 아니라 사관의 명칭 또한 일치하지 않았다. 서주(西周)와 동주(東周)의 기록에 따르면 아래와 같은 여러 명칭이 있다.

1. 태사(太史)
주(周) : 『서(書)』 「주고(酒誥)」 "태사(太史) 우(友), 내사(內史) 우(友)"
제(齊) : 『좌전(左傳)』 양공(襄公) 25년 "태사(太史)가 '최저가 자기 군주를 죽였다'라고 기록하였다."
위(衛) : 민공(閔公) 2년 "적인(狄人)이 사(史) 화용활(華龍滑)과 예공(禮

---

4) 『사기(史記)』 「공자세가(孔子世家)」.

孔)을 가두고 위나라 사람을 축출하자 두 사람이 '우리는 태사
(太史)로서 실제로 그 제사를 관장한다'라고 하였다."

진(晉) : 선공(宣公) 2년 "태사(太史)가 '조순(趙盾)이 자기 군주를 죽였
다'라고 기록하였다."

노(魯) : 문공(文公) 18년 "계문자(季文子)가 태사(太史) 극(克)을 시켜
대답하여 말하기를……"

애공(哀公) 11년 "공[애공]이 태사(太史) 고(固)로 하여금 국자
(國子) 가운데 원자(元子)를 귀국시키게 하였다."

2. 좌사(左史)

주(周) : 『일주서(逸周書)』「사기해(史記解)」"좌사(左史) 융부(戎夫)"

진(晉) : 양공(襄公) 14년 "좌사(左史)가 위장자(魏莊子)에게 '중행백(中
行佰)을 기다리지 않습니까'라고 하였다."

초(楚) : 소공(昭公) 12년 "좌사(左史) 의상(倚相)"

3. 외사(外史)

노(魯) : 양공(襄公) 23년 "장차 장씨(臧氏)와 동맹을 맺고자 계손(季孫)
이 외사(外史) 장악신(掌惡臣)을 불러 동맹의 우두머리에 대하
여 물었다."

4. 내사(內史)

주(周) : 『서(書)』「주고(酒誥)」"태사(太史) 우(友), 내사(內史) 우(友)"

*장공(莊公) 32년 "혜왕(惠王)이 그 일을 내사(內史) 과(過)에게
물었다."

*희공(僖公) 16년 "주(周)나라 내사(內史) 숙흥(叔興)이 송(宋)나
라에 초빙되었다."

*문공(文公) 원년 "왕[주나라 천자]이 내사(內史) 숙복(叔服)을
시켜 장례에 와서 모이게 하였다."

이상으로 각국 사관의 명칭이 모두 서로 같지는 않음을 알 수 있다. 후대인이 기사(記事)와 기언(記言)으로 좌사(左史)와 우사(右史)의 직분을 나눈 것으로는 『예기(禮記)』 「옥조(玉藻)」편에 "행동[事]은 좌사가 기록하고 말씀[言]은 우사가 기록하였다"라는 언급이 있다. 후대인들은 고대에는 제도가 통일이 되어 있지 않았음을 몰라서 언제나 획일적 제도를 찾아보고자 하였다. 예를 들면 황이주(黃以周)의 『예서통고(禮書通故)』 권34에서 "내사(內史)는 왼쪽에 거하고 태사(太史)는 오른쪽에 거하였다"라고 하면서 내사가 곧 좌사이며 태사가 우사라고 하였다. 앞에서 인용한 부분을 보면 주(周)나라에는 이미 내사(內史)가 있으면서 또 좌사(左史)가 있었음을 알 수 있다. 그러므로 좌사가 곧 내사는 아니다.

장학성(章學誠)의 『문사통의(文史通義)』 「서교(書敎)」(상)에서는 "『예기』에서 '좌사는 말씀을 기록하고 우사는 행동을 기록하였다'라고 하였다. 하지만 그 직책이 『주관(周官)』에 보이지 않으며 그 글이 후세에 전해지지 않는다. 아마도 예(禮) 전문가의 억측인 듯하다"라고 하였다. 사실 주(周), 진(晉), 초(楚)나라에 모두 일찍이 좌사가 있었음은 앞의 인용문에서 증명한 바와 같다. 따라서 장학성의 설도 또한 잘못이다.

아마도 여러 학자들이 모두 고대에 후대와 같이 획일적인 제도가 있었다고 생각하였기 때문에 오류를 범하게 된 것 같다. 각국 사관과 사서의 명칭이 반드시 다 같지는 않았다. 그렇다면 억지로 대신 정리하여 획일화할 필요는 없다. 『주례(周禮)』에는 태사(太史), 소사(小史), 내사(內史), 외사(外史), 어사(御史) 등의 관직이 있는데 비교적 후대의 조직에 속하는 것 같다. 『주례(周禮)』 한 책 내에도 성립 시기에 상당히 선후의 차이가 있는 부분들이 있어서 그 가운데 비교적 이른 시기의 작품도 있고 비교적 늦은 시기에 증가된 부분도 있다. 그러나 태사에 소속된 풍상씨(馮相氏), 보장씨(保章氏)는 모두 하늘 및 일월·성신(日

月·星辰)을 관장하므로 사관의 초기 직분에 속한다. 그렇다면 다섯 사(史)로 증가된 것에는 부분적으로 비교적 옛 시기의 면모도 보존되고 있음을 부인할 수는 없다.

복사(卜辭) 가운데 이미 경사(卿史), 어사(御史)라는 용어가 보이므로 상대(商代)[은(殷)나라] 관리 가운데 사(史)라는 명칭이 있었음을 알 수 있다. 『설문해자(說文解字)』는 황제(黃帝)의 사관인 창힐(倉頡)에 대하여 서술하였으며, 『여씨춘추(呂氏春秋)』「선식람(先識覽)」에는 '하(夏) 태사(太史)'라는 관직명이 있다. 다만 하(夏)나라 이전에 대한 언급은 항상 매우 간단하므로 사(史)라는 명칭이 당시에 있었는지, 아니면 후대인이 덧붙인 것인지 여부는 고증하기 어렵다. 사(史)의 직무 자체는 하대(夏代), 혹은 심지어는 하나라 이전에도 존재하였음에 의문의 여지가 없다.

제3절 역사서의 변화

최초의 역사기록은 천인(天人)의 일을 모두 포괄하였으므로 그 범위가 지극히 넓었다. 다만 비교적 후대에는 이미 사관 직무의 범위가 축소됨에 따라 대부분의 기록이 인사(人事)에 국한되게 되었다. 역사서 성격의 변화는 말하자면 4단계로 나눌 수 있다. 즉 처음 각국의 역사서는 모두 그 나라 사관의 기록에서 유래하였으므로 그 성격이 완전히 관찬서였고 개인적으로 역사서를 쓴 일은 없었다. 개인적으로 기록하고자 하여도 찬술의 근거가 될 자료가 없었다. 이것이 제1단계이다.

춘추시대 말엽에는 귀족이 쇠퇴하고 평민이 상승하여 상하 신분이 문란해지는 동시에 학술도 개방되었다. 옛날에는 귀족이 독차지하였으나 이제는 평민 가운데 우수한 자는 또한 지식을 습득하여 사(士) 계급에 들어갈 수 있었다. 이에 따라 점차 개인적 저술이 늘게 되었는데 역사서도 예외는 아니었다. 이리하여 전국시대(戰國時代)에서 전한(前漢) 사이는 관찬서와 개인 저술이 병존하던 시대였다. 그 가운데 중요한 사람은 사마천(司馬遷)이다. 그는 비록 태사령(太史令)의 직책을 맡고 있었지만 『사기(史記)』를 쓴 것은 한(漢)나라 황제의 명령을 받아서가 아니며, 『사기』는 순수하게 개인적 저술이다. 그러나 전국시대 육국(六國)은 각기 역사기록을 갖고 있었다. 『진기(秦紀)』는 서한(西漢)[전한(前漢)] 때까지 아직 존재하여 사마천은 일찍이 그것을 읽었다. 이것이 제2단계이다.

동한(東漢)[후한(後漢)] 때에 들어서는 반고(班固) 등이 황제의 명령을 받아 역사서를 저술하였다. 『후한서(後漢書)』에 다음과 같은 언급들이 있다.

부름에 따라 교서부(校書部)에 나아가 난대령사(蘭臺令史)에 제수되었다.[5] 전임 저양령(雎陽令) 진종(陳宗), 장릉령(長陵令) 윤민(尹敏), 사예종사(司隸從事) 맹이(孟異)와 함께 「세조본기(世祖本紀)」를 완성하였다. 다른 자리로 옮겨서 낭(郎), 전교비서(典校秘書)가 되었다. 반고는 또 공신인 평림신시(平林新市) 공손술(公孫述)의 일을 찬하여 『열전재기(列傳載記)』 28편을 만들어 상주하였다. (『후한서』 「반고전(班固傳)」)

유진(劉珍)은 자가 추손(秋孫)이다.……영초(永初) 연간 등태후(鄧太后)가 조서를 내려 교서(校書) 유도도(劉騊駼), 마융(馬融) 및 오경박사(五經博士)와 함께 동관(東觀)의 오경(五經), 제자전기(諸子傳記), 백가예술(百家藝術)을 교정하여 오자·탈자를 바로잡고 문자를 시정하게 하였다. 수녕(水寧) 원년 태후가 또 유진에게 조서를 내려 유도도와 함

---

5) 『한관의』: '난대령사 6인, 질(秩) 100석으로 서적을 관장하여 핵주(劾奏)한다.'

께 건무(建武) 이래 명신전(名臣傳)을 짓게 하였다. (『후한서』「문원전
(文苑傳)」)

이우(李尤)는 자가 백인(伯仁)이다.……[화제(和帝) 때] 부름을 받아
동관에 나아가 난대령사(蘭臺令史)에 임명되었다가 조금 뒤 옮겼다.
안제(安帝) 때 간의대부(諫議大夫)가 되어 조명을 받아 알자복야(謁者
僕射) 유진(劉珍) 등과 함께 『한기(漢記)』를 찬술하였다. (『후한서』「문
원전」)

반고(班固) 등이 찬술한 이 책을 후대에 『동관한기(東觀漢記)』라고
칭하였다. 이것은 완전히 관찬서적 성격에 속한다. 동한(東漢)의 특징
은 역사서가 태사령의 찬술을 거치지 않고 다른 관리들이 찬술할 수
있었고 대부분이 동관(東觀)에 씌어져 완성되었다는 점이다.

이때 학자들은 동관을 가리켜 노씨장실(老氏藏室), 도가(道家) 봉래
산(蓬萊山)이라고 하였다.6)

난대(蘭臺)는 후한(後漢) 황실의 도서관이며 역사를 수찬하기 위한
자료는 자연히 이곳에서 취하였다. 이것이 제3단계이다.

위(魏)나라 명제(明帝)의 태화(太和) 연간에 처음으로 저작랑(著作郞)
을 두고 국사(國史)를 관장하게 하였고 당(唐)나라에 이르러 사관(史館)
을 설치하여 관찬서 수찬을 전담하게 하였다. 그러나 진(晉)나라 이후
개인적으로 역사서를 찬하는 전통이 여러 대 동안 끊이지 않아 관찬서
와 사찬서가 병존하였다. 이것이 제4단계이다.

최초 사관의 직권은 매우 광범위하였고 그가 관장하는 사서(史書)는

---

6) 노자(老子)는 수장사(守藏史)였다가 뒤에 주하사(柱下史)가 되었는데 사방에
서 기록한 문서를 모두 주하(柱下)로 가져왔다. 이 일은 『사기(史記)』에 보이
며 동관(東觀)에 경적(經籍)이 많았음을 말해준다. 봉래산은 바다 가운데 신
산(神山)이며 선부(仙府)이다. 모든 경전과 비록이 모두 여기에 있다(『후한서』
「두장전(竇章傳)」).

또한 광의에 속하는 것으로서 일체의 전장(典章) 제도를 포괄하여 실로 후대의 『육경(六經)』까지 포함하였다. 장학성(章學誠)이 "육경개사(六經皆史 : 육경은 모두 역사이다)"라고 한 것은 부분적으로 타당하다. 육경은 애초에는 모두 사관이 관장하였기 때문이다. 각국의 역사서가 명칭이 모두 같지는 않았음은 이미 위에서 말한 바와 같다. 다만 보통 '춘추(春秋)'라는 이름이 많고 '사(史)'라고 하지 않았다. 예를 들면 『묵자(墨子)』 가운데 인용된 주(周)나라의 『춘추(春秋)』, 연(燕)나라의 『춘추(春秋)』, 송(宋)나라의 『춘추(春秋)』, 제(齊)나라의 『춘추(春秋)』 등이 이것이다. 사(史)라는 말로 역사서를 칭한 것은 사마천(司馬遷)에서 시작된 것 같다. 태사공의 책7) 가운데 여러 차례 '사기(史記)'라는 표현을 사용하였다. 아마도 옛사람이 지은 역사를 가리키는 것일 것이다. 이렇게 사(史)가 사관(史官)이라는 의미에서 유래하여 겸하여 역사서를 가리키게 된 것은 대체로 진·한(秦·漢) 즈음에 시작되었다.

제4절 역사의 분류 및 그 범위

중국의 역사 서술에는 세 종류가 있다. 첫째 편년(編年), 둘째 기사(記事), 셋째 전기(傳記)이다. 역사서는 때로는 오직 한 가지만을 사용하고 혹은 이들을 종합하지만, 대략 이 범위를 벗어나지는 않는다.

편년(編年)은 연대를 위주로 하여 사건을 연월에 연계시키는 것이다. 예를 들면 『죽서기년(竹書紀年)』, 『춘추(春秋)』가 이것이다. 기사는 사건을 위주로 하여 한 사건 혹은 동일한 종류의 사건 시말을 기록하여 연대에 국한하지 않는다. 예를 들면 기사본말(紀事本末)이 어떤 사건 하나를 기록하거나, 정사(正史) 가운데의 여러 지(志)가 같은 종류의 사

---

7) 『사기(史記)』를 말함.

32

건을 기록하는 것이 이것이다. 전기(傳記)는 사람을 위주로 하여 한 사람 혹은 동족 혹은 같은 지역 혹은 같은 성격 인물들의 행적을 기록하는 것이다. 예를 들면 정사(正史) 및 잡사 가운데의 각 전(傳)이 이것이다. 또한 여러 체를 종합하여 역사서를 이룬 것이 있다. 예를 들면 『사기』 가운데 본기(本紀)는 편년체이며 각 서(書)는 기사체이며 세가(世家) 및 열전(列傳)은 전기체이다.

송(宋)나라 이전에 역사서는 대체로 편년체 아니면 기전체였다. 이것이 유지기(劉知幾)의 『사통(史通)』에서 말한 2체이다. 송나라 때 여기에 다시 기사본말체(紀事本末體)가 추가되었다. 이것이 종래에 말하던 역사서의 3체이다. 그러나 기전체는 편년체인 본기, 전기체인 열전 및 기사본말체인 지(志)를 종합해 이룩되므로 일종의 복합적 조직이며 홀로 하나의 체만을 표방할 수 없다. 따라서 지금은 새로운 삼체설로 대신하고자 한다.

옛사람들은 역사서를 '춘추'라고 칭한 경우가 많다. 그리하여 유향(劉向)과 유흠(劉歆)의 『칠략(七略)』도 이를 따라 역사서를 춘추 종류에 넣었다. 반고(班固)도 이에 의거하여 끝내 별도로 사부(史部)를 세우지 않고 『국어(國語)』, 『세본(世本)』, 『전국책(戰國策)』, 『태사공서(太史公書)』[『사기』]와 같이 모두 현재에서는 역사서에 속하는 것을 「예문지」에서 춘추가(春秋家)에 넣었다. 위(魏)나라 때에 이르러 "비서랑(秘書郎) 정묵(鄭默)이 처음 『중경(中經)』을 지었고 진(晉)나라 비서감(秘書監) 순욱(荀勗)이 또 『중경』에 따라 다시 『신부(新簿)』를 지으면서 4부로 분류하여 여러 책을 총괄하였다."[8] 이 4부 가운데 병부(丙部)가 곧 사부(史部)이다. 남북국시대 송(宋)나라 문제(文帝) 원휘(元徽) 연간 왕검(王儉)이 『칠지(七志)』를 찬술하였는데 첫째 부분에 「경전지(經典志)」라 하여 육예(六藝)·소학(小學)·사기(史記)·잡전(雜傳)을 기록

8) 『수서(隋書)』 「경적지(經籍志)」.

하였다. 여기에서 역사서와 육예는 같은 등급으로 간주하여 경전(經典)으로 인정되었다. 대체로 『칠략』의 뜻을 따른 것이다. 양(梁)나라 무제(武帝) 보통(普通) 연간 완효서(阮孝緖)는 『칠록(七錄)』을 찬술하였는데 둘째 부분에서 '기전록(紀傳錄)'이라 하고 사전(史傳)을 기록하였다. 사(史)와 경(經)이 나누어져 둘이 된 것이다. 사부(史部)로 분류하기에 이른 것은 당(唐)나라에서 경(經), 사(史), 자(子), 집(集)이라고 하여 사(史)와 경(經)을 병립시키면서 경(經)의 다음에 둔 데에서 비롯한다. 대체로 예전에 동진(東晉)의 이충(李充)이 4부로 나누어 사(史)를 을부(乙部)에 넣은 뜻을 따른 것이다. 시대가 지나면서 다소 변동은 있었지만 사(史)가 경(經)의 다음에 위치한 것은 이때부터 고정되어 변하지 않았다. 다만 그 가운데에는 현재 사학사의 범위를 넘어서는 것도 포함하고 있다. 예를 들면 지리 및 금석문 분야가 그렇다. 뒤에 연구 범위가 점차 증가되어 부용국이 커서 대국이 된 것이다. 따라서 현재의 사학사 연구자는 이들을 이제는 토론 대상으로 하지 않고, 지리 연혁사 및 금석문사의 전문 연구에 맡겨 둔다.

제2장 상고(上古)의 역사서

제1절 『상서(尙書)』

현존 역사서 가운데 가장 오래된 것으로는 우선 『상서(尙書)』를 들수 있다. 『상서』는 전한(前漢) 초부터 이미 금문(今文)과 고문(古文)의 두 텍스트로 나뉘어졌다. 금문의 전래는 복생(伏生)에게서 시작된다.

복생(伏生)은 제남(濟南) 사람으로서 예전에 박사였다. [한(漢)나라] 효문제(孝文帝)가 『상서(尙書)』를 잘 아는 사람을 구하고자 하였으나 천하에 있지 않았다. 이에 복생이 잘 안다는 소문을 듣고 부르고자 하였다. 이때 복생은 나이가 90여 세여서 늙어 갈 수가 없었다. 이에 태상(太常)에게 조서를 내려 장고(掌故)인 조조(朝錯)를 시켜 가서 가르침을 받게 하였다. 진(秦)나라가 서적을 불태웠으나 복생이 벽에다 감추어 두었다. 그 뒤 병화가 크게 일어나 유망하였다. 한(漢)나라가 천하를 평정하자 복생이 그 책을 찾았으나 수십 편을 잃어버리고 29편만 얻어 이로써 제(齊)·노(魯) 지역에서 가르쳤다. 학자들이 이로 말미암아 『상서』를 말할 수 있게 되었다. 산동(山東)의 여러 큰 선생들 가운데 『상서』를 섭렵하여 가르치지 않는 자가 없었다. (『사기』 「복생전」)

『고문상서(古文尙書)』는 공씨[공자] 집의 벽 가운데에서 나왔다. 한(漢)나라 무제 말에 노공왕이 공자의 집을 헐어 자기 궁궐을 넓히려고

하다가 『고문상서(古文尚書)』 및 『예기(禮記)』,『논어(論語)』,『효경(孝經)』 등 모두 수십 편을 얻었는데 모두 고자(古字)였다. 공왕이 그 집에 들어가 거문고와 종경의 소리를 듣고 두려워 바로 그치고 헐지 않았다. 공안국(孔安國)은 공자의 후손인데 그 책을 모두 얻어 29편과 비교하니 16편이 많았다. 공안국이 이를 바쳤으나 무고(巫蠱)의 옥사에 연루되어 학관에 설치되지는 못하였다. 유향(劉向)이 중고문으로 구양생(歐陽生), 대하후(大夏侯), 소하후(小夏侯)[1]의 경문(經文)을 교감하였다. 「주고(酒誥)」에 탈간(脫簡)이 하나, 「소고(召誥)」에 탈간이 둘 있었다. 대체로 간(簡) 하나에 25자인 경우 탈자 또한 25자였고 간(簡) 하나에 22자인 경우 탈자 또한 22자였다. 글자가 다른 것이 720여 자이고 탈자 수십 자였다. (『한서』「예문지」)

한(漢)나라 말엽 『금문상서(今文尚書)』는 모두 29편이었다. 그리고 『고문상서』는 29편이 대략 『금문상서』와 같은 것을 제외하고도 별도로 16편이 더 많았고, 이 밖에 서 1편을 더하여 모두 46권이었다.『한서』「예문지」의 이른바 '『상서고문경(尚書古文經)』 46권'이 이것이다. 금문은 학관에 수립되어 박사를 두어 전수하고 제자를 두어 가르치게 하였다. 그러나 고문은 민간에서 전해지고 학습되다가 원제 말에 이르러서야 비로소 박사를 세우게 되었고 얼마 있지 않아 폐지되었다. 서진(西晉) 혜제(惠帝) 말에 이르러 오호(五胡)가 중화를 침략하여 중원이 어지러워질 때 학관의 각 경전은 모두 실전되었다. 복생의 『금문상서』는 이때 없어졌다. 그리고 『고문상서』 16편도 난리 뒤에 전해지지 않게 되었다.

동진(東晉) 원제(元帝) 때에 이르러 "예장내사(豫章內史) 매색(梅賾)이 『고문상서(古文尚書)』를 바쳤다."[2] 남제(南齊) 건무(建武) 연간 요

---

1) 역자주 : 구양생, 대하후, 소하후는 전한(前漢) 때의 『금문 상서』 학자들이다.
2) 『경전석문(經典釋文)』.

방흥(姚方興)이 다시 「순전(舜典)」 첫머리에 빠졌던 글자 28자를 바쳤다. 매색본은 『금문상서(今文尙書)』에 비하여 25편이 많아서 그 편목이 공벽(孔壁)에서 나온 『고문상서(古文尙書)』와 상당히 다르다. 당(唐)나라 태종(太宗) 정관(貞觀) 연간 『오경정의(五經正義)』를 편찬할 때 오로지 매색본을 채택하였는데 즉 지금 통용되는 『상서(尙書)』³⁾가 이것이다. 그러나 증가된 25편 부분은 모두 두루 고서에서 뽑아서 만든 것이다.

남송(南宋)의 오역(吳棫)이 처음 이를 의심하였고 청나라 초에 이르러 염약거(閻若璩)가 다시 그것이 위작이라는 여러 증거를 제시하였다. 이에 25편의 매색 『고문상서』는 위작(매색본 『고문상서』 가운데 『금문상서』에 없는 25편)이라는 것이 비로소 정론이 되었다.⁴⁾

따라서 『상서(尙書)』를 서술할 때에는 단지 28편만을 취급해야 한다.⁵⁾ 이에 대하여 논하면 아래와 같다.

1. 광범위한 역사기록

---

3) 『서경(書經)』.

4) 『사통』 「정사(正史)」편에서 "『고문상서』는 즉 공혜(孔惠)가 감춘 것으로서 과두문자(科斗文字)로 되어 있었다. 노(魯)나라 공왕(恭王)이 공자의 옛 집을 헐다가 처음 벽 가운데에서 얻었다. 박사 공안국(孔安國)이 복생(伏生)이 외운 것으로써 교정하였는데 복생의 것에 비하여 25편이 더 많았다. 다시 예고자(隷古字)로 이를 써서 46권으로 편집하였다"라고 하였다. 살펴보건대, 25편은 매색본 『위고문상서(僞古文尙書)』(역자주 : 매색본 가운데 복생의 것보다 추가된 25편)이며 46권은 『한서』 「예문지」의 이른바 공벽 『고문상서(古文尙書)』이다. 유지기(劉知幾)는 당나라 당시 『위고문상서(僞古文尙書)』가 성행할 때에 처하여 둘을 합쳐 하나로 생각하였으므로 이런 착오가 있게 되었다. (역자주 : 이종동은 원래 공벽의 『고문상서』에 『금문상서』에 비해 증다된 부분이 있었을 것으로 생각하는 것으로 여겨진다. 그러나 원래부터 증다된 부분이 없었을 가능성도 있다. 그리고 현존 『위고문상서』 가운데에서 위작 25편을 제외한 부분은 『금문상서』와 내용이 같다.)

5) 「태서(泰誓)」는 먼저 없어졌으므로 현존하는 것은 단지 28편이다.

「요전(堯典)」: (지금 「순전(舜典)」의 서두 28자를 제외하고[6] 나머지
　　를 지금 「요전」에 합치면 [원래의 「요전」이] 된다.『금문상서』 및
　　한(漢)나라 때의 진본『고문상서』에서는 이 둘을 합쳐서 「요전
　　(堯典)」이라고 하였음) 요(堯), 순(舜) 두 임금의 고사를 기록한 것
　　이다.

2. 어떤 한 사건의 역사기록

「우공(禹貢)」: 우(禹)임금이 치수(治水)를 마친 뒤 토지의 등급에 따
　　라 공납을 정한 일을 기록하였다.

「금등(金縢)」: 주공(周公)이 무왕(武王)을 대신하여 자신이 죽도록
　　기도한 일을 기록하였다.

「고명(顧命)」: 원래 이 안에 「강왕지고(康王之誥)」를 포함하였다. 성
　　왕(成王)이 죽음에 임해 강왕(康王)에게 왕위를 잇도록 한 일 및
　　강왕 즉위의 일을 기록하였다.

3. 군대를 향한 맹세의 말

「감서(甘誓)」: 유호(有扈)를 정벌할 때 군대에 맹세한 글.

「탕서(湯誓)」: 탕(湯)임금이 [하(夏)나라 왕] 걸(桀)을 정벌할 때 군대
　　에 맹세한 글.

「목서(牧誓)」: 무왕(武王)이 [은(殷)나라 왕] 주(紂)를 정벌할 때 군대
　　에 맹세한 글.

「비서(費誓)」: 백금(伯禽)이 서융(西戎)을 정벌할 때 군대에 맹세한
　　글.

「진서(秦誓)」: 진(秦)나라 목공(穆公)이 효역(殽役) 실패 후 군대에
　　맹세한 글.

---

6) 즉 요방흥이 증가시킨 28자를 말한다.

4. 천하에 포고한 말

「탕고(湯誥)」: 탕(湯)임금이 하(夏)나라를 멸한 뒤 천하에 포고한 말.

「반경(盤庚)」: 반경(盤庚)이 천도하고서 인민에게 포고한 말.

「대고(大誥)」: 주공(周公)이 무경(武庚)을 멸하고 엄(奄)으로 가기 전 천하에 포고한 말.

「다사(多士)」: 성주(成周) 건설 뒤 주공(周公)이 은(殷)나라 유민에게 포고한 말.

「다방(多方)」: 성왕(成王)이 엄(奄)에서 돌아와 천하에 포고한 말.

5. 봉명(封命)의 말

「강고(康誥)」, 「주고(酒誥)」, 「재재(梓材)」: 모두 강숙(康叔)을 봉하며 한 말.

「문후지명(文侯之命)」: 진(晉)나라 문후(文侯)에 석명(錫命)하며 한 말.

6. 한 가지 사건에서의 말 및 사건기록

「소고(召誥)」: 소공(召公)이 낙읍(洛邑)에 가서 한 말 및 일의 기록.

「낙고(洛誥)」: 주공(周公)이 성주(成周)에 가서 경영하면서 한 말 및 일의 기록.

7. 한 사람 혹은 몇 사람 말의 기록

「고요모(皐陶謨)」: 이 안에 원래 지금 「익직(益稷)」편을 포함하였다. 우(禹)임금과 고요(皐陶)의 말을 기록.

「홍범(洪範)」: 기자(箕子)가 무왕(武王)의 방문에 답한 말의 기록.

「고종융일(高宗肜日)」: 조기(趙己)가 상(商)나라[은나라] 왕에게 훈계한 말의 기록.

「서백감려(西伯戡黎)」: 조이(祖伊)가 주(周)나라를 두려워하여 [은나
　　라 왕] 주(紂)에게 고한 말의 기록.

「미자(微子)」: 미자(微子)가 부사(父師), 소사(少師)에게 고한 말의
　　기록.

「무일(無逸)」: 주공(周公)이 성왕(成王)에게 훈계한 말의 기록.

「군석(君奭)」: 주공(周公)이 소공(召公)에게 한 말의 기록.

「입정(立政)」: 주공(周公)이 성왕(成王)에게 고한 말의 기록.

이상 말한 바를 통해 보면 『상서(尚書)』는 기사(記事)와 기언(記言)
의 글들을 취합하여 이룩된 것이며 한 편 내에 기사와 기언을 겸한 것
도 있다. 그렇다면 『한서(漢書)』「예문지」에서 "좌사(左史)는 말을 기록하여
말은 『상서(尚書)』가 되었고 우사(右事)는 일을 기록하여 『춘추(春秋)』
가 되었다"라고 하였으나 이렇게 말의 기록(기언)과 일의 기록(기사)를
구분하여 각기 『상서』와 『춘추』로 한 것은 잘못이다. 장학성(章學誠)
이 "후대의 기사본말체는 사실 『상서』에서 나왔다"[7]라고 한 것이 꽤
합리적이다. 『상서』 가운데 몇 편, 예를 들면 「요전(堯典)」, 「금등(金縢)」,
「고명(顧命)」편은 모두 한 왕조 혹은 한 가지 일의 본말을 갖추었으므
로 실로 사건을 기록한 역사라는 성격을 갖고 있다. 그러나 다른 몇 가
지는 단지 사료라고만 할 수 있다. 따라서 『상서』는 아직 중국 역사학
의 조종(祖宗)이라고 할 수 없고 현존 최고의 역사서는 『춘추』이다. 지
금 전해지는 본은 비록 공자가 산삭을 한 것이기는 하지만 여전히 노
(魯)나라 역사의 본래 모습을 일부 남기고 있다.

---

7) 『문사통의』「서교(書敎)」편.

제2절 『춘추(春秋)』와 『죽서기년(竹書紀年)』

체계적인 옛 역사서 가운데 현존하는 최초의 것으로는 마땅히 『춘추(春秋)』를 들어야 한다. 사건을 기록하는 방법은 사건을 날짜에 연결하고, 날짜를 해당 달에 연결하며, 달을 계절에 연결하고, 계절을 해당 연도에 연결하는 방식이었다. 예를 들면, 노(魯)나라 은공(隱公) "3년, 봄, 왕 2월, 기사(己巳) 일식이 있었다"라고 기록하였다. 일식은 이른바 사건이며 그 날짜를 기사(己巳)에 해당시킨 것은 이른바 사건을 날짜에 연결한 것이다. 달을 말하여 2월에 속한다고 한 것은 이른바 날짜로서 달에 연결시킨 것이다. 계절을 봄에 해당시킨 것은 이른바 달을 계절에 연결시킨 것이다. 또 3년이라고 한 것은 이른바 계절을 연도에 연결시킨 것이다. 『노사(魯史)』와 『춘추(春秋)』만 이러하였을 뿐 아니라 춘추시대 각국 역사서의 본래 체제가 모두 이와 같았다. 대체로 기전체는 중국역사 가운데 가장 오래된 체제이다. 현존 『춘추』는 『노사』에서 유래하였는데 『노사』는 원래 노(魯)나라 사관이 기록한 것이다.

위진남북조의 진(晉)나라 때 출토된 『죽서기년(竹書紀年)』은 춘추시대 진(晉)나라와 전국시대 위(魏)나라의 사관이 기록한 것으로서 두 책[8]은 체제가 거의 같다. 이로써 춘추시대 노(魯)와 진(晉)의 역사서들의 체제가 모두 위와 같았음을 알 수 있다. 『급총소어(汲冢璅語)』[9]는 태정(太丁) 때의 일을 기록하여 '하은춘추(夏殷春秋)'라고 하였고 "『소어』를 보면 또 『진춘추(晉春秋)』가 있어 진(晉)나라 헌공(獻公) 17년의 일을 기록하였다."[10] 『묵자(墨子)』에서는 주(周)나라의 『춘추(春秋)』, 연(燕)나라의 『춘추(春秋)』, 송(宋)나라의 『춘추(春秋)』, 제(齊)나라의

---

8) 『죽서기년』과 『춘추』를 말함.
9) 『급총서(汲冢書)』.
10) 둘 모두 『사통』 「육가(六家)」편에 보임.

『춘추(春秋)』를 언급하여 '춘추(春秋)'로써 각국의 역사서를 통칭하였다. 그러나 『맹자(孟子)』에서는 "진(晉)나라의 『승(乘)』, 초(楚)나라의 『도올(檮杌)』, 노(魯)나라의 『춘추(春秋)』"라고 하여 각국의 역사서에 고유한 이름이 있어 모두 같지 않았음을 알 수 있다. '춘추(春秋)'라고 한 것들은 대체로 통칭이며 고유한 명칭은 달랐다. 뒤에 공자가 『노사』의 옛 글에 의거하여 "그 말을 요약하여 그 번거로움을 제거하여"[11] 지금의 책[『춘추』]을 이룩하였으나 옛 명칭을 그대로 따랐다. 그 일을 논하면 "중니(仲尼 : 공자)는 노나라 역사에 의거하여 책을 만들고 글을 이룩하였다."[12] 그러나 삭제한 부분과 취한 부분이 있어 "쓸 것은 쓰고 깎을 것은 깎았다."[13] 따라서 공자가 『춘추』를 수찬(修撰)했다고 한 맹자의 말은 타당하지만 굳이 수찬이라고 하지 않아도 타당하다.

공자는 『노사』의 옛 글에 의거하여 『춘추(春秋)』를 지었다는 말은 믿을 수 있다. 태사공[사마천]이 "옛날 서쪽으로 주(周)나라 왕실에 가서 책들을 보고서 '사기(史記)'의 옛 글을 논하였다"(「12제후연표」)라고 한 말의 뜻은 주(周)나라 때에는 각국의 역사서가 모두 주나라 왕실에 모아져 있었으므로 역사 찬수는 반드시 서쪽으로 주나라에 가야만 각국의 사료를 얻어서 저본으로 할 수 있었다는 것이다. 위의 말을 좀 더 확대한 것으로서, 예를 들면 「공양전소(公羊傳疏)」에 인용된 "옛날 공자가 단문(端門)의 명령을 받아 『춘추』의 의리를 짓고자 자하(子夏) 등을 시켜 주나라 '사기(史記)'를 구하게 하여 120국의 보서(寶書)를 얻었다"라고 한 언급이 있다. 이런 언급들은 모두 당시의 사정에 어두워서 나온 말이다. 앞 장에서 이미 말한 바와 같이 고대에 나라의 역사는 그

---

11) 『사기(史記)』 「12제후연표」.
12) 두예(杜預), 「춘추좌씨전서(春秋左氏傳序)」.
13) 『사기』 「공자세가」.

나라의 세족(世族)이 대대로 지켜온 데에서 나온 것이다. 주나라 '사기 (史記)' 혹 열국의 사기에 비하여 포괄 범위가 상대적으로 넓었을 수는 있으나, 그 시대 각국 역사서의 사건을 포괄하여 빠짐없도록 한 것은 전혀 아니다. 각국의 역사는 그 나라에 보존되어 있었으며 반드시 주 나라 왕실에 보내야 하는 것도 아니었다.

그렇다면 주나라에 가서 볼 수 있었던 것은 주나라 역사에 불과하였 을 따름이다. 각국의 역사기록은 여전히 두루 볼 수 없었을 것이다. 『춘추』에 기록한 바를 보면 주나라의 일은 극히 적다. 단지 매우 중요 한 일뿐이다. 주나라 왕의 서거 같은 것도 많이 빠뜨리고 싣지 않았다. 공자가 의거한 것은 단지 노나라의 역사이며 주나라의 역사에 의거한 것은 아니었다. 더욱이 여러 나라의 사기는 두루 볼 수 없었던 것이 명 백하다.

공자는 노나라 역사의 옛 글에 의거하였다. 적어도 거의 대부분은 노나라 역사의 옛 글에 의거하였다는 사실에는 내재적인 증거가 있다. 노나라 은공(隱公) 명명(明明)이 시해되자 『노사(魯史)』에서는 이에 대 하여 '훙(薨)'이라고 기록하였는데 공자가 그대로 따르고 고치지 않았 다. 만약 노나라 역사의 원문에 '시(弑)'라고 하였는데 공자가 도리어 '훙'이라고 고쳤다면 난신적자(亂臣賊子)로 하여금 두려워하게 하려던 공자의 본의가 아니다. 유지기의 『사통』「혹경(惑經)」편에서는 12개의 미유(未諭), 5개의 허미(虛美)를 들고서 공자에게 물었다. 예를 들면 미 유 가운데 하나로 다음과 같이 언급하였다.

제(齊)나라, 정(鄭)나라 및 초(楚)나라에 군주를 시해한 사람들이 있었 는데 어찌하여 각기 병으로 죽었다고 하고 끝내 '졸(卒)'이라고 썼는 가?[『사통』 원주 : 정(鄭)나라 자사(子駟)가 자기 군주인 희공(僖公)을 시해하였고 소공(昭公) 원년 초(楚)나라 공자(公子) 위(圍)가 자기 군주

협오(夾敖)를 시해하였으며, 애공(哀公) 10년 제나라 사람이 자기 군주 도공(悼公)을 시해하였는데,『춘추』에서 단지 "정백(鄭伯) 곤완(髡頑)이 졸하였으며 초자(楚子) 늠(麇)이 졸하였고 제후 양생(陽生)이 졸하였다" 라고 하였다.]

신하로서 자기 군주를 시해하고 자식으로서 자기 아비를 시해한 것은 식견 있는 자라면 모두 부끄러이 여기고 두려워한다. 실로 속여서 모면할 수 있다면 누군들 원하지 않겠는가. 그러나 아직은 관직이 정경(正卿)의 위치에 있으면서 도리어 난신적자를 토벌하지 못하였고, 지위가 총적(冢嫡)에 있으면서도 약을 직접 맛보지 않았다. 끝내 악명을 덮어쓰게 되자 버리고 섭(葉) 지역으로 도망갔다.14)

유지기가 말한 것은 모두 노나라 역사의 옛 글이다. 이것으로써 공자를 탓한다면 공자는 받아들이지 않을 것이다. 유지기는 또 다음과 같이 말하였다.

더욱이 사책(史策)[노나라의 원래 역사]에 궐문(闕文)이 있으며 날짜가 뒤바뀐 것이 있는데 모두 그대로 두고 바로잡지 않았으니 신경을 쓰지 않은 것이다. 이것 또한 지적하지 않을 수 없다.

역사기록에 궐문이 있고 날짜가 뒤바뀐 것이 있음은 모두 노나라 원

---

14) 선공(宣公) 2년의 전에서 "조천(趙穿)이 영공(靈公)을 도원(桃園)에서 공격하였는데 선자(宣子)가 산을 탈출하지 못하고 돌아오자 태사가 '조순(趙盾)이 자기 군주를 죽였다'라고 써서 조정에 보이자 선자가 '그렇지 않다'라고 하였다. 태사가 대답하여 '그대는 정경(正卿)의 지위에 있으면서 도망하여 월경하지 않았고 돌아와서는 적을 토벌하지 않았으니 그대가 [시해한 것이] 아니라면 누구란 말인가'라고 했다"라고 하였다. 또 소공(昭公) 19년의 전(傳)에서는 "허(許)나라 도공(悼公)이 학질에 걸렸다. 5월 무진일에 태자 지(止)의 약을 먹고 졸하였다. 태자가 진(晉)나라로 달아나자 '자기 군주를 죽였다'라고 썼다"라고 하였다.

래 역사의 원 상황이었다. 공자가 빠진 곳을 보충하고 날짜를 바로잡
으려고 하였더라도 다른 보조 사료가 없었을 것이니 또 어찌할 수 있
었겠는가. 신경을 쓰지 않은 것이 결코 아니며 도리어 공자가 수찬한
『춘추』가 『노사(魯史)』의 옛 글에 의거하였음을 보여주는 명확한 증거
라고 할 수 있다.

공자가 『춘추』를 지은 본의에 대하여 『맹자』에서는 난신적자를 두
려워하게 하는 것이라고 하였다. 후대인들 가운데 많은 사람이 이런
『맹자』의 해석을 따르면서 부연하였다. 따라서 사마천이 "뒤에 왕자가
있으면 들어서 보여줄 것이니 『춘추』의 의로운 행동을 난신적자가 두
려워한다"[15]라고 한 것이 한 예이다. 이것은 비록 후대인이 말한 것이
지만 춘추시대를 자세히 살펴보면 역사서는 실로 이런 기능을 갖고 있
었다.

> 위(衛)나라 영혜자(寧惠子)가 병이 들자 도자(悼子)를 불러 다음과 같
> 이 말하였다. "나는 임금에게 득죄하였으니 후회해도 소용없다. 제후의
> 책(策)에 '손림부(孫林父) 영식(寧殖)이 자기 임금을 내쫓았다'라고 기
> 록되어 있다. 네가 들어가서 덮어버려라. 그렇게 할 수 있다면 내 아들
> 이다." (양공(襄公) 20년 전(傳))

악명이 제후의 책에 기록되어 있는 것을, 당시 사람들 가운데 반드
시 수치로 여기는 자가 있었다. 군주를 시해했다고 기록했다고 하여
최저(崔杼)가 태사를 죽인 것 역시 제후들이 모두 죄악을 알까 두려워
하였기 때문이다. 그렇다면 공자가 『노사』의 옛 글을 산삭하여 제자에
게 전해 주어 후대인으로 하여금 두려워하게 한 것이 공자가 『춘추』를
지은 동기가 아닌 것은 아니다.

---

15) 「공자세가」.

　　그러나 공자의 역사에 대한 공헌은 현재의 안목으로 보면 여기에 있는 것이 아니라 당시 역사의 일부를 보존하여 후세에 전해 준 데 있다. 이 부분의 역사가 원래 편년에 속하므로 마침내 연대가 조리 있고 문란하지 않을 수 있었다. 노나라 은공(隱公)으로부터 노나라 애공(哀公)까지 242년의 사실을 보존하였을 뿐 아니라 사실이 발생한 정확한 연월, 때로는 확실한 날짜까지 알 수 있게 하였다. 중국 최초의 연월이 있는 역사서이므로 이 책은 진실로 매우 귀중한 것이다. 공자의 국가에 대한 공로는 우임금보다 적지 않다고 할 수 있다.

　　『춘추』를 지은 것은 난신적자로 하여금 두려워하게 하려는 데 뜻이 있었으므로, 결과적으로 포폄(褒貶)과 서법(書法)의 문제를 발생시키게 되었다. 『한서』「예문지」에 따르면 『춘추』를 해석하는 것은 모두 5가(家)가 있었는데 그 가운데 다음 절에서 토론할 『좌씨춘추(左氏春秋)』를 제외하면 나머지 4가로 『공양전(公羊傳)』, 『곡량전(穀梁傳)』, 『추씨전(鄒氏傳)』, 『협씨전(夾氏傳)』이 있었다. 추씨, 협씨 둘은 한대(漢代)에 이미 전승이 끊어졌다. 『공양전』과 『곡량전』은 모두 춘추의 서법을 해석하는 것이 목적이다. 서법은 중국사학에 고유한 것으로서 후세의 역사 기록자에게 미친 영향이 심대하다. 이 부분은 마땅히 별도의 장에서 토론해야 한다.

　　다음으로 『죽서기년(竹書紀年)』은 위진남북조 진대(晉代)에 출토된 것이다. 이에 대하여 다음과 같은 언급들이 있다.

　　처음 태강(太康)[진무제(晉武帝)] 2년 급군(汲郡) 사람 비준(不準)[16]이 위(魏)나라 양왕(襄王)의 묘를 도굴하였다. 혹은 안리왕(安釐王)의 무덤이라고도 한다. [이때] 죽간 수십 수레를 얻었다. 『죽서기년』 13편은 하(夏)나라 이후 주(周)나라 유왕(幽王)이 견융(犬戎)에게 멸망당할 때

---

16) 비준(不準)은 인명이다. 불(不)은 옛날 비(丕)자와 통하였음.

까지를 기록하여 이 일을 [진(晉)나라에] 연결시켰다. 뒤이어서 3가(家) 부분은 위(魏)나라 일을 기술하여 안리왕 2년까지 기록하였다. 아마도 위나라의 역사서인 듯하고 대략『춘추』와 상응한다. (『진서(晉書)』「속석전(束晳傳)」)

  마침 급군(汲郡)의 급현(汲縣) 경내의 어떤 자가 옛 무덤을 발굴하여 고서를 많이 얻었는데, 모두 죽간의 과두문자(科斗文字)로 되어 있었다. 무덤을 발굴한 자는 원래 책에 뜻이 있었던 것이 아니므로 왕왕 착간이 있었다. 과두문자는 사용되지 않은 지 오래 되어 추측해 보아도 다 알 수는 없었다.……

  그 가운데「기년(紀年)」편은 하나라, 은나라, 주나라 모두 삼대 왕의 일이고 제후국 별로 된 것은 아니었다. 다만 진국(晉國)만은 기록하였는데 상숙(殤叔)에서 시작하여 다음 문후(文侯), 소후(昭侯)를 거쳐 곡옥(曲沃), 장백(莊伯)에 이르렀다. 장백 12년 11월은 곧 노나라 은공(隱公) 원년 정월에 해당하는데, 모두 하나라 정월, 건인(建寅)의 달을 한 해의 시작으로 하여 편년이 이어지고 있다. 진(晉)나라 멸망 이후는 단지 [전국시대] 위(魏)나라의 일만을 기록하여 아래로 위나라 애왕(哀王) 12년에 이르렀으니 대략 위나라의 사기(史記)이다.……

  위로 공구(孔丘 : 공자)가 졸한 뒤 181년이다.……애왕은 23년 졸하였으므로 [이 기록에서는] 시호를 칭하지 않고 단지 '금왕(今王)'이라고 하였다. 그 책을 편찬한 뜻은 대체로『춘추』의 경(經)과 같다. 이를 미루어 옛날 국사(國史) 편찬의 일반적 모습을 볼 수 있다. (두예,「좌전후서(左傳後序)」)

  『죽서기년』의 원본은 지금 전해지지 않는다. 현존본은 명대(明代)에 여러 책에 인용된 것을 모아 이록한 것[집일본]이다. 그러나 송나라 이전 각종 서적에 인용된 바를 통해 고본의 원래 면모를 엿볼 수 있다. 왕국유(王國維)는『고본죽서기년집교(古本竹書紀年輯校)』를 편찬하였

는데, 각 서적 가운데 인용된 원문을 집성하여 한 편을 만들었다. 고본
과 금본은 다음과 같은 몇 가지 차이점이 있다.

　　1. 권수가 다르다. 고본은 『진서(晉書)』 「속석전」에 의거하면 13편이
며 『수서』 「경적지」에 따르면 12편이다. 금본은 단지 2권이다.
　　2. 고본은 주(周)나라 유왕(幽王) 이전에는 주나라 기년을 사용하였
으나 이후에는 진(晉)나라 기년을 사용하였으며 3가 부분인, 진나라 다
음은 위(魏)나라 기년을 사용하였다. 이 점을 『진서』 「속석전」 및 두예
의 「좌전후서」에서 매우 분명하게 언급하였다. 금본은 시종 주나라 기
년을 사용하였다.
　　3. 고본은 하나라에서 시작하였지만 금본은 황제(黃帝)에서 시작하
였다.
　　4. 고서에서 인용한, 고본에 보이는 몇 조목이 금본에는 보이지 않
는다.
　　5. 금본에 기록된 하(夏)나라 대의 연수가 고본과 맞지 않는다.

　　고본 『기년』[『죽서기년』]은 주(周)나라에서 시작되어 진(晉)나라를
거쳐 위(魏)나라에 이른다. 즉 원래 위나라 사관이 모은 데에서 나왔기
때문이며 체제로는 편년체에 속한다. 두예가 말한 바와 같이 『춘추』의
경문과 매우 흡사하다. 중국의 옛 사서 가운데 최초의 것이 편년체에
속함을 알 수 있다. 애석한 것은 금본 『죽서기년』이 원본이 아니며 새
로 모은 고본도 집보(輯補)여서 불완전하다는 점이다. 그렇지 않다면
거기에 포함된 사료는 하나라, 상나라, 주나라 삼대를 거쳐 거의 2천년
가까이 장구한 것이므로 가치가 『춘추』보다 더할 것이다. 출토 이후,
죽간에 씌어진 관계로 '죽서(竹書)'라고 하였고 편년체이므로 '기년(紀
年)'이라고 하였다. 이 '죽서기년'이라는 명칭은 위진남북조대 진(晉)나

48

라가 정한 것이지 본래의 명칭은 아니다.

제3절 『좌전(左傳)』과 『국어(國語)』

『좌전(左傳)』과 『국어(國語)』에 기록된 것은 모두 동주(東周) 시기의
사료이다.[17] 옛날 사람들은 모두 좌구명(左丘明)이 지은 것이라고 생
각했지만 이것은 자못 문제가 크다. 『좌전』에 대하여 토론하기에 앞서
우선 『한서』 「예문지」를 살펴보기로 한다.

주(周)나라 왕실이 쇠미해지자 문헌이 없어지고 빠지게 되었다. 중니
[공자]가 앞선 성인(聖人)들의 공업을 남기고자 하면서도 "하(夏)나라
예를 내가 말할 수 있으나 기(杞)나라는 징험할 수 없다. 은(殷)나라 예
를 내가 말할 수 있으나 송(宋)나라는 징험할 수 없다. 문헌이 부족하
기 때문이다"라고 하였다. 노나라는 주공(周公)의 나라였으므로 예와
문물이 갖추어져 있었고 사관이 법도가 있어 좌구명(左丘明)이 노나라
역사서를 보고 기왕에 행한 일을 따르고 인도에 따를 수 있었다. 따라
서 흥한 것으로 공로를 세워주고 패한 것으로 벌을 주며 일월(日月)을
빌려서 역수(曆數)를 정하고 조빙(朝聘)에 의거해 예악을 바로잡을 수
있었다. 포폄을 글로 표현할 수 없는 경우, 제자들에게 구전하였는데
제자들이 물러나 하는 말이 달랐다. 좌구명이 제자들이 각기 자신들의
설에 안주하여 진의를 잃을까 염려하여 본래 일을 논하여 전(傳)을 만
들어 부자(夫子 : 공자)가 근거 없이 경(經)을 말한 것이 아님을 밝히고
자 하였다.

『사기』 「12제후연표」에서도 다음과 같이 말하였다.

---

17) 『국어』 가운데 서주(西周) 사료가 있기는 하지만 매우 적다.

따라서 서쪽으로 주(周)나라 왕실을 찾아보고서 사기(史記)와 관하여 예전부터의 이야기를 논하였다. 노나라를 대상으로 하여 『춘추』를 순서대로 편집하였는데 위로는 은공(隱公)에서 시작하여 아래로 애공(哀公)의 획린(獲麟)까지 원래 글을 요약하고 번거로운 것을 제거하여 의리와 법도를 세우니 왕도가 갖추어지고 인사(人事)가 제대로 되었다. 70명 제자가 그 전한 뜻을 구전으로 받았는데 풍자하고 포폄하는 말 가운데 글로 표현할 수 없는 것이 있었다. 노나라 군자인 좌구명(左丘明)이 제자들이 사람마다 학설이 다르면서도 각자 자기 설에 안주하여 진의를 잃을까 염려하여 공자의 사기(史記)[『춘추』] 및 그의 『논어』에 근거하여 『좌씨춘추』를 이루었다.

사마천과 반고가 말한 바에 따르면 전한(前漢)과 후한(後漢) 사람들이 모두 『좌전』을 좌구명의 저작으로 여기고 또 『춘추』를 해석한 책이라고 생각한 것이다. 그러나 『좌전』과 『춘추』 사이에는 상당히 다른 점이 있다. 즉 『춘추』의 문장은 극히 간단하지만 『좌전』의 기사는 비교적 번잡하다. 또 기록된 각 조목이 『춘추』와 같지 않다. 예를 들면, 은공 원년 『춘추』에 기록된 것은 모두 7조목인데 『좌전』은 13조목이다. 그 가운데 『춘추』에는 있으나 『좌전』에는 없는 것이 있으며 또한 『좌전』에는 있으나 『춘추』에는 없는 것이 있다.

이에 서한[전한] 말 이미 『좌전』은 『춘추』를 해석한 것이 아니라고 한 사람이 있었고 뒤에 정초(鄭樵) 등에 이르러서는 『좌전』은 유흠(劉歆)이 지은 위작이라고까지 하였다. 그러나 서한 초년에서 살펴보면 "북평후(北平侯) 장창(張蒼) 및 양태부(梁太傅) 가의(賈誼), 경조윤(京兆尹) 장창(張敞), 대중대부(大中大夫) 유공자(劉公子) 등이 모두 『춘추좌씨전』을 편수하였다"라 하였고,[18] 허신(許愼)의 『설문해자(說文解字)』에서도 또한 "북평후 장창이 『춘추좌씨전』을 바쳤다"라고 하였다.

---

18) 『한서』 「유림전」.

　생각하건대, 장창, 가의는 모두 한(漢)나라 문제(文帝) 때 사람이므로 서한 초년에 살았고, 유흠(劉歆)은 서한 말년 사람에 속하므로『좌씨전』의 시작과 전파는 유흠에서 비롯된 것이 아니다. 서한 때에 이르러『좌전』은 비록 학관에 세워지지는 않았지만 민간에는 전습자가 적지 않았다. 그렇다면 유흠이 또 어떻게 위조할 수 있었겠는가. 각 나라에 각기 역사서가 있었음은 이미 앞 장에서 말한 바이다.『춘추』와『좌전』을 보면 모두 모두 노나라 은공(隱公)에서 시작하였고,『죽서기년』은 진(晉)나라 일로 말하자면, 역시 진나라 문후(文侯)에서 시작하였다. 그렇다면 이런 사료는 모두 서주와 동주 교체기에 시작된 것 같다. 이것은 이상할 것이 없다.『시경(詩經)』을 보면 그 가운데 아(雅)는 서주 때 작품이 많다. 그 때 동방의 여러 나라에는 아직 국풍(國風)이 없었고 국풍은 주나라 동천 이후 시작되었다. 지금 출토되고 있는 청동기로서 동주시대의 것 가운데에는 여러 제후국에서 만든 것이 많다. 서주시대 청동기는 주나라 왕실에 속하는 것이 많은 것과는 다르다. 이것은 주나라 평왕(平王)이 동천한 이후 문화의 중심 또한 그에 따라서 동쪽으로 옮겨갔기 때문이다. 여러 제후국 역사서의 개시와 발달이 또한 이 시기에 있었던 것은 모두 환경이 그렇게 만든 것이다.

　『좌전』이라는 책은 아마도 어떤 사람이 각국의 역사서들을 점차 수집하여 이룩하였을 것이다. 이른바 점차란 그 집성(集成)이 한 사람의 손으로 된 것이 아니며 한번에 이루어진 것도 아니라는 뜻이다. 그것의 원 사료 또한 한 사람, 한 지역에서 쓴 것이 아니다. 이런 종류의 재료는 처음에는 구전되다가 나중에 비로소 문자로 정착되었을 가능성이 있다. 따라서 한 일에 대한 기록에 차이가 있다. 이것은『좌전』과『국어』를 비교하면 알 수 있다.『한서』「예문지」에는 "『공양외전(公羊外傳)』50편,『공양잡기(公羊雜記)』83편,『곡량외전(穀梁外傳)』20편" 이라는 언급이 있다. 그 책의 내용을 지금 알 수는 없지만, 생각해 보면 『좌전』에 기록된 것과 서로 비슷하였을 것이다. 공자가 『춘추』를 찬수할 때 이런 자료에 대하여, 아마도 반드시 또 일찍이 참고하였을 것이다. 아니면 공자가 『노사(魯史)』의 옛 문장에 대하여 어찌 써야 할 것은 쓰고 깎아야 할 것은 깎을 수 있었겠는가.

또 전국시대 제자백가에는 흔히 『좌전』과 동일한 사료를 인용한 부분이 있다. 예를 들면, 『한비자(韓非子)』의 「저설(儲說)」하편 「육미(六微)」, 『장자(莊子)』의 「겁협(怯篋)」, 『한비자』의 「난삼(難三)」, 「저설」상편 「칠술(七術)」, 「찰미(察微)」편, 「보경(報更)」편, 「외저설(外儲說)」상편 및 「노연자(魯連子)」 등이 그러하다.19)

또 『한비자』 「외저설」은 고거미(高渠彌)가 정(鄭)나라 소공(昭公)을 시해한 일을 기록하였는데 다시 "군자왈(君子曰) 소공은 미워할 바를 알았다"라고 하는 『좌전』과 동일한 구절이 있다. 『좌전』의 "군자왈"이 유흠이 첨가한 부분이 아니라는 사실에 대한 보다 확실한 증거라고 할 수 있다. 주나라 말엽 제자백가로부터 보면 『좌전』과 비슷한 사료들이 전국시대에 이미 존재하였다. 유사배가 제자백가에 인용된 부분이 『좌전』에서 나온 것이라고 한 것에 대하여 반드시 그렇다고는 감히 얘기할 수 없다. 그러나 제자백가가 인용한 부분과 『좌전』에 수록된 것은 같은 출처에서 나온 것은 사실이다.

『좌전』을 누가 편집하였는지는 현재 해결할 수 없는 문제이다. 사마천 및 반고, 환담(桓譚) 등은 모두 좌구명(左丘明)이 지은 것이라고 하였으며 어떤 사람은 심지어 바로 『논어』 「공야장(公冶長)」편의 '좌구명(左丘明)'이라고까지 하였다. 그러나 좌(左)와 구(丘)가 합쳐 좌구(左丘)가 성이다. 『좌전』의 여러 편집 가운데 혹 '좌씨(左氏)' 성을 가진 사람이 있어서 뒤에 『좌씨전』으로 칭하게 되었을 수 있다. 다만 '좌구(左丘)'와 '좌(左)'는 결코 같은 성이 아니다. 또 『좌전』은 은공 원년에 시

19) 유사배(劉師培), 『좌탐집(左貪集)』 「주계제자술좌전고(周季諸子述左傳考)」.

작하였고 가장 나중 기록에 '도공(悼公) 4년'이라는 언급이 있다. 애공보다 뒤이며 『좌전』의 최후 편집자는 일러도 노나라 도공과 같은 시기 사람이다. 편집자는 한 시기, 한 사람이 아니므로 『좌전』이 누구의 저작인가 하는 것은 이미 해결할 수 없는 문제가 된다. 따라서 나 또한 토론하지 않기로 한다.

처음 『춘추』와 『좌전』 두 책은 『한서』 「예문지」에서 『춘추경』 12편, 그리고 『좌씨전』 30권이라고 언급하였으므로 명확한 증거가 있다. 『좌전』과 『춘추』를 합친 것은 두예로부터 비롯되었으므로 이미 위(魏)나라와 진(晉)나라 교체기에 이르러서였다. 만약 단지 『춘추』만 있고 『좌전』이 없다면 242년간의 일에 대하여 그 연월 및 대략만을 알 수 있을 뿐이다. 상세한 내용은 『좌전』에 기록된 설명에 의존해야 하는 것이 많으므로 『좌전』은 실로 중국사학에서 가장 중요한 저작 가운데 하나이다.

『국어(國語)』 21편에 대하여 『한서』 「예문지」에서는 좌구명의 저작이라고 하였다. 그리고 사마천의 「자서(自序)」에도 또한 "좌구(左丘)가 실명하였을 때 『국어(國語)』가 있게 되었다"라는 구절이 있다. 이것은 동한과 서한 사람들이 모두 『좌전』과 『국어』를 동일하게 좌구명의 저술로 귀속시킨 것이다. 그러나 『좌전』과 『국어』에 동일한 사건을 기록하면서 실지로는 차이가 있는 부분이 있다. 예를 들면, 「주어(周語)」에는 "주(周)나라 문공(文公)의 시에 '형제가 담 안에서 화합하여 밖으로 수모를 막는다'라고 하였다"라는 구절이 있는데 『좌전』 희공(僖公) 24년조에서는 소목공(召穆公)의 시라고 하였다. 또 「초어(楚語)」에서 "언릉(鄢陵)의 전쟁은……옹자(雍子)가 한 것이다"라고 하였는데 『좌전』 양공(襄公) 26년에는 묘분황(苗賁皇)의 일로 하였다. 또 「초어」에서 "월(越)나라가 오(吳)나라에 패하면서부터 월나라가 오나라를 멸망시키기까지 도합 10년이다"라고 하였는데 『좌전』에 따르면 도합 22년이다.

서로 다른 곳이 이와 같다. 만약 같은 사람이 편집했다면 결코 이와 같은 모순에 이르지는 않았을 것이다. 두 책이 채택한 자료는 비슷하기는 하지만 결코 같은 출처가 아닌 것이 증명된다.

　어떤 사람은 유흠(劉歆)이 『열국어(列國語)』에서 뽑아서 『좌씨전』을 만들고 그 나머지로 『국어』를 만들었다고 한다. 만약 과연 이와 같다면, 어찌 유흠이 서로 다른 사료를 남겨두어 후대인으로 하여금 그가 『좌전』을 만들었다는 사실에 의문을 품게 하였을 리 있겠는가. 『국어』는 각국의 기록을 모아서 이룩하였을 것이다. 그것은 모두 주(周), 노(魯), 제(齊), 진(晉), 정(鄭), 초(楚), 오(吳), 월(越) 8국의 어(語)로 되어 있다. 시간을 따지면 「주어(周語)」가 가장 오래된 것으로서 위로 목왕(穆王)에 이르며 「월어(越語)」가 가장 늦어서 아래로 구천(勾踐)에 이른다. 기록된 시대는 「주어」를 제외하면 대략 『좌전』과 서로 같다.

　『국어』와 『좌전』의 차이점으로는, 『좌전』은 모든 사건에 적어도 연도가 있으며 때로는 심지어 월일까지도 있는데 비해, 『국어』는 연월이 없는 것이 많은 점도 있다. 또 『국어』는 한 사건의 시말이 항상 불완전하다. 유지기의 『사통』에서 열거한 사학 6가 가운데 상고(上古)에 속하는 것이 넷이다. 즉 상서가(尙書家), 춘추가(春秋家), 좌전가(左傳家), 국어가(國語家)이다. 『춘추』와 『좌전』은 같이 편년체에 속하며 편년체의 각종 조건을 갖추고 있다. 그러나 『국어』는 엉성하고 단편적이므로 사료라고는 할 수 있으나 『춘추』 및 『좌전』 등과 같은 비중으로 보아서는 안 된다.

제4절 기타 상고(上古) 역사서

　위에서 언급한 여러 역사서 외에 현존하는 것으로는 『세본(世本)』,

『일주서(逸周書)』, 『전국책(戰國策)』이 있는데 모두 사마천이 『사기』를 찬할 때 항상 채용했던 책이다. 『한서』「예문지」는 '『세본』15편'이라고 하였는데 원주에서 "옛 사관이 황제(黃帝) 이후 춘추시대의 제후·대부까지를 기록했다"라고 하였다. 아마도 보첩(譜牒) 가운데 가장 오래된 것일 가능성이 높다. 유지기의 『사통』「정사(正史)」편에 "초(楚)나라와 한(漢)나라 교체기에 호사가가 옛날 제왕·공후·경·대부의 시대에서 진(秦)나라 말까지를 기록하고 '『세본』15편'이라고 했다"라고 하였다. 옛날의 보첩은 후대의 가보(家譜)에 해당된다. 가보가 계속 이어서 찬수하는 것이라면 보첩도 당연히 그러하였을 것이다. 따라서 『세본』 중에는 뒤에 이어서 수찬한 부분이 원래 있던 부분에 전혀 영향을 주지 않은, 가장 오래된 부분이 있을 것이다.

당나라 이후 이 책이 이미 없어지기는 하였지만 현재 각종 서적에서 인용된 부분을 모은 집일본이 있다. 그 가운데 「유거(有居)」편에서는 옛 나라의 도읍을 기록하였고 「유작(有作)」편에서는 기기(器機)를 만든 일을 기록하였으며, 「유씨성(有氏姓)」편에서는 각 성성의 내력을 설명하였고 「유제계(有帝繫)」편에서는 고대 제왕의 성명 및 고사를 기록하였으며, 「유왕후대부보(有王侯大夫譜)」에서는 각국 귀족의 세계를 기록하였다. 그 대략이 이와 같다.

『한서』『예문지』에서 '『전국책(戰國策)』33편'이라고 하였는데 한(漢)나라 사람들은 각국의 길고 짧은 책들을 모아서 이룩한 것이므로 장단편서라고도 칭하였다. 엄격하게 논하면 『전국책』은 진정한 역사서라고는 할 수 없다. 전국시대는 바로 유세(遊說)가 성행하던 때로, 이로 인해 유세의 문장들을 수집하여 연구, 대비코자 한 사람이 있었을 것이다. 그 목적은 역사서를 쓰는 데 있는 것이 아니었으므로 때때로 연도에 대한 것이 분명하지 않고 사적 역시 중복된 곳이 있음을 면하지 못하였다. 사료로 간주하여 고증을 한다면 가능하겠지만, 순수한 역사서라고 하기에는 부족하다.

『한서』「예문지」에서 "『주서(周書)』 71편은 주(周)나라의 역사기록이다"라고 하였는데 안사고(顏師古)가, 유향(劉向)이 "주(周)나라 때의 고(誥), 서(誓), 호(號), 영(令)이다. 대개 공자가 논한 100편의 나머지이며 지금 남아 있는 것은 45편이다"라고 한 것을 인용하였다. 후대인이 『상서』 가운데의 「주서(周書)」편 부분과 구분하기 위하여 「일주서(逸周書)」라고 칭하였다. 허신(許愼)의 『설문해자(說文解字)』, 마융(馬融)의 『주논어(注論語)』, 정강성(鄭康成)[정현(鄭玄)]의 『주례(周禮)』는 모두 「주서」,[「일주서」]를 인용하였고 사마천도 「주서」를 인용한 적이 있다. 이것으로써 「주서」가 한대(漢代)에 존재하였음은 분명하다. 따라서 『수서』「경적지」에서 급총(汲冢)에서 출토된 것이라고 한 것은 실로 잘못이다. 안사고는 『한서』에 주석을 붙이면서 당나라 때에는 단지 45편만이 남아 있다고 하였으나 현존본에는 59편이 존재한다. 비교하면 도리어 14편이 더 많아서 당본(唐本)과 같지 않다. 청나라 때의 사용(謝墉)은 "이것은 후대인이 잘 모르고 70이라는 수에 맞추고자 하였으나 실로 단지 45편이 있었을 뿐이고 잃어버린 것은 없다"고 하였다. 그 가운데 어떤 부분은 매우 오래되어 혹 비교적 이른 시기의 것일 가능성이 있으나 그 나머지는 대략 전국시대 사람의 작품인 것 같다. 또 각 편은 모두 '해(解)'로써 편명을 하였다. 예를 들면, 「극은해(克殷解)」, 「도읍해(度邑解)」 등이 그것인데 아마도 당시 원래 약간의 사료가 있었고 해라는 것은 같은 이름의 사료를 해석했다는 뜻으로 여겨진다. 『관자(菅子)』에는 「목민(牧民)」 등 5편이 있고 또 「목민해(牧民解)」 등 5편이 있다. 이렇게 '해(解)'가 붙은 것들은 모두 그 대상들의 의미를 거듭 분명하게 해설한 것이다. 『관자』는 전국시대 작품으로 추정된다. 따라서 『일주서』 또한 같은 체제를 갖고 있다.

이 밖에 『목천자전(穆天子傳)』이 항상 사부(史部)의 기거주(起居注)

가운데에 들어 있다. 그러나 이 책은 소설에 가깝다. 아마도 『좌전』 소공 12년조에 "옛날 목왕(穆王)이 마음껏 천하를 두루 여행하였으므로 모두 반드시 수레바퀴와 말 자국이 있을 것이다"라고 하였다. 이것에 근거하여 이 말을 확대하여 책을 만들었을 것이므로 사료로 간주할 수 없다. 따라서 상고의 역사서에 넣지 않기로 한다. 『산해경(山海經)』에는 지리 기록이 많으므로 이 또한 사학사 가운데에서 토론하기에는 적합하지 않다.

제3장 한대(漢代)의 역사서

제1절 『사기(史記)』

양한[전한(前漢)과 후한(後漢)]의 역사가로는 사마천(司馬遷) 부자를 으뜸으로 든다. 사마천은 자가 자장(子長)이며 좌풍익(左馮翊) 하양(夏陽) 사람이다.[1) 한(漢)나라 경제(景帝) 중원(中元) 5년(B.C. 145) 출생하였다. 『사기』「자서(自序)」의 『색은(索隱)』주석에서는 장화(張華)의 『박물지(博物志)』를 인용하여 "태사령(太史令) 무릉(武陵) 현무리(懸武里) 대부(大夫) 사마천(司馬遷)은 나이 38세, 3년 6월 을묘(乙卯)일에 육백석(六百石)에 제수되었다"라고 하였다. '38세'는 원래는 '28세'로 되어 있었다. 이것은 왕국유(王國維)의 「태사공행년고(太史公行年考)」에서 개정한 바에 따른 것이다. 3년은 한(漢)나라 무제(武帝) 원봉(元封) 3년을 가리킨다. 위로 38년을 역산해 가면 한나라 경제(景帝) 중원(中元) 5년이 된다. 태사공(사마천)은 이 해에 태어났다. 무제 때 부친 사마담(司馬談)을 이어서 태사령(太史令)이 되어 역사기록과 석실(石室)·금궤(金匱)의 책을 보았고, 『상서(尙書)』, 『춘추(春秋)』 등의 역사서에 의거해 위로 헌원씨(軒轅氏)에서 시작하여 아래로 [사마천] 당시에 이르

---

1) 자장이라는 자는 『사기(史記)』와 『한서(漢書)』 모두에 실려 있지 않다. 『양자법언(揚子法言)』의 「과견(寡見)」·「군자(君子)」편 및 『논형(論衡)』의 「초기(超奇)」, 「변동(變動)」, 「수송(須頌)」, 「안서(案書)」편 등에 보인다.

기까지를 대상으로 130편의 책을 완성하였다. 즉 현재 남아 있는 이른
바 『사기(史記)』가 이것이다.

사마천의 책 『사기』는 원래 『태사공서(太史公書)』라고 칭하거나 『태
사공기(太史公記)』라고 칭하였다. 『한서(漢書)』 「예문지(藝文志)」는
『태사공(太史公)』 130편이라고 칭하였고, 『한서』 「서전(敍傳)」에서는
"동평사왕(東平思王) 쪽에서 숙부(叔父)를 통해 『태사공[서]』(太史公
書)·제자서(諸子書)를 구하였으나 대장군 백(白)이 허락하지 않았다"
라고 하였으며 「양운전(楊惲傳)」에서는 "양운이 처음 외조부의 『태사
공기(太史公記)』를 읽었다"라고 하였고 또 「동평사왕전(東平思王傳)」
에서는 "후년 내조하면서 상소하여 제자(諸子) 및 『태사공서』를 구하
였다"라 하였다. 후한(後漢)시대에 이르러서는 송충(宋忠 : 宋衷)이 『세
본(世本)』에 주석을 달면서 『태사공서(太史公書)』라고 칭하였고,[2] 응
소(應劭)의 『풍속통(風俗通)』에서는 『태상공기(太上公記)』라고 칭하였
다. 이로써 전한(前漢)과 후한(後漢) 사람들은 아직 『사기(史記)』라는
칭호를 사용하지 않았음을 알 수 있다. 『한서』 「예문지」는 인명을 책
이름으로 한 경우가 많다. 예를 들면 『동중서(董仲舒)』 123편, 『아관(兒
寬)』 9편이라 한 것은 모두 동중서와 아관의 저서를 말한다. 그렇다면
『태사공』으로 사마천의 저서를 칭한 것은 또한 당시의 일반적 관례였
을 것이다. 순열(荀悅)의 『한기(漢紀)』 권14에 이르러 비로소 "사마자
장(司馬子長)이 이릉(李陵)의 화를 당하고 나서 개연히 탄식하고 숨어
서 발분하여 마침내 『사기(史記)』를 지었다. 황제(黃帝)에서 시작하여
진(秦)·한(漢)에 미쳤는데 『태사공기(太史公記)』라 했다"라고 하였다.
그렇다면 『사기』라는 칭호는 대략 한(漢)나라 말엽에 시작되었고 『태
사공기』의 약칭이다. 『수서(隋書)』 「경적지(經籍志)」에서 이렇게 기록
하여 후세에는 태사공(太史公 : 사마천)의 저서만을 지칭하게 되었다.

---

2) 「좌전정역인(左傳正易引)」.

또 전한과 후한 사람들의 관습은 '사기(史記)'라는 용어로 옛 역사를 일컬었다. 사마천은 모두 12번 '사기(史記)'라는 표현을 사용하였다. 예를 들면, 「주본기(周本紀)」에 "태사(太史)인 백양(伯陽)이 사기(史記)를 읽다"라 하였고 「진·기세가(陳·杞世家)」에 "공자가 사기(史記)를 읽었다"라 하였다. 「12제후연표(十二諸侯年表)」에 "공자가 서쪽으로 가서 주(周)나라 왕실을 살펴보고 사기(史記)의 옛 글을 논하였다"라거나, "노(魯)나라 군자 좌구명(左丘明)이 공자의 사기(史記)에 대하여 구체적으로 그 말을 논하였다"라고 하였다. 「육국표(六國表)」에서는 "진(秦)나라가 이미 득의[천하통일]하자, 천하의 『시(詩)』와 『서(書)』를 불태웠으며 제후들의 사기(史記)에 대하여는 더욱 심하게 하여 아주 꺼려하였다"라거나, "사기(史記)는 주(周)나라 왕실에만 비장되었으므로 없어졌다"라고 하였다. 「천관서(天官書)」에서는 "내가 사기(史記)를 살펴보고 행사에 대하여 고찰하였다"라 하였고, 「공자세가(孔子世家)」에서는 "이에 사기(史記)로 인하여 『춘추(春秋)』를 짓게 되었다"라 하였다. 「노자열전(老子列傳)」에서는 "사기(史記)에 이르기를, 주(周)나라 태사(太史) 담(儋)이 진(秦)나라 헌공(獻公)을 알현하였다"라 하였고 「유림열전(儒林列傳)」에 "따라서 사기(史記)로 인하여 『춘추』를 지었다"라 하였다. 「자서(自序)」에서는 "사기(史記)가 단절된다"라거나 "석실(石室)과 금궤(金匱)에 있던 사기(史記)를 열람하였다"라고 하였다. 이상에서 언급된 '사기(史記)'는 모두 옛 역사를 가리키는 것이지 후대인들이 말하는 태사공(太史公)의 『사기(史記)』는 아니다. 양한[전한과 후한] 사람들은 태사공의 저서를 '사기(史記)'라 하지 않았음에는 위와 같은 증거가 있다. 또 그렇게 한 데에는 원인이 있다.

『사기』에 채용된 자료에 대하여는 「오제본기(五帝本紀)」에 다음과 같은 언급이 있다.

『상서(尙書)』만이 요(堯)임금 이래의 일을 수록하였으며 백가(百家)가 황제(黃帝)에 대하여 언급하였으나 그 말이 아담하지 못하여 천신(薦紳) 선생들이 말하기를 부담스러워한다. 공자가 전해 준,『재여문(宰予問)』・『오제덕(五帝德)』및『제계성(帝繫姓)』은 유자(儒者)들에게 전해지지 않는다.

『사기』「은본기(殷本紀)」에서 또 다음과 같이 언급하였다.

　　태사공은 말한다. "나는 [『시(詩)』] 송(頌)에 근거해 설(契)의 일을 정리하였고, 성탕(成湯) 이후는 『서(書)』와『시(詩)』에서 채용하였다"라고 하였다. 「12제후연표」에서는 "태사공이 『춘추역보첩(春秋曆譜諜)』을 읽었다"라고 하였고 「삼대세표(三代世表)」에서는 "내가 보첩(譜諜) 기록을 읽어서 황제(黃帝) 이래 모두 연도가 있게 되었다.……이에 『오제계첩(五帝繫諜)』・『서』에 근거하고 세기(世紀)를 모아 황제(黃帝) 이래 공화(共和)시대에 이르기까지 세표(世表)를 만들었다.3)

그리고 「육가전(陸賈傳)」에서는 "내가 육생(陸生 : 육가)의 『신어(新語)』12편을 읽고 12편을 썼다. 참으로 당세의 웅변가이다"라고 하였다. 그러므로 『후한서(後漢書)』본전(本傳)에서는 반표(班彪)의 찬술에 의거하여 다음과 같이 요약하여 실었다.

　　효무제(孝武帝) 때 태사령(太史令) 사마천이 『좌씨(左氏)』와『국어(國語)』를 채용하며 『세본(世本)』,『전국책(戰國策)』을 산삭하고 초(楚)・한(漢) 열국 때의 일들에 의거하여 위로 황제(黃帝)로부터 아래로 획린

---

3) 『색은(索隱)』에서 첩(諜)은 음이 첩(牒)이라 하였다. 첩(牒)이란 계통과 시호를 기록한 것이다. 또 생각하건대, 『대대례(大戴禮)』에는 「오제덕(五帝德)」및 「제계(帝繫)」편이 있는데 아마도 태사공이 이 보첩 2편 및 『상서』를 갖고서 편집하여 황제 이후 계통을 표로 만든 것 같다.

(獲麟) 때에 이르기까지, 본기(本紀)·세가(世家)·열전(列傳)·서(書)·
표(表) 도합 130편을 지었는데 10편이 결질이다.

『한서(漢書)』「사마천전(司馬遷傳)」에는 아래와 같은 언급이 있다.

　사마천이 『좌씨』,『국어』에 근거하고 『세본』,『전국책』을 채용하고
『초한춘추(楚漢春秋)』에 의거하여 그 뒤의 일에 접속시켜 대한(大漢 :
한나라)에 이르렀다.

이 언급 역시 앞의 언급들과 서로 합치된다. 이상의 기록을 종합해
보면 『사기』의 성립은 옛 역사는 『시』,『서』,『춘추』,『좌씨전』,『국
어』,『오제덕』,『제계성』,『세본』,『전국책』,『진기(秦紀)』에서 채용하
여 이룩된 것이다. 한나라 초엽의 경우는 『초한춘추』를 채용하였고 그
뒤의 여러 가지 일은 당시의 문서에서 채용하였다. 따라서 『사기』의
「자서(自序)」에서 "석실(石室)과 금궤(金匱)에 있던 사기(史記 : 역사기
록)를 열람하였다"라고 하였고 또 "천하의 유문(遺文)과 고사(古事)는
태사공이 모두 수집하지 않은 것이 없다"라고도 하였다. 대체로 태사
공이 채용한 것에는 궁중에 비장되던 고서(古書) 및 당시의 사료가 겸
해 있다.
　『사기』의 저작 시기에 대하여는, 「자서」에 따르면 사실 사마담(司馬
談)이 시작하였고 그 아들 사마천이 완성한 것이라고 할 수 있다. 『사
기』의 「자서」에 다음과 같은 언급이 있다.

　이때 천[사마천]이 벼슬하여 낭중(郎中)이 되어 명을 받들어 서쪽 파
촉(巴蜀) 이남으로 파견되어 남쪽으로 공(邛), 작(笮), 곤명(昆明) 등에
이른 다음, 돌아와 복명하였다. 이 해에 천자가 한(漢)나라 왕실에서 처
음으로 봉선(封禪)을 하였으나 태사공[사마천의 아버지, 사마담]은 주

남(周南)에 머무르고 있어서 여기에 참여할 수 없었다.[4] 이리하여 울분이 쌓여 돌아가셨다. 아들인 나는 마침 사신으로 갔다가 돌아오는 길에 아버님을 하수(河水)와 낙수(洛水)의 사이에서 뵈었다. 태사공은 나의 손을 잡고 눈물을 흘리며 아래와 같이 말씀하셨다.

"우리 선조는 주(周)나라 왕실의 태사(太史)였다. 일찍이 상세로부터 우(禹)임금의 하(夏)나라 때에 이르기까지 공명을 드러내었고 천관(天官)의 일을 맡았으나 후세에 쇠퇴하여 내게서 끊어지게 되었다. 네가 다시 태사(太史)가 된다면 우리 조상을 잇는 것이다. 지금 천자는 천년의 전통을 이어서 태산(泰山)에 봉선하였으나 나는 따라갈 수 없었다. 이것은 운명이다. 내가 죽더라도 너는 반드시 태사가 되고 태사가 되어서는 내가 저술하고자 한 것을 잊지 말아라. 무릇 효란 부모를 섬기는 데에서 시작되어 나아가 임금을 섬기고 마침내는 입신하는 것이다. 후세에 이름을 날려 부모를 현창하는 것, 이것이 효 가운데 큰 것이다. 무릇 천하는 주공(周公)을 칭송하여 그가 문왕(文王)과 무왕(武王)의 덕을 논하고 노래하여 주(周)·소(邵)의 풍(風)을 퍼뜨리고 태왕(太王), 왕계(王系)에까지 생각이 미치고 나아가 공유(公劉)에 이르렀으며 후직(后稷)을 높일 수 있었다. 유왕(幽王)과 여왕(厲王) 이후 왕도(王道)가 무너지고 예악(禮樂)이 쇠퇴하였는데, 공자가 옛 가르침을 잘 닦아서 없어진 것을 일으켜 세우고 『시』와 『서』를 논하며 『춘추』를 지었다. 이것을 학자가 지금도 본받고 있다. 획린(獲麟) 이후 400여 년인데 제후가 서로 겸병하여 역사기록이 끊어졌다. 지금 한(漢)나라가 일어나 해내(海內 : 천하)가 통일되었다. 나는 태사가 되었으면서도 밝은 군주, 현군, 충신, 의사(義士)들에 대하여 기록하지 못하여 천자의 역사기록이 없게 하였다. 나는 이것이 심히 두려우니 너는 이 점을 명심하라."

천[사마천]은 머리를 수그리고 눈물을 흘리며 "소자가 불민하오나 아버님께서 차례로 모으신 구문(舊聞)을 모두 논하여 감히 없어지게 하지 않겠습니다"라고 하였다.

---

4) 『집해(集解)』에서는 『지우(摯虞)』를 인용하여 "옛날 주남(周南)은 지금의 낙양(洛陽)이다'라고 하였음.

이것은 사마담에게 적어도 저술 계획이 있었음을 말해 준다. 아니면 사마담이 이미 순서대로 정리한 옛 문헌을 갖고서 사마천이 완성한 것이라고 생각할 수도 있다.

저술에 걸린 기간에 대하여는 조익(趙翼)이 『이십이사차기(二十二史箚記)』에서 『사기』 본문에 의거하여 일찍이 아래와 같이 논한 바 있다.

『사기』의 「자서」에서는 "부친 사마담이 죽으면서 사마천에게 여러 대의 역사를 저술하도록 부탁하였다. 돌아가신 지 3년에 천이 태사령이 되어 바로 석실과 금궤 속에 있던 서적을 열람할 수 있었다. 태사령이 된 지 5년은 태초(太初) 원년에 해당되며 이 해에 정삭을 개정하였다. 바로 공자가 『춘추』를 지은 뒤 500년에 해당된다. 이리하여 차례로 편찬 작업을 하였다. 미처 초고가 이루어지기 전에 이릉(李陵)의 화를 만나 애석하게도 완성하지 못하였다. 이리하여 형을 당하면서도 원망하지 않았다"라고 하였다. 사마천이 태사령 즉 편찬사사(編纂史事)가 된지 5년이 태초 원년에 해당된다면 처음 태사령이 된 것은 원봉(元封) 2년이다. 원봉 2년에서 천한(天漢) 2년에 이르러 이릉의 화를 만나기까지 이미 10년이다.……이 편지[5]는 바로 안[임안]이 죄에 걸려 막 처형당하려고 하던 때에 해당된다. 그렇다면 정화(征和) 2년 사이의 일이다. 천한 2년에서 정화 2년까지 또 8년이다. 사마천이 『사기』를 지은 기간은 도합 18년이다. 더욱이 임안이 죽은 뒤 사마천이 아직 죽지 않았다면 반드시 더 산정, 개작 작업을 하였을 것이다. 대략 책의 완성은 20여 년 걸린 것이다. 『사기』 「자서」의 말미에서 "황제(黃帝) 이후로부터 태초(太初) 연간에 이르러 마쳤다"라고 한 것은 곧 서술 대상인 역대의 사적이 태초에 그쳤다는 것이지 저술 시기가 태초에 이르러 끝났다는 말이 아니다.

조익(趙翼)은 「보임안서」가 정화 2년에 지어진 것이라고 하였으나

---

5) 「보임안서(報任安書)」 : 임안에게 준 답서를 가리킴.

왕국유(王國維)는 「태사공행년고(太史公行年考)」에서 이를 수정하였다. 왕국유는 「보임안서」 가운데 "마침 동쪽에서 상께서 돌아오시다[會從東上來]"라는 구절[6]을 인용하여 태시(太始) 4년 봄 3월 태산(泰山)에 행행하고 여름 4월 불기(不其)에 행행한 것을 가리키며, 편지 가운데 "나는 또 가까이 상(上)을 모시고 옹(雍) 지역으로 따라 갔다"라는 구절은 태시 4년 겨울 12월 옹 지역에 행행하여 오시(五時)의 제사를 지낸 일을 가리킨다고 주장하였다. 이리하여 [왕국유는] 「보임안서」는 태시 4년에 작성되었으므로 정화 2년에 비해 2년 빠르다고 단정하였다. 왕국유의 이 주장은 매우 타당하다. 또 내가 생각하건대, 왕국유는 처음 태사령이 된 것을 원봉(元封) 3년에 배치하고 처음 『사기』 편찬을 시작한 것은 마땅히 태초 원년 책력을 만든 이후라고 고증하였다. 그렇다면 태초 원년에서 태시 4년까지 도합 12년이다. 아마도 『사기』의 저술 기간은 많으면 16년(원봉 2년에서 태시 4년), 적으면 12년(태초 원년에서 태시 4년)이었을 것이다. 이후 증보·산삭 작업을 제외하면 『사기』 저술 기간은 대략 위와 같다.

『사기』를 저술한 동기에 대하여 살펴보기로 한다. 사마씨(司馬氏)는 대대로 천관(天官)이었고 사마천 또한 천문과 책력에 밝았다. 『사기』 「자서」에 다음과 같은 언급이 있다.

태초 원년 11월 갑자삭(甲子朔) 단(旦) 동지(冬至)에 책력이 처음 개정되어 명당(明堂)에 세워졌으며 여러 신이 기(紀)를 받았다. 태사공[사마천]은 말한다. "선인(先人 : 사마담)께서 '주공(周公)이 졸한 지 500년이 되어 공자가 있었고 공자가 졸한 뒤 지금 500년이니 밝은 세상을 이어 『역전(易傳)』을 바로잡고 『춘추(春秋)』를 계승하되 『시(詩)』·『서(書)』·『예(禮)』·『악(樂)』 등에 근거하여야 한다. 뜻을 여기에 두어야

---

6) 나는 복건(服虔)은 "무제가 돌아와서부터"라고 해석하였다.

할 것이다'라고 하셨다. 소자가 어찌 감히 이를 저버릴 수 있겠는가."

이때 책력이 처음으로 개정되었고 또 공자가 졸한 지 500년이 되니 바로 "공자가 옛 것을 닦아서 없어진 것을 일으키고 『시』·『서』를 논하며 『춘추』를 지었던 것과 같은" 시대가 다시 올 때라고 생각하였다. 이에 부친 사마담의 유언에 따라서 "천하의 잃어버린 구문(舊聞)을 망라하고 대략 그 일을 고찰하며 그 시말을 종합하고 그 성패와 흥폐의 기록을 상고하여……일가(一家)의 학설을 이룩하였다."[7]

『사기』 편찬의 목적은 "천인(天人)의 관계를 규명하여 고금의 변화에 통하고자 함"이었다(위와 같음). 대체로 그 동기는 봉선(封禪) 및 정삭(正朔) 개정과 같이 천인(天人)의 관계를 규명하는 것이었다. 이것이 『사기』 원고(原稿)가 태초 연간에 그친 까닭이다. 왕국유는 원고가 태초 연간에 그친 것과 관련하여 "여러 표(表) 가운데 자취가 가장 분명한 것은 한(漢)나라가 일어난 이후 제후의 연표이다. 건원(建元) 이후 왕자(王子), 후자(侯子)의 연표는 모두 태초 4년에 끝나며 이것은 태사공의 원본이다"라고 하였다. 이 주장은 매우 정확하다. 내가 생각하건대, 『사기』 「자서」에서는 또한 "위로 헌원씨(軒轅氏)에서 시작하여 아래로 획린(獲麟)에 이르러 그쳤다"고 하였다. 획린에서 그친 것은 또한 태초(太初)를 가리킨다. 어떤 사람은 원수(元狩)라고 하였는데 잘못이다.

태사공[사마천]이 책력 개정으로 인해 『사기』를 지은 것은 공자가 획린으로 인해 『춘추』를 지은 것과 같다. 따라서 『사기』 「자서」에서 다음과 같이 말하였다.

상대부(上大夫) 호수(壺遂)가 "옛날 공자는 무엇을 위해 『춘추』를 지

---

7) 『문선(文選)』, 「사마자장보임소경서(司馬子長報任少卿書 : 보임안서)」.

었는가"라고 물었는데 태사공[사마천]이 아래와 같이 답하였다. "내가 동생(董生)에게 들은 바로는, 주(周)나라의 도가 쇠퇴하여, 공자가 노나라의 사구(司寇)가 되어 제후를 처벌하려고 하였으나 대부(大夫)가 막으려고 하였으므로 공자가 도가 행해지 못할 것을 알고서 242년간의 일에 대하여 시비를 가려서 천하의 의표(儀表 : 표준)로 하여, 천자와 제후를 비판하고 대부를 성토함으로써 왕사(王事)를 통하게 하고자 하였을 따름이다. 내가 역사를 기록하고자 하는 것은, 공허하게 말하는 것이 실제적인 일 가운데에서 깊고 절실하게 드러난 것을 살펴보는 것만 못하기 때문이다. 무릇『춘추』는 위로는 삼왕(三王)의 도를 밝히고 아래로는 인사(人事)의 기율을 분변하여 혐의를 가려내고 시비를 밝히며, 유예를 결정하고 선악을 밝히며 현명함·어리석음을 모두 제자리에 두고 망국을 다시 존재하게 하며, 끊어진 세대를 이어주고 헐어 무너진 것을 보수해 다시 일으켜 주려고 하는 것이니, 왕도 가운데 큰 것이다."

또『사기』「자서」에서 다음과 같이 말하였다.

『춘추』는 도의로써 난세를 다스려 준다. 바른 곳으로 돌아가게 하는 것으로는『춘추』보다 나은 것이 없다.『춘추』의 글자는 수만이며 그 뜻은 수천이다.……따라서 나라를 가진 자는『춘추』를 알지 못해서는 안 된다. 앞에 참소하는 자가 있어도 보지 못하며, 뒤에 도적이 있어도 알지 못한다. 남의 신하된 자는『춘추』를 알지 못하면 안 된다. 일상의 일을 할 때 마땅함을 모르고 변고를 만나서 임기응변을 모른다. 사람들의 군부(君父)가 되어서『춘추』의 의리에 통하지 못한 자는 반드시 최고 악당이라는 이름을 뒤집어쓰게 된다. 남의 신자(臣子)가 되어서 『춘추』의 의리에 통하지 못한 자는 반드시 찬시(簒弑)의 역적이라는 명목에 빠지게 된다. 사실 모두『춘추』에 대하여 좋다고 하면서도 그 뜻을 제대로 모르고 공허한 말에 갖다 붙이기를 마지않는다.

이상에서 태사공[사마천]의 의도는 『사기』를 『춘추』에 비기는 것이
었음을 잘 알 수 있다.

『사기』는 총 130편이다. 본기(本紀) 12, 표(表) 10, 서(書) 8, 세가(世
家) 30, 열전(列傳) 70편으로 구성되어 있다. 사마천이 죽은 뒤 "10편이
결본으로, 기록만 있지 책은 없었다."8) 『한서』 「예문지」에서도 10편은
기록만 있지 책은 없다고 하였다. 「사마천전」에 다음과 같은 언급이
있다.

　　사마천이 죽은 뒤 「경기(景紀 : 경제기)」, 「무기(武紀 : 무제기)」, 「예
　서(禮書)」, 「악서(樂書)」, 「병서(兵書)」, 「한흥이래장상연표(漢興以來將
　相表)」, 「일자열전(日者列傳)」, 「삼왕세가(三王世家)」, 「구책열전(龜策
　列傳)」, 「부근열전(傳靳列傳)」을 망실하였다. [한(漢)나라] 원제(元帝)와
　성제(成帝) 연간에 저선생(褚先生)이 빠진 부분을 보충하여 「무제기(武
　帝紀)」, 「삼왕세가(三王世家)」, 「구책일자전(龜策日者傳)」을 지었으나
　언사가 비루하여 사마천의 본래 모습이 아니다.

위 10편의 항목 가운데 「병서」는 바로 「율서(律書)」라고 청나라 조
익(趙翼)과 왕명성(王鳴盛)이 주장하였다. 부사년(傅斯年) 선생은 "태
사공이 원래 「병서」를 지었으며 『사기』 「자서」 가운데 논한 바는 모두
「병서」와 관계가 있으므로, 「율서」가 아니다"라고 하였다.

저선생(褚先生)은 이름은 소손(少孫)이며 현존 『사기』에 "저선생왈
(褚先生曰)"이라는 언급이 있는 것은 그가 보충한 부분이다.9)

---

8) 『한서』 「사마천전」.
9) 전대흔(錢大昕)은 "저소손이 보충한 「무제기」는 현재 『사기』 가운데 남아 있
　지 않다. 저소손이 보충한 부분은 모두 태사공이 빠뜨린 부분이며 뜻은 얕으
　나 함부로 갑으로써 을에 해당시킨 것은 아니었다. 아마도 위(魏), 진(晉) 이후
　저소손이 편찬한 부분 또한 망실되어 향리의 망녕된 자가 이것을[현존 부분]
　취하여 숫자를 채운 것일 따름일 것이다"라고 하였다.

저소손이 보충한 부분 이외에 또 후대인이 증보한 부분이 있다. 유지기의 『사통』「정사(正史)」편에 다음과 같은 언급이 있다.

『사기』에 기록된 연도는 한나라 무제 태초(太初) 연간으로 끝나며 이후에 대하여는 기록하지 않았다. 그 뒤 유향(劉向), 유흠(劉歆) 및 여러 호사가들, 예를 들면 약풍상(若馮商), 위형(衛衡), 양웅(揚雄), 사잠(史岑), 양심(梁審), 사인(肆仁), 진풍(晉馮), 단숙(段肅),[10] 금단(金丹), 풍연(馮衍), 위융(韋融), 소분(蕭奮), 유순(劉恂) 등이 서로 이어 계속 보충하여 애제(哀帝)와 평제(平帝) 연간에까지 언급하게 되었으나 여전히 『사기』라고 불렀다.

또 사마천이 죽은 뒤 그 책(『사기』)을 처음 전파한 사람은 사마천의 외손 양운(楊惲)인데 아마도 그 사이에 또한 그가 첨가한 부분도 없지 않을 것이다. 「태사공자서」에 대한 『색은(索隱)』[11]의 언급에는 다음과 같은 지적이 있다.

살펴보건대, 「경기(景紀 : 경제기)」는 반고의 책[『한서』]을 취하여 보충하였고 「무기(武紀 : 무제기)」는 오로지 「봉선서(封禪書)」만을 취하였으며, 「예서(禮書)」는 순경(荀卿 : 순자)의 예론을 취하였고 「악서(樂書)」는 『예(禮)』의 「악기(樂記)」를 취하였다. 「병서(兵書)」는 없어진 것을 보충하지 못하여 대략 율(律)을 서술해서 병(兵)을 말하고 마침내 『역(易)』을 나누어 서술하여 차례대로 하였다. 「삼왕계가(三王系家)」[12]는 쓸데없이 그 책문을 취하여 이 편에 이었으니 아주 소략하고 중복되어 마땅하지 않다. 「일자(日者)」는 여러 나라의 차이점을 기록하지

---

10) 반고의 전(傳)[『한서』「은숙전(殷肅傳)」]에서는 "단숙"이 아니라 "은숙(殷肅)"이라 함.
11) 『사기』의 『색은』.
12) 계가(系家)는 곧 세가(世家)이며 당(唐)나라 태종의 휘를 피하여 고침.

못한 채 사마계주(司馬季主)를 논하였으며 구책(龜策)은 단지 태복(太卜)이 얻은 점(占)·구(龜)·조(兆)를 잡다하게 말하여 필삭(筆削)의 공을 들이지 않았으니 매우 무잡하고 비야하다.

『사기』의 체제는 본기(本紀), 서(書), 표(表), 열전(列傳)을 합쳐 이루어진다. 본기는 편년체로서 나라의 큰일을 기록한 것이고 세가는 마찬가지로 편년체로서 제후 열국의 일을 기록한 것이다. 유지기의 『사통(史通)』에서는 "사마천이 열국의 일을 기록한 편차의 체제는 본기와 다르지 않다. 아마도 제후를 낮추어 천자와 다르게 하고자 하였으므로 다른 명칭을 붙여 세가라고 하였을 것이다"라고 하였다(「세가」편).

열전은 사람을 단위로 하여 그의 일을 기록하였는데 혹 비슷한 사람 몇을 합쳐 기록하기도 하였다.[13] 저자는 이 같은 종류를 단위로 하고서 그 시종과 변화의 자취를 서술하였다. 표(票)란 본기, 세가, 열전의 부족함을 보충하기 위한 것인데 옆으로 선을 그어서 연월을 순서대로 표시하였다.

본기와 세가는 모두 고대의 편년체 역사에서 근원하므로 『춘추』 및 『좌전』 계통이라고 할 수 있다. 명칭 또한 혹 옛 것을 따라 사용하였을 수 있다. 예를 들면 「대완전(大宛傳)」에서 "태사공은 말한다. '「우본기(禹本紀)」에서 「황하(黃河)는 곤륜산(崑崙山)에서 발원하는데 곤륜산의 높이는 2천5백여 리이다」라고 하였으므로⋯⋯구주(九州)의 산천에 관하여 언급한 것 가운데에는 『상서(尙書)』가 근사하다.'"라고 한 것과, 「위세가(衛世家)」에서 "태사공은 말한다. '나는 세가(世家)의 말을 읽었다.'"라고 언급한 것 등은 태사공 이전에 이미 '본기(本紀)' 및 '세가(世家)'라는 명칭이 이미 존재하였고 이것들이 사마천이 처음 만든 명칭이 아님을 보여준다.

---

13) 예를 들면 「자객열전」, 「유림전」 등 10편.

표(表)는 아마도 고대의 보첩(譜諜) 및 세본(世本)에서 유래하였을 것이다. 『사기(史記)』에서 서(書)가 같은 종류의 기사(記事)를 단위로 한 것은, 기사(記事)와 기언(記言)으로 된 『상서(尚書)』에서 유래하였을 것이다. 『사기』 가운데 열전이라는 한 항목만 태사공이 만든 것이다. 어떤 사람은 「백이열전(伯夷列傳)」 가운데의 "그 전(傳)에 말하기를, '백이(伯夷), 숙제(叔齊)는 고죽군(孤竹郡)의 두 아들이다'라고 했다"라는 구절을 근거로 열전이 사마천에게서 시작된 것이 아니라고 하기도한다. 그러나 『사기색은』에서 "그 전(傳)은 아마도 『한시외전(韓詩外傳)』 및 『여씨춘추(呂氏春秋)』를 언급한 것일 것이다"라고 분명하게 설명하였다. 따라서 『사기』의 여러 열전과는 성격 상 다르므로 열전이 사마천에 의해 창시된 것에는 의문의 여지가 없다.

하지만 『수서(隋書)』 「경적지(經籍志)」에서 "괵중(虢仲), 괵숙(虢叔)은 왕계(王季)의 목(穆)인데 공훈이 왕실에 있어 맹부(盟府)에 수장되어 있다"라고 한 것 및 "장흘(臧紇)이 반란을 일으키자 계손(季孫)이 태사(太史) 소(召)에게 악신(惡臣)을 장악하고 동맹을 하라고 명하였다"라고 한 것, 그리고 『주관(周官)』[『주례』]의 사구(司寇) 항목에서 "무릇 큰 맹약을 할 때, 그 맹세에 임하여 천부(天府)에 올라가 태사(太史), 내사(內史), 사회(司會), 육관(六官)이 모두 이(貳)를 받아 보관해 둔다"라고 한 것 등, 3가지에 의거하여 "공경, 제후에서 군사(群士)의 선악의 자취에 이르기까지 모두 사관(史官)의 직분에 속한다"라고 하였다.

또 『수서』 「경적지」에서는, 『주례』의 여서(閭胥), 족사(族師), 당정(黨正), 향대부(鄉大夫)라는 각 직책에 의거하여 "이리하여 궁하게 사는 미천한 사(士)들의 언행도 반드시 도달되어 모두 사전(史傳)이 있었다"라고도 하였다. 만약 이런 주장에 근거한다면 열전의 유래는 이미 오래 되어 태사공에서 시작된 것이 아니게 된다.

그러나 『수서』 「경적지」에서 제시한 두 가지 증거를 자세히 살펴보면 곽중·곽숙과 장흘의 일은 모두 국가와 중요한 관계가 있으므로 기재되어 역사서에 들어간 것이지, 개인을 위해 전을 만든 것은 결코 아니다. 『주례』라는 책은 원래 신빙성에 문제가 있다. 더욱이 주(周)나라 시대 귀족이 세습하여 정치를 하던 때에, 나라의 군주 외에는 중심이 종족에 있었으므로 세가는 있을 수 있었으나 열전은 있을 수 없었다. 어찌 궁하게 사는 미천한 사(士)들의 언행에 대하여 모두 사전(史傳)이 있을 수 있었겠는가. 이로써 『수서』 「경적지」의 증거가 불합리함을 알 수 있다.

춘추시대 말엽에 이르러 공자가 처음으로 귀족의 학문을 가지고서 평민에게 가르쳐 우수한 평민이 비로소 계급 상승하여 귀족과 동등한 지위에 이를 수 있었다. 이것이 바로 새로운 사(士) 계급의 흥기이다. 공자 문하 제자들에 관한 기록 가운데 몇 명의 이름이 있기는 하지만 지극히 간단하다. 그 기록을 전(傳)이라고 부르지도 않았으며 사관이 지은 것도 아니다. 태사공이 지은 「중니제자열전(仲尼弟子列傳)」은 태사공 자신이 제자들에 관한 기록에 근거해서 정리하여 이름붙인 것이다. 「중니제자열전」 가운데 행적이 언급된 사람은 29명이며 나이에 관한 언급이 있는 것이 35명이고 나머지는 이름만 있다.

제자에 관한 기록에는 대체로 단지 이름만 있으며 그들의 행적은 바로 『논어(論語)』에서 모아서 이룩한 것이다. 따라서 「중니제자열전」의 말미에 태사공은 "제자에 대한 기록은 공씨의 고문이 가장 진실에 가깝다. 나는 제자의 이름과 말을 모두 『논어』에 보이는 제자들과의 문답에서 취하여 차례로 편집하였으며 의심스러운 것은 뺐다"라고 하였다. 제자에 대한 기록과 전(傳)이 다름을 알 수 있다. 더욱이 옛날의 이른바 전(傳)은 경(經)을 해석하는 책이지 한 사람의 행위를 기록하는 것이 아니었다. 예를 들면 『춘추』에 대한 각 전(傳)이 바로 그것이다. 따라서 이상에서 보면 이른바 열전이라는 명칭은 태사공에게서 시작

되었음에 의문의 여지가 없다.

『사기』이전의 옛 역사서들은 모두 편년체를 위주로 하였다. 제2장에서 언급한 노나라의 역사인『춘추』및 여러 나라의 역사서들이 모두 편년체를 사용하였다. 이 밖에 따로 초기 형태의 기사체(記事體) 및 기언체(記言體)가 있었는데『상서』등이 바로 그것이다. 또 족보를 기록한 보첩(譜牒)이 있었는데『세본(世本)』등이 바로 그것이다. 사람의 행적을 기록한 전은 아직 출현하지 않았으며 더욱이 이상의 여러 형식을 합하여 종합한 것은 없었다. 태사공이 처음으로 종합을 시작하여 마침내 역대 정사(正史) 체제의 출발점이 되어 2천년을 지나도 끊어지지 않았다. 이것이 바로 역사학에 대한 가장 가치 있는 공헌이다.

다만 사마천의 본의는 원래 천(天)과 인(人)의 관계를 구명하여 고금의 변화에 통달하는 데에 있었다. 또 태사령의 직무는 고대 이래 사관의 일을 계승하여 천문(天文)과 성력(星曆)을 깊이 밝히는 것이었다. 고금의 변화에 통달하기 위하여 위로 헌원씨에서 시작하여 아래로 태초 연간에 이르기까지 관통하는 역사를 작성하였으며 천인을 구명하기 위하여, 그리고 직무가 복축(卜祝)에 있었던 점과도 관련하여『사기』의 여덟 가지 서(書) 가운데 천·인(天·人)의 상호 관계에 관련된 것이 여섯 가지나 된다. 즉「예서(禮書)」,「악서(樂書)」,「율서(律書)」,「역서(曆書)」,「천관서(天官書)」,「봉선서(封禪書)」가 그것이며 열전 가운데의「일자(日者)」,「구책(龜策)」도 모두 복축과 관련된다. 시대가 바뀜에 따라서 사관의 직무에도 변화가 있었지만,『사기』에 보이는 이런 특징은 여전히 후세의 역사 찬술자들에게 영향을 미쳤다. 이리하여 후세의 각 역사 가운데에는 '천문지(天文志)', '예악지(禮樂志)', '오행지(五行志)' 등을 포함한 것이 많다.

또 하나의 가치는『사기』가 이제는 이미 존재하지 않게 된 고대 사료를 일부 보존하여 전한 점이다. 예를 들면 하(夏)나라, 은(殷)나라의 세계는 만약 『사기』가 없었다면 우리가 무엇으로 밝힐 수 있었겠는가. 이것이 또 태사공이 스스로 의식하지 못한 가운데 중국사학에 대하여 세운 큰 공로이다.

제2절 『한서(漢書)』

『한서(漢書)』는 반고(班固)와 그의 부친, 누이[반소(班昭)]가 지은 것이다. 반고의 자는 맹견(猛堅)이며 부풍(扶風) 안릉(安陵) 사람이다. 반고의 부친 반표(班彪)는 자가 숙피(叔皮)이다. 『후한서』 「반표전」에 다음과 같이 언급하였다.

　부친 표(彪 : 반표)가 죽자 [반고는] 향리로 돌아갔다. 고(固 : 반고)는 부친이 전사(前史)를 찬술한 것이 상세하지 않으므로 깊고 정밀하게 연구하여 그 일을 하고자 하였다. 이윽고 어떤 사람이 현종(顯宗)에게 글을 올려 반고가 사사로이 '국사(國史)'를 개작한다고 고하자 해당 군(郡)에 조서를 내려 반고를 체포하여 서울의 감옥에 가두고 그 집의 서적을 모두 압수하도록 하였다. 이에 앞서 부풍 사람 소랑(蕭朗)이 거짓으로 도참(圖讖)의 일을 말하다가 하옥되어 죽었다. 반고의 [남]동생인 초(超 : 반초)는 [반고가] 해당 군(郡)의 조사에서 스스로 제대로 해명하지 못할까 염려하여 대궐로 달려가 글을 올렸다. 알현을 하게 되자 상세히 반고의 저술 의도를 말씀드렸고 해당 군(郡)에도 글을 올려 보고하였다. 현종(顯宗)이 매우 기특하게 여겨서 불러 교서부에 나오게 하고 난대령사(蘭臺令史)에 임명하여, 예전 저양령(睢陽令) 진종(陳宗), 장릉령(長陵令) 윤민(尹敏), 사예종사(司隷從事) 맹이(孟異) 등과 함께 「세조본기(世祖本紀)」를 짓게 하였다. 이어 자리를 옮겨서 낭관(郎官)이 되어 비장된 서적을 맡아 교서(校書)하였다. 반고는 또 공신(功臣) 평림신시(平林新市) 공손술(公孫述)의 일을 찬술하여 열전 28편을 지어 상주하였다.

이리하여 황제가 다시 이전의 저서를 완성하게 하자, 반고는 한(漢)나라가 요(堯) 임금의 운수를 이어받아 황제의 대업을 이루어 6세대에 이르렀으므로 사신(史臣)이 그 공덕을 추술(追術)해야 한다고 생각하여 사적으로 본기(本紀)를 지어 이전 여러 군주[百王]의 끝에 덧붙여 진(秦)나라와 항우(項羽)의 반열에 두었다. 태초(太初) 연간 이후에 대하여는 빠뜨리고 기록하지 않았다. 이리하여 이전의 기록을 채집하여 찬술하고 들은 바를 모아 『한서(漢書)』를 완성하였다. [한(漢)나라] 고조(高祖)에서 시작하여 효평(孝平) 연간 왕망(王莽)의 복주(伏誅)까지 12세대, 230년의 일들이다. 이 일들을 종합하고 옆으로는 『오경(五經)』에 관통하여 상하가 잘 통하게 해서 『춘추고기(春秋考紀)』및 표(表), 지(志), 전(傳) 도합 100편을 지었다. 반고는 영평(永平) 연간 처음 조사를 받고 나서부터 20여 년간 깊고 정밀하게 생각하여 건초(建初) 연간에 이르러 완성하였다. 당시부터 이 책을 매우 중시하여 학자들 가운데 칭송하지 않는 자가 없었다.

뒤에 반고는 대장군 두헌(竇憲)을 따라 흉노 정벌에 나갔다. 두헌이 패전하자 반고는 앞서 연좌율에 걸려 면직되었다. 반고는 아들들을 제대로 가르치지 않아 아들들 가운데 법도를 따르지 않는 자가 많아 관리들이 곤란하였다. 처음 낙양령(洛陽令)인 충긍(种兢)이 행차할 적에 반고의 노비가 깃발 달린 수레와 기병을 방해하자 관리가 밀치고 소리질렀는데 그 노비가 취한 채 욕을 하였다. 충긍이 두헌을 두려워하여 감히 발설하지 않았으나 앙심을 품게 되었다. 두헌의 빈객이 모두 체포되어 조사받게 되자 충긍은 이때를 틈타 반고를 체포함으로써, 반고는 마침내 옥에서 죽었다. 당시 나이가 61세였다. [황제가] 조서를 내려 충긍을 견책하고 죄를 물었다.14)

---

14) 두헌이 죄가 두려워 자살한 것은 화제(和帝) 영원(永元) 4년 6월(A.D. 92)의 일

『한서』는 반표에 의해 광무·건무 연간에 저술이 시작되었다. 그는 전한(前漢)의 역사서 가운데 일사(逸事)를 수집하고 아울러 옛 글을 보아 『후전(後傳)』 65편을 지어 사마천의 『사기』를 잇게 하였다. 반표가 죽은 뒤 반고가 이어서 저술한 것은 이미 앞서 언급한 바와 같지만, 이 또한 미완성작이었다. 『후한서』 「반소전(班昭傳)」에 다음과 같은 언급이 있다.

 [반소의] 형[오빠]인 반고가 『한서』를 지었으나 그 가운데 8표 및 「천문지(天文志)」는 완성하지 못하고 죽었다. 화제(和帝)가 반소에게 조서를 내려 동관(東觀) 장서각(藏書閣)에 나아가 (반고를) 이어서 완성하도록 하였다. 뒤에 또 마속(馬續)[마융(馬融)의 형]을 불러 7표 및 「천문지」를 보완하게 하였다.15)

이 『한서』의 완성은 네 사람 즉 반표(班彪), 반고(班固), 반소(班昭), 마속(馬續)의 손을 거쳐서 된 것이다. 여기에서 그 연대를 상세히 논하면 아래와 같다. 『후한서』 「반표전」에서 다음과 같이 언급하였다.

 마융이 부름을 받아 서울에 돌아왔다. 광무제가 "올린 상주문은 누구와 함께 참여하였는가"라고 묻자 마융이 "모두 종사 반표가 한 것입니다"라고 대답하였다. 황제가 반표가 인재임을 듣고서 불러 보고서 사예(司隸) 무재(茂才)에 천거하고 서령에 임명하였으나 병으로 면직되었

이다. 이 해에 반고의 나이가 71세였으므로 역산해 보면 광무제(光武帝) 건무(建武) 8년(A.D. 32)에 출생하였다.
15) 또 『후한서』 「반소전」에 "뒤에 또 마융(馬融)의 형인 마속(馬續)에게 조서를 내려 반소를 이어 완성하게 하였다"라는 언급이 있으며 원굉(袁宏)의 『후한기』 19에는 "마융의 형인 마속은 널리 고금의 일을 보았는데 같은 군(郡)의 반고가 『한서』를 저술하면서 7표 및 「천문지」를 빼뜨려 기록은 있으나 글이 없자 이어서 완성시켰다"라는 언급이 있다.

다. 뒤에 자주 삼공(三公)의 명에 응하기는 하였으나 바로 떠났다. 반표는 재주가 높고 저술을 좋아하여 마침내 역사서에 전심전력하였다. 전한(前漢) 무제(武帝) 때 사마천이 사기를 저술하면서 태초 연간 이후는 빠뜨리고 기록하지 않았다. 뒤에 호사가가 혹 시사(時事)를 모아 놓은 것이 적지 않았으나 비속한 것이 많아 『사기』를 잇기에는 부족하였다. 이에 반표가 전대 역사에서 빠진 일을·이어서 수집하고 아울러 이문(異聞)을 꿰어서 『후전(後傳)』 수십 편을 만들었다.

생각하건대, 마융이 부름을 받아 서울에 돌아온 것은 「전」에 의하면 건무(建武) 12년(A.D. 36)이며 반표가 책을 지은 것은 그보다 뒤이다. 반표의 전에서 "건무(建武) 30년에 태어나 망도장(望都長 : A.D. 54)에 죽었다"고 하므로, 반표가 책을 찬술한 것은 15년 간, 즉 대략 건무 15년에서 30년까지이다(A.D. 39~54). 이미 『후전(後傳)』이라고 하였고 또 '수십 편'이라고 하였으므로 반표가 지은 것은 단지 열전 부분만이다. 반표가 죽은 뒤 반고가 완성하고자 하였으나 미처 책을 완성하지 못한 채 남에게 모함을 받았다. 명제(明帝)가 그 책을 보고서 좋다고 여겨서 마침내 반고로 하여금 완성하게 하였다. 이것이 영평(永平) 초년의 일이다. 건초(建初) 연간에 이르러 비로소 잘 갖추었다고 일컬었다. 반고가 전심하여 찬술한 것은 영평 초년에서 건초 연간까지 이미 20여 년이다.

반고가 죽은 뒤 그의 누이 반소가 이어서 하였으나 여전히 완성되지 못하여 마속을 시켜 보완하게 하였다. 반소가 죽은 것은 그 연도가 어느 해인지 확정하기 어려우나 영평 4년(A.D. 110) 등척(鄧隲)이 파관(罷官)을 청할 때 반소가 등태후(鄧太后)에게 허락하라고 권한 일로 생각해 보면, 이 해에 반소가 아직 생존해 있었음을 알 수 있다. 반소가 죽은 뒤에도 등태후는 여전히 살아 있었고, 태후는 영평 14년(A.D. 102)에

죽었으니 그때 71세였다.[16] 반소가 반초보다 10세 어리다고 하더라도
그녀가 죽은 해 또한 A.D. 115년 전후이다. 이것이 또 하나의 증거로서
이전의 증거와 부합된다. 그 뒤 다시 마속이 보완한 시간을 더한다면
『한서』 저술은 A.D. 39년에서 시작하여 아래로 A.D. 120년까지 80년간
이라는 장구한 세월에 걸친 것이라고 보아도 무난할 것이다.

　체제의 경우, 유지기가 사기가(史記家), 한서가(漢書家) 식으로 구분
하기는 하였으나, 『한서』는 『사기』의 체제를 그대로 준용하였으며 차
이점은 세가를 열전에 포함시킨 것뿐이다. 따라서 유지기는 한편으로
는 6가(家)를 말하여 "상서가(尚書家), 춘추가(春秋家), 국어가(國語家),
사기가(史記家), 한서가(漢書家)"라고 하면서 다른 한편으로 '편년체'와
'기전체'라는 두 체제를 들었다. 『사기』와 『한서』는 같이 기전체에 속
한다. 이로써 『한서』의 체제가 『사기』와 다름없음을 알 수 있다. 다만
『사기』는 몇 대를 관통한 통사(通史)인데 비하여, 『한서』는 한(漢)나라
한 시대만으로 바꾸어 나중 역대 왕조에서 단대사(斷代史)를 편찬하는
선구가 된 점이 서로 다르다.

　『사기』와 『한서』의 차이점 가운데 가장 중요한 것은 하나는 통사이
며, 다른 하나는 단대사라는 점이다. 이로부터 여러 차이점들이 발생한
다. 예를 들면 같이 항적(項籍 : 항우)을 다루면서 『사기』는 본기로 하
였고 『한서』는 열전이라고 칭하였다. 초·한(楚漢) 즈음[항우와 유방이
천하의 패권을 다툴 때] 군웅이 각축하여 천하가 통일되지 않았으나
중국의 대사(大事)는 빠뜨리고 싣지 않을 수 없었다. 따라서 사마천은
본기를 설정해 이 몇 년 사이의 중요한 일들을 기록하였다. 『한서』에
이르러서는 한나라 고조(高祖) 이전에 [본기를 두어] 항우를 기록할 수
없었으므로 자연히 그를 열전 가운데에 넣었다. 이것이 첫 번째 차이
점이다.

16) 『후한서』 「반초전」에 보임.

한(漢)나라 시대의 사회는 이전의 시대와 다르다. 주(周)나라 때에는 열국이 병립하여 주나라의 왕은 그 가운데 대표자이었을 뿐이었으므로 후대의 중앙집권적 황제 체제와는 전혀 다르다. 그리고 춘추전국시대의 각국은 모두 세습이었는데, 그 가운데 주나라와 서로 시종을 같이 한 것들이 있다. 예를 들면 위(衛)나라 강숙(姜叔)이 성왕(成王) 때 처음 책봉을 받은 뒤, 위나라 군주 각(角) 때에 이르러 비로소 진(秦)나라에게 멸망되었다. 망한 것이 주나라에 비하여 약간 늦으므로 열전에서 개괄할 수 없었다. 열전이란 대체로 한 사람의 일을 기록하고 세가는 한 나라의 일을 기록한다. 한나라 초에는 군국제를 시행하여 이미 천자가 관할하는 군현이 있었고 또 세습하는 왕과 후(侯)들의 나라가 있었다. 따라서 사마천이 주나라의 옛 제도를 따라서 여러 왕과 후에 대하여는 세가를 둔 것은 또한 이유가 있는 것이었다. 그러나 한나라의 왕국·후국은 주나라와의 열국과는 달랐으며 전한(前漢) 무제 이후에는 더욱 그러하였다. 따라서 반고는 세가를 열전에 합병하여 넣었다. 이것 또한 이유가 있는 것이었다. 사마천은 전한 무제 때에 해당되고, 반고는 후한(後漢) 초의 사람이다. 사회와 정치의 상황이 서로 다르므로 이렇게 다른 관념이 있다. 이것이 두 번째 차이점이다.

『사기』에서는 천(天)과 인(人)의 관계라는 관념이 강하였으나 『한서』에서는 약하다. 이것은 시대가 다르기 때문이다. 『한서』에 여전히 「오행지」 등이 있는 것은 『사기』의 관념과 같기는 하지만 이 점[천과 인 관념이 희박해진 점]이 세 번째 다른 점이다.

한 무제 이전에 대해 『한서』는 태사공의 원문을 사용한 것이 많다. 이에 대하여 청대의 조익은 반고가 감히 경솔하게 전대의 역대를 논하지 않은 것이라고 설명하였다. 조익은 『이십이사차기(二十二史箚記)』 권1의 「사한부동처(史漢不同處)」 항목에서 다음과 같이 말하였다.

　반고가 『한서』를 지은 것이 사마천보다 불과 백여 년 뒤이므로 그
때 저술가들이 어찌 달리 기록한 것이 없었겠는가. 만약 사마천이 착
오가 있었다면 실로 스스로 마땅히 이에 근거해 개정해야 하였다. 그
런데 지금 『한서』와 『사기』를 비교해 보면 무제 이전 「고조기(高祖紀)」
및 「제왕후연표(諸王侯年表)」, 「제신열전(諸臣列傳)」 같은 것들은 대
체로 『사기』와 같고, 완전히 『사기』의 문장을 사용해 한 자도 고치지
않은 곳도 있다. 정사(正史)는 경솔하게 의논할 수 없음을 알 수 있다.

　이 말은 유지기의 『사통』의 설을 인용하여 부연한 것인데 유지기는
"반고는 한결 같이 태사를 따라서 가감한 곳이 없는데 가만히 생각하
니 크게 미진한 점이다"[17]라고 한 것이 이 뜻이다. 한나라 초기에 존재
한 사료가 어떠하였는지는 모르겠으나, 『초한춘추(楚漢春秋)』에서 그
뒤 관찬서 가운데 한나라 무제 이전의 것 등에 이르기까지는 당연히
『사기』에 채용되어 들어갔을 것이다. 반고가 감히 의논할 수 있는 것
이 아니었다. 비교하여 고증할 만한 사료는 후대와 같이 많지 않았다.
장보재(張輔在)의 「반마우열론(班馬愚劣論)」에서는 다른 사람의 말을
인용하여 "사마천은 3,000년간의 일을 50만 자로 서술하였고, 반고는
200년의 일을 80만 자로 서술하였다. 이것이 실로 사마천과 다른 점이
다"라고 하였다. 시대가 내려올수록 사료가 더욱 많아지는 것이 사실
이다. 논자들은 대체로 이런 이치에 어두우니 깊이 토론할 필요가 없
다.
　『사기』와 『한서』 이외에 전한의 일을 기록한 것으로 또 순열(荀悅)
의 『한기(漢紀)』가 있다. 『한기』는 편년체이므로 『사기』의 기전체와는
다르다. 『후한서』 「순숙전(荀淑傳)」에서 다음과 같이 말하였다.

---

17) 『사통(史通)』 「잡설(雜說)」 상.

　　황제[헌제(獻帝)]가 책을 좋아하였는데 항상 반고『한서』의 문장이 번잡하여 알기 어렵다고 생각하여 이에 순열(荀悅)에 명을 내려『좌씨전』의 체제에 따라서『한기(漢紀)』30편을 짓게 하였다. 말은 간략하나 일은 상세하다.

　　순열의『한기』가운데도 "삼가 옛 책을 요약하여 통관(通觀)할 수 있도록 전체적으로 제기(帝紀)로 만들어 날짜 순서로 그때의 일들을 열거하되 요점을 취하여 대체(大體)를 존속시켰다"라고 자신의 편집 방침을 서술한 곳이 있다. 대체로 순열은『한서』의 지(志), 전(傳) 가운데 여러 일들을 모두 본기에 연대순으로 집어넣어 그 대강을 존속시켰다. 자료의 경우 모두 반고의『한서』에서 취하였다. 이것이 고염무(顧炎武)가『한기』는 밋밋하여 맛이 없다고 기록한 이유이다.
　　그러나 또한 증보하거나 윤색한 부분이 없는 것은 아니다. 심지어는『한서』이외의 자료를 채용하기도 하였다. 예컨대 이도(李燾)가 천거한 간의대부(諫議大夫) 왕인(王仁)과 시중(侍中) 왕굉(王閎)의「간언소(諫言疏)」는 모두 순열의『한기』에만 있고 반고의 책에는 없다. 그리고『자치통감(資治通鑑)』이 한나라 고조의 부친 태상왕(太上王)의 일 및 선제(宣帝) 오봉(五鳳) 연간 교태시(郊泰時)의 달에 관한 기록 등에서 사마온공(司馬溫公)[사마광(司馬光)]은 반고를 버리고 모두『한기』를 따랐다.[18] 아마도『한서』는 여러 차례 필사 과정을 거쳤으므로, 지금의『한서』는 순열이 보았던, 반고의 원서에 보다 가까운 필사본에 비하여 못할 것이다. 사마온공이 순열의『한기』를 채택한 것은 또한 이 때문이다. 이후 여러 시대에 순열의『한기』를 모방한 것이 많다. 예를 들면 원굉(袁宏)의『후한기(後漢紀)』, 간보(干寶)의『진기(晉紀)』같은 것이 그것이다.

───────────────

18)『문헌통고(文獻通考)』「경적고(經籍考)」에 보임.

제3절 한대(漢代)에 편찬된 당대사(當代史)

『사기』에 실려 있는 한대(漢代)에 관한 기록 및 유향(劉向) 부자 등의 서술은 모두 전한(前漢) 당대 사람들의 본조사(本朝史)[당대사(當代史)]라고 할 수 있음은 이미 앞에서 언급하였다. 후한(後漢)에 이르러서는 일상적으로 본조사를 찬수하였다. 후대에 『동관한기(東觀漢記)』라고 부른 것이 바로 이것이다.『후한서』「반고전」에서는 다음과 같은 언급이 있다.

> 부름을 받고 교서부(校書部)에 나아가 난대령사(蘭臺令史)에 제수되어 예전 저양령(睢陽令) 진종(陳宗), 장릉령(長陵令) 윤민(尹敏), 사예종사(司隷從事) 맹이(孟異)와 함께 「세조본기(世祖本紀)」를 완성하였고 자리를 옮겨서 낭관(郎官)이 되고 전교비서(典校秘書)가 되었다. 또 반고는 공신(功臣) 평림신시(平林新市) 공손술(公孫述) 일을 찬술하고 열전에 기재된 28편을 지어서 올렸다.

이것이 바로 『한기』[『동관한기』]의 출발이다. 『사통』「정사(正史)」편에서는 다음과 같이 언급하였다.

> 이에 또 사관(史官)인 알자복야(謁者伏射) 유진(劉珍) 및 간의대부(諫議大夫) 이우(李尤)를 불러 두루 기(紀), 표(表),「명신전(名臣傳)」,「절사전(節士傳)」,「유림전(儒林傳)」,「외척전(外戚傳)」 등을 짓게 하였다. 건무(建武) 연간에서 시작하여 영초(永初) 연간까지에 이르러 사업을 마쳤다. 유진과 이우는 이어서 죽었다.

이것은 안제(安帝) 때 『한기』[『동관한기』] 편찬 작업을 계속한 것을 보여준다. 「정사(正史)」편에서는 또 다음과 같은 언급이 있다.

82

다시 명을 내려 시중(侍中) 복무기(伏無忌)와 간의대부(諫議大夫) 황경(黃景)으로 하여금 제왕(諸王), 왕자(王子), 공신은택(功臣恩澤)의 표, 「남선우서강전(南單于西羌傳)」, 「지리지(地理志)」를 짓게 하였다.

이것이 세 번째의 찬수이다.
또 환제(桓帝) 때에 이르러 다음과 같은 작업이 있었다.

다시 태중대부(太中大夫) 변소(邊韶), 대군영사마(大軍營司馬) 최실(崔實), 의랑(議郎) 주목(朱穆)·조수(曹壽) 등에게 영을 내려 두루 효목제(孝穆帝)와 효숭제(孝崇帝) 두 황제[19] 및 「순열황후전(順烈皇后傳)」을 짓고 또 「외척전(外戚傳)」을 증보하여 안후(安后)·사후(思后) 등 후비(后妃)를 넣고 「유림전(儒林傳)」에 최전(崔篆) 등을 넣게 하였다. 최실(崔實)과 조수(曹壽)는 또 의랑(議郎)인 연독(延篤)과 함께 두루 「백관표(百官表)」 및 순제(順帝)의 공신인 손정(孫程)·곽원(郭願) 그리고 정중(鄭衆)·채륜(蔡倫)의 전 등, 도합 114편을 지어 『한기(漢記)』라고 하였다. (『사통』「정사」편)

대체로 위의 네 번째의 찬수에 이르러 『한기』라는 명칭이 처음 정해진 것으로 생각된다. 『사통』에 따르면 그 뒤 다시 다음과 같이 다섯 번째의 찬수가 있었다.

희평(熹平) 연간 광록대부(光祿大夫) 마일제(馬日磾), 의랑(議郎) 채옹(蔡邕)·양표(楊彪)·노식(盧植)이 동관(東觀)에서 저술을 하여 기(紀)와 전(傳)이 될 만한 것을 접속시켰으며, 채옹은 별도로 「조회지(朝會志)」, 「거복지(車服志)」를 지었다. 채옹은 뒤에 어떤 일에 걸려서 삭방(朔方)으로 유배되었으나 글을 올려 돌아오기를 구하여 지(志) 10편

---

19) 원문에 "효목숭이황(孝穆崇二皇)"이라 되어 있는데 아마도 오류가 있는 듯함.

을 속찬하였다.

뒤에 동탁(董卓)의 난리로 옛 전적이 산일될 때 없어졌으며, 후일 혹간 양표(楊彪)가 보충한 부분이 있다. 『사고전서총목제요(四庫全書總目提要)』에서 "지금 열전의 글을 살펴보니 간혹 헌제 때의 일을 언급한 기록이 있다. 아마도 양표가 보충한 부분일 것이다"라고 하였다. 아마도 이것이 바로 제6차 수찬일 것이다.

『동관한기(東觀漢記)』는 저자 가운데 '동관(東觀)'에 있었던 사람이 많으므로 뒤에 『동관한기』라는 명칭을 얻었다. 『수서』 「경적지」에서는 143권이라고 하였으나 『당서(唐書)』 「예문지(藝文志)」에서는 단지 126권 및 목록 1권이라고 하였다. 현재는 모두 존재하지 않는다. 청나라 요지인(姚之駰)이 집일 작업을 하여 당나라 이전 여러 서적에 인용된 것들을 채집하였다. 사고전서관(四庫全書館)에서 다시 『영락대전(永樂大典)』에 수록된 부분을 이용해 빠진 부분을 보충하고 24권으로 나누었다. 이것이 현존하는 집일본 『동관한기(東觀漢記)』이다.

제4장 위진(魏晉)·남북조(南北朝)의 역사학

한(漢)나라 때 사마천(司馬遷)이 태사공(太史公)의 직책을 맡고 반고(班固)가 교서난대(校書蘭臺)의 직책을 맡았으나 『사기(史記)』, 『한서(漢書)』는 모두 사찬서(개인적 저술)였으며 단지 『동관한기(東觀漢記)』만은 관찬서라고 할 수 있다. 위진·남북조에 이르러서도 이런 풍조는 계속 이어져 바뀌지 않았다. 한편으로 관찬의 '국사(國史)'가 있기는 하였으나 다른 한편으로 개인 저술에 속하는 것이 많다. 위진·남북조 역사학을 시기 구분하여 언급하기로 한다.

제1절 여러 『후한서(後漢書)』

삼국시대부터 남조 제(齊)나라, 양(梁)나라에 이르기까지 많은 사람들이 『후한서(後漢書)』를 저술하였으나 이용한 자료는 대부분 『동관한기』의 범위를 벗어나지 않은 것 같다. 이런 현상은 이상하게 여길 것이 못된다. 대체로 한(漢)나라에 대한 기록은 당시에 이루어졌는데 이에 사용된 자료들 가운데 후세에는 남아 있지 않은 것이 많았다. 한나라 이후 사람으로서 후한(後漢)의 역사를 쓰고자 한다면 이 『동관한기』 외에는 자료를 찾기가 쉽지 않다. 따라서 사람들은 이를 저본으로 하였다. 그 가운데 가장 좋은 것으로는 진(晉)나라 사마표(司馬彪)의 『속한서(續漢書)』및 화교(華嶠)의 『한후서(漢後書)』를 들어야 할 것이다.
이 두 책은 모두 기전체이다.

사마표는 자가 소통(紹統)이며 진(晉)나라 고양왕(高陽王) 목(睦)의
아들이다. 『진서(晉書)』권82의 「사마표전(司馬彪傳)」에 다음과 같은
언급이 있다.

한씨(漢氏)가 중흥한 뒤 건안(建安) 연간에 이르러 충신과 의사(義士)
들 또한 두드러졌으나 이때에 좋은 사관이 없어 기술이 번잡하고 난삽
하였다. 초주(譙周)가 이미 산삭하기는 하였으나 여전히 미진하여 문장
이 안순(安順)하지 않았으며 그 아래로는 빠진 것이 많았다. 사마표가
이에 여러 책을 갖고 토론하여 자신이 들은 바를 묶어서 세조(世祖)에
서 시작하여 효헌제(孝獻帝)에서 마쳤다. 「편년(編年)」200권, 「세록(世
錄)」12권, 「통종(通綜)」상·하권으로서 곁으로 여러 일에 관통하였다.
「기(紀)」, 「지(志)」, 「전(傳)」모두 80편이며 『속한서(續漢書)』라고 하였
다.

또『진서』권44 「화교전(華嶠傳)」에서는 아래와 같이 언급하였다.

처음에 화교가 『한기(漢紀)』가 번잡하고 비야하다고 여겨 개연히 개
작하려는 뜻을 가졌다. 마침 대랑(臺郎)이 되어 관사(官事)를 관장하게
되어 이로 말미암아 두루 비장된 서적을 보아 실마리를 잡을 수 있었
다. 광무제(光武帝)에서 시작하여 효헌제(孝獻帝)까지 195년의 일을 「제
기(帝紀)」12권, 「황후기(皇后紀)」2권, 「십전(十典)」10권, 「전(傳)」70
권 및 「삼보(三譜)」·「서전(序傳)」·「목록(目錄)」등 도합 97권으로 정
리하였다. 화교는 황후는 천자의 배필인데 이전의 역사서[『한기』]가 「외
척전」을 말편에 붙인 것은 의리에 맞지 않는다고 하여 「황후기(皇后
紀)」라고 표현을 바꾸고 「제기(帝紀)」의 뒤에 붙였다. 또 지(志)를 「전
(典)」이라고 고쳤는데 「요전(堯典)」이 있기 때문이다. 이름을 『한서후

(漢書後)』라고 바꾸고 상주하였다. 조정의 신하들을 불러 회의할 때 중서감(中書監) 순욱(荀勖)이 화교(華嶠),[1] 태상(太常) 장화(張華), 시중(侍中) 왕제(王濟) 등에게 명을 내렸는데 모두 화교의 문장이 질박하고 일을 관통하여 사마천, 반고와 같은 규모와 실록의 기풍이 있다고 여겨서 비부(秘府)에 수장하도록 하였다.

아마도 사마표의 책에는 「지(志)」는 있으나 「표(表)」는 없었을 것이다. 다만 『사통』「정사(正史)」편에서는 "그 가운데 「십전」은 끝내 완성하지 못하고 졸하였다"고 하므로 화교의 책 또한 미완성이다.[2] 그 나머지 작가들을 표로 열거하면 다음과 같다.

서명	권수	저자	존망(存亡)	집일본 (輯佚本)
『동관한기(東觀漢記)』	수(隋) 143 당(唐) 127	한(漢) 유진(劉珍)	망(亡)	청(淸) 관집본 (官輯本) 24권
『후한서(後漢書)』	수 130 「제기」무당 133 신당(新唐) 130 1권 추가	오(吳) 사승(謝承)	망	존(存)
『후한기(後漢記)』	수 65(잔결) 원래100 양(梁)존속 당 100	진(晉) 설형(薛瑩)	망	존
『속한서(續漢書)』	『진서(晉書)』80 수 83 당 83, 1권 추가	진(晉) 사마표(司馬彪)	기(紀)·전(傳) 망, 지(志) 존	기(紀)·전(傳)
『후한서(後漢書)』	당 58 수 미수록	송(宋) 유의경(劉義慶)	망	

1) 역자주 : 이 책의 원문(36면)에는 '화교(和嶠)'라고 되어 있으나 문맥상 '화교(華嶠)'의 오류로 판단된다.
2) 『진서(晉書)』「화교전」에도 이와 같은 언급이 있음.

『한후서(漢後書)』	『진서(晉書)』 97 수 잔결(17) 원래 97 당 31	진(晉) 화교 (華嶠)	망	존
『후한서(後漢書)』	『진서(晉書)』 100 수 잔결(85) 원래 122 당 102	진(晉) 사침(謝 沈	존	
『후한남기(後漢 南記)』	수 잔결(45) 원래 55 당 『한남기(漢南記)』 58	진(晉) 장형(張 瑩		
『후한서(後漢書)』	『진서(晉書)』 100 수 잔결(95) 원래 100 구당 102 신당 101, 1권 추가	진(晉) 원산송 (袁山松)	망	존
『후한서(後漢書)』	수 97 당 92 현존본 90 (제후기10, 열전80)	송(宋) 범엽(范 曄)	존	
『후한서(後漢書)』	『양서(梁書)』 100 수 100(양 존속 수 망실)	양(梁) 소자현 (蕭子顯)	망	
『후한기(後漢紀)』	30	진(晉) 원굉 (袁宏)	존	
『후한기(後漢紀)』	수 30 당 30	진(晉) 장번(張 璠	망	

* 마지막 2종이 편년체임을 제외하면 나머지는 모두 기전체이다. 위 표에
서 '당(唐)'은 『당서(唐書)』 「경적지」를 가리키며 '신당(新唐)'은 『신당서
(新唐書)』 「예문지」를 가리킨다.

남조 송(宋)나라 범엽(范曄)이 이상 여러 책들에 근거하여 『후한서
(後漢書)』 120권을 완성하였다. 범엽(范曄)은 자(字)가 울종(蔚宗)으로
서 부친은 범태(范泰)이다. 조부는 범녕(范寧)이며 진(晉)나라 예장태수
(豫章太守)로서 『곡량전(穀梁傳)』에 주석을 단 것으로 유명하다. 『송서

88

(宋書)』 및 『남사(南史)』에 따르면 범엽은 송나라 문제(文帝) 원가(元嘉) 원년(A.D. 424)에 상서이부랑(尙書吏部郞)에서 "선성(宣城)태수로 좌천되어 뜻을 펼칠 수 없게 되자 여러 종의 '후한서(後漢書)'를 산삭하여 일가(一家)의 책으로 만들었다"고 하였다. 이것은 『후한서』 저술의 개시 연도이다. 원가 22년(A.D. 445)에 범엽은 문제(文帝) 시해를 모의한 죄로 복주되었다. 이때가 48세였다. 이로부터 소급해 보면 범엽의 출생은 진(晉)나라 안제(安帝) 융안(隆安) 2년(A.D. 398)이 된다. 그가 죽을 때 『후한서』 가운데 「표」와 「지」는 아직 완성되지 않았다. 『문헌통고(文獻通考)』 「경적고(經籍考)」는 조공무(晁公武)의 『독서지(讀書志)』를 인용하여 "처음에 범엽이 사엄(謝儼)에게 「지」를 찬술하게 하였으나 아직 완성되지 않았을 때 범엽이 복주되었다. 사엄은 이에 교훈을 얻어서 작업을 하지 않았다"라고 하였다. 그가 옥중에서 여러 조카들(생질)에게 보낸 편지[3]에서 "두루 「지」를 짓고자 하여 전한(前漢)[『한서(漢書)]에 있을 수 있는 것[가유자(可有者)]을 다 갖추고자 하였다.[4] 기록이 반드시 많을 필요는 없으나 글을 보면 다 알 수 있어야 한다. 또 책 안에 사건에 따라 논(論)을 붙여 한 시대의 득실을 바로잡고자 하였으나 끝내 뜻을 이루지 못하였다"[5]라고 하였다. 이것으로 그가 단지 「지」에 대한 저작 의도만 있었지 완성하지 못하였음을 알 수 있다.

범엽의 책은 여러 종의 『후한서』 가운데 거의 유일하게 남아 있는 책이다. 이 가운데 8지(志) 도합 30권은 범엽이 지은 것이 아니다. 『서록해제(書錄解題)』에서는 이에 대하여 다음과 같이 언급하였다.

지(志) 30권은 진(晉)나라 비서감(秘書監) 하내(河內) 사마표(司馬彪) 소통(紹統)이 찬술하고 양섬령(梁剡令)인 평원(平原)의 유소(劉昭) 선경(宣卿)이 보주하였다. 범엽의 책은 『수서(隋書)』와 『당서(唐書)』의 지(志)[『수서』「경적지」와 『당서』「예문지」]에서 모두 97권이라고 하였으나 현존본은 기(紀)와 전(傳)이 도합 90권으로서 아마도 지(志)는 있지 않았던 것 같다. 유소가 주석을 붙인 것은 곧 사마표의 8지이다. 그 서문에 "범엽의 책에서 지(志)는 빠져 있다. 이리하여 옛 지(志)를 빌려 주석을 하고 보충하였다"라고 하였다. 이것은 범엽이 지은 기와 전 부분과는 별도의 책이 된다. 그 뒤 기와 전은 행해졌으나 지는 나타나지 않았다. 본조[송나라] 건흥(乾興) 초에 이르러 판국자감(判國子監) 손석(孫奭)이 비로소 교감할 것을 건의하고 빠진 부분을 보충하였으나 그것이 사마표의 책이라는 사실을 밝히지 않았다. 이리하여 『관각서목(館閣書目)』에서는 단지 120권이라고 하고 '범엽 찬술'이라고 병칭해 두어 더욱 잘못되었다. 지금 장회(章懷)의 주에서 인용한 『속한서(續漢書)』와 대조하면 문장이 지(志 : 『후한서』의 지)와 같으므로 그것이 사마표의 책이라는 점에는 의심의 여지가 없다.

아마도 범엽과 화교(華嶠)의 두 책은 모두 지(志) 부분이 없었을 것이다. 각종 『후한서』의 지(志) 가운데 남조 송나라 때까지 남아 있던 것은 사마표의 책뿐이었으므로, 이를 취하여 범엽의 책을 보충한 것이다. 사마표의 책은 이 덕분에 없어지지 않고 남게 되었다.

이 밖에 편년체로 된 원굉(袁宏)의 『후한기(後漢紀)』 또한 보존되어 현존하고 있다. 그 나머지 여러 사람들의 책에 대하여는 단지 집일본만이 있을 뿐이다. 예를 들면 청나라 요지인(姚之駰)이 집일한 『후한서보일(後漢書補逸)』 22권은 『동관한기』 외에 사승(謝承)의 『후한서(後漢書)』 4권, 설형(薛瑩)의 『후한기(後漢記)』, 장번(張璠)의 『후한기(後漢紀)』, 화교(華嶠)의 『한후서(漢後書)』, 사심(謝沈)의 『후한서(後漢書)』,

원산송(袁山松)의 『후한서(後漢書)』 각 1권 및 사마표의 『속한서(續漢書)』 4권으로 이루어져 있다.

범엽의 『후한서』의 원류를 살펴보면 『동관한기』 이후 여러 서적을 산삭하여 이루어졌다. 「숙종기론(肅宗紀論)」, 「이십팔장론(二十八將論)」, 「환담풍연전론(桓譚馮衍傳論)」, 「원안전론(袁安傳論)」, 「반표전론(班彪傳論)」 등 가운데, 장회태자(章懷太子)에 대한 것은 모두 주석으로 화교(華嶠) 언급임을 밝히고 있다. 그리고 「명팔왕전(明八王傳)」 중에는 '본서(本書)'라는 호칭이 있는데 바로 『동관한기』를 가리킨다. 「광무본기(光武本紀)」에서는 "천명이 빛나 우리 한[我漢]은 융성하도다"이라는 구절이 있는데 청대 전대흔(錢大昕)은 범울종[범엽]은 남조 송나라 때 사람이므로 '우리 한[我漢]'이라는 표현을 쓰지 않았을 것이므로 이것은 반드시 『동관한기』의 구절을 그대로 따온 것일 것이라고 추정하였다.6) 그렇다면 범엽이 두 책7)에 의거한 것은 분명하다. 또 왕명성(王鳴盛)의 『십칠사상각(十七史商権)』의 「후한기(後漢紀)」조에 따르면, 원굉의 『후한기』는 사료 수집은 넓지만 범엽 책의 범위 밖의 것은 적다.

별도로 원굉의 「자서」를 살펴보면 다음과 같다.

나는 일찍이 『후한서』를 읽고 번잡하다고 생각하였으나 게을러서 못하고 있다가 마침 틈이 생겨 『후한기(後漢紀)』를 찬술하였다. 이 책은 『한기(漢紀)』, 사승(謝承)의 책, 사마표(司馬彪)의 책, 화교(華嶠)의 책, 사침(謝忱)8)의 책, 『한산양공기(漢山陽公記)』, 한(漢)나라 영제(靈帝)와 헌제(獻帝) 기거주(起居注), 한(漢)나라 명신들의 주(奏)를 비롯하여 여러 군(郡)의 기로과 선현들의 전(傳) 등 수백 권을 자료로 이용하였다.

---

6) 『이십이사고이(二十二史考異)』.

7) 화교의 책과 『동관한기』.

8) 사심(謝沈).

이전 역사서의 빠진 부분, 순서가 제대로 되지 못한 부분, 착오와 차이가 있는 부분을 누가 바로잡을 것인가? 8년 동안 작업하여 피로하였으나 아직 제대로 되지 못하였다. 그러나 전할 만한 가치는 있을 것이다. 처음 장번이 찬술한 책을 읽고 그 언급 가운데 한(漢)나라 말에 대한 것이 비교적 상세하였으므로 다시 찾아서 보충하였다.

이것은 원굉이 『동관한기』, 사마표와 화교, 사승과 사심 및 장번의 책을 이용하였음을 알게 해 준다. 언굉의 책은 범엽의 책보다 먼저 완성되었으므로 범엽의 책에서 간접적으로 초록할 수는 없고 원굉이 자신이 서문에서 언급한 각종 책에서 직접 인용하였을 것이다. 원굉과 범엽의 기록은 서로 같은 부분이 많다. 왕명성의 고증에 따르면 범엽 또한 『동관한기』 및 사마표와 화교 그리고 사승과 사심, 장번, 원굉의 책을 수집하여 자신의 책을 서술한 것이 분명하다. 여러 종의 『후한서』 가운데 『사통』에서는 특히 사마표와 화교 두 사람의 책을 들었고 『문심조룡(文心雕龍)』 「사전(史傳)」편에서도 역시 다음과 같이 언급하였다.

『후한기(後漢紀)』의 전(傳)들은 『동관한기』에서 유래하였다. 원굉, 장번이 지은 부분은 편벽되고 잡박하다. 설씨(薛氏)와 사씨(謝氏)의 책은 소략하고 오류가 있으며 신뢰하기 어렵다. 사마표(司馬彪)의 책만은 상세하고 사실에 맞으며 화교의 책은 표준적이어서 으뜸이 된다.

이것은 여러 책이 『동관한기』에서 유래하였음을 말해 준다. 아마도 한(漢)나라 관련 역사기록은 『동관한기』 당대의 작품과 관련된 것이 많을 것이다. 『동관한기』는 사료의 수장처이며 지역적으로 편리하고 시기가 근접하므로 후대의 작품 가운데 이 범위를 벗어나기가 쉽지 않다. 이후 완성된 여러 책 가운데에는 그 시대 사람들이 사마표의 『속한

기』와 화교의 『후한서』를 높이 평가하였으나 이 두 책의 자료 가운데
는 『동관한기』에서 나온 것이 많다. 범엽의 『후한서』의 골격 또한 이
두 책을 근거로 이루어진 것이므로, 범엽의 책 역시 『동관한기』에서
나왔다고 하여도 틀린 말은 아닐 것이다.

제2절 삼국(三國)의 역사서

『사통』「정사(正史)」편에 다음과 같은 언급이 있다.

위(魏)나라 역사는 황초(黃初)와 태화(太和) 연간 처음으로 상서(尙
書) 위개(衛覬)와 무습(繆襲)에게 명을 내려 기와 전의 초고를 짓게 하
였으나 여러 해가 되어도 이루어지지 않았다. 또 시중(侍中) 위탄(韋誕)
과 응거(應璩), 비서감(秘書監) 왕심(王沈), 대장군(大將軍) 종사중랑(從
事中郎) 완적(阮籍), 사도(司徒) 우장사(右長史) 손해(孫該), 사예교위
(司隷校尉) 부현(傅玄) 등에게 명을 내려 다시 함께 찬술하게 하였다.
그 뒤 왕심이 혼자서 이 일을 하여 『위서(魏書)』 44권을 이룩하였다.
이 책은 그 시대의 금기를 피한 것이 많으므로 '실록(實錄)'이라고 할
수 없다. 오(吳)나라 대제(大帝) 말년 처음으로 태사령 정부(丁孚), 낭중
항준(項峻)에게 명을 내려 『오서(吳書)』를 찬술하게 하였다. 정부, 항준
은 모두 역사가로서의 재주가 없어 그들의 문장은 제대로 된 기록을
하기에 부족하였다. 소제(少帝) 때에 이르러 다시 위요(韋曜), 주소(周
昭), 설형(薛瑩), 양광(梁廣), 화핵(華覈) 등에게 명을 내려 지난 역사에
대하여 찾아서 서로 함께 기술하게 하였다. 공동 작업 가운데 위요와
설형을 책임자로 하였다. 귀명후(歸命侯) 때에 이르러 소제(昭帝)와 광
제(廣帝)는 이미 죽어 위요와 설형은 이전 역사에 이어서 [이들에 대하
여] 작업하게 되었다. 그 뒤 위요 혼자서 그 책을 끝내었다. 도합 55권
이었다.

『진서(晉書)』「왕심전(王沈傳)」에도 아래와 같은 언급이 있다.

정원(正元) 연간 산기상시(散騎常侍) 시중(侍中)으로 옮겨서 저작을 책임지게 되어 순의(荀顗), 완적(阮籍) 등과 함께 『위서(魏書)』를 찬술하였으나 그 시대의 금기를 피한 것이 많으므로 진수(陳壽)의 것[『삼국지』]이 실록(實錄)인 점에 못 미친다.9)

또 『진서(晉書)』「부현전(傅玄傳)」에는 다음과 같은 언급이 있다.

수재(秀才)를 천거하여 낭중(郎中)으로 삼아 동해(東海)의 무시(繆施)와 함께 당시 명망에 따라서 저작랑으로 선발하여 『위서(魏書)』를 편찬하게 하였다.

이것이 『사통』「정사」편에서의 언급의 근거이다.

왕심의 기록은 부실한 부분이 많아 『사통』「곡필(曲筆)」과 「서사(書事)」 두 편에서 다시 논급하여 "왕심의 『위록(魏錄)』 같은 것은 잘못된 것이다"(「곡필」)라거나 "왕심, 손성(孫盛) 같은 자들은 왕업을 논하면서는 편파적으로, 충의한 사람들을 무고하였고 국가를 논하면서는 순정한 사람들을 억누르고 찬탈을 예찬하였다"(「서사」)라고 하였다. 『수서』「경적지」의 저록(著錄) 부분에서는 "『위서(魏書)』 48권은 진(晉)나라 사공(司空) 왕심의 찬술이다"라고 하였다. 따라서 당나라 사람들은 이 책을 보았음을 알 수 있으나 실록이 아니라고 생각하였다. 『송서(宋書)』「오행지」에서는 "왕심의 『위서(魏書)』는 지(志) 부분이 결여되어 있다. 다만 재이(災異) 부분이 「제기(帝紀)」에 포함되어 있을 따름이다"라고 언급하였다. 왕심의 책에 기(紀)와 전(傳)만 있고 지(志)는 없는

---

9) 「순의전」, 「완적전」에는 사서를 수찬하였다는 언급이 없고 이런 언급은 「왕심전」에만 있음.

것 같지만 『수경주(水經注)』「영수(潁水)」편을 자세히 살펴보면 『위서
(魏書)』「군국지(郡國志)」를 인용하고 있다. 다만 「오행지」는 없다. 아
마도 지(志)가 완전하지는 않지만 전혀 없는 것은 아니었던 것 같다.
오(吳)나라에서 편찬한 『국사(國史)』의 경우 지(志)의 내용이 매우 상세
하다.

「설종전(薛綜傳)」에 실린 화핵(華覈)의 상서(上書)에는 다음과 같은
언급이 있다.

> 대황제(大皇帝) 말년 태사령 정부(丁孚), 낭중 항준(項峻)에게 명을
> 내려 비로소 『오서(吳書)』를 찬술하기 시작하였으나 정부와 항준은 모
> 두 역사가로서의 재주가 없어 그들이 찬술한 것은 기록할 만한 것이
> 못 되었습니다. 소제 때에 이르러 위요(韋曜), 주소(周昭), 설형(薛瑩),
> 양광(梁廣) 및 신[화핵] 등 5인에게 명을 내려 함께 찬술하게 하여 지
> 난 일들을 구하여 함께 찬술하여서 본말을 갖추게 되었습니다. 소제(昭
> 帝), 광제(廣帝)가 먼저 돌아가시었고 위요는 은혜를 배반하고 죄를 지
> 었으며 설형은 장군으로 나아갔다가 다시 과실로 도형(徒刑)에 처해졌
> 습니다. 이 책의 찬술은 계속 지체되어 지금까지 완성을 보지 못하였
> 습니다.……설형은 학문이 해박하고 문장도 좋습니다.……실로 이 작
> 업을 마치어 이전 역사서들의 뒤를 잇게 하고자 합니다.

이리하여 손호(孫晧)는 설형을 불러 좌국사(左國史)로 삼았다.
또 『오지(吳志)』「위요전(韋曜傳)」에서는 다음과 같이 언급했다.

> 제갈각(諸葛恪)이 표(表)를 올려 위요를 태사령으로 삼고 『오서(吳
> 書)』를 찬술하고 화핵(華覈), 설형(薛瑩)도 모두 동참하도록 하였다. 손
> 호는 부친[손화(孫和)]을 위해 기(紀)를 짓고자 하였으나 위요는 손화가
> 황제의 지위에 오른 적이 없으므로 전(傳)으로 해야 한다고 고집했다.

손호는 이로 인해 마침내 위요를 죽였다. 화핵이 위요의 죄를 사면해 주어『오서』를 완성할 수 있게 해 달라고 간청하는 표를 보면『수서』「경적지」에 기록된 위소(韋昭)[10]『오서(吳書)』55권은 미완성본이다.[11]『사통』에서 "위요 혼자서 그 책을 완성했다"라고 한 것은 제대로 알지 못한 것인 듯하다.

『수서』「경적지」가운데 별도의 저서로『오록(吳錄)』30권이 '장발(張勃) 찬(撰)'으로 기록되어 있다.[12]

이 밖에『위서(魏書)』종류에 속하는 것으로 어환(魚豢)의『위략(魏略)』38권이 있으나『구당서』「지」에는 기록되어 있지 않고『신당서』「지」에는 58권이라고 되어 있다.『사통』「정사」편에서는『위략』을 손성(孫盛)의『위씨춘추(魏氏春秋)』와 같은 종류에 열거하였으나『문선(文選)』,『초학기(初學記)』및 배송지(裴松之)의『삼국지주(三國志注)』를 살펴보면「제기(帝紀)」,「지(志)」,「전(傳)」을 인용하고 있으므로 기전체에 속하는 것이었던 듯하다.

편년체로서는 손성(孫盛)이 지은『위씨춘추(魏氏春秋)』20권 및 공연(孔衍)의『한위춘추(漢魏春秋)』9권, 음담(陰澹)의『위기(魏紀)』12권이 있다. 음담의 책은『위지(魏志)』「진사왕전(陳思王傳)」의 주에 인용되어 있다.『북당서초(北堂書鈔)』의「설관부(設官部)」에서는 왕은(王

---

10) 즉 위요이다. '요(曜)'라고 한 것은 진(晉)나라 사람들이 사마소(司馬昭)의 이름을 피하여 고친 것임.

11)『수서』「경적지」에 따르면『양서(梁書)』에도 지금 결본이 있고 남은 것은 25권 남아 있음.

12)『사기』「오자서전(伍子胥傳)」에 대한『색은(索隱)』의 주에서 "장발(張勃)은 진(晉)나라 사람으로서 오(吳)나라 홍려(鴻臚) 장엄(張儼)의 손자이며『오록(吳錄)』을 지었다"라고 하였다.『통지』의「약(略)」에서는 편년체에 포함시켰다. 그러나『예문유취(藝文類聚)』,『태평어람(太平御覽)』,『태평환우기(太平寰宇記)』에 인용된 글 가운데에는「지리지」라고 이름을 붙인 것이 매우 많으므로 기전체임이지 편년체가 아님이 분명하다.

隱)의 『진서(晉書)』를 인용하여 "음담은 약관의 나이에 주(州)의 요청으로 치중종사(治中從事)가 되었다"라고 한, 바로 그 사람이다.『신당서』와 『구당서』의 「지」 및 『통지(通志)』에는 모두 수(隋)나라 위담(魏潭)이라고 하였으나 틀린 것이다. 오(吳)나라에 대하여는 진(晉)나라 태학박사 환제(環濟)가 지은『오기(吳紀)』9권이 있는데『수서』「경적지」에서 정사(正史) 종류에 포함시켰다.『구당서』「지」에서는 10권이라 하고 편년체에 포함시켰으며,『통지』「교수략(校讎略)」에서도『당서』「지」에서 편년체에 포함시킨 것이 옳다고 하였다.

『사통』「정사」편에는 별도로 '『촉기(蜀記)』, 왕은(王隱) 찬'이라는 언급이 있고 편년체에 포함시켰다. 촉한(蜀漢)의 역사를 기록한 책이다.

이상의 책들 가운데 많은 것들이 당시 국가에서 공식적으로 편찬한 역사서이다. 진(晉)나라 진수(陳壽)는 여러 책에 근거해 처음으로『국지(國志)』를 저술하였다.『진서(晉書)』「진수전(陳壽傳)」에 다음과 같은 언급이 있다.

> 위(魏)나라, 오(吳)나라, 촉(蜀)나라의『삼국지(三國志)』는 모두 65편이다. 이때 사람들은 사건 서술을 잘 하여 좋은 역사가로서의 자질이 있다고 칭찬하였다. 하후담(夏侯湛)이 이때『위서(魏書)』를 저술하고 있었으나 진수의 책을 보고 자기 책을 파기하고 그만 두었다. 장화(張華)가 매우 좋게 여겨 진수에게 "마땅히『진서(晉書)』와 합쳐야 할 것이다"라고 하였다. 그 당시부터 이와 같이 존중을 받았다.

생각하건대, 진수의 책은『위지(魏志)』30권,『촉지(蜀志)』15권,『오지(吳志)』20권이다. 처음에는 별도로 필사되어 있었으나 후대 사람이 합쳐서『삼국지(三國志)』라고 하였다. 이 책 중 사람들에게 존중을 받은 부분은 특히 그 주석 부분이다. 남조 송나라 문제(文帝) 원가(元嘉)

연간 배송지(裴松之)가 주석을 붙이라는 명을 받았고 원가 6년에 이르러 다음과 같이 상주하였다.

　　신은 예전에 삼국의 차이점을 모아서 진수의 『삼국지』에 주석을 붙이라는 명령을 받았습니다. 진수의 책은 전서(銓敍)가 볼 만하며 사건 서술에 심정(審正)한 부분이 많아서 실로 동산을 노니는 것 같으니 근세의 좋은 역사서입니다. 그러나 지나치게 소략한 잘못이 있으며 때로는 탈루된 부분도 있습니다. 신이 명을 받들어 자세히 살펴 빠짐없도록 힘썼습니다. 위로는 구문(舊聞)을 찾고 옆으로 빠진 부분을 찾아내었습니다. 삼국을 살펴보면 역년은 길지 않지만 사건은 한(漢)나라, 위(魏)나라에 관련되어 처음부터 끝까지 걸친 바가 100년이나 되어 주기(注記)에 착오가 있고 매양 틀린 부분이 있습니다. 진수가 싣지 않은 사건 가운데 의당 기록하여야 할 부분은 모두 취하여 빠진 부분을 보충하였습니다. 혹 같은 사건을 말하면서도 말에 서로 차이가 있거나, 원래 출처가 의심스럽지만 판단하기 어려운 부분들에 대하여는 모두 기록해 두고 저의 어리석은 소견으로 논변을 하였습니다. 찬술을 시작한 이후 이미 기한이 되어 필사와 교정을 마치고 삼가 봉상(封上)합니다. (『삼국지』「배송지상주표(裴松之上注表)」)

『사고전서총목』에서는 아래와 같이 언급하였다.

　　배송지의 주(注)는 두루 여러 책을 인용하고 때로는 자신의 견해를 표명하여 대의를 종합하고 요약함에 정채(精彩)가 있다. 하나는 여러 사람들의 의견을 인용하고 시비 판단을 내린 것이며, 하나는 여러 책의 설을 참고하여 차이점을 분명하게 한 것이고, 하나는 있는 사건에 대하여 주석을 붙여 그 경위를 상세히 알게 한 것이며, 하나는 몰랐던 사실에 대하여 주석을 달아서 빠진 부분을 보충한 것이고, 하나는 있는 사람에 대하여 주석을 달아 그 생애를 상세히 알게 한 것이며, 하나

는 몰랐던 사람에 대하여 주석을 달아 같은 종류의 사람들에게 붙인
점이다.

　이상은 배송지 주석의 대의(大意)이다. 그가 인용한 책은 도합 150여
종인데 상세한 서목을 조익(趙翼)의『이십이사차기(二十二史箚記)』권
6에서 살펴볼 수 있다.13) 아마도『사기』이후 여러 역사서의 주석 가운
데, 상세한 점에서는 배송지의 것을 넘는 것이 없을 것이다.

제3절 여러『진사(晉史)』

　서진(西晉) 초엽 육기(陸機)가『진기(晉紀)』4권을 찬술하여 선제(宣
帝) 부자·형제의 일을 두루 기록하였는데,『사통』「정사」편에서 "육
기의『진서(晉書 : 진기)』는 3조를 열거해 기록하고 단지 그 사건에 서
문만 붙이고서 편년을 하지는 않았다"라고 한 것이 바로 이것이다.
『수서(隋書)』「경적지」또한 '『진기(晉紀)』4권'이라 하였는데 이는 진
(晉)나라 무제(武帝) 이전의 사건들이다. 무제 태시(泰始) 6년에 조서를
내려 "태시 이래 큰 사건을 모두 기록하고 비서(秘書)는 부본을 필사해
놓아 뒤에 사건이 있으면 바로 모아 두어 상비하도록 하라"고 하였
다.14)
　뒤에 속석(束晳)이『진서(晉書)』「제기(帝紀)」10권을 지었고,15) 순작
(荀綽)이『진후서(晉後書)』15권을 찬술하였다.16) 아마도 모두 이런 종

---

13) 조익이 열거한 책들은 실로 150여 종인데 현존본『이십이사차기』에서 모두
　　50여 종이라고 한 것은 현존 간행본의 오류임.
14)『진서』「무제기」.
15)「속석전」.
16)「순욱전(荀勖傳)」뒤에 부록으로 붙은「순작전(荀綽傳)」.

류의 사료를 이용해서 지었을 것이다. 이후 이루어진 책들에 대하여는 비록 명확하게 기록되어 있지는 않지만, 진 무제의 조서에서 "뒤에 사건이 있으면 바로 모아 두어 상비하도록 하라"고 한 것을 보면 이미 사료가 있었을 것이므로 연속적인 작업이 없지는 않았을 것이다.

그리고 진(晉)나라 때에는 이미 기거주(起居注)에 날짜를 기록하였다. 『수서』 「경적지」에 양(梁)나라 때 아직 23부, 도합 303권이 남아 있었다고 하였다. 또 남조 송(宋)나라 유도회(劉道會)가 찬술한 『진기거주(晉起居注)』 322편은 각 왕조 기거주에 근거하여, 개찬, 수정한 것일 것이다. 진(晉)나라 무제(武帝)에서 동진(東晉) 공제(恭帝)까지의 기거주는 모두 대부분 존재하였음을 알 수 있다. 진나라에서 남조 양(梁)나라까지 여러 사람들이 찬술한 각종 『진서(晉書)』는 국가의 대사, 조정의 연월에 관하여는 대부분 기거주에서 자료를 구하였을 것이다.

열전의 경우 개인의 행위를 기록하는 것이므로 당연히 당시 사람들의 개인적 기록에서 취재하였을 것이다. 그리고 진(晉)나라 때에는 아직 후한(後漢) 말의 유풍이 남아 있었으므로 지방의 전기(傳記), 종교의 사전(私傳)이 매우 풍부하였을 것이다. 『세설신어(世說新語)』 주에서의 인용 및 『수서』 「경적지」 사부(史部)의 잡전(雜傳) 따위를 보면 열전의 자료가 적지 않았음을 알 수 있다.

진(晉)나라에서 제(齊)나라, 양(梁)나라까지 대대로 저술이 있었다. 당 태종(太宗)이 명을 내려 지은 『진서(晉書)』에서 "전후의 진(晉)나라 역사 18가"라고 한 것은 바로 이것을 말해준다. 이 가운데 가장 오래된 것은 왕은(王隱)의 책이다. 『진서(晉書)』 「왕은전(王隱傳)」에 다음과 같은 언급이 있다.

　왕은(王隱)은 자가 처숙(處叔)이며 진군(陳郡) 출신으로서 대대로 한미한 가문이었다. 그의 부친 왕전(王銓)은 양령(陽令)을 역임하였고 어려서부터 학문을 좋아하였다. 저술에 뜻이 있어 매양 사적(私的)으로 진(晉)나라의 일 및 공신의 행장을 기록하였으나 저술 작업을 시작하지 못한 채 죽었다. 왕은은 평소 유학자의 자세를 지켜 세력가와 교제하지 않았으나 박학다식하였으며, 부친 유업을 이어 서도(西都)의 옛일을 많이 연구하였다. 건흥(建興) 연간 양자강을 건너가 승상의 군자좨주(軍諮祭酒)가 되었다. 태흥(太興) 초년에 제도가 점차 정비되자 왕은 및 곽박(郭璞)을 불러 둘 다 저작랑이 되어 『진사(晉史)』를 찬술하게 하였다. 예평왕(豫平王)이 공적을 높게 평가하고 평릉향후(平陵鄕侯)라는 관작을 주었다. 이때 저작랑 우예(虞預)가 사적으로 『진서(晉書)』를 찬술하였으나 동남 지역에서 태어나고 성장하여 중원 조정의 일에 대하여는 잘 알지 못하여 자주 왕은을 방문하였다. 왕은의 책도 빌어가 표절하여 점차 소문이 퍼졌다. 이후 더욱 왕은을 질시하게 되어 말과 얼굴빛에 드러났다. 우예는 이미 호족이었고 권귀와 교결하고 함께 붕당을 지어 왕은을 배척하고 끝내는 비방하여 면직시키고 집으로 내쫓았다. 왕은은 가난하여 비용을 댈 수 없어서 저술 작업이 진척되지 않았다. 할 수 없이 무창(武昌)에서 정서장군(征西將軍) 유량(庾亮)에게 의지하여 지필을 공급받아 책을 완성할 수 있었고 대궐에 나아가 올렸다. 왕은이 비록 저술을 좋아하기는 하였으나 글이 거칠고 무잡하였다. 이 책 가운데 볼 만한 부분은 모두 부친이 찬술한 부분이다. 문체가 산만하며 뜻을 알 수 없는 부분은 왕은이 지은 부분이다. 나이 70에 집에서 졸하였다.

한편 하법성(何法盛)의 『진중흥서(晉中興書)』는 동진(東晉)에서 시작하였는데 하법성이 지은 것이 아니라고 주장하는 사람이 있다. 『남사(南史)』「서광전(徐廣傳)」에 다음과 같은 언급이 있다.

이때 고평(高平)의 치소(郗紹) 역시 『진중흥서』를 지었는데 자주 하법성에게 보여 주자 하법성도 책을 지을 마음을 갖게 되어 치소에게

"그대는 이름과 지위가 이미 현달하였으니 이 책에 기대지 않아도 명예가 있습니다. 나는 한미한 선비로서 세상에 이름이 없습니다. 원굉(袁宏), 간보(干寶) 등이 저술에 의지하여 후세에 이름이 남았습니다. 은혜를 베풀어 주십시오"라고 하였으나 치소는 허락하지 않았다. 책이 완성되자 내주(內廚)에 두었다. 하법성이 치소에게 갔는데 마침 치소가 없자 바로 들어가 책을 훔쳤다. 치소는 이렇게 책을 잃게 되었는데 다른 필사본이 없어서 마침내 하법성이 훔쳐간 책만 행해지게 되었다.

기전체 『진서(晉書)』 가운데 가장 완비된 것으로는 마땅히 장영서(臧榮緒)의 『진서』를 들어야 할 것이다. 당나라에서 수찬한 『진서』는 대부분 이 책을 저본으로 하였다. 『남제서(南齊書)』 「고일전(高逸傳)」에 아래와 같은 언급이 있다.

　　장영서(臧榮緒)는 동진과 서진을 총괄하여 한 책으로 하여 기(紀), 녹(錄), 지(志), 전(傳) 110권을 지었다. 사도(司徒) 저연(褚淵)이 남조 제나라 태조(太祖)에게 계를 올려 "장영서는 전적에 깊이 잠겨 옛 일을 추구하여 저술하여 『진사(晉史)』 10편을 지었습니다. 논찬에 비록 특이한 재주는 없으나 또한 한 시대에 풍미할 만합니다. 거각(渠閣)에 보록하여 색다른 것과 좋은 부분을 채록하게 하소서"라고 하였다.

편년체의 경우 가장 중요한 것으로는 간보(干寶)의 『진기(晉紀)』, 손성(孫盛)의 『진양추(晉陽秋)』 및 서광(徐廣)의 『진기(晉紀)』를 들어야 할 것이다. 『진서』 「간보전」에 다음과 같은 언급이 있다.

　　산기상시(散騎常侍)로 옮겨서 『진기(晉紀)』를 지었는데 진나라 선제(宣帝)에서 민제(愍帝)까지 53년을 다루었다. 모두 20권인데 상주하였다. 이 책은 간략하고 직필이면서도 완미(婉美)하므로 좋은 역사서로 칭해진다.

또 「손성전(孫盛傳)」에도 아래와 같은 언급이 있다.

『진양추(晉陽秋)』는 말이 곧고 이치가 바르므로 모두 좋은 역사서라
고 일컬었다. 이윽고 환온(桓溫)이 이 책을 보고서는 분노하여 손성에
게 "방두(枋頭)가 실로 실리(失利)하였는데 어찌하여 사람들이 그 말을
존중하는지 모르겠소? 만약 이 책이 통용된다면 그 때부터 그대의 문
호를 닫아야 할 것이오"라고 하였다. 손성의 아들이 급히 절하고 사죄
하면서 산삭하여 고쳐주기를 청하였다. 이때 손성은 연로하여 집에 돌
아가 있었다. 성격이 매우 엄하고 절도가 있었다. 비록 반백의 자손들
이라도 가정의 교훈을 더욱 준엄하게 하였다. 이에 이르러 여러 아들
이 함께 울면서 머리를 조아리고 고치기를 청하였으나 손성은 대노하
였다. 여러 아들이 마침내 몰래 고쳤다. 손성의 책은 정본(定本)이 둘
있었는데 모용준(慕容儁)에게 맡겨두었다. 태원(太元) 연간 효무제(孝
武帝)가 널리 이문(異聞)을 구하기 시작하여 요동에서 비로소 얻을 수
있었다. 서로 대조해 보니 차이점이 많아 두 책이 모두 존속하도록 하
였다.

전대흔(錢大昕)은 방두(枋頭)의 일이란 모용위(慕容暐) 때의 일을 일
컫고 이때 모용준(慕容儁)은 죽은 지 오래되었다고 하였다.[17] 그렇다
면 『진서』에서 '모용준(慕容儁)'이라고 한 것은 '모용위(慕容暐)'로 고쳐
야 한다.

또 「서광전(徐廣傳)」에는 다음과 같은 언급이 있다.

---

17) 『이십이사고이(二十二史考異)』에 보임.

상서(尚書)가 상주하여 "좌사(左史)는 말을 기록하고 우사(右史)는 일을 기록합니다. 『승(乘)』·『지(志)』가 진(晉)나라·정(鄭)나라에서 있었고 『춘추』는 노(魯)나라 역사입니다. 성대(聖代)로부터 역사 저술이 있었습니다. 『중흥진사(中興晉祀)』는[18] 「제전(帝典)」의 풍모가 있어 역사서 가운데 빛납니다. 태화(太和) 연간 이후 3대가 지났습니다. 좋은 풍모와 성인(聖人)의 자취를 수찬하여 전범으로 삼아야 할 것입니다. 신등이 자세히 살펴보니 저작랑 서광(徐廣)으로 하여금 국사를 찬술하게 하는 것이 마땅합니다"라고 하였다. 이리하여 서광에게 명을 내려 찬술하게 하였다. 효기장군(驍騎將軍) 영서주대중정(領徐州大中正)으로 옮기고 정원상시(定員常侍)로 전직하였으나 대사농(大司農)이 이전과 같이 그대로 저작을 계속하도록 하였다. 12년 만에 『진기(晉紀)』도합 46권을 완성하고 표와 더불어 올렸다.

이 밖에 습착치(習鑿齒)는 진(晉)나라와 위(魏)나라의 일을 통합하여 『한진춘추(漢晉春秋)』를 지었는데 촉(蜀)을 정통으로 하고 위(魏)를 찬적(簒賊)으로 하였다. 「습착치전」에 다음과 같은 언급이 있다.

이때 환온(桓溫)이 분수에 넘치는 욕심을 갖고 있었는데 습착치가 시골에서 『한진춘추(漢晉春秋)』를 저술하여 시정하였다. 이 책은 한(漢)나라 광무제(光武帝)에서 시작하여 진(晉)나라 민제(愍帝)에서 마쳤다. 삼국에 대하여는 촉(蜀)나라가 한나라 종실이라는 이유로 촉나라를 정통으로 하였다. 위(魏)나라 무제(武帝)는 비록 한(漢)나라로부터 선양을 받기는 하였으나 오히려 찬역이 된다고 보았다. 위나라 문제(文帝) 때에 이르러 촉한을 평정하여 한나라가 비로소 망하니 진(晉)나라가 이

---

18) 원작에는 '기(記)'라고 되어 있으나 『남사』 「서광전」에 의거하여 고쳤음.
(역자주 : 『중국사학사』 원문(46쪽)에 '중흥진사(中興晉祀)'로 되어 있어 그대로 두었으나 '중흥진기(中興晉紀)'의 오식인 듯하다. 저자 이종동의 언급은 '중흥진사(中興晉記)'를 '중흥진기(中興晉紀)'로 고쳤다는 뜻으로 해석된다. 『중국사학사』 간행 과정에서의 오식으로 보아야 할 것이다.)

때 일어났다고 하였다. 진나라 세조(世祖) 사마염(司馬炎)이 일어나 선양을 받은 것에 근거한 것이다. 이것은 천심(天心)을 세력으로 강압할 수 없음을 밝힌 것이다. 모두 54권이다.

이 책은 촉나라와 위나라 가운데 어느 편이 정통인가 하는 논쟁의 시발점이 된다. 이상의 여러 책들에 대하여 유지기는 『사통』「사관(史官)」편에서 다음과 같이 총평을 내렸다. "중조(中朝)의 화교(華嶠), 진수(陳壽), 육기(陸機), 속석(束晳)과 강좌(江左)의 왕은(王隱), 우예(虞預), 간보(干寶), 손성(孫盛) 그리고 남조 송(宋)나라의 서원(徐爰), 소보생(蘇寶生) 및 양(梁)나라의 심약(沈約), 배자야(裴子野) 같은 이들은 모두 우수한 사관들이며 이들의 저작은 수작이다."

서명	권수	작자	존망	비고
『진서(晉書)』	수(隋) 원래93 잔결86 당(唐) 89 『사통』 89	진(晉) 왕은(王隱)	망	
『진서(晉書)』	수44 잔결26 당58	진(晉) 우예(虞預)	망	
『진서(晉書)』	수14 잔결10 당14	진(晉) 주봉(朱鳳)	망	
『진서(晉書)』	『진서』본전 30여권	진(晉) 사심(謝沈)	망	
『진중흥서(晉中興書)』	수78 구당·신당80	송(宋) 하법성(何法盛)	망	
『진서(晉書)』	수36 구당·신당35 신당 1권 추가	송(宋) 사령운(謝靈運)	망	
『진서(晉書)』	수110 구당·신당110	제(齊) 장영서(臧榮緒)	망	
『진서(晉書)』	수102 잔결11 구당·신당9	양(梁) 소자운(蕭子雲)	망	

『진사초(晉史草)』	수30 구당30 [소경창<蕭景暢>]	양 소자현(蕭子顯)	망	
『진서(晉書)』	7 『양서(梁書)』 110	양 정충(鄭忠)	양 존 수 망	
『진서(晉書)』	수110 (양존 수망)	양 심약(沈約)		
『동진신서(東晉 新書)』	7 (양존 수망)	양 유선(庾銑)		[이 상 기전체]
『진기(晉記)』	수4	진(晉) 육기(陸機)	망	
『진기(晉紀)』	23, 원주 홀민제 진 간보 전작20 구당·신당22	진(晉) 간보(干寶)	망	
『진기(晉紀)』	수10 구당·신당10	진 조가지(曹嘉之)	망	
『한진양추(漢晉 陽秋)』	수47 당54 『진서』 54	진 습착치(習鑿齒)	망	
『진기(晉紀)』	수11, 신당11 『진서』 10	진 등찬(鄧粲)	망	
『진양추(晉陽秋)』	수32 당22	진 손성(孫盛)	망	
『진기(晉紀)』	23 구당·신당20	송(宋) 유겸지(劉謙之)	망	
『진기(晉紀)』	10	송 왕소지(王韶之)	망	
『진기(晉紀)』	수45 신당45	송 서광(徐廣)	망	
『속진양추(續晉 陽秋)』	수20 신당20	송 단도란(檀道鸞)	망	
『속진기(續晉記)』 (신당 : 『진속기』)	수5	송 곽계산(郭季産) 구당 : 곽수언(郭季彦)	망	[이 상 편년체]
『진기(晉記)』	권수 미상	송 배송지(裴松之)	망	

18종『진서(晉書)』에 대한 이야기는 당나라 정관(貞觀) 23년 윤3월의
『진서』 수찬 조서에 의거한 것이다. 그 원문은『옥해(玉海)』의 인용을
따르면 다음과 같다.

18가는 비록 기주(記注)에 따르면 존재하였지만 좋은 역사서는 아니다. 그것은 실록이 아니기 때문이다. 영서(榮緒)[장영서(臧榮緒)]의 책은 번잡하고 요점이 적다. 행사(行思)[사심(謝沈)]는 노력은 하였으나 별로 소득이 없고 숙녕(叔寧)[우예(虞預)]의 책은 맛이 그림의 떡과 같으며 자운(子雲)은 답답한 데에다 메말라 있고 처숙(處叔)[왕은(王隱)]은 중흥에 대비하지 못하였고 법성(法盛)[하법성]은 창업에 통하지 못하였다. 간보(干寶), 육기(陸機), 조씨(曹氏)[조가지(曹嘉之)], 등씨(鄧氏)[등찬(鄧粲)]의 경우는 대략 제왕만을 기록하였다. 난(鸞)[단도란(檀道鸞)], 성(盛)[손성(孫盛)], 광(廣)[서광(徐廣)], 송(松)[배송지(裴松之)]은 겨우 책을 만들어 기록한 데 지나지 않으며 문장이 비야한 데에다 별로 사건에 대한 언급이 없다.

이들 가운데 몇 사람은 또한 『진서(晉書)』 권82의 말미에 다음과 같은 사신(史臣)의 논찬에 보인다.

왕씨는 비록 일가를 이루기는 하였으나 크게 숭상할 것은 못 된다. 영승(令升)[간보(干寶)], 안국(安國)[손성(孫盛)]은 좋은 역사가로서의 자질은 있으나 저술한 것이 아쉽게 정전(正典)이 아니다. 너무 진(晉)나라 왕실에 집착하여 유학의 본령을 벗어났다. 등찬(鄧粲), 사심(謝沈)은 이전의 역사서를 조술하여 중헌(重軒)의 아래에 집을 지으면서 재료를 연탑(連榻)의 위에 놓은 것처럼 하여서 기이한 말과 의논이 많아서 일컬을 만한 것이 거의 없다. 습씨(習氏)[습착치(習鑿齒)], 서공(徐公)[서광(徐廣)]에 대하여는 모두들 필삭하여 선악을 드러내어 권선징악하였다고 한다. 충정을 실천하는 것은 곧은 선비의 마음이며 의리를 배반하고 영예를 좇는 것은 군자가 취하지 않는다. 언성(彦成)[습착치]은 도적에게 나라가 망하였는데도 위국(僞國)에 구차하게 머리를 수그렸으나 야민(野民)[서광(徐廣)]은 혁명의 시기를 만나 구 왕조를 따랐다. 서광은 말과 행동이 다르지 않을 수 있었다.

그러나 두 인용문에서 열거한 사람들은 모두 14명뿐이어서 18가가 되지 않는다. 『사고전서총목제요』에 다음과 같은 언급이 있다.

그러나 당나라 사람 이선(李善)이 『문선(文選)』에 주석을 단 것이나 서견(徐堅)이 『초학기(初學記)』를 편집한 것, 백거이(白居易)가 『육첩(六帖)』을 편집한 것 같은 것이 왕은, 우예, 하법성, 사령운, 장영서, 심약의 책 그리고 서광, 간보, 등찬, 왕소지(王韶之), 조가지, 유겸지의 『진기(晉紀)』 및 손성의 『진양추』, 습착치의 『한진양추』, 단도란의 『속진양추』 등과 함께 모두 인용에 보인다.

그렇다면 당나라 때 존재한 14가 외에 심약, 사령운, 왕소지, 유겸지 등 5가를 합칠 경우 모두 19가가 된다. 정관 연간의 역사서 찬수 조서에서 칭한 것에서는 한 사람이 빠지게 되는데 현재로서는 누구인지 확정할 수 없다.

제4절 16국사(十六國史)

(1) 전조(前趙)와 후조(後趙)

전조(前趙) 유총(劉聰) 때 공사욱(公師彧)이 「고조본기(高祖本紀)」[19] 및 28인의 「공신전」을 찬술하였다. 책을 짓고 참소를 받아 마침내 유총에게 복주되어 책이 전해지지 않게 되었다.[20] 유요(劉曜) 때에 화포(和苞)가 『한조기(漢趙紀)』를 지었는데 기록 내용이 유요의 멸망에 이르지는 않았다.

후조(後趙)의 석륵(石勒)이 서광(徐光), 종력(宗歷), 부창(傅暢), 정음

---

19) 고조 : 유연(劉淵)을 뜻함.
20) 『수서』 「경적지」 끝의 저록(著錄) 부분을 살펴보면 "오래되어 없어졌다"고 함.

(鄭愔) 등에게 명을 내려 『상당국기(上黨國記)』, 『기거주(起居注)』, 『조서(趙書)』를 찬술하게 하였다. 그 뒤 다시 왕란(王蘭), 진연(陳宴), 정음(程陰), 서기(徐機) 등에게 명을 내려 서로 차례로 찬술하게 하였다. 석호(石虎) 때에 이르러 원고가 모두 없어졌다. 그 뒤 연(燕)나라 전융(田融), 송나라 곽중산(郭仲産), 왕도(王度) 등이 추급하여 이석(二石)의 일[21]에 대하여 찬술하였고 『업도기(鄴都記)』, 『조기(趙紀)』 등을 편집하였다.[22]

생각하건대, 『진서(晉書)』 「석륵재기(石勒載記)」에는 "기실(記室) 좌명해(佐明楷)·정기(程機)에게 명을 내려 『상당국기』를 찬술하게 하고 중대부(中大夫) 부표(傅彪), 가포(賈蒲), 강궤(江軌)에게는 『대장군기거주』를 찬술하게 하였으며 석태(石泰), 석동(石同), 석겸(石謙), 공륭(孔隆)에게는 『대선우지(大單于志)』를 짓게 하였다"라고 되어 있다. 아마도 『대선우지』를 뒤에 『조서(趙書)』라고 개명하였는지도 모르겠다.

『수서』 「경적지」에 기록된 전조와 후조의 역사서는 아래와 같다.

　* 연(燕)나라 전융(田融)의 『조서(趙書)』 10
　원주(原注)[「경적지」 원주] : "『이석집(李石集)』이라고도 하며 석륵(石勒) 일을 기록하였다."[23]
　* 왕도(王度)의 『이석전(李石傳)』 2
　* 왕도의 『이석위치시사(李碩僞治時事)』 2
　『신당서』 「지」 : 왕도(王度) 수회(隋翽) 『이석위사(李石僞事)』 6권 ;

---

21) 석륵과 석호를 뜻함.
22) 이상은 모두 『사통』 「정사」편에 의거함.
23) 『신당서』 「지」에서는 "전융(田融)의 『조석기(趙石紀)』 20권, 『이석기』 20권"이라 하였고 『태평어람(太平御覽)』 인용문 중에는 "전석(前石), 후석(後石)이라는 명칭이 있다. 그렇다면 『수서』 「경적지」에서 말한 『조서(趙書)』, 『사통』에서 말한 『조기(趙紀)』, 『신당서』 「지」에서 말한 『이석기(二石紀)』는 모두 같은 책일 것이다.

『이석서』10권

『태평어람』인용문 :『이석위사』

『북당서초(北堂書鈔)』인용문 :『이석유사(李石遺事)』

* 조화포(趙和苞)의『한조기(漢趙紀)』10

『신당서』14

(2) 연(燕)

전연(前燕)에는 기거주가 있었다. 두보전(杜輔全)의 기록에서는 이를
『연기(燕紀)』라고 하였다. 후연(後燕)의 동통(董統)이 명을 받고 「본기」
와 「열전」 도합 30권을 지었다. 그 뒤 신수(申秀), 범형(范亨)은 각기
전후하여 3종의 책을 지었는데, 이를 합쳐 『연사(燕史)』가 이루어졌다.
남연(南燕)의 왕경훈(王景暈)은 『이주기거주(二主起居注)』를 찬술하였
고, 나중에 또『남연록(南燕錄)』6권을 저술하였다.[24]

* 연(燕)나라 범형(范亨)의『연서(燕書)』30,『신당서』20
* 연나라 장전(張銓)의『남연서(南燕書)』5[25]
* 연나라 왕경훈(王景暈)의『남연록(南燕錄)』6[26]
* 위(魏)나라 고려(高閭)『연지(燕志)』10[27]

(3) 진(秦)

전진(前秦) 부견(符堅)의 사관 조연(趙淵), 차경(車敬), 양희(梁熙), 위
담(韋譚) 등이 모두 일찍이 역사서를 수찬한 적이 있었는데, 뒤에 부견

---

24) 이상은 모두『사통』「정사」편에 의거함.
25)『신당서』에서는 "『남연서』10권"이라 함.
26)『구당서』에서는 "왕경훤(王景暄)"이라 하였으나『수서』「경적지」와『사통』에
    서 모두 "왕경훈"이라 하므로 왕경훈이 맞는 듯함.
27)『신당서』에서는 "10권"이라 하였고『구당서』에서는 찬술자 이름이 없음.

이 보고서 격노하여 마침내 원고를 불살라버렸다. 이후 동의(董誼)가 다시 옛 전언을 기록하였으나 10분의 1도 남아 있지 않다. 조정(趙整) 역시 일찍이 국사(國史)를 지은 적이 있었는데 전진이 망하자 상락산(商洛山)에 은거하였다가 뒤에 남조 송나라가 차빈(車頻)에게 조정의 책을 완성하라고 명을 내리자 3권으로 정리하였다. 뒤에 배경인(裴景仁)이 또 수정하여 12권으로 하였다. 후진(後秦) 요익중(姚弋仲) 때, 마승건(馬僧虔) 및 위융경(衛隆景)이『진사(秦史)』를 저술하였다. 북위(北魏) 때에 이르러 요화도(姚和都)가 또 이어서『진기(秦紀)』10권을 찬술하였다.28)『수서』「경적지」에 기록된 진(秦)나라 국사(國史)는 다음과 같다.

* 하중희(何仲熙)의『진서(秦書)』8
* 송나라 배경인(裴景仁)의『진기(秦記)』1129)
* 위(魏)나라 요화도(姚和都)의『진기(秦紀)』10

(4) 양(凉)

전양(前凉)의 장준(張駿) 15년 변유(邊瀏)에게 명을 내려 내외 일을 모으게 하고 색뉴(索紐)로 하여금『양국춘추(凉國春秋)』50권을 만들게 하였다. 또 유경(劉景)이『국사(國史)』를 수찬한 지 20여 년이 되어『양기(凉記)』12권을 저술하였다. 색훈(索暈), 유병(劉昞)은 또 각기『양서(凉書)』를 지었다. 후량(後凉)에 대하여는 단구룡(段龜龍)이 일찍이『양기(凉記)』를 지은 적이 있고 북량(北凉)에 대하여는 종흠(宗欽)

---

28) 이상은 모두『사통』「정사」편에 의거.
29) 양(梁)나라 석혜명(席惠明)의 주와『신당서』「지」에서는 모두 '두혜명(杜惠明)'이라고 되어 있다.『송서(宋書)』「심담경전(沈曇慶傳)」에서는 "담경(曇慶)이 배경인을 시켜『진기(秦記)』10편을 찬술하게 하다"라고 되어 있다.『수서』「경적지」에서는 '11편'이라고 하여『사통』과 합치된다.

이 일찍이 저거씨(沮渠氏)의 일을 기록하였고, 남량(南凉)에 대하여는 또한 일찍이 독발씨(禿髮氏)의 일을 기록한 사람이 있다.[30]

『수서』「경적지」에 기록된 양(凉)나라의 역사는 다음과 같다.

* 연(燕)나라 장자(張諮)의 『양기(凉記)』 8[31]
* 양(凉)나라 유경(劉景)의 『양서(凉書)』 10[32]

* 진(晉)나라 유귀서(喩歸)의 『하기(西河記)』 2[33]
* 양(凉)나라 단구룡(段龜龍)의 『양기(凉記)』 10[34]
* 위(魏)나라 고도양(高道讓)의 『양서(凉書)』 10
* 『양서(凉書)』 10(『양서』 원주 : '저거국사(沮渠國史)')[35]
* 『탁발양록(拓跋凉錄)』 10[36]
* 유경(劉景)의 『돈황실록(敦煌實錄)』 10 ;『신당(新唐)』 20

(5) 촉(蜀)과 하(夏)

오호16국(五胡十六國) 가운데, 촉(蜀)나라 이세(李勢) 때 상거(常璩)가 『한서(漢書)』 10권[37]을 찬술하였는데, 오호16국 중 진(晉)나라에 들

---

30) 이상은 모두 『사통』「정사」편에 의거.
31) 『세설신어』「언어」편 주석의 인용에서는 "장자(張資)"라고 되어 있고 『구당서』「지」에는 "장증(張證)"이라고 되어 있는데 아마도 오류일 것이다.
32) 유경은 곧 유병(劉昞)이며 『수서』「경적지」에서 당나라에서 피휘하여 고친 것이라 함.
33) 『광운(廣韻)』에는 '2권'이라고 되어 있으며 원화성(元和姓)의 찬술에는 '3권'이라 하였으나 오류인 듯하다. 『구당서』와 『신당서』의 「지」에는 찬술자 이름이 빠져 있음.(역자주 : 본서 원문에 『하기(河記)』라고 되어 있으나 『양기(凉記)』의 오식이라고 여겨짐.)
34) 여러 책의 인용에 '서량기(西凉記)' 혹은 '양주기(凉州記)'라고 함.
35) 북양(北凉).
36) 남량(南凉).

어가서『촉이서(蜀李書)』라고 고쳤다. 상거는 또『화양국지(華陽國志)』
12권을 찬술하였다. 진(晉)나라가 촉나라를 병합하기 이전에서 시작하
여 아래로 이세(李勢) 때에 미쳤으므로(『사통』) 이 책은 오로지 한 시
대에 대한 책은 아니다. 이상 두 책[38]은 모두『수서』「경적지」에 실려
있는데,『한서』에 대하여는 '한지서(漢之書)'라고 하였다.『신당서』「지」
에는『촉이서(蜀李書)』9권이 기록되어 있는데 더하여 또 '『한지서(漢
之書)』10권'이 기록되어 있다. 그러나 안지추의『안씨가훈(顔氏家訓)』
「서증(書證)」편에 따르면 "『촉이서』는 일명『한지서』"라고 하므로 두
책은 하나이다.『수서』「경적지」에서 따로『촉평기(蜀平記)』10권과
『촉한위관고사(蜀漢偽官古事)』1권이 기록되어 있다. 이 두 책은 양
(梁)나라 때까지는 남아있었으나 수(隋)나라 때에는 이미 망실되었다.

  하(夏)나라[39] 때 조사군(趙思羣), 장연(張淵)이 함께 명을 받아『하서
(夏書)』를 지었으나 하나라가 망한 뒤 불살라져서 남아 있지 않다.

  (6) 16국을 총괄하여 엮은 역사서

  이개(李槩)의『전국춘추(戰國春秋)』및 최홍(崔鴻)의『십륙국춘추(十
六國春秋)』가 있다.『북사(北史)』「최홍전」에 다음과 같은 언급이 있
다.

  최홍은 약관에 이미 저술에 뜻이 있었으나 진(晉)나라와 위(魏)나라
  에 대한 역사서가 모두 일가를 이루어 더 이상 손댈 곳이 없음을 보았
  다. 유원해(劉元海), 석륵(石勒), 모용준(慕容儁), 부건(符健), 모용수(慕
  容垂), 요장(姚萇), 모용덕(慕容德), 혁련굴재(赫連屈才), 장궤(張軌), 이

---

37) 역자주 : 오호16국 가운데 촉한에 대한 역사서.
38)『한서』와『화양국지』.
39) 혁련발발(赫連勃勃)이 개창한 왕조.

웅(李雄), 여광(呂光), 걸복국인(乞伏國仁), 독발오고(禿髮烏孤), 이고(李
暠), 저거몽손(沮渠蒙遜), 마발(馬跋) 등에 대하여는 당시의 사정 때문
에 상대방을 찬탈하였지만 각국의 역사서가 있어서 통일적이지 못하
였다. 최홍이 이에 『십륙국춘추』를 찬술하여 100권을 완성하였다.

뒤에 북위(北魏)의 황제가 그가 책을 편찬했다는 소식을 듣고 명을
내려 이미 완성된 부분을 상주하도록 하였다. 그러나 최홍은 이 책이
위나라(북위)의 초기 역사과 관련이 있어 끝내 올리지 않았다. 아마도
최호(崔浩)가 『위서(魏書)』를 찬술하였다가 피살된 일 때문에 조심하였
을 것이다. 뒤에 최홍이 기거주를 맡게 되고 자신의 저작이 인멸되는
것을 원하지 않아서 「상서표(上書表)」를 실어 다음과 같이 찬술하게
된 경위를 말하였으나 이전에 이 책을 올린 것은 아니다.

경명(景明) 연간 초부터 여러 옛 역사서를 수집하였습니다. 보이(甫
爾)로 천도한 이후에 대한 것은 분산된 것이 많아서 몇 해 동안 분주하
게 공·사 간에 구하였습니다. 그리고 신은 집이 가난하고 녹봉이 적
어 오직 외로운 힘만 믿고서 책을 쓰게 되었으나 자료를 모두 섭렵하
였습니다. 정시(正始) 연간에 이르러 작업이 대략 갖추어지게 되었고
삼가 관청에 근무하는 틈에 이 책의 초본을 필사하였습니다. 시대의
일들을 분류하여 각기 본록(本錄)과 연결시켰습니다. 긴 역정으로 상고
하고 옛 기록을 참고하여 착오를 산정하고 실록을 만들고자 하였습니
다. 대략을 갖추어 『춘추』 100편이 이루어지게 되었습니다. 3년의 말에
이르러 95권의 초고가 이루어졌습니다. (『북사』 「최홍전」)

이때는 아직 『촉이서(蜀李書)』를 얻지 못하여 단지 95권만 있었으나
뒤에 그의 아들 최자원(崔子元)이 영안(永安) 연간에 완성된 책을 합해
도합 102권을 올렸다. 즉 『이주서』의 내용이 포함되었으므로 권수가

114

다르다.

『위서(魏書)』「최홍전」에 다음과 같은 언급이 있다.

　　최홍의 아들 최자원이 영안 연간에 아버지의 책을 상주하면서 "신의 죽은 아비 최홍이 역사기록을 남기고자 하여 조(趙), 연(燕), 진(秦), 하(夏), 양(涼), 촉(蜀) 등에 대하여 남아 있는 기록을 수집하여 찬서(贊序)하였습니다. 선왕 때에 초고가 대략 이루어졌으나 『이웅촉서(李雄蜀書)』만은 찾아도 얻을 수 없어 한 나라가 빠져서 완성이 지연되었습니다. 지난 정광(正光) 3년 비로소 얻게 되어 이에 대하여 토론하였고 이를 마친 뒤에 아버님[최홍]은 세상을 떠나게 되었습니다. 모두 16국이며 '『춘추(春秋)』'[『16국춘추』]라고 이름을 붙였으며 도합 102권입니다. 지금 1부를 잘 필사하여 감히 올리나이다. 혹 천박하고 비루하여 볼 가치가 없다고 여기신다면 비각(秘閣)에 두시어 이문(異聞)을 넓히는 데에나 쓰게 하소서."라고 하였다.

　　최홍의 책에는 표가 있는데 『사통』「표력(表歷)」편에서 다음과 같이 언급하였다.

　　진씨(晉氏)가 파천하여 남쪽으로 양월(揚越)에 거하게 되었다. 이때 위(魏)나라 종발(宗勃)이 흥기하여 북쪽에서는 웅(雄)[이웅(李雄)]이 연(燕)나라를 대신하였다. 그 사이 명분상 잘못된 여러 16국의 역사가 있었는데 천자의 연호를 따르지 않고 스스로 군장을 칭하였다. 최홍이 표를 지었는데 자못 명료하여 『사기』와 『한서』의 여러 편들에 비하여도 손색이 없었다.

　　이 책의 기년은 진(晉)나라[동진(東晉)]를 위주로 한 것 같다. 『사통』「탐이(探頤)」편에서 이와 같이 언급하였다. 이것이 아마도 최홍이 당시에 책 올리기를 꺼린 원인 가운데 하나일 것이다.

최홍은 또한 일찍이 그의 백부 최광(崔光)을 이어서『위사(魏史)』를 찬수한 적이 있다. 그러나 완성을 본 것 같지는 않다.『위서(魏書)』「본전」(「최홍전」)에 아래와 같은 언급이 있다.

『십륙국춘추』의 원본은 송나라『숭문총목(崇文總目)』에 이르러서는 이미 기록되어 있지 않다. 다만『통감고이(通鑑考異)』가운데 아직 인용되어 있으므로 북송 때에 없어진 것 같다. 당나라 사람들이『진서(晉書)』를 지을 때 여기에서 취재한 기록이 많다. 현재 통행되는『십륙국춘추』는 명나라 사람 도교손(屠喬孫), 항림(項琳), 요사린(姚士燐)의 위작이다. 잡다하게『진서(晉書)』에서 채록하여 이룩한 것이지, 최홍의 원래 저작은 아니다. 청나라 탕구(湯球)가 이 책에 대하여 별도로 집일본을 만들었는데 대체로 송나라 이전 여러 역사서에 인용된 조목들에서 채록한 것이므로 명나라 사람의 위작에 비하여 한결 낫다.

제5절 남북조사(南北朝史)

(1) 남조(南朝) 송(宋)

송대사(宋代史) 찬술의 경위에 관하여는 심약(沈約)의 「주상송서표(奏上宋書表)」에 다음과 같이 상세하게 언급되어 있다.

남조 송(宋)나라의 옛 저작랑(著作郎) 하승천(何承天)이 처음으로『송서(宋書)』를 찬술하여 기(紀)와 전(傳)을 초(草)하여 송 무제(武帝)의 공신(功臣)에 이르렀으나 분량이 많지 않았습니다. 그가 찬술한 지(志)는 단지「천문지(天文志)」와「율력지(律曆志)」만이었고 이 밖에는 모두 봉조청(奉朝請) 산겸지(山謙之)에게 맡겼습니다. 겸지가 또 효건(孝建) 연간 초에 부름을 받고 찬술하였으나 이내 병에 걸려 죽었습니다.

이리하여 남대시어사(南臺侍御史) 소보생(蘇寶生)이 이어 여러 전을 찬술하여 원가(元嘉) 연간의 명신은 모두 그의 찬술입니다. 소보생이 복주되자 대명(大明) 연간에 또 저작랑(著作郎) 서원(徐爰)에게 명하여 이전의 저작에 이어서 완성하게 하였습니다. 따라서 하승천(何承天), 소보생(蘇寶生)의 연속적 저술 작업으로 인해 하나의 역사서가 되었으며, 의희(義熙) 초년에서 대명(大明) 말년까지를 다루었습니다. 또 「장질전(臧質傳)」, 「노상전(魯爽傳)」, 「왕승달전(王承達傳)」 등은 모두 효무제(孝武帝) 때 지은 것입니다. 영광(永光) 연간 이후 [남조 제(齊)나라로의] 선양(禪讓)에 이르기까지 10여 년 사이는 빠져 있어 한 시대 전장·문물의 자초지종이 완성되지 않았습니다. 그리고 일이 현재를 다룬 것이므로 실록(實錄 : 참된 기록)이 아닌 것이 많고 전(傳)을 세우는 대상의 취사선택 과정에도 잘못된 것이 많습니다. 앞으로는 시세에 영합하고 뒤로는 세론의 눈치를 보았으므로 믿고 장래에 전해주기 어렵습니다.

뒤에 심약(沈約)은 다시 여러 역사에 의거하여 『송서(宋書)』를 집필하여 현존 24사(史)[이른바 정사(正史)] 가운데 들어 있다. 심약은 『송서』「자서(自序)」에서 다음과 같이 언급하였다.

신(臣)은 이제 삼가 다시 창립하여 새로운 역사를 이루고자 의희(義熙)라는 처음 연호에서 시작하여 승명(昇明) 3년에서 마쳤습니다. 환현(桓玄), 초종(譙縱), 노순(盧循), 마로(馬魯) 등의 무리는 진(晉)나라의 역적이 되었고 후대와 관련이 없습니다. 오은(吳隱), 사혼(謝混), 치승시(郗僧施)는 의리가 전 왕조에 그치므로 함부로 송(宋)나라 역사에 넣을 수 없습니다. 유의(劉毅), 하무기(何無忌), 위영지(魏詠之), 단풍지(檀憑之), 맹창(孟昶), 제갈장민(諸葛長民)은 뜻이 [전왕조를] 부흥시키는 데에 있어 송나라를 돕는 모습이 없습니다. 지금 이들을 모두 삭제하고 진(晉)나라 역사에 포함시켰습니다.

심약(沈約)의 『송서』 100권에는 기(紀), 지(志), 열전(列傳)은 있으나 표(表)가 없다. 『사고전서총목제요』에는 다음과 같은 언급이 있다.

심약이 그 책을 올리고 "본기, 열전의 정사(淨寫)는 이미 끝났으며 지와 표를 합하여 70권입니다. 찬술할 여러 지는 완성하여 이어서 올릴 것입니다"라고 하였다. 지금 이 책에는 기와 전은 있으나 표가 없다. 유지기(劉知幾)의 『사통(史通)』에서는 이 책이 기(紀) 10권, 지(志) 30권, 열전(列傳) 60권 도합 100권이라고 하였으나 표가 있다고는 하지 않았다. 『수서(隋書)』「경적지(經籍志)」에서도 '『송서』 100권'이라고 하여 현존본과 권수가 부합된다. 혹 당나라 이전에 표가 이미 일실되고 현존본 부분만이 후인에 의해 편차된 것인가?

심약이 완성한 책에 대하여 청대 조익(趙翼)은 『이십이사차기(二十二史箚記)』에서 다음과 같이 논하였다.

심약이 제(齊)나라 영명(永明) 5년에 칙명을 받들어 『송서』를 찬술하기 시작하여 이듬해 2월 완성하였다. 기, 지, 열전 도합 100권이다. 예로부터 역사서를 찬술하는 속도가 이와 같이 빠른 적이 없다. 지금 그의 「자서」를 갖고 자세히 살펴보면 심약의 책이 서원(徐爰)의 구본을 바탕으로 하면서 증보 또는 삭제한 부분이 많다.……서원은 소보생(蘇寶生)과 하무기(何無忌)의 책에 근거하여 이룩하였다. 의희(義熙) 초년에서 시작하여 대명(大明) 말년까지 다루었으므로 그 가운데 「장질전(臧質傳)」, 「노상전(魯爽傳)」, 「왕승달전(王承達傳)」은 모두 효무(孝武) 때 만든 것이다. 다만 영광(永光) 연간 이후 망국에 이르기까지 10여 년간에 대하여는 기록이 없다. 지금 『송서』의 기(紀)와 전(傳) 가운데 영광 연간 이후 부분은 심약 등이 보충한 것이다.

하지만 심약이 서원 등의 책을 이용하기는 하여, 대략 산삭은 하였지만, 『송서』「서원전(徐爰傳)」에 실린 서원의 표(表)를 보면 두 책이 다름을 알 수 있다.

　　의희(義熙) 원년을 왕업의 시작으로 하여 공신으로 끝내고 위원이 찬탈한 것이 왕망과 같으므로 비록 영무(靈武)의 일이 진(晉)나라의 기록에 상세하며, 명기(命紀)를 범하여 패조(覇朝)에서 죽임을 당한 것은 선양 전의 일이기는 하지만 모두 송나라 역사책에 기록하여야 합니다. 그러므로 강하왕(江夏王) 의공(義恭) 등 25인과 서원에 대하여는 의희 원년으로 끝내는 것이 마땅합니다. 왕휴약(匡休若), 단도란(檀道鸞)은 원흥(元興) 3년으로 시작하는 것이 옳다고 하였으며 우회(虞龢)는 개국을 송공(宋公) 원년으로 하는 것이 마땅하다고 하였습니다.

이에 대한 조서에서 "항적(項籍 : 항우)과 성공(聖公)이 한대(漢代) 각기 전한과 후한의 역사에 포함되어 있는 것과 같은 예가 이미 있으므로 「환현전(桓玄傳)」은 송나라 역사에 싣고 나머지는 서원(徐爰)의 의논과 같게 하라"고 하였다.

현존본 『송서(宋書)』는 확지계(確知係)가 『남사(南史)』를 갖고서 보충한 부분을 겸하여 갖고 있다. 예를 들면 「도언지전(到彦之傳)」 같은 것이 그것이다. 「소제기(少帝紀)」의 서법은 다른 본기와 다르며 권말에 사신의 논찬이 없으므로 전대흔(錢大昕)은 심약의 원작이 아니라고 하였다. 아마도 후대인이 다른 책에서 채록하여 보충한 것일 것이다.[40]

심약의 『송서』가 이루어진 이후 배자야가 다시 이에 의거하여 『송략(宋略)』 20권을 찬술하였다.

『남사(南史)』「배자야전(裴子野傳)」에 다음과 같은 언급이 있다.

---

40) 『이십이사고이(二十二史考異)』 권23.

처음에 배자야(裴子野)의 할아버지, 배송지(裴松之)가 남조 송나라 원가(元嘉) 연간에 조서를 받아 하승천(何承天)의 『송사』를 이어서 속편을 찬수하다가 완성을 못하고 죽었다. 배자야는 항상 이를 이어서 선대의 작업을 완성하고자 하는 생각을 갖고 있었다. 남조 제(齊)나라 영명(永明) 말년에 미쳐서는, 심약이 찬술한 『송사(宋史)』에 대하여 배송지 이후에는 들은 사람이 없다고 일컫게 되었다. 배자야는 다시 『송략(宋略)』 20권을 찬수하였는데 그 사건 서술과 평론 가운데 좋은 것이 많다. 예를 들면 "회남태수(淮南太守) 심박(沈璞)을 죽였다(戮). 그가 의사(義師)를 따르지 않기 때문이었다"라고 서술하였다. 심약은 두려워서 단지 선사(跣謝)하고 두 해석 가운데 하나를 택하라고만 하였다. 심약은 배자야의 저작을 보고 탄식하여 "내가 미치지 못하는바"라고 하였다.

『양서(梁書)』는 단지 배자야가 심약의 책을 산삭하여 『송략』을 만들었다고만 하였지 두 사람 사이의 장단점을 말하지는 않았다.
『사통』 또한 다음과 같이 언급하였다.

배기원(裴幾原 : 배자야)이 『송사』를 산삭하여 20편으로 하여 번거로운 것은 제거하고 요점만을 채택한 것은 실로 그의 공로이지만 문장이 상당히 거친 점이 있다. (『사통』 「잡설(雜說)」편)

그러나 또 "지금 세상 가운데 『송사』를 언급하는 사람들의 말로 말미암아 보면, 배자야의 『송략』이 으뜸이고 심약의 『송서』가 다음이다"[41]라고 하였다. 대체로 『송략』이 후세에 더 추앙되었다.

(2) 남조(南朝)의 제(齊)

---

41) 『사통』 「정사(正史)」편.

제(齊)나라 역사의 편수는 단초(檀超)와 강엄(江淹)이 시작하였다. 『남제서(南齊書)』「단초전(檀超傳)」에는 다음과 같은 언급이 있다.

건원(建元) 2년에 처음으로 사관을 두어 단초(檀超)와 강엄(江淹)이 사관의 직을 맡아서 표를 올려서 아래와 같은 원칙을 세웠다.

* 개원기(開元紀)의 호칭은 송(宋)나라 연호를 채택하지 않는다.
* 봉작(封爵)은 각기 본전에 상세히 기록하며 연표를 만들지 않는다.
* 10지를 두되 「율력지(律曆志)」, 「예악지(禮樂志)」, 「천문지(天文志)」, 「오행지(五行志)」, 「교사지(郊祀志)」, 「형법지(刑法志)」, 「예문지(藝文志)」는 반고(班固)의 예를 따르며, 「조회지(朝會志)」, 「거복지(車服志)」는 채옹(蔡邕)과 사마표(司馬彪)의 예를 따르고, 「주군지(州郡志)」는 서원(徐爰)의 예를 따르며 「백관지(百官志)」는 범엽(范曄)의 예를 따라 「주군지」에 합친다. 반고는 오성(五星)을 「천문지」에 싣고 일식은 「오행지」에 실었으나, 일식을 「천문지」에 싣되 건원(建元)을 시작으로 한다.
* 황제의 딸은 황족이므로 「전(傳)」을 세워 생구(甥舅)를 존중한다.
* 또 「처사전(處士傳)」, 「열녀전(列女傳)」을 세운다.
* 내외에 내린 조서는 상세하게 논한다.
* 왕(王)·검(儉)·의(議)·금(金)·속(粟)의 중요함은 팔정(八政) 가운데 먼저 할 바이며 식화(食貨)가 통하면 나라가 부유하고 민이 충실해지므로 마땅히 편록하여 근본을 힘쓰는 일을 숭상해야 한다.
* 「조회지」는 이전의 역사서에서도 기록하지 않았다. 이것은 곧 백개일가(伯喈一家)의 뜻이니 마땅히 「식화지」는 세우되 「조회지」는 두지 않는다.
* 오행의 근본은 수화(水火)의 정밀함보다 앞서서, 이것이 일월(日月)이 되니 오행(五行)의 으뜸이다. 마땅히 전례를 따라 고치지 말아야 할 것이다.
* 또 「제녀전(帝女傳)」을 세우는 것은 온당치 못하다. 만약 높은 덕과

기이한 행실이 있으면 저절로 「열녀전」에 실리게 될 것이며, 만약 일상적인 가행에 그친다면 예전처럼 기록하지 않는다.
* 조서에서 "일·월의 재해는 「천문지」에 소속시키고 나머지는 검(儉)·의(議)와 같이 하라"고 하였다.

뒤에 단초가 피살되자 강엄이 혼자『제사(齊史)』를 완성하였으나 불완전한 것이었다. 역사 가운데 가장 찬수하기 어려운 부분이 지(志)라고 생각하여 먼저 10지를 완성하였다.

이 밖에 오균(吳均)이 편년체로『제춘추(齊春秋)』를 만들었다.『사통(史通)』「정사(正史)」편에서는 다음과 같은 언급이 있다.

이때 봉조청(奉朝請) 오균(吳均) 또한 표를 올려 제(齊)나라 역사를 찬술하겠다고 하고 기거주 및 여러 신하의 행장을 달라고 하였다. 조사를 내려 "제(齊)나라의 옛 일은 민간에 퍼져 있어 견문한 것이 이미 많으므로 스스로 수집할 수 있을 것이다"라고 하였다. 오균이 마침내『제춘추(齊春秋)』30편을 찬술하였다. 이 책에서 양(梁)나라 황제를 칭하여 '제명좌명(齊明佐命)'이라고 하였으므로 황제가 이것을 싫어하여 불태우라고 명하였다. 그러나 그 사본이 결국 소씨[소자현(蕭子顯)]가 찬술한 것과 함께 후세에 전해졌다.

양(梁)나라 천감(天監) 연간에 소자현(蕭子顯)이 제(齊)나라 역사를 찬술하여 책이 완성되자 표를 올리고 아뢰자 궁중의 비각(秘閣)에 수장하도록 하였다. 소자현은 제(齊)나라 예장왕(豫章王) 억(嶷)의 여덟째 아들이며 제나라 고제(高帝)의 손자이다. 제나라가 망한 뒤 혼자 조부[제나라 고조] 왕조대의 역사인『남제서(南齊書)』를 찬술하였다. 이런 사례는 24사(二十四史) 가운데 소자현의 것을 제외하면 없다.

소자현의『남제서』가운데 현재 남아 있는 것은 59권이다. 그러나

122

『사고전서총목제요』에서는 다음과 같이 언급하였다.

장준경(章俊卿)의 『산당고색(山堂考索)』에서는 「관각서목(館閣書目)」을 인용하여 "『남제서』 60권, 현재 59권이 남아 있으며 1권은 망실되었다"라고 하였다. 유지기의 『사통』과 증공(曾鞏)의 「서록(敍錄)」은 둘 다 "8기(紀), 11지(志), 40열전(列傳), 도합 59권"이라고 하였을 뿐 결질이 있다고 하지는 않았다. 그러나 『양서(梁書)』 및 『남사(南史)』「자현전(子顯傳 : 소자현전)」에는 다음과 같은 언급이 있다.

"실로 60권을 갖추어 지었다"라고 하므로 「관각서목」의 언급이 근거 없는 것은 아니다. 『남사』 가운데 소자현의 「자서」를 살펴보면 「서전(敍傳)」에 의거한 것 같다. 그리고 조공무(晁公武)의 『한서지(漢書志)』는 「진서표(進書表)」를 싣고서 "천문(天文)의 일은 비밀이고 호구는 알지 못하여 감히 사사로이 싣지 않는다. 아마도 원래 제60권은 소자현의 「서전」이었던 것 같으며 말미와 표를 붙여 이연수(李延壽)의 『북사(北史)』의 예와 같게 하였다. 당(唐)나라 때에 이르러 「서전」이 이미 일실되었으나 표는 송(宋)나라 때에 이르러서도 여전히 남아 있었다. 그러나 지금은 표마저 없어졌다. 그러므로 원본과 비교하면 한 권이 빠져 있다.

더욱이 현존본은 일실된 부분이 더욱 많다. 전대흔(錢大昕)은 『이십이사고이(二十二史考異)』 권25에서 일찍이 다음과 같이 논하였다.

현존본 『남제서(南齊書)』 권15의 「주군지(州郡志)」하, 권35 「고십이왕전(高十二王傳)」, 권44 「서효사전(徐孝嗣傳)」, 권58 「고려전(高麗傳)」은 각기 1장이 누락되어 있으며 권59 사신(史臣)의 논찬에도 궐문(闕文)이 있다. 증자고(曾子固)의 「서(序)」에서 단지 "교정에 오류가 있다"라고만 하고 "문장 가운데 탈락이 있다"라고는 하지 않았으므로 남

조 송(宋)나라 때 소자현의 책(『남제서』)은 실로 완벽하였다고 할 수 있
다. 또 생각하건대, 『사통』「서례(序例)」편에서 "심송(沈宋)의 지(志)·
서(序), 소제(蕭齊)의 「서록(序錄)」"이라고 한 데서 모두 서(序)라는 명
칭을 갖고 있는 것이 그 실제 예라고 할 것이다. 그렇다면 소자현의 책
에는 마땅히 「서록」 한 편이 있어야 한다. 유지기(劉知幾)는 그 뒤에도
여전히 이것을 볼 수 있었지만 지금은 전해지지 않을 따름이라고 하였
다.

(3) 남조(南朝)의 양(梁)

양(梁)나라 무제(武帝) 때 심약(沈約), 주흥사(周興嗣), 포행경(鮑行
卿), 사호(謝昊) 등이 서로 이어서 찬술을 하여 100편을 이룩하였다. 이
리하여 하지원(何之元), 유번(劉璠)이 함께 편년체의 『양전(梁典)』을 찬
술하였다. 진(陳)나라 요찰(姚察)은 양(梁)나라 역사를 찬술하는 데에
뜻을 두었으나 진(陳)나라가 망할 때까지 저술 작업은 진전되지 않았
다.[42]

(4) 남조(南朝)의 진(陳)

고야왕(顧野王) 부재(傅縡)는 일찍이 진(陳)나라 무제(武帝)와 문제
(文帝), 두 황제의 기(紀)를 찬술하였고, 진(陳)나라 선제(宣帝) 때 육경
(陸瓊)은 이어서 찬술 작업을 하였으며 뒤에 요찰(姚察)이 깎고 고쳤다.
수(隋)나라 때에도 여전히 완성되지는 않았다.[43] 현존 『양서(梁書)』,
『진서(陳書)』는 모두 당(唐)나라 때 찬술된 것이다. 이하 아래 장에서
언급하기로 한다.

---

42) 『사통』「정사」편.
43) 『사통』「정사」편.

(5) 북위(北魏)

북위(北魏) 도무(道武) 연간에 처음으로 등연(鄧淵)에게 명을 내려 『국기(國記)』10권을 저술하게 하였다. 태무제(太武帝) 때 또 최호(崔浩), 고당(高讜) 등에게 조서를 내려 『국서(國書)』30권을 찬술하고, 국사(國史)를 서술하여 악을 숨김없이 돌에 새기게 하였다. 최호가 법에 걸려 복주되어 마침내 사관이 폐지되었다. 등연, 최호가 지은 것들은 모두 편년체이다. 북위 효문제 때 이표 등에게 조서를 내려 개작하여 기(紀), 전(傳), 표(表), 지(志) 등을 만들게 하였다.[44] 제나라 천보(天保) 연간에 위수(魏收) 등에게 칙서를 내려 옛 문적을 채집하여 위(魏)나라 역사를 찬술하게 하였는데, 기와 전 및 지가 모두 130권이었으며 효소제(孝昭帝) 이후 여러 차례 개수하였다. 수(隋)나라 문제(文帝) 때 또 위담(魏澹) 등에게 칙서를 내려 중수하게 하여 서위(西魏)를 진(眞), 동위(東魏)를 위(僞)라고 하였다.

『북사(北史)』「최호전(崔浩傳)」에는 이에 대한 기록이 더욱 상세하다.

처음 도무제(道武帝)가 비서랑(秘書郎)인 등언해(鄧彦海)에게 조서를 내려 『국기(國記)』10여 권을 저술하여 편년체로 사건을 기록하게 하였다. 체례가 완성되지 않은 채, 명원(明元) 연간에 이르러 폐지하고 저술하지 않았다. 신가(神䴥) 2년 조서를 내려 여러 문인을 모아 『국서(國書)』를 차록하게 하였다. 최호와 그의 동생 최람(崔覽), 고당(高讜), 등영(鄧穎), 조계(晁繼), 범향(范享), 황보(黃輔) 등이 함께 참여, 저술하여 『국서(國書)』30권을 완성하였다. 저작령사(著作令史) 태원(太原) 민감(閔堪), 조군(趙郡) 각표소첨사(郤標素諂事) 최호(崔浩)가 이에 돌에 『국서』를 새겨 직필을 드러내자고 청하였으며, 아울러 최호가 주석한

오경(五經)도 새기자는 건의도 있었다. 최호가 찬성하고 경목(景穆)도 좋다고 하여 마침내 천교(天郊) 동쪽 30리 지점에 사방 백보 지역에 3백만 자를 써서 완성하였다. 최호가 나라 일에 대하여 쓴 것이 잘 갖추어지기는 하였지만 표현이 신중하지 않아서 돌에 새긴 명문이 큰 길에 있자 북인(北人)들이 모두 분개하여 함께 최호에 대하여 황제에게 참소하였다. 황제가 대노하여 담당자에게 최호를 조사하게 하고 비서랑 및 장력생(長曆生) 수백 명의 의장(意狀)을 압수하게 하자 최호는 복주되었다. 진군(眞君) 12년 6월 최호를 죽일 때 [그의 일족] 청하(淸河) 최씨는 촌수가 멀든 가깝든 다 죽었고, 범양(范陽) 노씨(盧氏), 태원(太原) 곽씨(郭氏), 하동(河東) 유씨(柳氏)도 모두 최호의 인척이라는 이유로 멸족을 당하였으며 비서랑 이하의 사람들도 모두 죽였다.

북위 태무제(太武帝) 신가(神麚) 2년 처음 최호 등이 역사서를 찬수할 때『국서』30권을 이록하였으나 아직 완성된 것은 아니었다. 이리하여 뒤에 또 최호에게 조서를 내려 "대(臺)에 머무르면서 역사의 일을 총괄하여 이 책을 완성하되 힘써 실록(實錄)을 따르도록 하라"고 하였다. 최호는 이에 비서(秘書)의 일을 감독하여 중서시랑(中書侍郎) 고윤(高允), 산기시랑(散騎侍郎) 장위삼(張偉參)을 시켜 저술하여 본기(本紀)의 전반부를 완성하였다. 가감과 포폄 및 절충, 윤색은 최호가 총괄하였다.[45]

이 일에 대하여 최호의 전(傳)에는 연월은 기록되어 있지 않지만 양주(凉州) 평정의 뒤, 경목(景穆)의 백관(百官) 총괄의 앞 부분에 서술되어 있다.

태연(太延) 5년 9월 저거목건(沮渠牧犍)이 와서 항복하여 양주가 평정되었고 또 태평진군(太平眞君) 5년 1월 경목이 처음으로 백관을 총괄하게 된 사실이 모두『위서(魏書)』「본기」에 보이므로 최호가 북위

---

45)『위서』「최호전」.

역사를 수찬한 것은 필시 그 사이의 일임이 명백하다.

돌에 새긴 일은 『북사(北史)』 기록에서 찬수의 일과 서로 연결되어 있으므로 다소 뒤섞인 느낌이 든다. 『위서(魏書)』의 경우 설영종(薛永宗)을 평정한 이후, 태무제가 하서(河西)에서 사냥하기 이전 사이에 기록되어 있다. 생각하건대, 『위서』 「본기」에 따르면 태평진군 7년 설영종을 패배시켰고 또 10년 3월 하서(河西)에 수(蒐)하였다. 따라서 석비(石碑)의 건립은 필시 7년과 10년 사이의 일이다. 또 그 사이 태무제가 여러 차례 순수를 나갈 수 있었던 것은 경목이 섭정하였기 때문이다. 이는 경목이 석비 건립에 찬성한 사실과 부합된다. 최호 등이 죽은 것은 중국사학계의 일대 참화이다. 그러나 그 가운데 「태조기(太祖紀)」는 등언해가 찬술한 것임을 『북사』 「고윤전(高允傳)」을 통해 알 수 있다.[46] 원위(元魏 : 북위)가 처음 일어났을 때의 여러 아름답지 못한 이야기를 등언해와 최호 등이 사실대로 기록한 것이 의당 북위 사람들의 분노를 야기하였을 것이다.

뒤에 고윤(高允)이 "역사의 일을 맡았으나 저술 작업을 전담하지 않았고 때때로 교서랑(校書郎) 유모(劉模)와 함께 한 것이 있으며 대체로 최호의 작업을 따르되 『춘추』의 체례에 따라 때때로 바로잡은 것이 있다."[47] 춘추의 체례에 따랐다는 것은 즉 『사통』에서 말한 것처럼, 최호 이래로 모두 편년체로 하였음을 의미한다. 때때로 바로잡은 것이 있다는 것은 아마도 고윤이 최호가 복주된 일을 보고서 두려워 북위 초기의 역사적 사실에 대하여 삭제한 것이 많다는 의미일 것이다.

이후 이표(李彪)에 이르러 기전체로 고쳤다. 『북사(北史)』 「이표전(李彪傳)」에 다음과 같은 언급이 있다.

---

46) 등언해(鄧彦海)는 즉 등연(鄧淵)인데 당나라 고조(高祖) 휘를 피한 것임.
47) 『북사』 「고윤전(高允傳)」.

북위 성제(成帝) 이후 태화(太和) 연간에 이르기까지 최호(崔浩), 고윤(高允)이 『국서(國書)』를 저술하여 편년체로 기록하여 춘추의 체례를 따라서 시사를 빠뜨렸다. 이표가 비서랑(秘書郎) 고우(高祐)와 함께 처음으로 사마천과 반고의 체례(기전체)를 따라서 기, 전, 표, 지의 항목을 두었다.

북제(北齊) 때에 이르러 위수(魏收)가 마침내 북위 역사를 완성할 수 있었다.

『북사』「위수전(魏收傳)」에서 다음과 같이 등연에서 위수까지 역대의 역사 찬수자들에 대한 자세한 언급이 있다.

처음 북위 초 등언해(鄧彦海 : 등연)가 『대기(代記)』10여 권을 지었으며 그 뒤 최호가 역사를 담당하였고, 유윤(游允), 정준(程駿), 이표(李彪), 최광(崔光), 이염(李琰) 등이 대대로 그 일을 맡았다.[48]

최호는 편년체로 하였으나 이표가 비로소 기, 표, 지, 전으로 나누었다. 책이 아직 완성되지 않았을 때 북위 선무제(宣武帝)가 형만(邢巒)에게 명을 내려 추가로 『효문제기거주서(孝文帝起居注書)』를 찬술하게 하였다. 태화 14년에 이르러 또 최홍(崔鴻), 왕준업(王遵業)에게 명을 내려 보충하게 하여 아래로 효명제(孝明帝)까지 다루었으며 아주 자세하다. 제음(濟陰)의 왕훈업(王暈業)은 『변종실록(變宗室錄)』 30권을 찬술하였다. 이에 위수(魏收)는 통직상시(通直常侍) 방연우(房延祐), 사공사마(司空司馬) 신원식(辛元植), 국자박사(國子博士) 조유(刁柔) 및 배앙지(裴昻之), 상서랑(尙書郎) 고효간(高孝幹)과 함께 총괄하고 가다듬어 『위서(魏書)』를 완성하였다. 명칭을 변정하고 축조적으로 기록하

---

48) 『북사』「위수전」원문의 "이염낭지" 가운데 "낭지(郎知)" 두 글자는 오류이다. 『위서』에는 단지 "도(徒)"라고만 되어 있다.(역자주 : "이염지도"라고 하면 "이염 등"이라는 뜻이 된다. 『북사』「위수전」그대로 하면 뜻이 통하지 않게 된다.)

였으며, 또 빠진 것들을 모으고 뒤의 일들을 이어 기록하여 한 시대의 완비된 역사서를 만들어 표를 올려 보고하였다.

한 시대의 대전(大典)으로서 전체적으로 12기(紀)와 92열전(列傳), 도합 11권이다. 5년 3월 상주하였는데 가을에 양주(梁州)자사에 제수되자, 위수는 지(志)가 아직 완성되지 못하였다고 보고하고 일을 마치게 해달라고 주청하여 허락을 받았다. 11월 다시 10지를 상주하였는데 「천상지(天象志)」 4권, 「지형지(地形志)」 3권, 「율력지(律曆志)」 2권, 「예악지(禮樂志)」 4권, 「식화지(食貨志)」 1권, 「형벌지(刑罰志)」 1권, 「영징지(靈徵志)」 2권, 「관씨지(官氏志)」 2권, 「석로지(釋老志)」 1권으로 도합 20권이다. 기(紀)와 전(傳)에 합치면 도합 130권이 되며 나누면 12범주가 된다. 이 가운데 35예(例), 25서(序), 94론(論), 전후(前後)의 2표(表)와 1계(啓)는 모두 위수 혼자서 한 것이다.

위수는 북위 역사의 찬수를 북제(北齊) 효선제(孝宣帝) 천보(天保) 2년에 시작하였고 천보 5년에 완성하였음은 모두 송나라 유반(劉放) 등의 「서표(敍表)」에서 알 수 있다. 그 가운데 다음과 같은 언급이 있다.

위수 등은 한결같이 위나라(북위)를 헐뜯고 포폄을 제멋대로 하여 사람들이 그 논의가 불공평하다고 하였다. 문선제(文宣帝)가 위수를 상서성(尙書省)에 임명하고 이의를 제기한 여러 사람들과 논쟁을 하게 하였다. 위수가 처음에는 논변을 잘 하였으나 뒤에 가서는 대적할 수가 없었다. 범양(範陽)의 노배(盧裴), 돈구(頓丘)의 이서(李庶), 태원(太原)의 왕송년(王松年)이 모두 역사서를 비방한 죄에 걸려 채찍을 맞고 갑방(甲坊)으로 유배되었다. 죽는 자가 나오자 여론이 비등하여 더러운 역사서라고 하였다. 이때 복야(僕射)인 양음(楊愔)과 고정덕(高正德)이 권세를 잡고 있었는데 위수는 둘 모두의 집안에 대하여 가전(家傳)을 만들어 주었다. 이리하여 두 사람이 좋게 여기고 도와주어 비등하는 여론을 막아 다시 거론되지 않았으나 반포, 시행되지도 않았다. 효소제

(孝昭帝) 황건(皇建) 연간에 위수에게 명을 내려 더욱 잘 살펴보도록
하자 위수는 두 본을 청하여 하나는 병성(幷省)에 보내고 다른 하나는
업하(鄴下)에 보내어 기록을 전하는 자가 듣게 하고자 하였다. 여러 신
하가 다투어 그 잘못을 공격하자 무성제(武成帝)가 다시 위수에게 칙
서를 내려 개정하게 하였다.

북위에 대한 여러 역사서 가운데 현존하는 것은 단지 위수의 책뿐이
다. 그러나 북송(北宋) 때 이미 결질이 되어 불완전하였다. 현재 책의
목록을 보면, 송(宋)나라 사람의 주 가운데 없어진 부분이 있는 것이
29권이다. 그러나 사실상 주에 없어진 부분이 있는 것은 현존 다른 권
에도 간혹 존재한다. 예를 들면 「제기(帝紀)」 제3은 후대인이 『북사(北
史)』 및 고씨(高氏)의 『소사(小史)』, 『수문전어람(修文殿御覽)』 등으로
보충하여 이록한 것이다. 또 주가 없이 빠진 부분으로서 위수의 원래
저술이 아닌 부분도 있다. 예를 들면 「열전(列傳)」 권21에 "빠진 글자
에 주를 하지 않았지만 옛날 본은 이번 권의 끝에 발문이 있다"라고
하였다. 이 전(傳)은 전적으로 고씨의 『소사』를 전사한 것인데 아마도
위수의 책 가운데 이 부분이 없어진 뒤 후대인이 보충한 것으로 여겨
진다. 사신(史臣)의 논찬 또한 모두 『북사』의 여러 논찬들을 합쳐서 이
록한 것이다. 그러나 자못 상세하게 갖추어져 이 역사서의 다른 부분
과 대략 같다. 아마도 송나라 이후 없어진 부분이 29권에 그치지 않을
것이다.

또 그 가운데 이미 위담(魏澹) 및 『북사』의 글이 뒤섞여 있는데 『사
고전서총목제요(四庫全書總目提要)』에서는 다음과 같이 상세하게 언
급하였다.

지금 통용되는 본은 송나라의 유서(劉恕)·범조우(范祖禹) 등이 교정

130

한 본이다. 유서 등의 「서록(序錄)」에서는 "수(隋)나라 위담(魏澹)이 다시 『후위서(後魏書)』 92권을 수찬하였고, 당(唐)나라 때 장태소(張太素)의 『후위서』 100권이 있었지만 지금은 모두 전해지지 않는다. 북위 역사는 오직 위수의 책만을 위주로 하여 그 가운데 빠지고 불완전한 29편을 교정하여 각기 각 편의 끝에 소(疏)를 붙여 놓았다"라고 하였다. 그러나 어느 책에 근거하여 보충하였는지에 대하여는 유여 등이 말하지 않았다. 『숭문총목(崇文總目)』에서는 "위담의 책은 겨우 기 1권만이 남아 있으며 장태소(張太素)의 책은 지 2권이 남아 있다"라고 하였다. 진진손(陳振孫)의 『서록해제(書錄解題)』는 『중흥서목(中興書目)』을 인용하여 "위수의 책에는 「태종기(太宗紀)」가 빠져 있어서 위담의 책으로 보충하였으며 지 가운데 「천상지(天象志)」 2권이 빠져 있어 장태소의 책으로 보충하였다"라고 하였다. 또 "위담, 장태소의 책은 이미 없어지고 오직 이 기(紀)와 지(志)만이 존재한다"라고 하였다. 어디에 근거한 것인지 모르겠다. 이것은 진손 역시 해결하지 못한 의문이다.

『태평어람(太平御覽)』 「황왕부(皇王部)」의 기록을 살펴보면, 『후위서』 「제기(帝紀)」 가운데 위수의 책에서 취하면서 중복된 구절을 삭제한 부분들이 많다. 「태종기(太宗紀)」 또한 현존본과 수미일관 부합되며 비교해 보면 그 가운데 몇 구절을 증가시켰을 뿐이다. 대체로 『태평어람』이 여러 역사서를 인용한 것을 보면 깎아낸 부분은 있지만 증가시킨 부분은 없다. 그러나 이 기(紀)만은 특별히 다르다. 이것은 위수 책의 원래 구절인가, 아니면 뒤에 보충한 사람이 위담의 책 등에서 취하면서 간혹 산삭한 부분이 있는 것인가? 그러나 『태평어람』에서 인용한 『후위서』는 한 사람만의 책이 아니다. 예를 들면 이 책 권12의 「효정제기(孝靜帝紀)」는 망실되어 후대인이 보충한 것이므로 『태평어람』에 수록된 「효정기(孝靜紀)」는 원래 이 책의 체례와는 전혀 다르다. 또서위 「효무기(孝武紀)」, 「문제기(文帝紀)」, 「폐제기(廢帝紀)」, 「공제기

(恭帝紀)」는 위담의 책에서 취한 것이 아닌가 생각된다. 또 이 책 권13
의 「황후전(皇后傳)」은 역시 망실되어 후대인이 보충한 것이다. 지금
『태평어람』을 갖고서 서로 비교해 보면 자구가 동일한 것이 많으나,
다만 그 가운데 산삭한 구절이 있으며 말미에 서위의 오후(五后)를 덧
붙이고 있다. 당연히 또한 위담의 책에서 취하여 보충하였을 것이다.
아마도 위담의 책은 송나라 초에 이르기까지는 아직 1권 이상이 남아
있어 이로부터 보충할 수 있었을 것이다. 위담의 책에도 빠진 부분이
있어 『북사』에서 취하여 보충하였다. 그러므로 『숭문총목』에서는 "위
담(魏澹)의 『위사(魏史)』는 이연수(李延壽)의 『북사(北史)』와 위수(魏
收)의 책이 뒤섞여 있으며 권의 순서가 다른데 이 점은 송나라 초에 이
미 판정할 수 없게 되었다"라고 하였다.

위담의 책과 위수의 책은 체례(體例)가 다르다. 위담과 위수는 친족
형제이다. 당시 "위나라(북위) 황제는 위수가 수찬한 『후한서』의 포폄
이 공정하지 못하다고 생각하였다. 평회(平繪)가 중흥하자 앞서 책에서
일이 제대로 기록되지 않았다고 생각하여 위담에게 조서를 내려 별도
로 위나라 역사서를 짓게 하였다. 위담은 도무(道武) 연간에서 공제(恭
帝) 때까지 12기(紀), 78열전(列傳)을 만들고 별도로 사론 및 범례 각 1
권을 지어 도합 92권으로 하였다. 의례가 위수의 책과 다른 점이 많다"
라고 하였다. 그 가운데 중요한 것은 평문(平文) 이전에 부락의 군장들
에 대하여 반드시 시호를 칭하지 않은 점이다. 또 해를 입은 군주들에
대하여, 예를 들면 태무제(太武帝), 헌문제(獻文帝)에 대하여 직서하여
회피하지 않았다. 사마천이 기전체를 창립한 이래, 선한 자, 악한 자를
막론하고 모두 논찬을 두었다. 지금 찬술한 역사서는 권계에 도움이
될 만한 자에 대하여는 그 득실을 논하였지만 무익한 자에 대하여는
논하지 않았다. 이상이 위담 책의 체례 가운데 중요한 몇 가지 중요한
점이다. 이 책은 송나라 때에 이르러서는 단지 1권만이 남아 있었다고

한다. 그러나 앞서 언급한 바와 같이 『사고전서총목제요』에서는 그렇지 않을 수도 있다고 하였다.

(6) 북조(北朝)의 북제(北齊)

북제(北齊)의 후주(後主) 때에 조효징(祖孝徵)이 『황초전천록(黃初傳天錄)』을 저술하였는데 뒤에 사관 두대경(杜臺卿) 등이 뒤를 이어 찬술하였다. 수(隋)나라 때에 이르러 왕소(王劭)가 편년체의 역사서를 만들고 '『제지(齊志)』'라고 이름을 붙였으며 도합 16권이다. 이덕림(李德林)이 북제(北齊)에 있을 때 『국사(國史)』를 수찬하였는데 수나라 때에 이르러 또 조서를 받들어 수찬 작업을 이어서 하였다. 전후 모두 기전(紀傳) 65편을 찬술하여 세상에서 왕조와 더불어 일컬어졌다.

왕소의 『제서(齊書)』 및 『수서(隋書)』에 관하여는 『북사(北史)』 「왕소전(王劭傳)」에서 또한 일찍이 다음과 같이 논하였다.

왕소(王劭)는 저작랑(著作郎)에 20년간 재직하면서 오로지 국사(國史)만을 담당하여 『수서(隋書)』 80권을 찬하였다. 구두 칙어를 기록한 것이 많으며 또 괴이하고 불경(不經)한 언사 및 위항(委巷)의 말들을 기록하여 분류해 두었다. 그 제목을 붙인 것이 번잡하여 족히 칭할 만한 것이 되지 못한다. 수나라 때의 문무 명신들의 선악의 자취는 끝내 인멸되어 전해지지 않게 되었다. 처음 『제지(齊志)』(북제)를 지어 편년체 20권으로 하고 다시 『제서(齊書)』(북제)를 지어 기전체 100권 및 「평적기(平賊記)」 3권으로 하였다. 글이 야비하고 황당무계하여 보고 듣는 사람들이 놀라, 대체로 식견은 조금 있지만 비야하다고 한다.

유지기는 이것을 배자야(裴子野)의 『송략(宋略)』과 비교하여 『사통』 「서사(敍事)」편에서 다음과 같이 말하였다.

가까이에 배자야(裴子野)의 『송략(宋略)』과 왕소(王邵)의 『제지(齊志)』가 있었다.[49] 이 두 사람은 모두 일을 서술하는 능력이 옛 사람에 뒤지지 않지만 후세 논자들이 모두 부화뇌동하여 배자야만 칭찬하고 왕소는 비난한다. 무릇 강남 지역은 전아함을 지향하여 배자야의 필치는 잘 가다듬어 있다. 중원의 자취는 거친 점이 있어 왕소의 글에는 비루한 면이 있다. 또 기원(幾原)은 헛된 말로 꾸미기에 힘썼으나 군무(君懋)는 실제를 기록하는 데에 뜻이 있었다. 이것이 호오가 갈라지는 까닭이다.

또 『사통』「잡설(雜說)」편에서는 왕소의 문장을 칭찬하여 다음과 같이 좌씨(左氏)에 견주었다.

왕소의 『국사(國史)』[북제의 역사, 즉 『제지』]는 전쟁을 논할 때 분쟁을 서술하면서 관련된 일을 잘 언급하였으므로 더욱 그 장점을 살필 수 있다. 예를 들면, 문선제(文宣帝)가 효정제(孝靜帝)를 핍박하여 위나라[북위]로부터 선양을 받은 일을 서술하면서 이왕(二王)이 양연(楊燕)을 죽이고 건명(乾明)을 폐위시킨 일을 기록하였다. 좌씨가, 계씨(季氏)가 소공(昭公)을 축출한 일을 기록하면서, 진백(秦伯)이 중이(重耳)를 받아들이자 난영(欒盈)이 곡옥(曲沃)에서 일어났고 초(楚)나라 영공(靈公)이 건계(乾谿)에서 패하였음을 언급한 것과 매우 비슷한 사례이다. 또 고조(高祖)가 우문씨(宇文氏)를 망산(邙山)에서 격파한 일을 서술하면서 주(周 : 북주) 무제(武帝)가 진양(晉陽)으로부터 와서 업(鄴)을 평정하였음을 언급하였다. 좌씨는 성복(城濮)의 전투를 기록하면서 언릉(鄢陵)의 전투에서 춘추전국시대 제(齊)나라가 안에서 패배하였고 오(吳)나라 군대가 영(郢) 지역에 들어갔음을 기록하였다. 이 또한 잘못이 아니다.

─────────────

49) 『사통』에서는 왕(王)"소(邵)"라고 하였음.(역자주 : 위에서 본 것처럼 『북사』에는 '소(劭)'라고 하였다.)

북제(北齊)는 한족(漢族) 정권이지만 호화(胡化)의 정도가 매우 심하여 그 풍속이 자못 비야하였다. 왕소의 뜻은 역사적 자취의 진실을 보존하는 데에 있었으므로 야비한 곳에 대하여 그대로 두고 깎지 않았다. 『북사』에서 "보고 듣는 사람을 놀라게 한다"라고 하였지만 『사통』은 칭찬하여 뜻이 실제 기록을 보존하는 데 있었다고 하였다. 이 둘은 관점의 차이에서 나온 것이지 전혀 모순되는 것이 아니다.

(7) 북주(北周)

유규(柳虯)가 북주에 있을 때 일찍이 『국사(國史)』[북주의 역사]를 찬술한 적이 있는데 수(隋)나라 때에 이르러 우홍(牛弘)이 『주기(周紀)』 18권을 찬술하였다. 우홍이 찬술한 북주의 역사에 대하여 유지기는 상당히 비판적이었다. 『사통』「잡설」편에 다음과 같은 언급이 있다.

> 우홍(牛弘), 왕소(王邵)는 둘 다 편찬 업무를 관장하였다. 왕소가 북제(北齊)의 일을 기록한 것(『제지(齊志)』)을 보면 대화가 저와 같이 천박하고 유규가 북주의 일을 기록한 것(『주기(周紀)』)을 보면 대화가 이와 같이 고상하다. 이것은 어찌 된 것인가? 두 나라에 오랑캐와 중화라는 차이가 있어서가 아니다. 두 역사서에 진실과 거짓의 차이가 있기 때문이다.

유지기는 평소 역사 기록자가 글자를 덧붙여 수식하는 것을 반대하였으므로 우홍에 대하여 비판적인 것은 당연하다. 현존하는 북제(北齊)와 북주(北周)에 관한 두 역사서는 모두 당(唐)나라 때 수찬된 것이다. 이에 대하여는 다음 장에서 언급하기로 한다.

이상 여러 사가의 남북조에 대한 역사서를 기록하면 다음의 표와 같다.

서명	권수	저자	비고
『송서(宋書)』	수(隋)65 구당·신당42	송(宋) 서원(徐爰)	
『송서(宋書)』	수61(망실)	송 문명중(文明中)	
『송서(宋書)』	수65 구당64·신당58	제(齊) 손엄(孫嚴)	
『송서(宋書)』	수100 구당·신당100	제 심약(沈約)	현존
『송서(宋書)』	신당30	제 왕지심(王智深)	이상 기전체
『송략(宋略)』	수20 구당·신당20	양(梁) 배자야(裴子野)	
『송기(宋紀)』	구당·신당30 남제서30	제 왕지심(王智深)	왕지심 『송서(宋書)』 와 같을 가능성
『송춘추(宋春秋)』	수20, 신당20	양 왕염(王琰)	
『송춘추(宋春秋)』	구당·신당20	양 포형경(鮑衡卿)	이상 편년체
『제기(齊記)』	수10 신당·제서13 구당8	제(齊) 유척(劉陟)	신당·구당 『제서』
『제사(齊史)』	수13(망실)	양(梁) 강엄(江淹)	
『제서(齊書)』	수60, 신당60 구당59	양 소자현(蕭子顯)	현존59 이상 기전체
『제기(齊紀)』	수20 구당·신당20	제 심약(沈約)	
『제전(齊典)』	권수 미상	남제 웅양(熊襄)	『제서』 「웅양전」
『제춘추(齊春秋)』	수30 구당·신당30	양 오균(吳均)	
『제전(齊典)』	수5 구당·신당4	제 왕일(王逸)	
『제전(齊典)』	수10	양 소만(蕭萬)	이상 기전체
『양서(梁書)』	수49 구당·신당34	양(梁) 사호(謝昊)	구당·신당 사호·요찰 등 찬술
『양사(梁史)』	수53	진(陳) 허형(許亨)	자 선심(善心) 보충70(수서)
『양서제기(梁書帝紀)』	수7	진 요찰(姚察)	
『양서(梁書)』	구당·신당50	당(唐) 요사렴(姚思廉)	현존 이상 기전체

『양전(梁典)』	수30 구당·신당30	북주(北周) 유번(劉璠)	
『양전(梁典)』	수30 구당·신당30	진(陳) 하지원(何之元)	
『양전(梁典)』	신당29	양 사호(謝昊)	
『양찰요(梁撮要)』	수30 구당·신당30	진 음승인(陰僧仁)	신당(잡사류)
『양후략(梁後略)』	수10 구당·신당10	북주 요최(姚最)	구당·신당 『양소후략』
『양태정기(梁太淸記)』	수10 구당·신당10	양 소소(蕭韶)	이상 편년체
『진서(陳書)』	구당·신당3	진(陳) 고야왕(顧野王)	
『진서(陳書)』	구당·신당3	진 부재(傳縡)	
『진서(陳書)』	수42	진 육경(陸瓊)	
『진서(陳書)』	구당·신당36	당 요사렴(姚思廉)	현존 이상 기전체
『후위서(後魏書)』	수130 구당·신당30	북제(北齊) 위수(魏收)	현존본 140
『후위서(後魏書)』	수100 구당·신당107	수(隋) 위담(魏澹) 자(字) 언심(彦深)	(수서) 위언심
『위서(魏書)』	구당·신당100	수 장대소(張大素)	이상 기전체
『북제미수서(北齊未修書)』	구당·신당24	수 이덕림(李德林)	
『북제서(北齊書)』	구당·신당20	수 장대소(張大素)	
『북제서(北齊書)』	구당·신당50	당 이백약(李百藥)	현존 이상 기전체
『제지(齊志)』	수10 구당·신당17	수 왕소(王劭)	신당(정사) 북제서(편년)
『제서(齊書)』	수100	수 왕소(王劭)	『수서』 「왕소전」
『북제기(北齊記)』	구당·신당20	북주 요최(姚最)	두대경『제기』 동일본 가능성
『제기(齊記)』	수30	북제 최자발(崔子發)	
『주사(周史)』	수18	수 우홍(牛弘)	
『후주서(後周書)』	구당·신당50	당 영호덕분 (令狐德棻)	현존 이상 기전체
『수서(隋書)』	신당80	수 왕소(王劭)	『사통』 「정사」의거

『수서(隋書)』	구당·신당32	수 장대소(張大素)	
『수서(隋書)』	구당·신당85	당 위징(魏徵) 등	현존 이상 기전체

제5장 당대(唐代)의 역사학

당나라 때 수찬된 역사서는 다음과 같이 3종류로 나눌 수 있다.

(가) 관찬(官撰) 전대사(前代史)

(나) 사찬(私撰) 전대사(前代史)

(다) 관찬(官撰) 국사(國史)[당대사(當代史)]

제1절 정부에서 편찬한 전대(前代) 역사

『구당서(舊唐書)』「영호덕분전(令狐德棻傳)」에 따르면 당(唐)나라 고조(高祖) 무덕(武德) 연간에 아래와 같은 일이 있었다.

덕분(德棻)이 일찍이 조용히 다음과 같은 말씀을 드렸다. "가만히 살펴 보건대, 근대(近代) 이래 바른 역사서가 없습니다. 양(梁)나라, 진(陳)나라 및 제(齊)나라에는 오히려 볼만한 문적이 있으나 주(周)나라[북주(北周)], 수(隋)나라에 이르러서는 큰일과 여러 난리를 만나 유실된 것이 많습니다. 지금 살아 있는 사람들의 이목으로 접해 본 것이므로 아직 근거할 만한 것이 있습니다. 만약 수십 년이 지난 뒤에는 아마도 일의 자취가 모두 인멸될 것입니다. 폐하께서 이미 수나라로부터 선양을 받으셨고 다시 주씨(周氏 : 북주)의 역수(歷數)를 이으셨으며 국가의 두 분 조(祖)는 모두 공업이 주(周 : 북주) 때 있었습니다. 만약 글로 된 역사가 없다면 어찌 고금에 귀감이 되게 할 수 있겠습니까? 신의 어리석은 소견으로 모두 수찬하시기를 청합니다."

당나라 고조(高祖)는 이 진언이 옳다고 여겨 다음과 같이 조서를 내렸다.

사전(司典)은 말을 정리하고 사관(史官)은 일을 기록하며 득실을 상고해 본과 변통을 모두 궁구하라. 의로운 사람들을 모아 정리하여 권선징악하는 까닭은 옛 일을 많이 알아 장래에 교훈을 주기 위함이다. 복희(伏羲) 이래 [삼대의] 주(周)나라, 진(秦)나라 및 양한(전한과 후한)이 서로 계승하고 삼국(三國)이 천명을 받았으며 [위진남북조의] 진(晉)나라, [남조] 송(宋)나라에 이르러 서적이 갖추어졌다. 위(魏)나라[북위]가 남쪽으로 옮겨간 이후 기회를 타고 운이 있어 주나라[북주(北周)], 수(隋)나라가 선양을 받아 세대가 이어졌다. [남쪽에서는] 양(梁)씨가 나라를 세우고 회해(淮海)에 웅거하여 제(齊)나라의 구정(龜鼎 : 정권)이 옮겨졌으며 [남조] 진(陳)나라는 황종(皇宗)을 세워 스스로 정삭(正朔)을 정하여 해마다 제사지내었다. 각기 휘호(徽號)를 달리하고 예의를 산정(刪定)하였다. 발흥하여 나라의 터전을 세운 일, 왕조를 교체한 일, 좋은 계책과 선정, 명신과 기사(奇士)에 대하여는 어느 때라도 빠뜨려서는 안 된다. 그러나 자료가 갖추어지지 않고 기와 전이 모두 없어 염량세태와 풍속 변화, 훌륭한 전통이 장차 사라지려 한다. 짐이 천하를 갖고 오랫동안 백성을 돌보았는데 이제 막 전범을 세워 영원한 헌장(憲章)을 후세에 내리고자 한다. 저렇게 역사가 인멸됨을 보니 심히 안타까워서 역사서를 찬술하여 올바른 사람들에게 자료가 되게 하고자 한다. 중서령(中書令) 소우(蕭瑀), 급사중(給事中) 왕경업(王敬業), 저작랑(著作郎) 은문례(殷聞禮)는 위나라[북위]의 역사를 수찬하는데 적합하며 시중(侍中) 진숙달(陳叔達), 비서승(秘書丞) 영호덕분(令狐德棻), 태사령(太史令) 유검(庾儉)은 주(周)나라[북주]의 역사를 수찬하는

데에 적합하다. 겸중서령(兼中書令) 봉덕이(封德彛), 중서사인(中書舍人) 안사고(顏師古)는 수(隋)나라 역사를 수찬하는 데에 적합하고 대리경(大理卿) 최선위(崔善爲), 중서사인(中書舍人) 공소안(孔紹安), 태자세마(太子洗馬) 소덕언(蕭德言)은 양(梁)나라 역사를 수찬하는 데에 적합하며 비서감(秘書監) 두진(竇璡), 급사중(給事中) 구양순(歐陽詢), 진왕문학(秦王文學) 요사렴(姚思廉)은 진(陳)나라 역사를 수찬하는 데에 적합하다. 모두들 힘써 잘 살피며 널리 옛 전문(傳聞)을 수집하고 정전을 만드는데 뜻을 두어 서법에 숨김이 없어야 한다.

소우(蕭瑀) 등이 명을 받고 여러 해가 지났으나 완성하여 끝낼 수가 없었다. 정관(貞觀) 3년 당 태종(太宗)이 다시 칙서를 내려 수찬하게 하였다. 이리하여 덕분(德棻)과 비서랑(秘書郎) 잠문본(岑文本)이 북주(北周) 역사를 수찬하고 중서사인 이백약(李百藥)이 남조 제(齊)나라 역사를 수찬하였다. 저작랑(著作郎) 요사렴(姚思廉)이 남조 양(梁)나라와 제(齊)나라 역사를, 비서감(秘書監) 위징(魏徵)이 수(隋)나라 역사를 수찬하면서 상서(尙書) 좌복야(左僕射) 방현령(房玄齡)과 함께 역사 편찬 작업을 총감독하였다. 여러 사람의 의견이 위나라 역사는 위수(魏收), 위언(魏彦) 둘에 의해 이미 갖추어져 있으므로 다시 수찬할 필요가 없다고 하였다. 또 덕분은 태종에게 아뢰어 전중시어사(殿中侍御史) 최인사(崔仁師)로 하여금 북주의 역사를 수찬하게 하고, 영호덕분 자신은 계속 유회(類會)를 맡았다. 양(梁)나라, 제(齊)나라, 수(隋)나라 역사 가운데 무덕 연간 이후 수찬을 시작한 근원은 덕분에게서 비롯된다.
　한편『구당서(舊唐書)』에는 다음과 같은 언급이 있다.

　　정관(貞觀) 10년 "봄 정월 임자(壬子)일에 상서(尙書) 좌복야(左僕射) 방현령(房玄齡), 시중(侍中) 위징(魏徵)에게 양(梁), 제(齊), 진(陳), 주(周 : 북주), 수(隋) 5대의 역사를 올리자 비각(秘閣)에 수장하라는 조서를 내렸다. 즉『주서(周書)』50권,『북제서(北齊書)』50권,『양서(梁書)』50권,『진서(陳書)』36권,『수서(隋書)』55권이다. 이에 앞서 요사렴(姚思廉)의 부친 요찰(姚察)이 일찍이『제기(帝紀)』[『양서제기』] 7권,『진서(陳書)』2권을 저술하였으므로 요사렴에게 명을 내려 이어서 완성하게 하였다." 이에 "사호(謝昊) 등 여러 사람의『양사(梁史)』를 채용하여 부친의 책을 완성하고 아울러 진(陳)나라의 역사를 연구하고 고야왕(顧野王)이 수찬한 옛 역사를 가감, 종합하여『양서(梁書)』50권,『진서(陳書)』30권을 찬술, 완성하였다. 위징(魏徵)이 총론을 다듬기는 하였으나 편차, 필삭은 모두 요사렴의 공로이다."(『구당서』「요사렴전(姚思廉傳)」)

또 이백약(李百藥)의 부친 이덕림(李德林) 역시 일찍이『북제서(北齊書)』24권을 수찬하였는데, 이백약에게 명을 내려 이어서 완성하게 하였다. 따라서 양(梁), 진(陳), 북제(北齊)에 대한 세 역사서는 모두 두 집안의 부자(父子)[요찰 부자와 이덕림 부자]가 지은 것이다. 또『주서(周書)』사론 가운데에는 잠문본(岑文本)에 의한 것이 많다. (『구당서』「잠문본전(岑文本傳)」)

그러나『수사(隋史)』의「서문」에서는 "모두 위징(魏徵)이 지은 것이며 양, 진, 북제에 대하여 각기「총론」을 지었다"라고 하였다. (『구당서』「위징전(魏徵傳)」)

이상 각 역사서는 심약(沈約)의『송서(宋書)』, 소자현(蕭子顯)의『남제서(南齊書)』, 위징(魏徵)의『위서(魏書)』와 합쳐 8대의 역사를 구성하여 현존 24사 가운데 들어 있다.

현존본『북제서(北齊書)』,『주서(周書)』는 모두 도중에 결락이 생겨 후대인이 보충한 것이다.

전대흔(錢大昕)의『이십이사고이(二十二史考異)』에서는 다음과 같이 언급하였다.

　　생각하건대, 이백약(李百藥)의 『북제서(北齊書)』는 「본기」 8편, 「열
전」 42편, 도합 50편이다. 지금 세상에 전해지는 본에 의거해 살펴보면,
「본기」 제4, 「열전」 제5 · 제8 · 제9 · 제10 · 제11 · 제12 · 제13 · 제14 ·
제15 · 제16 · 제17 · 제33 · 제34 · 제35 · 제36 · 제37 · 제42 도합 18편만
이 이백약의 원본이다. 그 나머지는 대체로 『북사』에서 보충한 것이다.
「열전」 제18 · 제19 · 제21 · 제22 · 제32는 문장이 『북사』와 다르며 논
찬이 없다. 제38 · 제39 · 제40 · 제41은 『북사』와 다르며 「서(序)」는 있
으나 논찬(論贊)이 없다. 후대인이 산삭하고 고친 것 같다. 아니면 이백
약의 책이 없어지자 고씨(高氏)의 『소사(小史)』로 보충한 것인가?
　　무릇 「기(紀)」와 「전(傳)」에는 신하의 논(論)과 찬(贊)이 있다. 고조(高
祖), 세종(世宗), 현조(顯祖), 숙종(肅宗), 세조(世祖)의 묘호를 그대로 칭
한 것은 모두 이백약 책의 옛 문장을 따른 데 기인한다. 신무(神武), 문
양(文襄), 문의(文宜), 효소(孝昭), 무성(武成)이라고 칭한 것은 『북사』의
문장이다. (『이십이사고이』 권30)

또 다음과 같이 언급하였다.

　　지금 「기(紀)」와 「전(傳)」을 살펴보니 각 편에 모두 논(論)과 찬(贊)이
있다. 단지 「열전」 제16 · 제18 · 제23 · 제24 · 제25에만 없다. 아마도
덕분의 원본이 아닐 것이다. 제23, 제24 두 권은 모두 『북사』에서 취하
였다. 제25권 역시 『북사』에서 취하였으나 약간 차이가 있으며 제16,
제18권은 『북사』와 많이 다르고 제16권은 탈락된 부분이 많다. (『이십
이사고이』 권32)

다만 각 역사서 가운데 전 시대에 수찬한 『송서(宋書)』, 『남제서(南
齊書)』, 『위서(魏書)』 셋에 지(志)가 있는 것을 제외하고 당나라 사람이

찬수한 것은 모두 표(表)와 지(志)가 없고 단지 기(紀)와 전(傳)만 있다. 이 결함을 보충하기 위하여 다시 우지령(于志寧), 이순풍(李淳風), 위안인(韋安仁), 이연수(李延壽) 등에게 명을 내려 8대를 통괄, 5대 역사의 지를 수찬하여 완성하게 하여 고종(高宗) 때에 이르러 비로소 일을 마쳤다. 그 가운데 「천문지(天文志)」, 「율력지(律曆志)」, 「오행지(五行志)」는 현재 이순풍의 찬술로 알려져 있다.[1] 그 성격이 다른 역사서의 것과 조금 다르다. 8대를 통괄, 언급하였으므로 단대(單代)의 기록이 아니다. 처음에는 단독으로 행해졌으나 가장 마지막에 완성된『수서』에 나중에 합쳐져 지금에 이르고 있다.[2]

『진서(陳書)』의 경우『구당서(舊唐書)』「방현령전(房玄齡傳)」에 다음과 같은 언급이 있다.

정관(貞觀) 18년 방현령(房玄齡)은 저수량(褚遂良)과 함께 다시『진서(陳書)』를 수찬하라는 조서를 받았다. 이에 주청하여 허경종(許敬宗), 내제(來濟), 육원사(陸元仕), 유자익(劉子翼), 영호덕분(令狐德棻), 이의부(李義府), 설원초(薛元超), 상관의(上官儀) 등 8인으로 하여금 분담하여 찬술하게 하였다. 장영서(臧榮緒)의『진서(晉書)』를 바탕으로 하고 여러 사람들의 기록을 참고하여 매우 상세하게 하였다.

앞 장에서 이미 언급한 바와 같이, 당 태종의 조서에서는 '『구진사(舊陳史)』18가'라고 칭하였다. 그러나『사통』「잡설」편에 따르면 "조(曹)[조가지(曹嘉之)], 간(干)[간보(干寶)], 손(孫)[손성(孫盛)], 단(檀)[단도란(檀道鸞)]은 모두 취하지 않았다"라고 하였다. 당나라 사람이『신진서(新陳書)』라고 칭한 것은 장영서(臧榮緒)의『진서(晉書)』와 구별하기 위해서였다. 현재 18가의『진서』는 모두 사라지고 24사 가운데 있

---

1) 『구당서』「이순풍전(李淳風傳)」.
2) 지금의『수서』85권에는 즉「지(志)」가 있음.

는 것은 바로 이 『신진서(新陳書)』이다.

제2절 개인이 편찬한 전대(前代) 역사

이연수(李延壽)는 8대의 역사를 합쳐 『남사(南史)』와 『북사(北史)』를 완성하였다. 그는 『북사』의 「서전(序傳)」에서 다음과 같이 언급하였다.

대사(大師 : 이연수의 부친)께서는 어려서부터 저술에 뜻이 있으셨다. 항상 [남조] 송(宋)나라, 제(齊)나라, 양(梁)나라, 진(陳)나라, 위(魏)나라 [북위], 제(齊)나라[북제], 주(周)나라[북주], 수(隋)나라가 남과 북으로 나뉘어 남조에서는 북조를 색로(索虜)라 하고 북조에서는 남조를 도이 (島夷)라고 하여 왔다. 또 각기 본국에 대하여는 상세히 기록하고 다른 나라에 대하여는 전혀 갖추어 서술할 수 없어 왕왕 진실을 잃었다. 일찍이 이를 개정하여 『오월춘추(吳越春秋)』의 예를 따라서 편년체로 남조와 북조의 역사서를 갖추고자 하시었다. [아들인] 연수(延壽)는 경파 (敬播)와 함께 중서(中書)에 있으면서……아버님의 뜻을 잇고자 하였다.……정관(貞觀) 15년 동궁의 전선승(典膳丞)에 임명된 날에 우서자 (右庶子) 팽양공(彭陽公) 영호덕분(令狐德棻)이 또 연수에게 『진서(陳書)』를 수찬하라는 계사를 내려 이로 인해 다시 송(宋)나라, 제(齊)나라, 위(魏)나라[북위] 3대의 역사에서 얻지 못했던 부분을 얻을 수 있었다. 17년에 상서(尙書) 우복야(右僕射) 저수량(褚遂良)이 그 때 간의대부(諫議大夫)로서 『수서(隋書)』 가운데 10지(志)를 수찬하라는 칙서를 받들고 다시 칙서에 준하여 연수[이연수]를 불러 찬술하게 하였다. 이로 인해 두루 자료를 살펴볼 수 있었다. 이때 5대의 역사는 아직 자료로 나오지 않아 연수는 감히 사람을 시켜 초록할 수 없었다. 또 집이 평소 가난하여 사람을 고용하여 필사하게 할 수도 없었다. 위나라, 제나라, 주나라[북주], 수나라, 송나라, 제나라, 양나라, 수나라의 정사(正史)는 모두 직접 베껴 쓴 것이며 본기는 사마천의 체제를 따라 순차적으로 철하였다. 또 8대 정사 외에 다시 정사 가운데 없는 잡사(雜史) 1천여 권을 참고하여 모두 편입하되 번거로운 것은 삭제하였다. 시말이 갖추 어지기까지 모두 16년이 걸렸다. [남조] 송(宋)나라에서 시작하였고 모두 8대를 『남사(南史)』와 『북사(北史)』로 하여, 도합 180권이다.

이연수(李延壽)는 표(表)를 올려 다음과 같이 말하였다.

정관(貞觀) 이래 누차 사국(史局)에 근무하면서 식견의 고루함을 생각하지 않고 사적으로 수찬을 하였습니다. 위(魏)나라[북위] 등국(登國) 원년에서 시작하여 수(隋)나라 의령(義寧) 2년에서 마쳤습니다. 무릇 3대, 244년입니다. 겸하여 동위(東魏) 천평(天平) 원년에서 시작하여 진(陳)나라 융화(隆化) 2년까지 44년 동안의 일을 더하여 모두 본기 12권, 열전 70권으로서 『북사』라고 하였습니다. 그리고 [남조] 송나라 영초(永初) 원년에서 시작하여 [남조] 진(陳)나라 정명(禎明) 3년까지 4대, 171년을 다루어 본기 10권, 열전 70권으로 하여 『남사』라고 하였습니다. 모두 8대이며 두 책을 합쳐 180권으로서 사마천의 『사기』에 비길 수 있습니다. (『북사』「서전」)

이 책들은 24사 가운데, 그리고 역사상 통사라는 점에서 나머지 단대사들과는 다르다. 이연수 역시 「서전」에서, 통사라는 점에서 이 책을 위로는 『사기』에 견주었다. 남조와 북조의 역사를 하나로 간주하였으며 각 왕조가 연관되어 있는 점에서 송나라 사마광(司馬光)이 매우 칭찬하였는데, 그의 『자치통감』이 통사라는 성격을 갖는 점에 따른 것이다. 이런 점에서 사마광은 이연수와 의견이 합치된 것이다.

제3절 정부가 편찬한 당대(當代)의 『국사(國史)』

당(唐)나라 때에는 또 계속하여 수찬된 국사(國史)[3]가 있다. 그 상황은 대략 한(漢)나라의 『동관한기(東觀漢記)』와 같다. 각 책에 실려 있는 것을 총괄해 보면 국사의 찬술은 대략 8차로 나눌 수 있다. 당 태종 정관 초년 요사렴(姚思廉)이 처음 기전체의 『국사(國史)』를 수찬하여 대략 30권을 이룩하였다. 이것이 당나라의 제1차 국사 수찬 작업이다.

고종 현경(顯慶) 원년에 이르러 장손무기(長孫無忌), 우지녕(于志寧), 영호덕분(令狐德棻), 유윤지(劉胤之), 양인경(楊仁卿), 안윤(顔胤) 등이 이 옛 저작에 바탕하고 뒤의 일을 덧붙여 다시 50권으로 하였다. 이것이 당나라의 제2차 국사 수찬 작업이다.

고종 용삭(龍朔) 연간에 이르러 허경종(許敬宗)이 사관의 임무를 총괄하여 다시 앞의 저작을 증보하여 100권을 만들었다. 「고종본기(高宗本紀)」 및 「영휘명신전(永徽名臣傳)」, 「사이전(四夷傳)」 등의 가운데에 그가 만든 부분이 많다. 또 10지(志)를 기초하였는데 절반을 못 마치고 죽었다. 이것이 당나라의 제3차 국사 수찬 작업이다.

그 뒤 이인실(李仁實)이 「우지녕전(于志寧傳)」, 「허경종전(許敬宗傳)」, 「이의부전(李義府傳)」 등을 속찬하였다. 그리고 무후(武后) 장수(長壽) 연간에 우봉급(牛鳳及)이 또 고조(高祖) 무덕(武德) 연간에서 시작하여 고종 홍도(弘道) 연간까지 『당서(唐書)』 110권을 다시 찬수하였다. 이것이 당나라의 제4차 국사 수찬 작업이다.

무후 장안(長安) 연간에 이르러 유지기(劉知幾), 주경칙(朱敬則), 서견(徐堅), 오긍(吳兢)이 조서를 받들어 다시 『당서』를 수찬하였다. 이것이 당나라의 제5차 국사 수찬 작업이다.

『신당서(新唐書)』 「오긍전(吳兢傳)」에는 다음과 같은 언급이 있다.

---

3) 역자주 : 당대(當代) 왕조인 당(唐)나라의 공식 역사.

처음 오긍(吳兢)이 장안(長安), 경룡(景龍) 연간에 사관의 직책을 맡았는데 이때 무삼사(武三思), 장역지(張易之) 등 감령(監令)이 귀인과 후궁에 아첨하여 근거 없는 말을 날조하여 사실과 맞지 않는 것이 많았다. 오긍은 뜻을 펼 수 없어 사적으로 『당서(唐書)』, 『당춘추(唐春秋)』를 찬술하였으나 작업이 진척되지 않았다.……형주사마(荊州司馬)로 좌천되자 사초(史草)를 갖고 갔다. 소숭(蕭嵩)이 국사(國史)를 관장하게 되자, 사자를 보내 오긍에게서 책을 갖고 오자고 상주하여 60여 편을 얻었다.

「오긍전」의 서술은 위와 같지만 「위술전(韋述傳)」에서는 "개원(開元), 천보(天寶) 연간 위술이 112권 및 사례(史例) 1권을 총찬(總撰)하였는데 소영사(蕭穎士)가 초주(譙周), 진수(陳壽)와 같은 종류라고 여겼다"라고 하였다. 이것은 유지기, 오긍 등이 찬술한 80권이다. 뒤에 또 오긍이 개정, 증보하였는데 이른바 60여 편이 이것이다.

개원(開元), 천보(天寶) 연간에 이르러 위술이 증보하여 비로소 110권을 이룩하였다. 송나라의 『숭문총목(崇文總目)』에서는 "오긍이 또 당나라 역사를 찬술하여 창업에서부터 개원 연간까지 도합 110권을 지었다. 위술이 이에 근거하여 다시 필삭을 가했다"라고 하였다. 이른바 "창업에서 개원 연간까지 도합 110권"이라고 한 것 가운데 권수 및 포괄한 연대는 맞지만 오긍이 찬술한 것이라고 한 것은 틀린 말이다. 아마도 오긍이 증보하여 이룩한 것은 단지 60여 편이고 위술에 이르러서야 비로소 110권이 되었을 것이다. 오긍이 증보하여 찬술한 것은 당나라의 제6차 국사 수찬 작업에 해당하며 위의 작업은 제7차 작업이 된다.

당 숙종(肅宗) 때에 이르러 유방(柳芳)과 위술(韋述)이 조서를 받아 국사(國史)를 증보하던 중, 살청(殺靑) 작업을 미처 마치기 전에 위술이 죽었다. 유방은 범례를 서술하고 국사 130권을 완성하였다. 위로 고

148

조(高祖)에서부터 아래로 건원(乾元)에 이르기까지였다. 그러나 천보
연간 뒤의 일은 두서가 없고 취사선택이 정교하지 못하여 사가들이 평
가하지 않는다. 이것이 당나라의 제8차 국사 수찬 작업이다. 당 고조
무덕(武德) 초년에서 시작하여 아래로 건원(乾元) 연간에 이르기까지
(A.D. 618~762), 모두 145년간으로서 딱 당나라 역사의 절반에 해당된
다.4) 기전체 역사는 이렇게 8차의 수찬 작업이 있었다.

　뒤에 유방이 상원(上元) 연간에 "일에 연좌되어 검중(黔中)으로 유배
되었는데 마찬가지로 무주(巫州)로 폄출되어 가던 내관 고력사(高力士)
를 길에서 만났다. 이때 유방이 자신이 초안한 궁궐의 일을 갖고 고력
사에게 자문을 구하였다. 고력사는 개원, 천보 연간 때의 정사를 말해
주어 말하는 그대로 유방이 기록하였다. 또『국사(國史)』는 이미 완성
되어 황제에게 상주하였으므로 고칠 수 없었다. 이리하여 따로『당력
(唐曆)』40권을 찬술하였으며 고력사가 구술해 준 부분을『당력』의 뒤
에 실었다."고 한다.

　나중에 선종(宣宗)이 다시 최구종(崔龜從), 위환(韋澳), 이순(李荀),
장언원(張彦遠) 및 장해(蔣偕)에게 조서를 내려 대종(代宗) 대력(大曆)
연간(A.D. 776)부터 헌종(憲宗) 원화(元和) 말년(A.D. 820)까지『당력』
30권을 속찬하게 하였다. 이로써 당나라는 기전체의 역사서 외에 편년
체의『당력』을 갖게 되었다. 서술은 상대적으로 길어서 바로 A.D. 830
년을 하한으로 하였다. 이후 80여 년간에 대하여는『국사』가 없다.

　역대에 수찬된 책들에 대하여 유지기는 "허경종(許敬宗)이 지은 기
(紀)와 전(傳)은 실록이 아니다"라거나 "우봉급(牛鳳及)은 어리석고 재
주가 없으면서 한 시대의 대전(大典)을 의논하여 찬술, 기록한 바가 모
두 사가의 행장에 지나지 않으며 세상 사람들에 대한 기록에서 객관성
을 유지하지 못하였다. 혹 말이 모두 비흥(比興)이거나 완전히 영가(詠

---

　4) 당나라 : A.D. 618~907, 도합 290년간 존속.

歌) 같다. 아니면 비루한 말이 많아 실로 문안(文案)과 같다. 전체적인 편차도 전혀 가다듬어지지 않았다. 자신의 억측에 근거하여 멋대로 하여 말을 하면 비루, 허황하게 되고 일을 기록하면 뒤죽박죽이 되었다. 그러므로 그 편차를 보고서 어찌 볼 만하다고 할 수 있겠는가. 그 장구를 펼치면 종을 잡을 수 없다."라고 하였다.5)

또 "무덕(武德) 연간에서 시작하여 장수(長壽) 연간에 이르기까지 사이, 예를 들면 이인실(李仁實)이 직필로 외면당한 것, 경파(敬播)의 서술이 교묘한 것, 허경종(許敬宗)이 교망(矯妄)한 것, 우봉급(牛鳳及)이 광혹한 것 등 이것들은 그 선악이 저절로 드러난 것이라고 할 것이다"라고도 하였다.6)

당나라 때 수찬된『국사』는 여러 차례 산일되었다.『사통』「정사」편에서는 우봉급에 대하여 "이윽고 요(요사렴), 허(허경종)의 책을 다 거두어들여 우봉급 자신의 책만 통용되게 하였다. 이리하여 황실의 옛일이 거의 전해지지 않게 되었다"라고 하였다. 이에 따르면 우봉급 이전의 3차례 수찬 작업은 이에 이르러 존재하지 않게 되었으며 존재하게 된 것은 우봉급이 수찬한 것, 즉 제4차본이다.

그러나 당 숙종(肅宗) 때에 안사(安史)의 난을 겪었다.「우휴열전(于休烈傳)」에 다음과 같은 언급이 있다.

중원은 쑥밭이 되고 기록은 거의 없어져 살펴볼 역사 자료가 없게 되었다. 우휴열(于休烈)이 아래와 같이 상주하였다. "『국사』106권,『개원실록』47권,『기거주』및 기타 3682권이 모두 홍경궁(興慶宮)의 사관(史館)에 있었습니다. 서울이 도적에게 함락된 뒤 모두 불타버렸습니다. 또『국사』와『실록』, 열성조(列聖祖)의 대전(大典)을 여러 차례 수

---

5)『사통』「정사」편.
6)『사통』「사관(史官)」편.

찬하였으나 지금 전혀 전하는 게 없습니다. 엎드려 바라옵건대, 어사대(御史臺)에 명을 내리시어 사관(史館)을 통하여 부(府)와 현(縣)으로 하여금 자료를 찾게 하고 따로 사람을 두어 『국사』, 『실록』을 얻게 하시어 관사에게 보내오면 크게 포상하소서. 만약 사관이 얻으면 그 죄를 면제해 주고 등급을 뛰어넘어 관자를 받게 하며 1권을 얻으면 비단 1필을 주소서." 몇 달이 지나도 단지 한 두 권밖에 얻지 못하였는데 전에 수사관(修史官)이었던 공부시랑(工部侍郎) 위술(韋述)이 적을 함락시키고 동경(東京)에 들어갔는데 이때에 이르러 자기 집에 있던 국사 113권을 관에 보냈다. (『구당서』「우휴열전(于休烈傳)」)

당 숙종 때에는 이렇게 위술이 수찬한 것만 존재하게 되었다.

뒤에 황소(黃巢)의 난을 겪어 다시 일실이 있었다. 『신당서(新唐書)』「위술전(韋述傳)」의 논찬에서 "당나라 3백년은 다사다난하다. 그 사이 큰 도적이 두 번이나 일어나 전적이 불타 없어졌다. 대중(大中) 연간 이후 역사기록은 존재하지 않게 되었다"라고 하였다. 『오대회요(五代會要)』에서도 "기(紀)와 전(傳)이 있는 것은 대종(代宗) 이전이다"라고 하였다. 생각하건대, 위술이 찬수하고 유방(柳芳)이 증보한 책이다.

제4절 『기거주(起居注)』와 『실록(實錄)』

(1) 『기거주(起居注)』

기거주(起居注)가 시작된 것은 한(漢)나라 때이다. 『한서(漢書)』「예문지(藝文志)」에서 '『한저기(漢著記)』 190권'이라고 하였는데 안사고(顏師古)는 "지금의 기거주와 같다"라고 주석을 붙였다. 『한서』「오행지(五行志)」는 일찍이 『한저기』를 인용하였고 「율력지(律曆志)」도 『한저기』를 인용하였다. 「오행지」에 인용된 것은 오행과 재해, 천인 상응과 관련된 기사가 많으므로 마침내『한저기』는 기거주가 아니며 오직 재이(災異)의 기록과 관련된 것이라고 말하는 사람이 있게 되었다.

생각하건대,『후한서(後漢書)』「화희황후기(和熹皇后紀)」에서 "평망후(平望侯) 유의(劉毅)는 태후가 덕정을 많이 베풀었다고 여겨 서둘러 주기(註記)를 만들고자 하였다"라고 하였으며 그가 올린 글 가운데에서 또한 "옛날의 제왕은 좌우에 사관을 두었고 한나라의 옛 문적 가운데는 대대로 주기(注記)가 있다"라고 하였다. 또 「마엄전(馬嚴傳)」에서는 "교서랑(校書郞) 두무(杜撫), 반고(班固) 등과 함께 두루 건무(建武) 연간의 주기(注記)를 확정하였다"라고 하였으며, 「명덕황후기(明德皇后紀)」에서는 "스스로 현종(顯宗)의 기거주(起居注)를 찬하면서 형방(兄防)이 의약(醫藥)에 참여한 일을 제거하였다"라고 하였다. 이것은 한(漢)나라의 주기(注記)에 수록된 것이 오행과 재이에 국한되지 않았음을 보여준다. 안사고가 지금의 기거주와 같다고 한 것은 이것을 가리킨 것이다. 「오행지」 가운데 본전(本傳)은 오행과 재이를 기록하였으므로『한저기』가운데 단지 이와 관련 있는 부분만 인용한 것이다. 이것을 근거로『한저기』가 오로지 재이만을 기록한 책이라고 할 수는 없다. 이것은 「오행지」가『춘추』가운데 단지 재이 관련 기사만을 인용하고, 그 나머지 것들은 인용하지 않은 것을 근거로『춘추』가 오로지 재이만을 기록한 책이라고 할 수 없는 것과 같다. 기거주가 후한 초기에 이미 존재하고 있었음을 보여주는 것 가운데 가장 이른 시기의 것은 현재『수서』「경적지」에 기록된 한(漢)나라 헌제(獻帝) 기거주 5권이다. 그 뒤 진(晉), 송(宋), 제(齊), 양(梁), 진(陳), 위(魏), 북주(北周), 수(隋)나라 각 시대의 기거주는 모두 53종이다.

기거주(起居注)는 실록(實錄)과는 다르다. 기거주는 바로 그 당시에 작성되고 실록은 1대 뒤에 수찬, 완성되는 것이다. 기거주에 기록되는 내용에 대하여는『사통』에서 다음과 같이 상세히 언급하였다.

기거주란 날짜순으로 된 것으로서 책명, 장주(章奏), 봉배(封拜), 홍면
(薨免)에 이르기까지 바로 그 당시에 기록한 것으로 서술이 아주 상세
하다. 황제의 본기를 찬술하고자 하는 자는 모두 이에 근거해야 작업
을 완수할 수 있다. 즉 지금 재필(載筆)하는 별조(別曹)와 말을 기록하
는 이직(貳職)에 해당된다. (「사관(史官)」편)

당(唐)나라에는 기거랑(起居郎) 및 기거사인(起居舍人)이 있어 이 일
을 전담하였다. 역시 『사통』에서 다음과 같이 언급하였다.

천자가 정무에 임할 때마다 섬돌 아래에 서 있는데 기거랑이 왼쪽에
있고 기거사인이 오른쪽에 있다. 군주가 명령이 있으면 계단으로 다가
가 고개를 내밀고 듣고서 물러나 기록하므로 기거주라고 한다. (「사관」
편)

무후 장수(長壽) 연간 이후 다시 시정기(時政記)가 있게 되었다. 재
상이 찬술을 전담하여 퇴궐 뒤에 논한 국사를 기록하여 월별로 모아서
사관에게 보냈다. 『당회요(唐會要)』에서 다음과 같이 언급하였다.

장수 2년 시정기를 수찬하였다. 이에 앞서 영휘(永徽) 연간 이후 좌
사(左史)와 우사(右史)는 오직 승지만을 상대할 수 있게 되어 장하(仗
下) 뒤의 의논은 전혀 들을 수 없었다. 문창좌승(文昌左丞) 요수(姚璹)
는 "제왕의 훈모(訓謨)는 기록하지 않을 수 없는데 만약 재상이 알려주
지 않는다면 사관은 소원해져 알 길이 없다"고 생각하여 이 날 마침내
표를 올려 장하(仗下)에서 말한 군국(軍國) 정사의 핵심을 알게 해달라
고 청하였다. 즉 재상 한 사람이 찬록하도록 하여 시정기(時政記)라고
부르고 매월 봉하여 사관(史館)에 송부하였다. 재상이 시정기를 찬술하
는 것은 요수에 의해 시작되었다.

그 뒤에도 때로는 하였고 때로는 하지 않았는데, 『당회요』는 당 헌종(憲宗) 원화(元和) 8년 이길보(李吉甫)의 다음과 같은 답변을 인용하였다.

영휘(永徽) 연간 재상 요수가 감수국사(監修國史)로서 군주 측근의 말을 들을 수 없을 것을 염려하여 주대(奏對)가 있으면 장하(仗下)에서 기록하여 사관에 주라고 청하였다. 지금의 시정기가 바로 이것이다. 임금이 "그 사이의 일을 혹 수찬하기도 하고 하지 않기도 한 것은 어째서인가"라고 묻자, 이길보(李吉甫)는 "무릇 얼굴을 대하여 군주의 말씀을 받들었으나 아직 시행하지 않은 것은 모두 기밀이므로 실로 써서 사관에게 보낼 수 없습니다. 그 사이 논의가 신하에서 시작된 것도 스스로 써서 사관에게 송부하는 것은 불가합니다. 일을 이미 시행한 뒤, 취지가 분명해지고 천하가 모두 들어 알게 되었다면 알려 주지 않습니다. 또 신(臣)[이길보]이 보기에 시정기라는 것은 요수가 장수 연간에 수찬하였는데 요수가 물러난 뒤에는 이 일이 폐지되었습니다. 가탐(賈耽), 제항(齊抗)이 정원(貞元) 연간에 수찬하였고 가탐, 제항이 물러난 뒤에는 일이 폐지되었습니다"라고 대답하였다. (『구당서(舊唐書)』「이길보전(李吉甫傳)」에도 보임)

당 문종(文宗) 개성(開成) 3년에 이르러 재상 등이 또 다음과 같이 상주하였다.

지금 청하옵건대, 연영전(延英展)의 좌일(坐日)이 재신과 주고받은 말이 아래와 같습니다. 교화와 형정의 일에 관계되는 일은 중서문하성(中書門下省)의 직일(直日)이 기록하여 한 달이 끝나면 사관에 보내면 정사의 계책을 도울 수 있으며 나라의 역사에 계통이 있을 것입니다. (『당회요』)

대체로 시정기는 이때까지 여러 차례 시행되었고 여러 차례 폐지되었으며, 뒤에 다시 중서문하성의 승(丞) 1인이 관장하고 수시로 찬록하여 계절마다 사관에 보내게 하였다. 그렇게 하면 또 재상이 스스로 찬술할 필요가 없게 되고 중서문하성의 승이 찬록하기만 하면 된다. 당덕종(德宗) 정원(貞元) 원년에 이르러 감수국사(監修國史) 위집의(韋執誼)가 "수찬관으로 하여금 각기 일력을 찬술하여 월말이 되면 바로 사관의 도회에 보고하여 시비를 상세히 정하게 하소서"라고 주청하였다.[7] 이 이후 각 왕조에 일력이 많이 작성하여 『국사』의 수찬에 대비하였다.

(2) 『실록(實錄)』

현재 알려진 바에 따르면 '실록(實錄)'의 수찬은 남조의 양(梁)나라에서 시작되었다. 『수서』 「경적지」에는 주흥사(周興嗣)가 지은 양나라 황제의 『실록』 3권 및 사호(謝昊)가 찬술한 양나라 황제의 『실록』 5권이 기록되어 있다. 당나라 이후 실록이 성행하여 각 왕조는 1대 전 군주의 실록을 수찬하였다. 이를 정리하면 다음의 표와 같다.

실록	권수	수찬자
고조(高祖)	20	경파(敬播) 찬, 방현령(房玄齡) 감수, 뒤 허경종(許敬宗) 수정
태종(太宗)	20	경파 찬, 방현령 감수, 신당 「지」에 『금상실록(今上實錄)』
태종(太宗) 정관실록 (貞觀實錄)	40	영호덕분(令狐德棻) 찬, 장손무기(長孫無忌) 감수 경파 함께 수찬(「영호덕분전」, 「고윤전(顧胤傳)」) 허경종 개정 상주(「허경종전」) 고종(高宗) 때 다시 개정(「학처준전(郝處俊傳)」)

7) 『당회요(唐會要)』.

고종(高宗)	30	허경종, 영호덕분 등 찬술, 뒤에 『고종실록』 30권 영호덕분 등 찬술 : 건봉(乾封) 연간까지 유지기(劉知幾), 오긍(吳兢) 이어 완성 무후 소정 『고종실록』 100권, 「예문지」『고종실록』 30 위술(韋述) 찬(「위술전」)
무후(武后)	20	위원충(魏元忠) 등 찬술 유지기 등 중수본(30권 「위원충전」)
성모신황실록 (聖母神皇實錄)	18	종진객(宗秦客) 찬술
중종(中宗)	20	오긍 등 찬술
예종(睿宗)	5	오긍 찬술
태상(太上)	10	유지기 찬술
현종(玄宗)	20	장열(張說), 당영(唐穎) 등 찬술 개원(開元) 초년의 일 기록
개원(開元)	47	「예문지」 찬자 이름 없음
현종(玄宗)	100	영호환(令狐峘)(「영호환전」)
숙종(肅宗)	30	원재(元載) 찬술
대종(代宗)	40	영호환(令狐峘) 찬술
건중(建中)	10	심기제(沈旣濟) 찬술
덕종(德宗)	50	배계(裴洎) 감수, 장예(蔣乂)·위처후(韋處厚) 등 찬술
순종(順宗)	5	한유(韓愈) 등 찬술
헌종(憲宗)	40	노수(路隋) 등 찬술, 무종 때 중수, 선종 때 재중수 (「헌종본기」 및 「이한전(李漢傳)」)
목종(穆宗)	20	소경윤(蘇景胤) 등 찬술
경종(敬宗)	10	진상(陳商)·정아(鄭亞) 등 찬술
문종(文宗)	40	노침(盧忱) 등 찬술
무종(武宗)	30	위보형(韋保衡) 감수
선종(宣宗)	30	소종(昭宗) 대순(大順) 연간 의종(宜宗), 의종(懿宗), 희종(僖宗) 실록 찬술을 명하였으나 일력, 기거주가 망실되어 사관 배연유(裴延裕) 선종정사(宣宗政事)에서 차록하고 『동관주기(東觀奏記)』라고 이름하다. 모두 3권

이상의 실록들 가운데 현재 남아 있는 것은 한유가 찬술한 『순종실록(順宗實錄)』뿐으로 『한창려집(韓昌黎集)』에 부록으로 실려 전해지게 되었다.

『기거주』와『실록』및『국사』의 관계에 대하여는 다음과 같이 표로 설명할 수 있다.

저작랑이『기거주』와『시정기』를 합쳐 일력(日曆)을 편성해 두면 다음 대에 이르러 사관은 오로지 일력만을 갖고서 전대의『실록』을 편찬한다. 그 뒤『국사』를 수찬할 때 다시 실록을 이용하면서 일력을 참고하여 본기를 완성한다. 이것이『국사』와『실록』및『기거주』의 상호 관계이다.

제6장 유지기(劉知幾)와 『사통(史通)』

역사학에 대하여 비평과 토론을 하는 것은 당(唐)나라 유지기(劉知幾)에 의해 시작되었다. 유지기는 자(字)가 자현(子玄)이며 서주(徐州) 팽성(彭城) 사람으로서 부친은 유장기(劉藏器)이다. 유지기는 어렸을 때 역사서를 읽기 좋아하였다. 그의 「자서(自序)」에 다음과 같은 언급이 있다.

나는 어려서 가정(家庭)의 가르침을 받들어 문학에 노닐었다. 이 시절에 『고문상서(古文尙書)』를 배우게 되었는데 그 단어가 어렵고 번쇄하여 제대로 이해할 수 없어서 여러 차례 회초리를 맞아도 학업이 성취되지 않았다. 일찍이 아버님께서 여러 형님들을 위하여 『춘추좌씨전(春秋左氏傳)』을 강하였는데 매양 책을 덮고 들었다. 강독을 마치면 바로 여러 형님들에게 설명해 주었는데 이로 인하여 "만약 책들이 모두 이와 같다면 나는 게을리 하지 않을 것이다"라고 탄식하였다. 아버님께서 이 뜻을 기특하게 여기시어 『좌전』을 가르쳐 주시기 시작하셨다. 1년이 지나 강독이 모두 끝났는데 내 나이 12세 때였다. 강하신 바를 모두 이해할 수는 없었으나 대의는 대략 알았다. 아버님과 형님들이 널리 주석을 보아 한 경전에 정통하고자 하여 『좌전』 획린(獲麟) 이후 부분은 하시지 않아서 그 부분에 대하여는 살펴보지 못하였다. 나머지 부분을 살펴서 견문을 넓히고자 하여 차례로 또 『사기』, 『한서』, 『삼국지』를 읽었다. 이미 고금의 연혁과 역수(歷數)의 이어짐을 알고자 하여 종류에 따라 살펴보았으나 스승의 가르침을 받지는 않았다. 한(漢)나라 중흥 이후 황가(皇家 : 당 황실)의 『실록』에 이르기까지 17년이 걸려 대략 한번 살펴볼 수 있었다. 읽은 책들 가운데 남에게 빌린 것이 많아 결질된 부분과 빠진 편들이 있었으나 서사(敍事)의 큰 줄기와 입언(立言)의 대강은 또한 대략 알 수 있었다.

이리하여 유지기는 형 유지유(劉知柔)와 함께 유명해졌고 진사에 급제한 뒤 몇 차례 자리를 옮겨 관직이 봉각사인(鳳閣舍人)에 이르고 수국사(修國史)를 겸하게 되었다. 서견(徐堅), 오긍(吳兢) 등과 함께 『실록』을 수찬하였고 또 오긍과 함께 『국사』를 수찬하였으며, 당 중종(中宗) 때 태자솔경령(太子率更令)에 발탁될 때 여전히 수사(修史)를 겸하고 있었다. 유지기는 무후의 『실록』을 개수하고자 하였으나 감수(監修) 무삼사(武三思)와 의견이 맞지 않아 "스스로 '세상에 쓰이되 뜻은 이룰 수 없다'고 여겨 『사통(史通)』 내·외편 49권을 짓고 고금에 대하여 평하였다."[1]

『사통』이라는 명칭에 대하여는 유지기가 「서문」에서 일찍이 다음과 같이 언급하였다.

예전 한(漢)나라 때 여러 선비들이 모여 경전을 논하여 백호관(白虎觀)에서 결정하고 『백호통(白虎通)』이라고 하였다. 나는 사관(史館)에서 이 책을 완성하였으므로 『사통(史通)』이라고 이름하였다. 또 한나라는 사마천의 후손을 찾아 사통자(史通子)에 봉하였다. 이것으로 사(史)와 관련하여 통(通)이라고 칭한 것이 그 유래가 오래되었음을 알 수 있다. 널리 여러 의견을 채용하여 이에 『사통』이라고 이름을 정하였다.

『사통』 서문의 말미에 경룡(景龍) 4년이라고 밝힌 것은 대체로 그

---

1) 『신당서』 「유지기전」.

책이 완성된 시기이고 저작을 개시한 날짜는 필시 무삼사(武三思)와 불화한 뒤일 것이다. 「유지기전」에서 "혹은 자현(子玄)이라고 하는데 사신(史臣)이면서 사사로이 저술하였다"라고 하였는데 여기에서 저술이란 당연히 『사통』일 것이다.

『사통』은 도합 20권이며, 그 중에 내편이 36편, 외편이 13편이다. 내편 가운데 가장 중요한 것은 「육가(六家)」, 「이체(二體)」이고 외편 가운데에는 「사관건치(史官建置)」 및 「고금정사(古今正史)」편이 중요하다. 역사의 체제에 대하여 유지기는 다음과 같이 생각하였다.

　　예로부터 지금까지 질박함과 화려함이 번갈아 변한 것처럼 역사 저술도 그 체제가 변하였다. 생각해 논하여 보면 역사에는 6가, 즉 (1) 상서가(尙書家), (2) 춘추가(春秋家), (3) 좌전가(左傳家), (4) 국어가(國語家), (5) 사기가(史記家), (6) 한서가(漢書家)가 있다.

고사로 논하면 6가가 있으나 『춘추』와 『좌전』은 같이 편년체에 속하며 『사기』와 『한서』는 같이 기전체에 속하므로 합쳐서 논하면 단지 기전체와 편년체 2가지가 있다. 이 때문에 유지기는 「육가」편 뒤에 「이체」편을 두었다. 좌구명이 『춘추』에 주석을 단 것이 편년체의 시작이며 사마천이 『사기』를 저술한 것이 기전체의 출발이다. 유지기는 역사기술 체제는 이에 의해 갖추어져 시대에 따라 두 체제가 상호 소장(消長)이 있었다고 생각하였다. 그러나 기전체 가운데 유지기는 여전히 단대사인 『한서』는 취하였지만 통사인 『사기』는 취하지 않았다. 이 의견은 후대의 사마광(司馬光) 및 정초(鄭樵)와는 상반되며 또한 청나라 때 사학 비평가인 장학성(章學誠)과도 상반된다. 이들은 모두 통사를 지지하였다. 유지기는 다음과 같이 반고(班固)를 매우 숭상하였다.

160

『한서』와 같은 것은 서도(西都)의 시종을 탐구하고 유씨(劉氏)의 흥
폐를 궁구하여 한 시대에 대하여 전체적으로 포괄하여 한 책을 완성했
으므로 말이 모두 정밀하고 세련되며 일이 매우 상세하고 엄밀하다.
그러므로 학자가 찾아서 토의하면 쉽게 공부가 된다. 그 때부터 지금
까지 이 도를 고침이 없다. (「육가」편)

이에 따라 유지기는 시대를 끊는 것[斷限]에 대하여 다음과 같이 매
우 유의하였다.

　　남조 『송사(宋史)』는 위로 위(魏)나라를 포함하며 『수서(隋書)』는 남
조 양(梁)나라 시대까지 포함하였다. 거기에 쓰인 일을 찾아보면 천이
나 백 가운데 열이나 하나를 취급하는 것을 일종의 범례로 하여 감히
변화시키지 않았다. 이치로 따져보면 탄식할 일이다. (「단한(斷限)」편)

이 밖에도 유지기는 다시 몇 가지 예를 들었는데 모두 "시대를 끊는
것을 살펴 적절함을 따지는 것"으로 "잡다하게 다른 일을 끌어들여 권
수나 늘릴" 필요는 없다고 하였다. 이렇게 해야만 비로소 역사서술의
체제가 제대로 된다는 것이었다.
　기전체 서술의 각 부분에 대하여는 본기와 열전에 대하여는 찬동하
였으나 표와 지에 대하여는 불만을 드러냈다. 표에 대하여는 다음과
같이 말하였다.

　　천자에게는 본기(本紀)가 있고 제후에게는 세가(世家)가 있으며 공경
이하에게는 열전(列傳)이 있다. 조손(祖孫)과 소목(昭穆) 및 연월과 직
관은 각기 그 편에서 상세히 말하였으므로 서로 참조해 살펴보면 자연
히 알 수 있는데 중복되게 표를 만들어 번거롭게 하니 어찌 잘못이 아
니겠는가? 또 표의 차례는 각 편의 순서에 정리되어 있으니 있어도 도

움이 안 되고 없어도 그만인 것이다. 독자로 하여금 먼저 본기를 보고
건너뛰어 세가를 보게 한다. 표가 그 가운데 있으나 덮어두고 보지 않
는다. 쓸모없음을 이루 다 말할 수 있겠는가? (「표력(表曆)」편)

지(志)에 대하여는 「천문지(天文志)」, 「오행지(五行志)」, 「예문지(藝
文志)」 등은 각 역사서에 있으나 쓸모없는 것이고, 별도로 지(志)로 할
만한 것으로는 「도읍지(都邑志)」, 「방물지(方物志)」, 「씨족지(氏族志)」
3종이 있다고 생각하였다. "궁궐의 제도, 조정의 의궤, 전대 왕의 행한
바, 후대 왕이 취한 법식"에 대하여는 마땅히 도읍지를 세워야 하고
"금석과 초목, 호저(縞紵)와 사시(絲枲), 조수(鳥獸)와 충어(蟲魚), 치혁
(齒革)과 우모(羽毛) 따위, 혹 여러 이적(夷狄)이 세금으로 바친 것, 만
국이 공납한 것에 대하여 『상서』「하서(夏書)」의 경우 「우공(禹貢)」에
들어 있고 「주서(周書)」의 경우 「왕회(王會)」에 들어 있으니" 방물지를
세워야 한다고 하였다. 또 "제왕의 후예, 공후의 자손은 여경(餘慶)의
소종(所鍾)이 백세까지 끊어지지 않는다. 능히 자신의 조상에 대하여
말할 수 있어서 담자(郯子)가 공공(孔公)을 뵙고 스승으로 섬길 수 있
었으나 적담(籍談)은 그 조상을 몰라서 희후(姬后)에게 나무람을 당하
였다. 주(周)나라가 『세본(世本)』을 찬술할 때 여러 종친의 계통을 분명
하게 하였으며 초(楚)나라는 삼려(三閭)를 두어 왕족을 관장하게 하였
다. 말기에 이르러 보학이 더욱 번성하고 관에서 사용하여 사서(士庶)
의 등급을 나눌 수 있었고 나라에서 써서 화이(華夷)를 엄격히 구분할
수 있었으므로" 「씨족지(氏族志)」를 세우는 것이 마땅하다고 생각하였
다.[2] 유지기는 육조(六朝) 시대에 태어났고 당(唐)나라의 보학이 가장
성한 때에 살았으므로 「씨족지」를 두고자 하였다. 또한 당시의 환경이
영향을 미친 것이다.

---

2) 이상은 모두 「서지(書志)」편에 보임.

유지기는 문자에 관해서는, "국사(國史) 가운데 좋은 것은 사실 서술에 힘을 기울인다. 사실 서술은 간결하게 요점만 있는 것이 좋다. 간결하면 의리가 크게 드러난다"라고 생각하였다.[3] 이로 인해 부화한 말을 깎아버렸으며 책 가운데 「부사(浮詞)」편을 따로 하나 두고 오로지 이 문제만을 논하였다. 그 요지는 "간결한 것은 한마디로 다 표현할 수 있으며 무잡한 것은 여러 말을 해야 겨우 통한다"는 것이다.

그리고 글쓰기는 간결해야 할 뿐 아니라 진실하여야 한다고 생각하여 「직필(直筆)」과 「곡필(曲筆)」 두 편을 두어 오로지 이 일만을 논하였다. 사건에 대하여는 반드시 바르게 서술해야 하며 사실 또한 진실을 추구해야 하므로 「재문(載文)」편 가운데에서 사적 가운데 진실하지 못한 것을 5가지로 설명하였다.

첫째 허설(虛說)이니 예를 들면 조조의 위(魏)나라 이후 모두 명목은 선양(禪讓)이지만 사실은 요순(堯舜)과 달라서 단지 말만 그러하지 끝내 그런 사실이 없다.

둘째 후안(厚顔)이니 두 나라가 서로 좌웅을 겨룸에 자연히 서로 말하는 것에 꾸밈과 교만이 있고 모두 자기잘못은 가린다.

셋째는 가수(假手)이니 정치에 비록 잘못이 있지만 조정이 글을 잘하는 사람으로 하여금 태평성대였던 것처럼 분식하게 하여, 당시의 진실한 사적을 명확히 알 수 없게 한다.

넷째는 자려(自戾)이니 포상이 있는 경우 그 선함이 더 이상 이를 수 없는 정도이며 폄출이 있는 경우 그 악이 더할 수 없는 정도이다. 한 사람의 행위와 한 군주의 의논에 현우와 시비 판단의 변화가 이렇게 속히 변한다.

다섯째는 일개(一槪)이니 국가에는 때에 따라 성쇠가 있으며 일의 자취에는 언제나 변화가 있는데도 작자의 글은 모두 한결같아 군주는

---

3) 『사통』 「서사(敍事)」편.

모두 성인(聖人)이며 재상은 모두 영걸(英傑)이라고 하여 때에 따라서 그 판단을 바꾸지 않는다. 무릇 이 5가지는 모두 사관(史官)이 채용하지 않아야 할 것인데 도리어 언제나 역사서 가운데 쓴다.[4]

유지기는, 문자는 반드시 진실을 추구해야 하므로, 역사서술은 마땅히 동시대의 글로 써야지 고어로 근래의 일을 서술하는 것은 옳지 않다고 하였다. [이에 대하여 다음과 같이 비판하였다.]

이리하여 좌구명(左丘明)을 좋아하는 자는 『좌전』만을 모방한다. 사마천을 사랑하는 자는 오로지 『사기』만을 배우려고 한다. 주(周)나라와 진(秦)나라의 말이 위(魏)나라와 진(晉)나라 시대에 보이며 초(楚)나라와 한(漢)나라가 응대하는 말이 [남조] 송(宋)나라와 제(齊)나라 때에 보인다면 거짓이며 혼란스러워 자연스러움을 잃게 된다. 금과 고가 뒤섞이므로 진(眞)과 위(僞)가 어지러워진다. (「언어」편)

아울러 오랑캐의 말을 중국의 문언으로 고치는 것은 옳지 않다고 생각하였다. 그렇지 않으면 다음과 같은 결과를 낳는다고 하였다.

마침내 [오랑캐] 저거씨(沮渠氏), 걸복씨(乞伏氏)로 하여금 그 세련됨이 원봉(元封) 연간 사람들에 비견되게 하고 탁발(拓跋), 우문(宇文)의 덕음(德音)이 정시(正始) 연간의 사람들과 같게 하는 결과를 낳는다. 화려하지만 진실을 잃은 것이니 이보다 큰 잘못이 없다. (「언어」편).

따라서 유지기는 사관들이 지은 북조(北朝)의 각 시대사를 극력 반대하였다. 그것은 사용한 표현이 질박하지 않고 오랑캐의 말을 한어(漢語)로 바꾸었기 때문이다. 표현은 질박함을 숭상해야 한다는 이 주장은 사실 서술에서 부화함을 중시하지 않는 태도와 실로 마찬가지 관념

---

4) 「재문(載文)」편에 보임.

164

이다.

기사(記事)에 대하여는 다음과 같이 언급하였다.

옛날 순열(荀悅)이 "책을 쓸 때에는 5지(志)가 있어야 한다. 첫째 달
도의(達道義), 둘째 창법식(彰法式), 셋째 통고금(通古今), 넷째 저공훈
(著功勳), 다섯째 표현능(表賢能)이다"라고 하였다. 간보(干寶)가 5지를
풀이하여, 체국경야(體國經野)의 말을 기록하며 용병정벌(用兵征伐)의
권(權)을 기록하고 충신열사와 효자열녀의 정절을 기록하며 문고전대
(文誥專對)의 말을 기록하고 재력과 기예와 수이(殊異)를 기록하는 것
이라고 하였다. 두 사람이 논한 바에 따라서 5지가 취하는 바를 생각해
보면 대체로 기언(記言)을 망라하며 서사(書事)를 총괄함을 여기에서
대략 얻을 수 있다.

그러나 빠짐이 없어야 하는데 미진한 점이 있다고 한다면 지금 다시
첫째 서연혁(敍沿革), 둘째 명죄악(明罪惡), 셋째 정괴이(旌怪異)의 셋
을 덧붙이고자 한다. 왜냐하면 예의용사(禮儀用捨)와 절문승강(節文升
降)을 기록하고 군신사벽(君臣邪辟)과 국가상란(國家喪亂)을 기록하며
유명감응(幽明感應)과 화복맹조(禍福萌兆)[화복의 조짐]를 기록하는
것이기 때문이다. 이 3과(科)를 5지(志)에 덧붙인다면 역사가가 기록하
는 데에 거의 빠짐이 없을 것이며 필삭을 하고 할 때 이에 근거해야 할
것이다. (「서사(書事)」편)

또 유지기는 수(隋)나라와 당(唐)나라에서 성행하고 있던, 관청에서
역사를 편찬하는 일에 대하여 극력 반대하여 「오시(忤時)」편 가운데에
서 다음과 같이 말하였다.

(1) 옛날 국사(國史)는 모두 한 사람의 손에서 나왔으므로 불후의 문
장이 될 수 있었다. 후한(後漢) 시대에는 여러 학자가 저술하였으므로
체제가 일치되지 않아 때때로 남들의 비판을 받았다. 현재 사관(史館)
의 인원은 더욱 많은데 필사하느라 시간이 없다.

(2) 전한(前漢) 때에는 지방의 군국(郡國)에서 기록하여 먼저 태사에게 올리게 하였으므로 사관들이 필요한 자료를 쉽게 입수할 수 있었다. 그러나 지금 역사를 쓰는 사람은 단지 사료를 모으는데 능할 뿐, 이에 근거해 사건을 기록하는 일은 제대로 하지 못한다.

(3) 예전에 동호(董狐)가 역사를 기록할 때에는 공개하여 조정에 보였으나 지금의 사관은 남들이 비판하는 것을 꺼리고 또 귀족에게 원한을 살까 두려워하여, 역사기록이 진실을 추구하지 않고 화를 면하기만 바란다.

(4) 옛날 하나의 역사를 간정(刊定)할 때에는 각기 개성이 있었으나 지금 사관의 주기(注記)는 여러 사람이 감수한다. 감수자가 한 사람이 아니어서 의견이 서로 다르므로 기록하는 자가 누구를 따를지 모르게 된다.

(5) 감수자의 원래 직책은 체제와 범례를 정하고 직무를 나누는 것이다. 그러나 지금의 감수자는 이미 이 2가지 직무를 제대로 못할 뿐 아니라 사관으로 하여금 구차하게 학문 논쟁을 하도록 하여 쓸데없이 세월만 보내게 함으로써 역사 찬술이 이루어지기 어렵게 한다.

결론적으로 말하면 이상의 5가지는 모두 여러 사람을 모아 많은 사관(史官)들이 한 책을 찬수하게 하며 또 감수자가 그 힘을 다 경주할 수 없는 데에 말미암은 것이다. 이것은 수나라와 당나라가 사관(史館)을 설립한 데에 따른 폐단이다. 이리하여 고대에 한 사람이 역사를 찬수한 데에 미치지 못하는 것이다.

당나라 이후 역사를 찬수하는 사람들 가운데 유지기의 주장을 따른 사람들이 많았다. 그러나 비평자들은 「의고(疑古)」편과 「혹경(惑經)」편의 견해에는 항상 반대하였다. 이 두 편에서 고사(古史)에 대하여 의심이 있을 뿐 아니라 공자의 『춘추』에 대하여도 비판이 많았으며 『좌전』·『공양전』·『곡량전』 3전(傳) 가운데 『좌전』은 모두 주전(周典)에5)

합치됨을 인정하였다. 청나라 이전에는 역사서에 대하여는 비판할 수 있었으나 유교 경전에 대하여는 비판할 수 없었으므로 유지기의 견해가 반대를 받은 것은 당연하다. 그러나 현재의 관점에서 보면 육경(六經)은 모두 역사이다. 역사서를 비평하는 것을 목표로 하는 『사통』은 자연히 『춘추』 및 기타 고사에 대하여 언급할 수 있는 것이다.

유지기의 잘못은 여기에 있는 것이 아니다. 그는 옛날이 지금보다 더 나았다고 믿은 데에 따라서 『춘추』 및 『사기』가 후대에 찬술된 역사서들보다 월등히 낫다고 하였으며 고대 사관의 독립과 자유가 후대보다 크게 나았다고 하였다. 이것은 근거가 있는 것이 아니고 단지 유지기의 추측일 뿐이다. 사실은 고대의 사관(史官)은 전혀 상상의 자유가 없었다. 노(魯)나라 역사가 그 군주가 시해되었음을 기록하지 않은 것이 바로 명백한 증거이다. 한 시대는 그 시대의 환경이 있으므로 역사서의 기록 또한 그 환경에 따라서 다르다. 옛날은 이미 지금과 다르므로 역사서 기록에 차이가 있는 것은 당연한 일이다. 그러므로 고사의 기록 방식이 반드시 영원불변해야 하는 것은 아니다.

당나라 말엽 유찬(柳燦)이 『사통석미(史通析微)』 10권을 저술하여 유지기에 대하여 비평한 것이 『당서』 「유찬전」에 보이지만 『사통석미』는 지금 전해지지 않는다. 『사통』의 간행은 명나라 때 시작되었다. (명나라 판본 가운데) 세상에 전해지는 것으로는 육심(陸深) 및 왕유검(王惟儉)의 두 간행본이 있는데 서로 글자와 분량의 차이가 있다. 청나라 때에 이르러 황숙림(黃叔琳) 간행본 및 포기룡(浦起龍) 『사통석본(史通釋本)』이 있게 되었는데 사부총간본은 명나라 만력본(萬曆本)을 영인한 것이다.

『사고전서』에서 『사통』은 사평(史評)류에 속해 있으며 여러 사람들

---

5) 역자주 : 『주례』라는 책이라기보다 "주(周)나라의 제도"를 의미하는 것으로 여겨진다.

의 동일한 서목의 책들이 있다. 실상을 생각해보면 사평류는 2가지로 나눌 수 있다. 하나는 사평(史評)이라고 할 수 있으니『사통』및『문사통의(文史通義)』따위가 이것이다. 다른 하나는 사론(史論)이라고 할 수 있으니 호인(胡寅)의『독사관견(讀史管見)』따위가 이것이다. 전자는 역사의 체제 및 서술 방법에 속하는 것이 많아서 비평 대상은 역사서 자체이지 사람과 사건이 아니다. 후자는 역사적 사실과 인물 비평에 치중하므로 사학사의 범위를 벗어난다.『사고전서총목제요』에서는『독사관견』에 대하여 다음과 같이 비판하였다.

> 사람을 논한 것은 모두 공자(孔子)·안회(顏回)·자사(子思)·맹자(孟子)에 근거하여 비판하였으며 사건을 논한 것은 모두 우(虞 : 순임금 시대), 하(夏), 상(商), 주(周)에 근거하여 하였다. 명목은 "천리(天理)를 존재시켜 인욕을 막으며 왕도(王道)를 숭상하고 패도(覇道)를 천시하는 것"이라고 하지만 인정에 동떨어지고 사세를 헤아리지 않아 마침내 꽉 막혀 행할 수 없는 지경에 이르고 말았다.

후대 역사서는 이미 시대에 따라 변하여 수나라·당나라 이전과 모두 같지는 않다. 그러므로 역사평론을 하는 사람이 반드시 오로지 유지기의 옛 규범만을 따라서 완전히 분류 세목을 그와 같게 할 필요는 없다. 실로 새로운 작자가 있다면 새로운 길을 개척하는 것이 마땅하다. 그렇게 해야만 역사학의 새로운 발전에 기여할 수 있을 것이다.

유지기의 의견 가운데에는 실행할 수 없는 것이 있다. 예를 들면 역사서에서 기존의 표(表)와 지(志)를 없애고 도읍지(都邑志), 씨족지(氏族志), 방물지(方物志)로 대신하는 것은 잘못이다. 오행지(五行志)는 미신에 속하므로 폐지하는 것이 옳고, 천문지(天文志)는 한 왕조에 국한되는 것이 아니므로 각 단대사가 모두 반드시 천문지를 둘 필요가 없

으므로 수백 년에 한 번 찬수하는 것이 옳다. 그러나 식화지(食貨志)는
한 시대의 경제를 기록하고 지리지(地理志)는 한 시대 군현의 연혁을
기록하는 것이므로 만약 이들을 폐지하면 후대인이 무엇을 참고할 수
있겠는가? 또 지리지는 전국의 군현을 기록하는 것이므로 도읍지에 비
해 범위가 넓으므로 지리지 가운데 도읍에 대한 사항을 포함시켜야지,
어찌 도리어 지리지를 폐지하고 도읍의 천개의 문과 만호의 집을 모두
기록하여 번거롭게 해야 하는가? 예문지(藝文志)의 경우 유지기는 만
약 이를 없앨 수 없다면 그 체제를 변화시켜 열거 서목을 당대(當代)에
찬술한 것에 제한하자고 하였다. 이 제안은 이미 『명사(明史)』 찬술자
가 채택하였다.

　표의 경우 본기(本紀)와 열전(列傳)의 부족한 부분을 보완할 수 있는
데 유지기는 도리어 "표의 차례는 각 편의 순서에 정리되어 있으니 있
어도 도움이 안 되고 없어도 그만인 것이다. 독자로 하여금 먼저 본기
를 보고 건너뛰어 세가를 보게 한다. 표가 그 가운데 있으나 덮어두고
보지 않는다. 쓸모없음을 이루 다 말할 수 있겠는가"라고 하였다.6) 표
의 용도는 원래 참고자료이며 처음부터 끝까지 정독할 필요는 없다.
본기, 열전에 수록된 것이 표만큼 완벽하지 않은데 이것을 없애버리면
필요할 때 또 무엇을 참고하겠는가? 그리고 표는 그 체재 상 본기와
열전에 비하여 검색하기가 용이하므로 후세 사가 가운데 유지기의 견
해를 따른 자가 없으며 도리어 표를 보충하는 작업이 여러 차례 끊임
없이 행해져 왔다.

6) 『사통』 「표력(表歷)」편.

제7장 오대(五代)와 송·원대(宋·元代)의 역사학

제1절 오대(五代) 및 송대(宋代)에 편찬된 『당서(唐書)』

(1) 『구당서(舊唐書)』

당나라 『실록』에 대하여는 이미 앞에서 언급하였다. 다만 "당나라 말엽 기록이 산일되어, 고조(高祖)에서 대종(代宗)까지는 기·전(紀·傳)만 있으며 『덕종실록(德宗實錄)』도 남아 있으나 무종(武宗) 이후 6대에 대하여는, 단지 『무종실록』 가운데 1권만 남아 있을 뿐 나머지는 모두 없어졌다".[1] 따라서 후량(後梁) 말제(末帝)의 용덕(龍德) 원년 조에 사관(史館)에서 다음과 같이 청하였다.

전조(前朝 : 당나라) 회창(會昌) 이후의 일을 기록한 것은 공사 모두 초록하여 관에게 보내되 모두 반드시 직서하게 하며 문장이 번거롭지 않게 하소서. 그리고 병화로 문헌이 거의 남아 있지 않습니다. 내외의 신료들이 공사를 받들어 행한 적이 있는 사람들은 제도 설치에 관여하여 연혁을 토론하였거나 상소문 가운데 채용할 만한 것이 있을 것이니 모두 모아 기록하여 바치게 하소서. (『구오대사(舊五代史)』「양본기(梁本紀)」)

---

[1] 『오대회요(五代會要)』.

후당(後唐) 명종(明宗) 장흥(長興) 3년에 이르러 사관에서 또 "'선종
(宣宗) 이하 4분은 실록이 없으니 청컨대, 양절(兩浙)과 형호(荊湖) 지
역에 내려가 야사 및 제목(除目)·보장(報狀)을 수집하게 하소서'라고
하므로 이를 허락하였다."2) 뒤에 또 "성도(成都)에 본조(本朝) 실록이
있음을 듣고 바로 낭중(郎中) 유전미(庾傳美)에게 명을 내려 가보게 하
였다. 돌아올 때 겨우 9조의 실록을 얻었을 뿐이었다"라고 하였다. 당
시 당나라 사료가 얼마나 산일되었는지를 알 수 있다.

후진(後晉) 고조(高祖) 천복(天福) 6년에 이르러 장소원(張昭遠), 가
위(賈緯), 조희(趙熙), 정수익(鄭受益), 이위광(李爲光) 등에게 조서를
내려 함께 당나라 역사를 수찬하게 하고 재상 조영에게 감수하도록 하
였다.3) 이때 가위는 『당조보유록(唐朝補遺錄)』을 찬술하고 다음과 같
이 상주하였다.

> 엎드려 생각하옵건대, 당나라 고조(高祖)에서 대종(代宗)까지는 이미
> 기·전(紀·傳)이 있고 희종(僖宗) 역시 실록이 남아 있습니다. 무종(武
> 宗)에서 제음(濟陰)·폐제(廢帝)에 이르기까지 모두 6대에 대하여는 오
> 직 『무종실록』 1권만 남아 있고 나머지는 모두 빠져 있습니다. 신이 지
> 금 유문(遺聞) 및 기로(耆老)들이 전하는 말을 채방하여 65권을 편성하
> 여 『당조보유록』이라고 이름을 붙였습니다. (『오대회요』)

이 책을 『구오대사』에서는 『당년보록(唐年補錄)』이라고 하였다. 대
체로 무종 이후의 당나라 역사를 보충한 것이다. 그 뒤 조형(趙瑩)이
또 다음과 같이 상주하였다.

> 사관에 없는 당나라 책과 실록(實錄)을 청컨대, 칙명을 내려 구입하

---

2) 「당본기(唐本紀)」.
3) 「진본기(晉本紀)」.

게 하소서. 더욱이 함통(咸通) 연간에 재신(宰臣) 위보형(韋保衡)과 장신(蔣伸) 및 황보환(皇甫煥)이 『무종실록』과 『선종실록』을 찬술하였습니다. 국가에 여러 가지 일이 있어서 파천하게 되어 찬술하였다는 말은 있으나 전해지고 있는 것을 보지 못하였습니다. 위보형과 배지합(裴贄合)은 자손이 있어 관직에 있고 혹 문생과 옛 서리들이 찬수의 기록을 하였을 것이니 이들의 토론을 들으면 많은 것을 알 수 있을 것입니다. 청컨대, 3경(京)과 여러 도(道) 및 내외 신료에게 명을 내리시어 이 몇 대의 실록을 갖고서 대궐에 나와 바치게 하시고 그 문무의 재능에 따라서 자질과 문지를 따지지 말고 관직을 제수하소서. 만약 빠진 부분이 있으면 그 권수에 의거해 납입하게 하고 순서를 따지 말고 보답을 하여 납입을 권장하소서. 회창(會昌)에서 천우(天佑) 연간까지 60여 년간에 관하여, 처음에는 이덕유(李德裕)가 상당(上黨)을 평정하고 무종께서 반란을 정벌한 것에 대하여 책을 저술하였고 그 뒤에는 강승훈(康承訓)이 서방(徐方)을 평정한 것에 대한 무령본말(武寧本末)의 「전(傳)」이 있습니다. 이와 같은 일들은 기록이 자못 많습니다. 청컨대, 내외 신료 및 명유(名儒)·숙학(宿學)에게 명을 내리시어 이 60년 사이의 찬술로서 전기 및 중서(中書)·은대(銀臺)·사관(史館)의 일력(日曆) 등에 기록된 당나라 역사에 대하여 기간의 다소를 따지지 말고 모두 대궐에 진납하게 하소서. 기간이 길고 기록이 상세하다면 청컨대 특별히 간추리고 자급을 따지지 말고 서용하소서. 신과 장소원(張昭遠) 등이 찬술한 『당사(唐史)』는 「본기(本紀)」를 서술하여 제업(帝業)의 강령을 세우고 「열전」으로 공신에 대하여 기록하였으며 10지(志)로써 형정을 서술하였습니다. 진달한 여러 조목을 청컨대 담당관에게 내리소서 하니, 이를 따랐다. (『오대회요』)

이것은 후진(後晉)에서 찬술한 『구당서』의 출발이다. 후진 출제(出帝) 개운(開運) 2년 6월에 이르러 감수국사(監修國史) 유구(劉昫), 사관 장소원 등이 『신수당기(新修唐紀)』, 「지(志)」와 「열전(列傳)」 및 「목록

172

(目錄)」 포함 도합 203권을 상주하였다.4) 당시 감수자가 유구였으므로 세상에서는 유구가 찬수했다고 칭하였다. 그러나 사실은 조형(趙瑩), 장소원(張昭遠), 가위(賈緯), 조희(趙熙) 등의 공이 많다.

또『구당서(舊唐書)』는 당나라『국사(國史)』의 옛 문장을 많이 이용하여『이십이사차기』에서는『구당서』의 전반부는 오로지『실록』구본의 조목을 사용했다고 논하여 다음과 같이 언급하였다.

> 이제「당소전(唐紹傳)」을 살펴보면 "선천(先天) 2년 금상(今上)이 여산(驪山)에서 강무하였는데 당소가 그의 의례에 관한 주석이 틀려서 참수되었다"라고 하였다. 금상이란 당나라 현종(玄宗)을 가리킨다. 이것은『현종실록』의 원문이다.「유인궤전(劉仁軌傳)」의 뒤에서는 위술(韋述)을 인용하여 "인궤는 감언으로 사람을 즐겁게 하여 인망을 얻고 대지덕(戴至德)은 바르게 아래를 다스리면서 좋은 사람을 임금에게 추천하였다. 그러므로 그들이 죽은 뒤 명예와 욕됨이 다르게 되었다"라고 하였다. 이것은 위술의『국사』구문을 인용한 것이다. 그리고 유인궤(劉仁軌), 배행검(裴行儉), 학처준(郝處俊) 등의「전」에서는 유인궤를 유난성(劉欒城), 배행검을 배문희(裴聞喜), 학처준을 학증산(郝甑山)이라고 병칭하여 이름을 말하지 않고 작위를 받은 고을 이름을 칭하였다. 사가에 이런 법은 없다. 위술 당시에 선배를 부르던 칭호이지 왕조가 바뀐 후대 사관의 표현이 아님을 알 수 있다.

『구당서』가 당나라의『국사』를 답습하기는 하였으나 선종(宣宗) 이후는『실록』에 빠진 바가 있으므로 목종(穆宗)의 장경(長慶) 연간 이전과 이후 사이에는 서술 방식에 단절이 있다. 이에 대하여『사고전서총목제요』에서는 일찍이 다음과 같이 언급하였다.

---

4)『구오대사(舊五代史)』「진본기(晉本紀)」.

이제 그 서술을 보니 대체로 장경(長慶) 연간 이전은 「본기」에는 오직 큰 일 만을 서술하여 간결하여 모양새가 있고 「열전」에는 상세하되 명확하게 서술하여 풍부하나 지저분하지 않아서 자못 반고(班固)와 범엽(范曄)의 구법이 남아 있다고 하겠다. 장경 연간 이후는 「본기」는 시화(詩話)와 서서(書序), 혼인, 옥사 등을 자세히 써서 말이 번다하고 「열전」은 관자를 서술하되 전혀 사실 언급이 없거나 혹은 단지 임금의 총애만을 기록하거나 하여 수미가 갖추어지지 않았다. 이른바 번거로움과 간략함이 균형을 이루지 못한 것은 진실로 송나라 사람들이 기롱한 그대로이다. 『숭문총목(崇文總目)』을 살펴보면, 처음 오긍(吳兢)이 『당사(唐史)』를 찬술하여 창업에서 개원(開元) 연간까지 도합 111권이었다. 위술이 오긍의 구본[『당사』]에 다시 산삭을 가하고 「혹리전(酷吏傳)」을 제거하여 기(紀)·지(志)·열전(列傳) 112권으로 하였다. 지덕(至德)·건원(乾元) 이후는 사관 우휴열(于休烈)이 또 「숙종기(肅宗紀)」 2권을 증보하였으며 사관 영고환(令孤峘) 등이 다시 기·전에 대하여 편마다 내용을 증가시키되 권수를 증가시키지는 않고 『당서』 130권으로 하였다. 이렇게 『당서』의 옛 원고는 오긍에서 나왔으며 비록 여러 사람의 손을 거쳤으나 대강의 모양새는 바뀌지 않았다. 유구 등은 이것을 저본으로 하였으므로 제대로 형태를 갖춘 것이 되었다. 「순종기(順宗紀)」 논제(論題)에 사신(史臣) 한유(韓愈)라 하고 「헌종기(憲宗紀)」 논제에 사신(史臣) 장손(張孫)이라고 한 것을 보면, 이것들이 전대의 역사를 그대로 답습한 명확한 증거이다. 장경 연간 이후는 제대로 된 역사기록이 없어 선본이 없으므로 유구 등이 스스로 잡설과 전기를 채집하여 적당히 배열하여 완성하였으므로 체례에 맞지 않은 것은 실로 연유가 있는 것이다.

이 책의 찬술은 대체로 사관이 각기 자기 부분을 맡고 서로 대조하지 않았으므로 유구가 비록 총괄하기는 하였으나 앞뒤가 일관될 수 없었다. 예를 들면 권132에 이미 「양조성전(楊朝晟傳)」이 있는데 권144

174

에도「양조성전」이 있다. 소영사(蕭穎士)에 대한 언급이 이미 권102에 보이는데 다시「문원전(文苑傳)」가운데 보인다. 그것은 이런 원인 때문이다.

    (2)『신당서(新唐書)』

    『신당서』는 송(宋)나라 인종(仁宗) 때에 이르러 이전 유구(劉昫) 등이 찬술한『구당서』가 비루·천박하다고 하여 먼저 단명전(端明殿) 학사(學士) 송기(宋祁)에게 수정하게 하고 다시 또 한림학사(翰林學士) 구양수(歐陽修)를 추가로 보내어 찬술하게 하여 모두 17년이 걸려서 완성되었으며 도합 225권이다. 구양수는「기(紀)」,「전(傳)」,「표(表)」를 찬수하였고 송기는「열전」을 찬수하였다. 관례적으로 매양 책머리에는 단지 관직이 높은 자, 한 사람의 이름만 쓰는데 구양수는 송기보다 상급자이고 공도 더 많았다. 따라서「기」·「전」·「표」부분과 열전 부분을 나누어 각기 서명을 하여 올렸다.5)

    생각하건대, 구양수는 자가 영숙(永叔)이며 여릉인(廬陵人)으로서, 진사에 급제하였다. 송 인종(仁宗) 때 간원(諫院)을 맡아 일을 논함이 직절하였고 뒤에 추밀원(樞密院) 부사와 참지정사(參知政事)에 임명되었다. 신종(神宗) 희령(熙寧) 5년에 이르러 졸하였다. 구양수는 조정에 있을 때 소인들의 배척을 받아 여러 차례 외직으로 좌천되었다. 그의 문장은 당시 사람들이 매우 소중하게 여겼고 저작은『구당서』외에『오대사기(五代史記)』,『집고록(集古錄)』등이 있다.

    송기는 조서를 받들어『당서』를 수찬하는 10여 년 동안 언제나 원고를 갖고 다니면서 열전 150권을 지었다.6)

---

    5)『송사(宋史)』「구양수전(歐陽修傳)」.
    6)『송사』「송기전(宋祁傳)」.

생각하건대, 「진신당서표(進新唐書表)」에는 날짜가 가우(嘉祐) 5년 6월 24일로 되어 있고 중간에 "그 사실 기록은 전보다 증가되었고 문장은 전보다 간략해졌다"라고 하였다. 대체로 당시의 수찬관이었던 범진(范鎭), 왕주(王疇), 송민구(宋敏求), 여하경(呂夏卿), 유희수(劉義叟) 등은 모두 일시적으로 선발된 사람들이었고, 구양수와 송기가 책임을 전체적으로 맡아 완성하였다. 여하경은 당나라 일을 잘 알아서 일찍이 따로 「병지(兵志)」를 편찬하였으며, 「재상세손표(宰相世孫表)」 역시 그가 지은 것이다.[7] 송민구는 일찍이 당 무종(武宗) 이하 6대의 실록 140권을 보완하였고 왕요신(王堯臣)이 『당사』를 수찬할 때 송민구가 당나라 일을 잘 알므로 상주하여 편수관이 되게 하였다.[8]

그리고 송나라 인종(仁宗) 때에 이르러 천하가 안정되자 당나라 사료가 연달아 출현하였다. 『신당서』「예문지」에 실린 것을 『구당서』「경적지(經籍志)」와 비교하여 보면 증가된 것이 많음을 볼 수 있다. 이 것은 모두 후진(後晉)에서 『구당서』를 수찬할 때 볼 수 없었던 것이다. 사관은 모두 특별히 선발된 인재이며 사료도 비교적 풍부하여 근거할 바가 있었으므로 문장은 간략하되 사실 기록은 증가할 수 있었던 것이다.

『신당서』는 『구당서』와 비교가 가능하므로 당시 사람들의 비평을 받을 수 있었다. 『신당서규류(新唐書糾謬)』 같은 것이 이것이다. 당시 사람이 만든 역사서를 공개적으로 비평하는 것은 유지기의 『사통』이 당나라 사람이 수찬한 『신진서(新晉書)』를 비평한 것에서 비롯되었다. 송나라에 이르러 이 풍조가 매우 커져서 오진(吳縝)의 책 20권은 "오로지 『신당서』의 오류를 박정(駁正)하는 것을 위주로 한 24문목, 400여 사항"이다.

---

7) 『송사』「여하경전(呂夏卿傳)」에 보임.
8) 『송사』「송민구전(宋敏求傳)에 보임.

왕명청(王明淸)의 『휘진록(揮塵錄)』에 따르면 "구양수가 다시 『당서』를 수찬할 때 오진(吳縝)이 일찍이 범진(范鎭)을 통해 관직의 말단 자리를 얻고자 하였으나 구양수는 그가 연소하고 경박하다고 여겨 거절하였다. 오진이 앙심을 품고 있다가 『신당서』가 완성되자 그 하자를 지적하여 이 책을 지었다"라고 하였다. 『사고전서총목제요』에서도 "이제 그 책을 보니 의도적으로 배격하였음을 면하지 못하였다. 예컨대, 제24문의 '자서비시(字書非是)' 한 조목은 편방과 점획의 잘못을 열거하여 구양수 등을 기록한 것으로서 의도적으로 흠을 찾은 것이다. 그러나 구양수와 송기가 『신당서』를 만든 것은 문장을 위주로 한 것이어 고증이 소홀하였으므로 모순된 것이 자연 적지 않았다. 오진이 「자서(自序)」 가운데 열거한 8가지 잘못은 원래 깊은 병통을 지적한 것이므로 역사학에 보탬이 없다고는 할 수 없다"라고 하였다.

송나라 사람들이 역사를 논하는 태도는 언제나 춘추대의(春秋大義)에 구애되며 구양수는 그 가운데 대표적인 사람이다. 그가 수찬한 『신당서』 및 『신오대사기(新五代史記)』는 모두 권선징악을 위주로 하여 역사적 사실을 고증하는 데에는 소홀히 하였으며, 주희(朱熹)의 『자치통감강목(資治通鑑綱目)』에 이르러서는 오로지 권선징악만을 목적으로 하였다.

그러나 이런 생각에 반대하는 사람들도 있었다. 경사(經史), 백가(百家), 제도(制度)에 대한 책들 가운데 이런 언급이 있다. 이 책들은 오래 전에 없어지고 단지 『영락대전(永樂大典)』 가운데 몇 조목이 남아 있을 뿐이다. 예를 들면 '불가이춘추책(不可以春秋責 : 『춘추』에 의거해 비판하는 것은 불가)' 조목에서 다음과 같이 언급하였다.

『춘추』는 스스로 『춘추』의 법이 있으며 사마천과 반고는 스스로 사마천과 반고의 사례가 있을 뿐이다. 세상의 유자들은 반드시 『춘추』에 합치되는 것을 높이고 합치되지 않는 것에 대하여는 폄하하고자 한다. 그 안설(按設)에 "[노나라] 소공(昭公)이 나라를 잃었으므로 노나라는 계씨(季氏)의 노나라가 되었는데『춘추』에서는 계씨를 군주로 간주하지 않았다. 고후(高后)에 대하여「본기」를 세운 것은『춘추』의 법에 맞지 않는다. [제(齊)나라] 환공(桓公)과 [진(晉)나라] 문공(文公)의 패업(霸業)은 이보다 성한 것이 없는데도『춘추』는 단지 그 작위(爵位)에 구애되어 제후로만 간주하여 높이지 않았다"라고 하였다.

또 '불가강합춘추(不可强合春秋 : 억지로『춘추』에 맞추려 하는 것은 불가)' 조목에서는 다음과 같이 언급하였다.

후대에 역사를 짓는 사람은 해당 시대의 실록에 마음을 쏟지 않고 성인(聖人 : 공자)의『춘추』에만 뜻을 둔다. 문장을 생략하여 간략하게 하고자 하거나 문장을 꾸며 화려하게 하고자 하거나 선에 대하여 칭찬하고자 하거나 악을 미워하여 비판하고자 한다. 식견이 모자라고 애증이 뒤따라서 간략하게 하면 빠진 것이 있게 되고 번거로우면 쓸데없는 것이 있게 되며 칭찬하면 지나치게 되고 비판하면 심하게 된다. 천하의 의론은 원래 처지에서 생각해 보지 않고 자신의 의견에 집착하여 그[『춘추』] 뒤를 논하는 것이다.

이런 언급들은, 춘추필법(春秋筆法)으로써 후대의 역사를 심판하는 것을 반대하는 것으로서 구양수 일파에 대한 비판이라고 할 수 있다.

제2절 송대(宋代)에 편찬된『오대사(五代史)』

송나라 사람들이 수찬한『오대사(五代史)』에는 2종이 있다. 하나는 관찬으로서 지금『구오대사(舊五代史)』라고 부르는 것이며, 다른 하나는 구양수가 개인적으로 수찬한 것으로서 지금『신오대사(新五代史)』
로 부르는 것이다.

(1)『구오대사(舊五代史)』

오대(五代)의 각 왕조는 실록이 많이 있다. 이기(李琪)는 후량(後梁)
정명(貞明) 연간 "명을 받아 풍석가(馮錫嘉), 장곤(張袞), 치은상(郗殷
象)과 함께 후량『태조실록』30권을 찬술하였다."9) 뒤에 "그 서술이 좋
지 않고 사적 가운데 빠진 것이 많아 다시 경상에게 조서를 내려 빠진
부분을 보충하게 하였다. 이리하여 경상(敬翔)은 따로 30권을 만들어
『대량편유록(大梁編遺錄)』이라 하여 실록과 병행되도록 하였다."10) 이
상은 후량 때 수찬된 후량『실록』이다. 후당(後唐) 명종(明宗) 천성(天
成) 4년 장소원(張昭遠)이『장종실록(莊宗實錄)』30권을 올렸고 또 청
태(淸泰) 3년에『명종실록(明宗實錄)』30권을 올렸다. 이들은 후당에서
찬술한 후당『실록』이다. 후진(後晉)『고조실록(高祖實錄)』30권,『소
제실록(小帝實錄)』20권은 모두 후주(後周) 광순(廣順) 원년에 가위(賈
緯) 등이 찬술하여 올린 것이다. 이들 후진(後晉)『실록』은 모두 후주
(後周) 때 찬술되었다. 후한(後漢 : 오대 중 한나라) 건우(乾祐) 2년 가
위 등이 후한『고조실록(高祖實錄)』17권을 찬술하였고, 후한『은제실
록(隱帝實錄)』은 후주 때 찬술되었는데, 찬술자는 장소원(張昭遠) 등이
다. 이들 후한(後漢)『실록』은 후한 및 후주(後周) 2대에 걸쳐 이루어진
것이다. 후주 현덕(顯德) 5년 장소원 등이 후주『태조실록(太祖實錄)』
30권을 찬술하였고 뒤에 호몽(扈蒙)이 후주『세종실록(世宗實錄)』40
권을 찬술하였다. 이것들이 후주 때 찬술된 후주의 역사이다. 이상 오

---

9)『구오대사』「이기전(李琪傳)」.
10)『구오대사』「경상전(敬翔傳)」.

대의 실록들은 북송(北宋) 때까지 아직 남아 있어서 송나라 태조(太祖) 개보(開寶) 6년에 조서를 내려 『양서(梁書)』, 『당서(唐書)』, 『진서(晉書)』, 『한서(漢書)』, 『주서(周書)』[이상 5종 모두 오대 왕조들에 대한 역사서]를 편찬하게 하여 개보 7년 윤10월 책들이 완성되었는데 도합 150권이며 목록이 2권이다. 찬술자는 노다손(盧多孫), 호몽(扈蒙), 장담(張澹), 이방(李昉), 유겸(劉兼), 이목(李穆), 이구령(李九齡)이며 감수자는 설거정(薛居正)이었다. 따라서 세칭 '설거정 『오대사(五代史)』'라고 한다. 근거한 바는 위에서 열거한 여러 실록이다. 책을 찬술할 때 양(梁)[후량], 당(唐)[후당], 진(晉)[후진], 한(漢)[후한], 주(周)[후주] 각국에 대하여 각기 하나의 역사서로 하였으나 뒤에 합쳐져 한 책이 되었다. 『신오대사(新五代史)』가 나오게 되자 두 책이 병행하게 되었다.

금(金)나라 장종(章宗) 태화(泰和) 7년에 학관에 명을 내려 『신오대사』만 사용하라고 하여 『구오대사』는 마침내 폐지되었다. 명(明)나라 때 문연각(文淵閣)에 이 책이 있었음을 『문연각서목(文淵閣書目)』을 통해 알 수 있다. 따라서 『영락대전』에는 이 『오대사』를 인용한 곳이 많지만 모두 단편적인 것이다. 청(淸)나라 건륭(乾隆) 연간에 이르러 사고전서관(四庫全書館)을 열었을 때 다시 『영락대전』 가운데 채록하여 완성 것이 '24사(二十四史)'에 들게 되었다. 송나라 사람의 저서 예를 들면 『자치통감(資治通鑑)』 등에는 『구오대사』를 인용한 부분이 많고 『신오대사』를 인용한 곳은 드물다. 당시 사람들은 『구오대사』를 더 소중하게 여겼음을 여기에서 알 수 있다.

(2) 『신오대사(新五代史)』

당나라 이후 책은 대부분 관찬이지만 『신오대사기(新五代史記)』 75권만은 구양수(歐陽修)의 사찬이다. 후대인이 『신오대사기』를 약칭하여 『신오대사(新五代史)』라고 하였다. 구양수가 죽은 뒤 송나라 신종 (神宗) 희령(熙寧) 5년 비로소 그 책을 취하여 국자감(國子監)으로 하여 금 간행하게 하였다. 청(淸)나라 때 '24사' 가운데 들어갔다. 구양수의 책은 춘추대의(春秋大義)에 의거, 포폄에 치중하여 일을 기록하고 논 한 것이다. 『구오대사』를 저본으로 하였으나 상세함은 그보다 못하다. 대체로 춘추필법(春秋筆法)에 치중하여 고증에 주의를 기울이지 않았 기 때문이다. 그리고 지(志) 종류로서는 겨우 「사천고(司天考)」, 「직방 고(職方考)」만 있을 뿐, 나머지는 대체로 빼버렸다. 『구오대사』의 지에 「예지(禮志)」, 「악지(樂志)」, 「식화지(食貨志)」, 「형법지(刑法志)」, 「선 거지(選擧志)」, 「직관지(職官志)」 등이 있는 것만 못하다. 고증이 소략 하므로 마침내 오진(吳縝)의 『오대사찬오(五代史纂誤)』 및 양륙영(楊 陸榮)의 『오대사지의(五代史志疑)』에서 비판받았다. 구양수의 『신오대 사』는 오로지 서법에만 치중한 책이라고 할 수밖에 없다. 구양수의 아 들 구양발(歐陽發)이 찬술한 구양수의 사적(事迹)에서 다음과 같이 언 급하였다.

『오대사』에서 가장 관심을 기울인 것은 선악의 포폄이어서 필법이 정밀하다. 논찬을 시작할 때 반드시 "오호(嗚呼)라"라고 한 것은 이 시 대가 난세였기 때문이다. 그 논찬에 "옛날 공자가 『춘추』를 지으신 것 은 난세로 인하여 치법(治法)을 세우신 것이다. 지금 「본기」를 서술함 에 치법으로 난군(亂君)을 바로잡았다"라고 하셨다. 이것이 바로 그 뜻 이다. 책이 이루어짐에 구사[『구오대사』]의 절반으로 줄게 되었으나 관 련 내용은 몇 배나 더 되었다. 문장은 간략하되 일은 갖추어졌으며 전 사[『구오대사』]의 잘못을 변정한 것이 매우 많다.

후대인 역시 소중히 여기는 바는 그 문자의 고아함이 남북조시대 이 후 찬술된 각 역사서에 비해 두드러진다는 점이다. 이 책에는 서무당

(徐無黨)의 주가 붙어 있지만 매우 비루하다. 청나라 팽원서(彭元瑞)의 보주가 있는데 비교적 완비된 것이다.

제3절 송대(宋代)에 편찬된 『실록(實錄)』 및 『국사(國史)』

송나라는 당나라 제도를 그대로 따라서 기거주(起居注), 시정기(時政記) 및 일력(日曆) 등이 있다. 『문헌통고(文獻通考)』 「경적고(經籍考)」의 저서 목록 가운데에는 『고종일력(高宗日曆)』 1,000권이 있으며 『송사(宋史)』 「예문지(藝文志)」의 저서 목록에는 『고종일력』 1,000권, 『효종일력(孝宗日曆)』 2,000권, 『광종일력(光宗日曆)』 300권 및 『영종일력(寧宗日曆)』 511권, 『이종일력(理宗日曆)』 292책, 『도종시정기(度宗時政記)』 78책이라고 되어 있다. 송나라 때에 찬술된 이런 종류의 사료가 매우 많음을 알 수 있다. 사관들은 이상 사료에 근거하여 전 임금대의 실록을 편찬하였다. 태조(太祖)에서 이종(理宗)까지 14대는 모두 실록이 있다. 표로 하면 다음과 같다.

실록 명칭	권수	찬자	비고
『태조실록(太祖實錄)』	50	이방(李昉) 등	『문헌통고(文獻通考)』에 보임
『중수태조실록(重修太祖實錄)』	50	이항(李沆) 등	『문헌통고(文獻通考)』;『송사』 「예문지」 함평(咸平), 상부(祥符) 연간 책의 누락으로 중수하게 하여 많이 두 차례 중수, 3본
『태종실록(太宗實錄)』	80	전약수(錢若水) 등	『문헌통고』, 『송사』;『사부총간』 송 잔본 20권
『진종실록(眞宗實錄)』	150	안수(晏殊) 등	『문헌통고』,『송사』
『인종실록(仁宗實錄)』	200	왕규(王珪) 등	『문헌통고』,『송사』
『영종실록(英宗實錄)』	30	여공저(呂公著) 등	『문헌통고』,『송사』

『신종실록(神宗實錄)』	200	증포(曾布) 등	『문헌통고』
『신종실록』(朱墨本)	300	증포 등	『문헌통고』, 『송사』 200권
『신종실록고이 (神宗實錄考異)』	200	범충(范沖)	『문헌통고』, 『송사』 5권 오류 가능성
『철종전록(哲宗前錄)』	100	채경(蔡京)	『문헌통고』
『철종후록(哲宗後錄)』	94	채경	『문헌통고』
『중수철종실록 (重修哲宗實錄)』	150	주승비(朱勝非) 등	『문헌통고』, 『송사』
『휘종실록(徽宗實錄)』	200	탕사퇴(湯思退) 감 수	『직재서록해제』, 『송사』 : 150
『휘종실록(徽宗實錄)』	200	이도(李燾)	『직재서록해제』, 『송사』 : 고이150 목록25
『흠종실록(欽宗實錄)』	40	홍매(洪邁)	『송사』, 『문헌통고』
『고종실록(高宗實錄)』	500	부백수(傅伯壽)	『송사』, 『문헌통고』
『효종실록(孝宗實錄)』	500	육유(陸游)	『송사』, 『문헌통고』
『광종실록(光宗實錄)』	100	부백수, 육유 등	『송사』
『영종실록(寧宗實錄)』	499		『송사』
『이종실록초고 (理宗實錄草稿)』	190		『송사』

『신종실록』은 마침 당쟁이 심한 때를 만나서 개수가 가장 많다. 조이도(晁以道)는 다음과 같이 말하였다.

조씨(晁氏)는 말한다. 원우(元祐) 원년 『신종실록』을 찬수하도록 명을 내려 등온백(鄧溫伯), 육전(陸佃)이 찬술하고 임희(林希)와 증조(曾肇)가 검토하며 채확(蔡確)이 제거(提擧)를 맡도록 하였다. 채확이 파직되자 사마광(司馬光)이 대신하게 되었으며 사마광이 죽자 다시 여공저(呂公著)가 대신하게 되었다. 여공저가 죽자 여대방(呂大防)이 대신하였다. 원우(元祐) 6년에 상주하여 조언약(趙彥若), 범조우(范祖禹), 황정견(黃庭堅)이 함께 편수에 참여하게 되었다. 책이 완성되자 상으로 모두 한 등급 승진되었다. 소성(紹聖) 연간에 간관 적사(翟思)가 "원우 연간 여대방이 『실록』의 제거(提擧)를 맡았으며 범조우, 황정견 등이 편

수하였는데 일들을 빠뜨리고 선악을 변조하여 어지럽게 하였으며 밖
으로는 간사한 자가 무고하는 말을 따랐다"라고 하였다. 이리하여 증
포(曾布)에게 명을 내려 다시 수정하게 하였다. 그 뒤 책을 상주할 때
『실록』을 저본으로 하여 묵서(墨書)를 사용하고 첨가한 것은 주서(朱
書)하였으며 산삭한 부분은 황색으로 도말하였다. (『문헌통고』「경적고
인(經籍考引)」).

주서와 묵서를 겸하여 사용하였으므로 주묵본이라고 한다. 초본은
대궐 가운데 있어서 세간에서는 볼 수 없었다.

양사성(梁師成)이 권력을 잡게 되자 스스로 소씨(蕭氏)의 유체(遺體)
라 하고 원우 연간 사람들의 자손, 예를 들면 범온(范溫), 진담(秦湛)
부류를 초치하였다. 양사성이 대궐에서 그 책을 보고서 여러 사람들에
게 말하였다. 사람들이 이 책이 나온 것을 다행으로 여기고 "이것은 기
록하지 않을 수 없다"라고 하였으며 양사성 역시 그들과 같이 생각하
였다. 그들이 패하여 물러나게 되었을 때 그 책을 얻은 자가 이를 지니
고 강을 건너가 마침내 세상에 전해지게 되었다.[11]

이리하여 고종(高宗) 건염(建炎) 연간에 마침내 다시 수찬하였는데
이것이 『신종실록고이(神宗實錄考異)』이다. "고이(考異)는 주·묵·황
3가지 색을 사용하여 취사 상태를 알게 한 것이다."[12] 대체로 북송(北
宋) 말에서 남송(南宋) 초에 이르기까지 3차례의 개수 작업이 있었다.

송나라에서 『국사(國史)』를 편찬한 것은 태종 옹희(雍熙) 4년 「태조
기(太祖紀)」를 찬술한 것에서 시작되었다. 순화(淳化) 6년에 이르러 장
계(張洎) 등이 「태조기」 10권을 중수할 것을 상주하였다. 이것이 송나
라 제1차 『국사』 찬술이다. 진종(眞宗) 경덕(景德) 4년에 이르러 또 태
조(太祖)와 태종(太宗)의 정사(正史)를 찬술하게 하고 왕단(王旦)으로

11) 『직제서록해제(直齋書錄解題)』.
12) 위와 같음.

184

하여금 감수하게 하였다. 2대의 일력, 시정기, 기거주, 행장(行狀) 및 각 관청의 글에서 취재하여 상부(祥符) 9년에 도합 120권이 완성되었다. 이 가운데 「목록」 1권, 「제기(帝紀)」 6, 「지」 55, 「열전」 59이니 2대의 『국사』이다. 이것이 송나라의 제2차 『국사』 찬술이다. 뒤에 인종(仁宗) 천성(天聖) 5년에 이르러 또 조서를 내려 진종 때의 역사를 증수하도록 하여 천성 8년에 완성되었다. 총 150권(『송사』에서는 155권이라 하고, 『문헌통고』에서는 150권이라 함)으로서, 「본기」 10, 「지」 60, 「열전」 80 권이다. 이것이 송나라의 제3차 『국사』 찬술이다.

　신종(神宗) 희령(熙寧) 10년에 이르러 인종(仁宗), 영종(英宗) 두 군주의 『국사』를 찬술하도록 하여 원풍(元豊) 5년에 이르러 비로소 완성되었으니 도합 120권이다. 이 가운데 「본기」 5권, 「지」 45권, 「열전」 70권이다. 두 군주의 『실록』에 비해서 양이 상당히 많다. 이것이 송나라의 제4차 『국사』 찬술이다. 뒤에 또 조서를 내려 두 군주의 국사와 세 군주의 국사를 함께 찬술하도록 하였으나 완성되지 못한 채 끝났다. 남송(南宋)의 고종(高宗) 소흥(紹興) 9년에 이르러, 왕질(王銍)이 고조(高祖)에서 철종(哲宗)까지의 역사가 여러 차례 이루어져 책 가운데 중복된 것이 많다고 여겨 7조의 『국사』에 대하여 기(紀), 지(志), 전(傳) 외에 「재집종실세표(宰執宗室世表)」와 「공경백관연표(公卿百官年表)」를 덧붙이고자 하였으나 완성하지 못하였다. 소흥(紹興) 20년에 이르러 처음으로 신종, 철종, 휘종 3대의 역사를 찬술하였다. 남송 효종(孝宗) 순희(淳熙) 7년에 이르러 4대의 정사(正史)와 지(志) 도합 180권을 올렸다. 이때 흠종(欽宗) 때의 역사가 추가되었으므로 4대라고 한 것이다. 순희(淳熙) 11년 또 『국사』 「열전」 135권, 「목록」 2권을 올려서 4대 『국사』가 되었다. 이것이 송나라의 제5차 『국사』 찬술이다.[13]

　이종(理宗) 순우(淳祐) 2년에 고종(高宗), 효종(孝宗), 광종(光宗), 영

---

13) 이상 권수는 『옥해(玉海)』에 의거한 것임.

종(寧宗) 4대의 역사를 다시 찬술하였고, 보우(寶祐) 2년에 지(志)와 전
(傳)을 완성하였으며, 보우 5년에 다시 윤색하여 올렸다. 이것이 송나
라의 제6차 『국사』 찬술이다. 이상의 찬술은 제1차가 단지 「태조본기
(太祖本紀)」에 그쳤던 것을 제외하면 나머지는 모두 기(紀), 표(表), 전
(傳)을 겸하여 갖추었다. 이것은 순전히 정사(正史)의 체제에 속하는 것
이지 실록이 아니다. 생각하건대, 실록에는 기(紀)와 전(傳)만이 있고
표(表)와 지(志)는 없다. 이것이 정사와 실록의 체제 상 차이점이다.

제4절 송대(宋代)의 몇 가지 중요 역사서

송나라의 『국사』 및 『실록』은 인민들에게 필사를 허용하였으므로
외부 사람들 가운데 본 자가 많다. 이로 인하여 송나라 때에는 개인이
지은 본조사(本朝史)가 매우 많다. 『자치통감(資治通鑑)』 및 관련 역사
서로서 다른 장에서 열거한 것을 제외하고, 지금 단지 그 가운데 가장
중요하며 지금까지 전해져 대표로 삼을 만한 것 몇 가지만을 열거하기
로 한다.

(1) 『동도사략(東都事略)』

도합 130권이며 송나라 왕칭(王偁)이 찬술하였고 「본기」 12, 「세가」
5, 「열전」 150, 「부록」 8권이다. 왕칭의 아버지는 왕상(王賞)이며 송 고
종 소흥(紹興) 연간에 『실록』을 찬술하였다. 왕칭은 이 덕으로 북송(北
宋) 9대의 사적을 널리 수집하여 책을 편찬할 수 있었다. 열심히 매진
하여 4대의 『국사』를 찬술하고 그 책을 바쳤다. 그 가운데 실린 사적이
『송사(宋史)』와 자못 차이가 있다. 그러나 이 가운데 「문예전(文藝傳)」
만은 원(元)나라에서 『송사』를 편찬했을 때, 여기에 근거한 것 같다. 왕

칭은 바깥 출입을 않고 저술에 전념하여 당시 강학하는 사람들의 당파에 가입하지 않았다. 이로 인해 남송 때의 사람들 가운데 그 책에 불만인 사람들이 많았다. 그러나 그 책에 기재된 것은 사학자의 고증에 도움이 된다.

(2)『거란국지(契丹國志)』

도합 27권이며 섭륭예(葉隆禮)가 찬술하였고,「제기(帝紀)」12권,「열전(列傳)」7권,「진항표송요서언의서(晉降表宋遼誓書議書)」1권,「남북조급제국궤공예물수(南北朝及諸國饋貢禮物數)」1권,「잡재지리급전장제도(雜載地理及典章制度)」2권,「행정록급제잡기(行程錄及諸雜記)」4권이다.「소천작삼사질의(蘇天爵三史質疑)」는 항례(降禮)로서『국사』에 언급되지 않은 것을 말한 것이다. 그 이야기는 전문(傳聞)에 의한 것이 많으며 그 잘못을 기롱한 것이 실로 매우 많다.『사고전서총목제요』에서는 "섭씨(葉氏)가 이전 사람의 기록, 예를 들면『자치통감』,『속자치통감장편(續資治通鑑長編)』,『신오대사』등 책에서 취재, 배열하여 편집한 것이지만 절록한 부분이 있으며 언제나 원문의 뜻과 다르다"라고 하였다. 다만 그 책에는 현재 실전된 원 사료도 실려 있으므로『요사(遼史)』의 오류를 교정하는 데 이용할 수 있다.

(3)『대금국지(大金國志)』

도합 40권이며 예전에는 우문무(宇文懋)가 찬술했다고 하였다. 그러나『사고전세총목제요』에서는 이 책은 이미 후대인의 개찬을 거쳤으므로 우문무의 원본이라고 할 수 없다고 하였다.「기(紀)」26권,「개국공신전(開國功臣傳)」1권,「문학한원전(文學翰苑傳)」2권,「잡록(雜錄)」3권,「잡재제도(雜載制度)」7권,「허항종봉사행정록(許亢宗奉使行

程錄)」1권이다. 원(元)나라에서 수찬한『금사(金史)』와 상당히 다른 곳이 있다. 더욱이『금사』의 여러「지」와는 서로 참고할 점이 있다.

원나라 사람이『요사』와『금사』를 찬술하기 전에『거란국지(契丹國志)』와『대금국지(大金國志)』가 찬술되었으므로 이 두 책은 계통이 있는 저작이라고 할 수 있다.

(4)『남당서(南唐書)』

도합 18권,「음석(音釋)」1권이며 육유(陸游)가 찬술하였다. 송나라 초에『남당서(南唐書)』를 찬술한 것은 6가지가 있는데 모두 엉성하였다. 그 뒤에『남당서』를 찬술한 사람은 3명 즉 호회(胡恢), 마령(馬令) 및 육유(陸游)이다. 호회의 책의 유포가 매우 드물어 보이지 않은 지가 오래되었다. 현재 남아 있는 것은 마령의『남당서』30권 및 육유의『남당서』뿐이다. 마령은 북송(北宋) 말의 사람인데 육유가 그의 책을 다시 가다듬은 것이다. 따라서 육유의 책은 간결하고 법도가 있는 점에서 마령의 책에 비해 낫다.

제5절 원대(元代)에 편찬된『송사(宋史)』

송(宋)나라에 대하여는『실록』과『국사』가 있으며 또 앞 절에서 언급한 여러 책이 있었다. 따라서 원(元)나라 때에는 송나라 역사에 대하여 참고할 자료가 많았다. 생각하건대, 송나라가 망한 뒤 임안주류사(臨安主留事)였던 동문병(董文炳)이 "나라는 망할 수 있어도 역사는 없어질 수 없다"라 생각하고서 마침내 송나라 사관에 있던 여러 기주(記主)를 모두 원나라 도읍에 보내어 국사원(國史院)에 수장하도록 하였다. 원나라 세조(世祖) 때 사신(史臣)에게 명하여 송(宋)나라, 요(遼)

나라, 금(金)나라 역사를 한꺼번에 찬술하도록 하였다. 뒤에 연우(延祐), 천력(天歷) 연간에 이르러 또 여러 차례 조서를 내려 수찬하게 하였다. 순제(順帝) 때에 이르러 다시 탈탈(脫脫) 등에게 명을 내려 찬술하게 하였다. 지정(至正) 3년에 사국(史局)을 열어 지정 5년 10월에 이르러 완성되었다. 대체로 예전의 역사에 의거해 개수할 수 있었으므로 완성이 용이하였을 것이다. 이 책이 송나라 『국사』의 원문을 이용하였음을 도처에서 볼 수 있다. 『이십이사차기』 「송사다국사원본(宋史多國史原本)』(『송사』에는 송나라 『국사』의 원본이 많다]조에서는 다음과 같이 언급하였다.

송나라 때에 찬술한 『국사』는 나라가 망한 뒤 모두 원나라에 들어가 원나라 사람이 역사를 편찬할 때 대체로 송나라 때의 구본(『국사』)을 갖고 약간 편차를 조정하였다. 이제 그 흔적을 살펴볼 수 있다. 「도학전(道學傳)」 서문에서 "구사(舊史)에서는 소옹(邵雍)이 「은일전(隱逸傳)」에 배치되어 있었으나 옳지 않으므로 지금 「장재전(張載傳)」 뒤에 둔다"라고 하였고 「방기전(方技傳)」 서문에서는 "구사에서는 「노석지(老釋志)」와 「부서지(符瑞志)」 및 「방기전」이 있었으나 지금은 두 지(志)를 없애고 「방기전」만을 둔다"라고 하였으며 「외국전(外國傳)」 서문에서는 "예전 『송사』(『국사』)에는 「여진전」이 있었으나 지금은 이미 『금사』를 만들었으므로 당연히 삭제해야 한다"라고 하였고 「하국전(夏國傳)」 논찬(論贊)에서는 "지금 역사서[원대에 편찬된 『송사』]에 실린 시호, 묘호, 능명은 『하국추요(夏國樞要)』 등의 책에서 겸하여 채용하고 구사와 차이 나는 것이 있으면 궐의(闕疑)하여 다음을 기다린다"라고 하였다. 이상에서 원나라 사람이 송나라 때의 구사를 갖고서 따로 편정한 자취를 볼 수 있다.

조익(趙翼)은 또 다음과 같이 말하였다.

「장헌전(張憲傳)」서두에서는 곧바로 "악비(岳飛)는 애장(愛將)이다"
라고 하였다. 구사에서는 「장헌전」이 바로 「악비전」 뒤에 붙어있었으
므로 악비로부터 서술을 시작하였을 것이다. 지금은 장헌을 별도 1권
으로 하여 악비 뒤에 붙이지 않으므로 이 부분이 어디서 왔는지 모르
게 되었다. 또 「우고전(牛皐傳)」 뒤에 총괄적으로 악비의 공로를 정리
하여 "악비가 우고 및 왕귀(王貴), 동선(董先), 양재흥(楊再興) 등에게
명을 내려 동경(東京)·서경(西京) 및 여(汝), 영(穎), 진(陳), 채(蔡) 등
여러 군을 경략하게 하고 또 양흥(梁興)을 파견하여 황하를 건너 충의
사(忠義社)를 규합하여 하동 북쪽의 주현을 취하게 하였다. 얼마 되지
않아 이보(李寶)가 조주(曹州)에서 크게 승리하였고 동선(董先)은 영창
(穎昌)에서 크게 승리하였으며 유정(劉政)은 중모(中牟)에서 크게 승리
하였고 장헌(張憲)은 회령부(淮寧府)를 수복하였으며 왕귀(王貴)의 부
장인 양우(楊遇)는 남성군(南城郡)을 수복하였고 양흥(梁興)은 태행충
의(太行忠義)를 만나 금나라 사람들을 원곡(垣谷) 및 심수(沁水)에서
격파하였으며 금나라 장태보(張太保)·이태보(李太保) 등은 자신의 무
리를 이끌고 반란을 일으켰고 또 회주(懷州), 위주(衛州)를 취하여 금나
라가 매우 두려워하였다. 얼마 있지 않아 악비(岳飛)는 조정에 소환되
어 옥사하였다. 세상이 이를 한스럽게 여긴다"라고 하였다. 생각하건
대, 이것은 악비의 공로를 총괄적으로 서술한 것이지 우고의 공을 서
술한 것이 아닌데 「우고전」의 끝에 있다. 구사에서 「우고전」이 「악비
전」의 뒤에 붙어 있었음을 알 수 있다. 따라서 「우고전」 말미에 또 거
듭 악비의 공을 서술하고 악비가 옥사한 것으로 끝을 맺은 것이다. 이제
「악비전」이 따로 1권이 되었는데도 「악비전」에 붙어 있지 않다. 「우고
전」은 악비의 공을 총괄적으로 서술할 곳이 아닌데도 미처 「악비전」
뒤로 옮기지 못하여 도리어 「우고전」이 췌사가 많은 것이 되었다. (『이
십이사차기』)

무릇 이상은 모두 현재의 『송사(宋史)』가 대부분 송나라 『국사』의

문장을 그대로 이용하였음을 증명하는 것이다. 전체 책, 도합 496권으로서 기(紀) · 전(傳) · 표(表)가 다 갖추어져 있으며 북송의 기록이 비교적 상세하고 남송은 간략하다. 이종(理綜), 도종(度宗) 2대의 실록은 『국사』에서 모두 빠져 있으므로 『원사(元史)』에 수록된 것도 또한 소략하다. 분량이 많으므로 착오 또한 이루 다 셀 수 없다. 후대인 가운데 이를 비판한 사람이 많다. 그러나 매우 많은 송대의 사료를 잘 보존하여 후대인으로 하여금 이용할 수 있게 한 장점이 있다. 원나라가 찬술한 『요사』가 지나치게 간략한 것에 비하여 『송사』 쪽이 도리어 낫다.

제6절 원대(元代)에 편찬된 『요사(遼史)』

요(遼)나라 때에는 기거(起居), 일력(日曆) 및 실록(實錄)이 있었다. 요나라 도종(道宗) 태강(太康) 2년 조에 다음과 같은 기록이 있다.

> 임금께서 기거주(起居注)를 보시고자 하였으나 수주랑(修注郎)인 불전(不攧) 및 홀돌근(忽突菫) 등이 올리지 않자 각기 장 2백 대를 가하고 파직시키고 임아(林牙) 훈암수(薰岩壽)를 오외부(烏隗部)로 유배 보냈다.

또 『요사』 「성종기(聖宗紀)」에는 다음과 같은 언급이 있다.

> 일력을 찬술하는 관리에게 조서를 내려 세세한 일을 쓰지 않게 하였다.

이것은 요나라 때 기거주 및 일력이 있었던 증거이다. 실록에 대하여는 「야율맹간전(耶律孟簡傳)」에 다음과 같은 언급이 있다.

　　대강(大康) 연간에 표를 올려 "본조가 일어난 것이 거의 200년입니다. 마땅히 국사(國史)가 있어 후대에 전해 주어야 합니다"라고 하자 이에 야율갈로(耶律曷魯), 야율옥질(耶律屋質), 야율휴가(耶律休哥) 3인으로 하여금 편찬하여 올리게 하였다. 임금이 사국(史局)을 두어 편수하도록 명한 것이다.

　이리하여 요연씨(遼輦氏) 이래의 사적 및 여러 황제의 『실록』 도합 20권을 저술하였다.

　도종(道宗) 대안(大安) 원년에 이르러서는 "사신(史臣)이 요나라 태조(太祖) 이하 일곱 황제의 『실록』을 편찬하게 하였다."[14] 이른바 일곱 황제란 곧 태조(太祖), 태종(太宗), 세종(世宗), 목종(穆宗), 경종(景宗), 흥종(興宗), 성종(聖宗)이다.

　천조제(天祚帝) 때에 이르러 또 야율엄(耶律儼)에게 조서를 내려 태조 이래 여러 황제의 실록을 찬술하게 하여 도합 70권이 완성되었다. 이 책이 원나라에서 야율엄본 『요사』라고 한 것이다.

　또 금나라 때에 이르러 소영기(蕭永琪)가 『요사』를 증수하였다. 「소영기전」에서 다음과 같이 말하였다.

　　광녕윤(廣寧尹) 야율고(耶律固)……『요사』를 지었으나 완성하지 못하였는데 소영기가 「기」 30권, 「지」 5권, 「전」 40권을 지어 올렸다.

　살펴보건대, 『요사』의 완성은 희종(熙宗) 황통(皇統) 8년에 있었다는 것이 「본기」에 보인다.

---

14) 『요사』 「도종기」.

이 밖에 진대임(陳大任)의 『요사』가 있다. 「도종기」에서 "태화(太和) 6년에 한림직학사(翰林直學士) 진대임에게 칙서를 내려 본직을 유지한 채 『요사』 찬술에 전념하도록 하였다"라고 하였다. 진대임의 『요사』는 7년에 걸쳐 완성되었음이 역시 본기에 보인다.

원나라 세조(世祖) 중통(中統) 2년에 이르러 한림국사원(翰林國史院) 왕악(王鶚)이 『요사』, 『금사』 찬술을 청하였다. 이것이 원나라가 처음으로 찬술한 『요사』이며 뒤에 지원(至元) 원년에 편찬 인원을 증가시켰다. 또 송나라를 멸망시킨 이후 동시에 『송사』, 『요사』, 『금사』 편찬을 논의하였다.

그러나 정통(正統) 논쟁으로 인해 역사서 찬술이 여러 차례 지연되었다. 논쟁에 참여한 사람들은 두 가지 설로 나뉘어졌다. 하나는 『진서(晉書)』를 예로 들어 송(宋)나라를 정통으로 하여 「본기(本紀)」를 세우고 요(遼)나라와 금(金)나라를 재기(載紀)로 하는 것이며, 다른 하나는 남북조의 역사를 본보기로 하여 북송(北宋)은 『송사(宋史)』로 하되 요나라와 금나라는 『북사(北史)』로 하고 남송은 『남사(南史)』로 하는 것이었다. 지정(至正) 3년 논쟁이 막 해결되어 송·요·금 각기 한 역사서로 하기로 하고, 탈탈(脫脫) 등이 마침내 사국을 설치하여 『요사』, 『금사』, 『송사』를 편찬할 것을 주청하였다. 이 해 10월 조서를 내려 탈탈을 도총재(都總裁)로 하고 아울러 각 행성(行省)에 명령을 내려 각 왕조의 유서 및 야사를 구매하도록 하였다.

지정 4년 3월에 이르러 『요사』 도합 116권이 완성되었다. 3사 가운데 가장 완성이 빠른 것으로서 전부 1년이 채 안 걸렸다. 따라서 역사적 사실이 지나치게 간단하여 원대의 3사 가운데 가장 하급이다. 근거한 자료는 대략 요대의 야율엄이 편찬한 『실록』 및 요대의 진대임이 찬술한 『요사』를 기본으로 하면서 여기에 남송 섭륭예(葉隆禮)의 『거란국지』를 보태었다. 그것이 야율엄의 『요사』와 진대임의 『요사』를 이

용하였음은 지금 『요사』 가운데에 증거를 찾아볼 수 있다. 예를 들면
「후비전(后妃傳)」 서문에서 "야율엄과 진대임의 『요사』 「후비전」은 대
동소이하다. 그 가운데 마땅한 것을 취하여 편을 이루었다"라고 하였
고 「역상윤고(曆象閏考)」에 주를 병기하여 "야율엄의 책에는 모년에
윤달이 있고 진대임의 책에는 모년에 윤달이 없다"고 하였다. 다만 너
무 빠르게 편찬이 진행되어 상세히 두 책의 차이점을 고증하지는 못하
였다.

　소천작(蕭天爵)은 『삼사질의(三史質疑)』에서 다음과 같이 언급하였
다.

　　당나라 이후는 패관·야사 및 백가의 보록, 정집·별집, 묘지·비갈,
　행장·별전 등을 모두 소홀히 할 수 없다. 지금 3사[『송사』, 『요사』,
　『금사』]의 필삭은 마땅히 제대로 된 사람을 얻고 고증도 제대로 된 책
　을 얻어야 세상에 전할 수 있을 것이다.

　3사의 병통을 깊이 통찰한 것이라고 하겠다. 『송사』, 『요사』, 『금사』
는 비록 탈탈이 도총재를 맡았으나 상호 모순된 곳이 매우 많다.
　다른 하나의 원인은 거란인의 기록이 원래 너무 간략한 데에 있다.
일력 및 기거주가 있기는 하였지만, 성종(聖宗)이 이미 일력을 찬술하
는 관리에게 조서를 내려 지나치게 상세하게 쓰지 말라고 하였음은 앞
서 언급하였다. 그리고 도종(道宗)은 더욱이 사관이 조정의 의식에 참
석하는 것을 허락하지 않고 단지 퇴조 후에 재상에게 물은 것을 근거
로 기주하게 하였다. 그 간략함이 심하였음을 알 수 있다. 원재료가 이
미 너무 간단하고 결핍되었던 데에 더하여 찬술자가 제대로 된 인재가
아니었으며 찬술 때에 너무 소홀하게 하였다. 역사의 완미함을 바란다
하여도 어찌 될 수 있겠는가? 진대임 본에는 모년에 윤달이 없다고 한

194

것에서 전적으로 야율엄과 진대임의 두 책에 근거한 것임을 알 수 있
다.15)

제7절 원대(元代)에 편찬된 『금사(金史)』

금나라의 경우 요나라에 비하여 기록이 상세하다. 실록, 기거주, 일
력 등이 대부분 완비되어 있다. 예를 들면 장종(章宗) 때에 기거주를
수찬하는 관리가 조회 때에 좌우에 시립하였으며 또 급제(及第) 좌우
관(左右官) 1인이 일력을 편차하도록 하였다. 이것은 모두 기록을 중시
한 것이다. 그리고 『실록』 역시 매우 완비되어 그대로 순천(順天) 장유
(張柔)의 집에 보관되어 있었으며 원호문(元好問)이 저작을 자임하여
금나라 때의 언행과 관련된 것이면 항상 쪽지에 작은 글자로 기록하여
백여 만 자가 된다. 원나라 때 『금사』를 찬수하는 사람이 이것들을 모
두 자료로 하였을 것이다. 원나라 세조(世祖) 중통(中統) 2년에 왕악(王
鶚)이 처음 『금사』 수찬을 청하였다. 당시 본래 송나라, 요나라, 금나라
3사를 함께 수찬하고 있었다. 어떤 사람은 송나라를 「본기」로 하고 요
나라와 금나라는 『진서(晉書)』의 예를 따라 기재하여야 한다고 주장하
였고, 어떤 사람은 요나라와 금나라의 역사를 북사(北史)로 하고 송나
라 태종에서 흠종까지는 송사(宋史)로 하며 고종 이후는 남송(南宋)이
라고 해야 한다고 주장하였다. 이리하여 범례에 대한 토론이 지속되고
논쟁이 끝내 매듭지어지지 않았다. 원나라 순제(順帝) 때에 이르러 조
서를 내려 송나라, 요나라, 금나라에 대하여 각기 하나의 역사서로 하
도록 하여 3년이 채 못 되어 찬술이 완성되었다. 『금사』는 도합 135권
으로서 「기」, 「지」, 「표」, 「전」이 완비되었다. 이것은 의거할 자료가 충

---

15) 『이십이사차기』 「요사(遼史)」조.

분했기 때문이다. 따라서 수미가 일관되며 조례가 정돈되어 있어『송사』,『요사』,『금사』 3사 가운데 가장 좋은 것이다.『금사』가운데 작은 흠이 있는 것은『실록』에만 근거하고 다른 자료를 참고하지 않았기 때문이다.

『송사』,『요사』,『금사』 3사는 때로는 번거롭고 때로는 너무 간략하여 비판한 사람이 자못 많다. 명(明)나라 가정(嘉靖) 연간에『송사』를 다시 개수하고자 하였으나 완성하지 못하였다. 이것을 완성시킨 것이 가유기(柯維騏)의『송사신편(宋史新編)』이며 3사를 합치되 송나라를 위주로 하고 요나라와 금나라를 이에 덧붙이는 형식으로 취하였다. 도합 200권이다. 또한 왕유검(王惟儉)이 찬술한『중편송사(重編宋史)』가 있었으나[16] 이 책은 이미 일실되었다. 요나라 역사의 경우 청(淸)나라 여악(厲鶚)이 찬한『요사습유(遼史拾遺)』 24권이 있는데 원래『요사』의 구문을 강(綱)으로 하고 다른 책들을 참고하여 아래에 배열하고 주와 보론을 추가하였으며 상이점을 고증하는 동시에 안설을 덧붙여 '습유'라는 이름을 붙였다. 실로『요사』를 보충하는 기능을 하고 있다.

---

16) 역자주 :『중국사학사』원문에는 "王維儉"으로 되어 있으나, '維'를 '惟'로 바로잡았다.

제8장 『자치통감(資治通鑑)』 및 같은 종류의 역사서들

제1절 『자치통감(資治通鑑)』

사마천의 『사기(史記)』 이후 역대에 수찬된 역사서 가운데에는 단대사(斷代史)인 경우가 많으며 통사(通史)인 경우는 적다. 단지 이연수(李延壽)가 남북조(南北朝) 역대 왕조들의 수명이 짧고 남북의 지역이 격절된 것을 근거로 여러 왕조를 혼합하여 『남사』·『북사』를 지은 적이 있다. 그 뒤 예전의 사마천을 계승하여 통사를 지은 사람이 바로 사마광(司馬光)이다. 사마광은 자가 군실(君實)로서 협주(陝州) 하현(夏縣) 사람이다. 송 인종(仁宗) 때 진사(進士)에 급제하였고 신종(神宗) 때에 벼슬이 한림학사(翰林學士)에 이르렀으며 뒤에 신법(新法)을 비판하여 왕안석(王安石)과 불화하게 되자 외방으로 나갈 것을 구하여 낙양에 거하게 되었다. 송 철종(哲宗) 때 부름을 받아 문하시랑(門下侍郞)이 되었으며 원우(元祐) 원년에 졸하였다. 그가 지은 『자치통감(資治通鑑)』 도합 294권은 주(周)나라 위열왕(威烈王) 23년에 진(晉)나라의 3가(家)가 명을 받아 제후가 된 것에서 시작하여 아래로는 오대(五代) 말에서 끝난다. 모두 16왕조, 1362년이다. 『자치통감』이 『사기』와 다른 점은 『사기』가 기전체인 데 비하여 『자치통감』은 편년체라는 점이다.

사마광의 의도는 아마도 위로 『춘추』에 연결시키려는 것이었다고 여겨진다.

　　처음에 사마광이 역대의 역사가 번거로워 학자는 물론, 군주는 더욱 계통을 잡지 못할까 염려하였다. 위로 전국(戰國)시대에서 아래로 오대(五代)까지, 정사(正史) 외에 널리 다른 책들을 구하여, 국가의 흥망에 관계되고 생민의 안위와 연계되는 것으로서 선하여 본보기로 삼을 만한 것과 악하여 경계로 삼을 만한 것들을, 『좌전(左傳)』의 형식에 의거하여 편년체 서책 하나를 만들고 『통지(通志)』라고 이름 붙였고 마침내 전국(戰國)시대에서 진(秦)나라 2세까지 요약하여 8권을 만들어 올렸다. [송나라] 영종(英宗)이 이를 보고 기뻐하여 이 책의 속편을 만들라고 명하여 국비각(局秘閣)을 설치하고 유서(劉恕), 조군석(趙君錫)으로 하여금 함께 수찬하게 하였다. 4년 10월 기유(己酉)일에 처음 영종에게 올리고 갑인(甲寅)일에 나아가 읽어 『자치통감(資治通鑑)』이라는 이름을 받았다. (「치평자치통감사략(治平資治通鑑事略)」)

이로써 사마광이 처음 책을 찬술하였을 때의 원래 이름은 『통지(通志)』였음을 보여준다. 그의 「진통지표(進通志表)」에서도 다음과 같은 언급이 있다.

　　신(臣)은 어려서부터 사학(史學)을 좋아하였고 번잡한 것을 병통으로 여겨 항상 산삭하여 그 요점만을 취하여 편년체 한 책으로 만들고자 하였으나 힘이 부족하고 길은 멀어 오랫동안 진척이 없었습니다. 지금 여기에 엎드려 황제 폐하께서 기틀을 크게 이으시고 예문에 유의하시며 유신(儒臣)을 보살피어 훈고를 강구하게 하심을 만났습니다. 신에게는 먼저 찬술한 『통지(通志)』 8권이 있는데 주(周)나라 위열왕(威烈王) 23년에 시작하여 진(秦)나라 2세 3년에 끝났습니다. 역사 기록 이외에 다른 책들을 참고하여 [전국시대] 7국 흥망의 자취에 대하여 대략은 볼 만 합니다. 문리는 우활하여 보여드릴 만한 것이 되지 못하지만 감히 스스로 숨기지 않고 삼가 잘 베껴서 표(表)와 함께 올립니다. (『온국문정사마공문집(溫國文正司馬公文集)』)

사마광이 『통지』를 올린 것과 명을 받아 속편을 지은 것은 모두 영종(英宗) 때의 일이다. 치평(治平) 4년 진강할 때에는 영종은 이미 서거하고 신종(神宗)이 즉위하여 있었다. 『자치통감』이라는 명칭을 내리고 서문을 짓게 한 것은 모두 신종 때의 일이다. 사마광이 사학을 좋아한 것은 아마도 천성이 그러했기 때문일 것이다.

7살 때 의젓한 것이 성인과 같았으며 『좌전』을 읽는 것을 듣고 좋아하였다. 물러가서는 집의 사람이 강하는 것을 듣고 즉시 대강의 뜻을 이해하였다. 이때부터 손에서 책을 놓지 않았는데 목마름·배고픔과 과 추위·더위를 모를 정도였다. (『송사』「사마광전(司馬光傳)」)

사마광 스스로는 "사학을 좋아하여 옛 일을 편집한 것이 많다"고 하였다. 그가 『자치통감』을 편찬한 과정은 아마도 먼저 '총목(叢目)'을 만든 뒤 다시 '장편(長編)'을 만드는 방식이었을 것이다. 이도(李燾)의 「상속자치통감장편표(上續資治通鑑長編表)」에는 다음과 같은 언급이 있다.

사마광이 『자치통감』을 지을 때, 먼저 막료로 하여금 여러 자료를 수집하여 날짜별로 총목을 만들게 하고 총목이 완성된 뒤 장편을 수찬하였다. 당나라 300년에 대하여는 실제로는 범조우(范祖禹)가 담당하도록 하였다. 사마광이 범조우에게 장편은 차라리 번거로운 것이 소략한 것보다는 낫다고 하였다. 지금 『당기(唐紀)』는 범조우가 만든 600권을 갖고서 80권으로 산삭한 것이다. (『문헌통고(文獻通考)』「경적고인(經

籍考引)」)

그리고 고사손(高似孫)의 『위략(緯略)』에는 또한 다음과 같은 언급이 있다.

> 공[사마광]은 「여송차도서(與宋次道書)」[송차도에게 보내는 편지]에서 아래와 같이 말하였다. "저는 낙양(洛陽)에 도착한 이후 오로지 『자치통감』 수찬하는 일에 전념한 것이 이제 8년입니다. 겨우 [남북조시대] 진(晉), 송(宋), 제(齊), 양(梁), 진(陳) 및 수(隋)나라 6대 이후만 상주하였을 뿐입니다. 당(唐)나라에 대한 분량은 더욱 많아서 범몽득(范夢得 : 범조우)에게 부탁하여 여러 책을 갖고서 연월에 따라 편차하여 초본을 만들 수 있었습니다. 4장마다 끊어서 1권으로 하고 스스로 3일에 1권을 산삭하도록 과업을 부과하였고 사고와 방폐(防廢)가 있으면 추보하도록 하였습니다. 지난 가을부터 산삭을 시작하여 지금까지 200여 권에 이르렀지만 대력(大曆) 말년에 도달하였을 따름입니다. 향후 건수는 또 모름지기 이보다 배는 될 것이니 모두 합해 육·칠백 권 아래로는 되지 않을 것입니다. 다시 3년을 지내야 대략 편찬이 이루어질 것입니다. 그리고 세세히 산삭하면 남는 것은 불과 수십 권일 것입니다. 힘이 드는 것이 이와 같습니다."

먼저 총목(叢目)을 만들고 뒤에 산삭을 가하여 장편(長編)을 만들며 다시 산삭을 가하여 비로소 이 책이 이루어진 것이다. 당나라의 경우 취한 것은 10분의 1이다. 따라서 장신수(張新叟)는 "낙양에는 『자치통감』 초고가 두 방에 가득 차 있었다. 황로(黃魯)가 직접 수백 권을 교열 보아서 끝까지 알아보기 어려운 글자가 하나도 없었다"라고 하였다.[1] 이것이 바로 장편의 초고이다.

---

1) 『문헌통고』 「경적지」.

　편찬 시기를 살펴보면 사마광은 처음에는 개봉(開封)에서, 나중에는
낙양(洛陽)에서 작업하였다. 현존본『자치통감』은 매 권에 권제(卷題)
를 붙인 것으로 추측해 보면 대략 각 기(紀)의 완성 연도를 알 수 있다.
이유(李攸)는『송조사실(宋朝事實)』에서 "치평(治平) 3년 이후 사국을
설치하여 한 시대가 끝날 때마다 올렸다"라고 하였다. 권제(卷題)에 적
힌 관함이 서로 다르기 때문이다. 「주기(周紀)」와 「진기(秦紀)」는 각기
권제에서 '권어사중승(權御使中丞)'이라고 하였으므로 이것은 치평(治
平) 4년의 일이다. 「전한기(前漢紀)」는 한림학사(翰林學士)라고 되어
있으며 「후한기(後漢紀)」와 「위기(魏紀)」는 모두 권제에 '한림학사겸시
독학사(翰林學士兼侍讀學士)'라고 하였으므로 이들은 모두 신종(神宗)
희령(熙寧) 3년 이전 개봉(開封)에 거처할 때 수찬한 것이다. 「진기(晉
紀)」 권1에서 권32까지의 권제에는 '판서경어사대(判西京御史臺)'라 하
였고, 권33에서 책 마지막까지는 모두 '제거숭산숭복궁(提擧嵩山崇福
宮)'이라고 하였다.

　그리고 「여송차도서(與宋次道書)」에서 "저는 낙양에 도착한 이후 오
로지『자치통감』편찬하는 일에 전념한 것이 이제 8년입니다. 겨우 진
(晉), 송(宋), 제(齊), 양(梁), 진(陳), 수(隋) 6대 이후만 상주하였을 뿐입
니다"라고 한 것에 따르면 「수기(隋紀)」 이상은 모두 희령(熙寧) 3년에
서 원풍(原豊) 원년 사이에 지은 것이다. 「당기(唐紀)」 이후는 모두 원
풍 원년에서 7년까지에 지은 것이다. 낙양에 거처하면서 서국(書局)에
서 일하던 때이다.

　『자치통감』을 지은 것은 대체로 위로는『춘추』를 계승하려는 의도
에서였다. 호삼성(胡三省)은 다음과 같이 언급하였다.

　　좌구명(左丘明)이『춘추』에 전(傳)을 붙인 것이 애공(哀公) 27년에 조
　　양자(趙襄子)가 지백(智伯)을 죽인 일에서 끝났다.『통감』[『자치통감』]

은 조씨(趙氏)가 일어나고 지씨(智氏)가 멸망한 이후의 일을 썼다. 공자가 『서(書)』[『상서』]를 정리하고 『춘추』를 지었는데, [사마광이] 『통감』을 지은 것은 실로 『춘추좌전』의 뒤를 잇기 위한 것임을 알 수 있다. (호삼성(胡三省) 주(注)의 서문)

위의 말이 맞다고 할 수 있다.

사마광의 작업을 도운 사람들은 모두 동시대에 역사학에 식견이 있어 선발된 사람들이다. 『소백온문견록(邵伯溫聞見錄)』을 보면 "『통감』은 집필 과정에서 『사기』, 『전한서』, 『후한서』 부분은 유반(劉攽)에게 맡기고 당(唐)에서 오대(五代)까지는 범조우(范祖禹)에게 맡겼으며 삼국(三國)에서 9왕조를 거쳐 수(隋)나라까지는 유서(劉恕)에게 맡겼다"라고 하였다. 『문헌통고』 「경적지」에서 다음과 같은 언급이 있다.

공자(公子) 강휴(康休)가 그의 친구 조설지(晁說之)에게 "이 책의 완성은 대체로 사람을 얻은 데에 있다. 『사기』, 『전한서』, 『후한서』는 유공부(劉貢父 : 유반), 삼국에서 9조를 거쳐 수(隋)나라까지는 유도원(劉道原 : 유서), 당(唐)나라에서 오대까지는 범순보(范純甫 : 범조우)가 도왔다"라고 하였다.

이것은 소백옥의 말과 같다. 다만 청대 전조망(全祖望)은 이 견해와 상당히 다른 견해를 주장하였다. 「통감분수제자고(通鑑分修諸子考)」에서 그는 다음과 같이 말하였다.

호매간(胡梅磵)이 말하기를, "온공(溫公 : 사마광)이 『통감』을 편찬할 때 한(漢)나라는 유반에게, 삼국에서 남북조까지는 유서에게, 당나라는 범조우에게 맡겼다"라고 하였다. 이 말이 어디에 근거한 것인지 모르겠지만 오백년 동안 이렇게 믿지 않은 사람이 없었다. 내가 온공(사마광)의 「여순보첩자(與醇夫帖子 : 순보에게 주는 첩자)」를 읽어보고서 비로소 호매간의 말이 틀렸음을 알았다. 첩자(帖子)에서 말하기를, "당나라 고조(高祖) 초 기병(起兵)에서부터 장편을 찬술하기 시작하여 애제(哀帝)의 선양(禪讓)에서 끝났습니다. [당 고조의] 기병 이전과 [애제의] 선양 이후의 일 중에 지금 와서 보는 책 가운데에 눈에 띄는 것은, 또한 청컨대 서리로 하여금 별도로 초지(草紙)를 사용하여 기록하게 하되 한 가지 일마다 한 줄을 비어, 앞으로 올릴 것에 대비하게 합니다. 수(隋)나라 이전은 공부, 양(梁)나라 이후는 도원에게 각기 장편 가운데 거두어들이도록 합니다. 대체로 두 사람 덕택에 이 책들은 보지 않습니다. 만약 족하께서 무덕(武德) 이후에서 천우(天祐) 이전까지에 그치신다면 이들 사적은 다 버리게 될 것입니다"라고 하였다. 이 말을 살펴보면 공부가 찬수한 것은 아마도 한(漢)나라에서 수(隋)나라까지이며 도원은 오대사(五代史)를 맡았음이 명백하다. 아마도 공부 형제는 일찍이 『한석(漢釋)』을 저술한 일이 있고 도원은 원래 『십국기년(十國紀年)』을 저술하였으므로 온공이 그들의 평소에 잘 하던 바에 따라서 하도록 한 것이다. 매간이 미처 이에 생각이 미치지 못하였다. (『길기정집(鮚埼亭集)』 외편)

지금 유서(劉恕)의 아들 유희중(劉羲仲)이 지은 『통감문의(通鑑問疑)』를 살펴보면, 단지 유서와 사마광이 사국(史局)에서 토론하여 『통감』 각 부분을 수찬한 일만을 기재하였다. 그 가운데 삼국에서 남북조사까지를 논한 것이 많으므로 소백온(邵伯溫), 사마강(司馬康) 및 호삼성(胡三省)이 말한 것이 근거가 없는 것은 아니다. 유서는 영종(英宗) 치평(治平) 3년 사마광이 함께 『자치통감』 수찬을 하게 해 달라고 청한 사람 가운데 하나이며, 다른 한 사람은 조군석(趙君錫)인데 아직 오지 않았다. 따라서 처음에 사마광의 편찬을 도운 것은 유서 한 사람뿐이다.

사마광이 유서의 역사학에 대한 식견을 깊이 존중하여 일찍이 다음과 같이 말하였다.

전세의 역사, 태사공[사마천]의 기록에 아래로 주(周)나라 현덕(顯德) 말년까지 자료가 매우 많다. 그러나 과거 시험과 관련이 없으므로 근세 학자들 가운데 읽지 않는 사람이 많으며 잘 말할 수 있는 사람이 거의 없다. 도원만은 이를 매우 좋아하였다. 기억력이 매우 좋아 기·전 외에 여염의 기록, 개인 기록과 잡설 가운데 보지 않은 것이 없다. 앉아서 그의 말을 들으면 도도히 이어지고 막힘이 없어서 상하 수천 년 사이의 크고 작은 일들을 손바닥 위에 보는 것 같아서 모두 확실한 근거가 있으므로 사람들로 하여금 부지불식간에 심복하게 한다.

온공[사마광]이 재상에서 파직되었을 때 유서도 남강(南康)으로 돌아갔다. 직책은 여전히 서국에 속해 있었지만 몸은 낙양에 있지 않았다. 단지 희령(熙寧) 9년 일찍이 낙양에 가서 사마광과 역사 찬술의 일을 상의한 적이 있으며 뒤에 원풍(元豊) 원년에 이르러 병으로 죽었다. 따라서 희령 4년 이후 일찍이 찬술에 참여한 적은 있으나 사마광과 조석으로 상대한 것은 아니다.

다만 유서는 오대사 외에 일찍이 남북조사를 연구한 적이 있다. 이에 대하여는 사마온공(사마광)의 문집에 다음과 같이 명확한 증거가 있다.

만약 심약(沈約), 소자현(蕭子顯), 위수(魏收)의 3지(志)를 갖고서 『수지(隋志)』 편목에 의거해 산삭하고 보충하여 따로 한 책을 만들어 남북조사, 『수지』와 병행하게 한다면 비록 정사(正史)라고 하더라도 빠진 부분이 있지 않을까 염려하지 않아도 됩니다. 도원께서 의향이 있으신지 모르겠습니다. 그 부서(符瑞) 등은 모두 무용하므로 빼버리는 것이 가합니다. 후위(後魏) 「석로지(釋老志)」는 필요한 부분을 취하여 「최호

전(崔浩傳)」 뒤에 붙이고 「관씨지(官氏志)」 가운데 「씨족지(氏族志)」는
「종실지(宗室志)」 및 「대초공신전(代初功臣傳)」 뒤에 붙인다면 빠짐이
없을 것입니다. 지금 국가에서 정사에 대하여 교정과 인쇄를 하여 천
하 사람들 사이에 모두 몇 본이 있기는 하지만 오래되면 반드시 세상
에 전해지지 않을 것입니다. 또 교정이 정확하지 않아 심약의 『서전(敍
傳)』 같은 것은 몇 판이 지나도 잘못을 알지 못하였습니다. 나머지는
어느 정도인지 알만 합니다. 이 때문에 도원께 알려 그 율력, 예약, 직
관, 지리, 식화, 형법의 대요를 존속케 할 따름입니다. 어떻게 생각하시
는지 모르겠습니다. 어떻습니까, 어떻습니까? (「여유도원서(與劉道原
書)」)

유반(劉攽)의 경우, 사마광이 낙양에 있을 때, 일찍이 조주(曹州) 등
의 지방관을 지낸 적이 있고 아울러 동경전운사(東京轉運使)를 한 적
이 있어서 역사서에서 유반을 '지조주(知曹州)'라 칭하고 그의 치적이
관평하고 도적도 줄어들었다고 하였다. 따라서 그가 항상 서국에만 있
지는 않았음을 알 수 있다. 아마도 두 유씨[유서와 유반]는 모두 일찍
이 위진남북조사 장편의 일에 참여한 적이 있으나 다만 그 시간상의
선후는 같지 않으므로 사마강(司馬康), 호삼성(胡三省)이 말한 것과 온
공(사마광)이 범순부(范醇夫)에게 보낸 첩자 사이에 차이가 있게 되었
을 것이다. 오대의 경우, 유서가 일찍이 『십국기년(十國紀年)』을 지은
적이 있으므로 처음에 오대의 장편을 그에게 귀속시켰다. 이것은 유반
에게 『양한간오(兩漢刊誤)』라는 저작이 있으므로 양한[전한과 후한]을
그에게 귀속시킨 것과 마찬가지이다. 원풍(元豐) 원년에 이르러 유서가
죽을 때 구양수는 수(隋)나라 이전 부분만 완성할 수 있어 「오대기(五
代紀)」는 아직 올리지 못하였다. 따라서 또 범조우에게 부탁하여 정리
하도록 하였다. 사마강이 당(唐)나라에서 오대까지는 범순보(范純甫)가
하였다 하고 첩자에서는 양(梁)나라 이후는 도원과 함께 했다라고 한

것은 모두 이상의 사실에서 기인한 것이다.

총괄적으로 말하면 제1단계 전국(戰國)시대에서 후한(後漢)까지는 유반에게 위촉하였고 제4단계인 오대(五代)는 처음에는 유서에게 위촉하였으나 뒤에 범조우의 도움을 받았다. 이것은 비록 추론이기는 하지만 진실에 가까울 것이다. 전조망이 "온공이 평소 도원을 신뢰하여 전체 범례는 도원의 견해를 다른 것이 많다"라고[2] 한 것은 타당한 견해라고 할 수 있다.

사마광은 책을 저술하면서 계속 서국에 머물러 신종 원풍 7년에 비로소 책을 상주하게 되었다. 그가 참고한 책은 "정사(正使) 외에 잡사(雜史)에 이르기까지 322종이다."[3] 박학하면서도 핵심을 얻었다고 할 수 있다.

『자치통감』의 장점은 1천여 년의 역사를 관통하여 계통적인 편년체 통사를 완성한 데에 있다. 아울러 문체가 통일되어 있다. 두루 여러 책을 참조하였으나 모두 사마광의 산삭과 찬수를 경유하였으므로 문체가 한사람 손에서 나온 것과 같다.

『자치통감』 외에 사마광은 『자치통감목록(資治通鑑目錄)』 30권 및 『자치통감고이(資治通鑑考異)』 30권을 저술하였다. 이들은 모두 『자치통감』의 부록으로 되어 있다. 『목록』은 표와 같다.

『사고전서총목제요』에 다음과 같은 언급이 있다.

『자치통감』은 내용이 풍부하고 분량이 방대하다. 사마광이 독자가 펼쳐 찾을 때에 권태를 느낄까 염려하여 편찬 때에 요점을 모아 이 편[『자치통감목록』]을 작성하여 서로 보완하여 이용하여 단서를 찾아보기 쉽도록 하였다. 그 체제는 전적으로 연표를 모방하고 『사기』와 『한

2) 「여유도원서(與劉道原書)」.
3) 「진자치통감표(進資治通鑑表)」.

서』를 예를 사용하여 권수를 밝혀 어떤 사건이 무슨 해에 있었는지 알고 무슨 해는 몇 권에 있는지 알게 하고 겸하여 목록의 체제를 채택하였다. 이것은 사마광의 독창적인 것으로서 『통감』이 기(紀), 지(志), 전(傳)의 종합이라면 이 책[『자치통감목록』]은 『통감』의 종합이다.

당나라 이전 역사가 가운데는 문장에 중점을 둔 사람이 많아서, 고증에는 소홀하였다. 유지기가 고증을 제창한 이후 역사고증학이 송(宋)나라 때에 이르러 크게 일어나, 예를 들면 오진(吳縝)은 『신당서(新唐書)』, 『구당서(舊唐書)』를 비판하였다. 그러나 스스로 한 책을 저술하면서 고증을 더하여 취사선택한 근거를 설명하는 방식은 『자치통감고이』에서 시작되었다. 이에 대하여 『사고전서총목제요』에서는 다음과 같이 언급하였다.

그 사이 전해지던 기이한 말들은 패관이 허언을 만들기 좋아해서이고 정사(正史) 또한 모두 실제 기록은 아니다. 사마광은 이미 믿을 만한 것만 채택하여 따르고 다시 차이점을 참고하여 따로 이 책을 만들어 오류를 변정하여 장래의 의혹을 제거하였다.

이 책은 원래 별도로 통용되던 것인데 호삼성(胡三省)에 이르러 처음으로 주 가운데 넣기 시작하였다. 이 밖에 사마광은 또 『자치통감』 전체 책은 분량이 방대하고 목록에 머리와 꼬리가 없으므로, 별도로 『자치통감거요(資治通鑑擧要)』를 지었는데 80권에 달한다. 즉 『자치통감』의 요약본이라고 할 수 있다. 이 책은 현존하지 않는다.

호삼성은 송대 말엽의 사람으로서 30년 동안이나 『통감』에 대하여 주해 작업을 하였다. 처음에는 『경전석문(經典釋文)』의 예에 따라서 『광주(廣注)』 97권을 지었으나 나중에 이 책을 잃어버렸으며 중간에 난리를 만나 여러 차례 잃어버리고 다시 주석 작업을 하기를 거듭하여 마침내 정본을 완성할 수 있었다. 이름하여 『자치통감음주(資治通鑑音注)』라고 하였으며, 처음으로 『자치통감고이』 및 주석을 『자치통감』의 본문 아래에 두었다. 『자치통감』은 글이 방대하고 함의가 넓어서 관통하기가 매우 어렵다. 호삼성은 예악, 천문, 지리, 역법 등 여러 큰 문제에 대하여 우선적으로 상세하게 살피고 사마온공[사마광]의 저서[『자치통감』]에서 애를 쓴 부분에 대하여도 그 중요한 곳을 밝혔으므로 세상에서 호삼성을 『자치통감』의 공신이라고 부른다. 이것은 또한 안사고(顏師古)가 『한서』에 대하여 한 공로와 같다. 호삼성은 송나라의 유민으로서 원나라 때에 벼슬하지 않고 은거하다가 죽었다. 따라서 그의 주석 가운데 화이(華夷) 관념과 관련된 것에 주목할 필요가 있다. 호삼성 이전의 송나라 사람 가운데 이미 『자치통감』에 주석을 단 사람이 있었다. 사마광의 문인 유안세(劉安世)가 지은 『자치통감음의(資治通鑑音義)』 10권이 있었는데 실전된 지가 오래되었다. 남송(南宋) 때 통용된 것으로는 사소(史炤)의 『자치통감석문(資治通鑑釋文)』 30권이 있었으나 책이 극히 간략하고 비루하여 호삼성은, 단지 『광운(鑛韻)』만을 이용하여 주석할 줄만 알았을 뿐이라고 여겼다. 이 책을 바로잡기 위하여 호삼성은 따로 『자치통감석문변오(資治通鑑釋文辨誤)』 12권을 지었는데, 그 가운데에는 『자치통감음주』와 서로 계발하여 주는 부분이 있어 상호 보완적이라고 할 수 있다. 이 두 책은 모두 역사를 읽는 자를 계발시키는 데 도움을 준다.

사마광은 『춘추』의 문장을 삭제하거나 고칠 수 없다고 생각하였으므로 『자치통감』을 전국(戰國)시대 초년에서 시작하였다. 유서는 이에 더하여, 다시 이전의 고문을 모아 『통감외기(通鑑外記)』 10권, 「목록」 5권을 저술하였다.

제2절 『속자치통감장편(續資治通鑑長編)』 등의 역사서

사마온공이 『자치통감』을 완성한 이후 편년체 역사서가 다시 유행하게 되어 후인 가운데 이를 모방한 사람들이 많다. 대체로 4종류로 나눌 수 있다.

(1) 『속자치통감장편』 종류 : 송나라 때의 각종 사료를 수집하여 한 책을 만들어 『자치통감』을 잇고자 하는 사람의 채택에 대비하였다.

(2) 사마광의 체제를 따라서 원서에 이어서 쓴 종류 : 여러 사람들의 『속통감』이 이것이다.

(3) 사마광의 체제를 변경하여 원서를 개편한 종류 : 주자의 『자치통감강목(資治通鑑綱目)』이 이것이다.

(4) 편년체를 고쳐서 기사체로 한 종류 : 원추(袁樞)의 『통감기사본말(通鑑紀事本末)』이 이것이다.

이들에 대하여 각기 세부 항목으로 나누어 서술하기로 한다.

(1) 『속자치통감장편(續資治通鑑長編)』

이 책은 1063권으로서 이도(李燾)가 찬술한 것이다. 『사고전서총목제요』에서 다음과 같이 언급하였다.

이도(李燾)는 여러 책들에 매우 해박하였고 더욱이 열심히 장고(掌故)하여, 당시 학사·대부들이 전해지던 말을 믿으면서 여러 실록과 정사(正史)를 상고하지 않고 멋대로 말하던 것들에 대하여, 사마광의 『자치통감』의 예를 따라서 1왕조 8종의 사적을 두루 정리하여 모으고 토론하여 이 책을 지었다.

또 이도는 스스로 다음과 같이 말하였다.

찬집한 범례는 모두 사마광이 창립한 체례를 따른 것으로서 정리 방법이 모두 의거한 바가 있습니다. [그러나] 돌아보건대, 신의 이 책을 어찌 곧바로 '『속자치통감』'이라고 할 수 있겠습니까? 아직은 '『속자치통감장편』'이라고 하는 것이 가할 것입니다. (『문헌통고』 「경적고인」 이도(李燾)의 「진서표(進書表)」)

이도는 이 책에 대하여 힘을 많이 쏟았다. 『주밀계신잡지(周密癸辛雜識)』를 살펴보면, "이도가 장편을 지을 때, 목주(木廚) 10개를 갖고서 목주 매 1개를 체갑(替匣) 20매로 채우고 체갑 1매마다 간지를 기록하였다. 그 해 일 가운데 들은 적이 있는 사실은 모두 이 체갑에 넣으면서 일월의 선후를 차례대로 분류하였다. 이리하여 정연하고 조리가 있었다"라고 하였다.

이 책은 4차로 나누어 올렸다. 제1차로 올린 것은 송 태조(太祖) 건륭(建隆)에서 개보(開寶) 연간까지 17권이고, 제2차는 태조 건륭에서 영종(英宗) 치평(治平) 연간 말까지 108권이며, 제3차는 치평 연간 이후 고종(高宗) 건염(建炎) 연간까지 총 280권이며, 제4차는 이전에 올린 것들을 다시 필사하여 올린 것으로서 도합 980권이다. 다시 문자가 번거롭다고 하여 간결하게 하기 위하여 따로 『거요(舉要)』 총 68권을 만들었다. 대체로 저술 작업이 40년을 걸려 비로소 완성된 것이다. 실록과 정사 외에 채택한 사료가 매우 풍부하여 수백 종이나 된다.

그 책의 권수에 대하여는 여러 책의 기록이 서로 같지 않다. 『송사』 「예문지」에서는 168권이라 하였으며 『문헌통고』 「경적고」에서도 마찬가지이다. 다만 이도의 「진서표」에 따르면 980권, 총목 10권이다. 『거요』 68권과 『(거요)총목』 5권을 더하여 4종이 모두 1063권인데 『송사』 「예문지」 및 『문헌통고』 「경적고」의 기록과 부합되지 않는다. 『사고전서총목제요』에서는 그 가운데 자권(子卷)이 있으므로 1063권이라는 수

치는 자권을 통산하여 계산한 것이라고 하였다. 이것은 하나의 설이
될 수 있다. 혹은 『송사』 및 『문헌통고』에서 160권이라고 한 것은 사실
은 1063권의 오류일 수도 있다. 분량이 방대하므로 당시 필사하기가
매우 어려워 서방에서 판각한 판본과 촉에서의 구본에 이미 상세하고
간략한 차이가 있다. 그리고 신종(神宗), 철종(哲宗), 휘종(徽宗), 흠종
(欽宗) 4조의 일은 건도(乾道) 연간 비서성(秘書省)에서 『통감』의 종이
모양에 의거해 1부를 필사하도록 하였으나 판각되지 못하였으므로 유
포가 나날이 희귀해져 원나라 이후 세상에 전해지는 것이 매우 드물게
되었다. 청(淸)나라 서건학(徐乾學)이 처음으로 이 책을 태흥(泰興)의
동생에게서 얻었으나 단지 170권이어서 겨우 송 영종 치평 연간에 이
르러 그쳤다. 뒤에 청나라 사고관(四庫館)에서 다시 명(明) 『영락대전』
가운데 수록된 것에 의거해 신종, 철종 2조의 사적을 초록해 내어 총
520권으로 하였다. 휘종, 흠종 2조는 여전히 빠져 있는데 이것이 현행
판각본이다.[4] 이도의 의도는 원래 장편을 만들어 장래의 역사 찬술에
대비하는 데 있었으므로 그가 표를 올릴 때 말한 것처럼 "번거로운 잘
못이 있을지언정, 소략한 잘못은 없게 하려고" 하였다. 북송(北宋)의
사료 가운데 이보다 풍부한 것은 없을 것이다.

(2) 『중흥소기(中興小紀)』

이 책은 4권으로서 웅극(熊克)이 찬술하였다. 남송(南宋) 고종(高宗)
때의 사적을 배열하면서 연월 차례로 하여 '소기(小紀)'라고 이름 붙여
일반 관찬서의 일력(日曆)과 구분하였다. 이 책은 이심전(李心傳)의
『건염이래계년요록(建炎以來繫年要錄)』의 상세함보다는 못하지만 인
용한 조정(朝廷)의 전고(典故), 초야의 개인적 기록은 일관되어 자못

---

4) 『사고전서총목제요』.

조리가 있다. 『송사』「예문지」에는 또 그가 지은 『구조통략(九朝通略)』168권을 언급하고 있으나 지금은 이미 일실되었다.

(3) 『건염이래계년요록(建炎以來繫年要錄)』

총 200권으로 이심전(李心傳)이 찬술한 것이다. 고종(高宗)대 36년 간의 일을 기술하였다. 아마도 위로 『자치통감장편』에 연결시키고자 한 것일 것이다. 이 책은 "『국사(國史)』와 일력을 위주로 하고 패관과 야사, 가승과 지장(誌狀), 안독(案牘)과 주의(奏議), 백사(百司)와 제명(題名)을 참고하여 차이점을 모두 채록하여 둠으로써 후대의 논정에 대비한 것이다. 따라서 문장은 비록 번거로우나 군더더기는 없으며 의논은 다기하나 잡다하지는 않다."[5] 이 책은 원(元)나라에서 『송사』를 편찬할 때 이미 볼 수 없었고 단지 『영락대전』 가운데 수록되어 있으며 사고관(四庫館)에서 원래 순서대로 나누어 200권으로 하였다. 서명이 『문헌통고』에는 『계년요기(繫年要記)』[『건염이래계년요기』]라고 되어 있으나 『송사』「예문지」에는 『요록(要錄)』[『건염이래계년요록』]이라고 되어 있다. 사고관에서는 마침내 『영락대전』에 의거하여 『요록』[『건염이래계년요록』]이라고 하였다.

(4) 『삼조북맹회편(三朝北盟會編)』

총 250권으로 서몽신(徐夢莘)이 찬술한 것이다. 『사고전서총목제요』에서는 다음과 같이 언급하였다.

서몽신(徐夢莘)은 학문을 좋아하고 박학하여 매양 정강(靖康)의 변란을 생각할 때마다, 그 전말을 궁구하고자 생각하여 옛 문헌을 망라하

---

5) 『사고전서총목제요』.

고 차이점을 정리하여 『삼조북맹회편(三朝北盟會編)』을 지었다. 정화(政和) 7년 해상(海上)의 맹약(盟約)에서 소흥(紹興) 31년까지, 전부 45년 사이에 대하여 칙서(勅)·제(制)·고(誥)·조서(詔書)·국서(國書), 서(書)·소(疏)·주(奏)·의(議), 기(記)·서(序)·비지(碑志) 등을 빠짐없이 기록하였다. 황제가 이를 듣고 가상하게 여겨 직비성(直秘省)에 발탁하였다고 한다. 지금 그 책의 초본이 아직 남아 있으며 상·중·하로 되어 있는데 상(上)이 정선(政宣)[휘종 정화(政和), 선화(宣和)] 연간 25권, 중(中)이 정강(靖康) 연간[흠종] 75권, 하(下)가 염흥(炎興)[고종 건염(建炎), 소흥(紹興)] 연간 150권이다. 그 연대가 다른 역사서의 언급과 합치되며 인용한 책이 102종, 잡고(雜考)·사서(私書) 84종, 전국의 여러 기록 10종 도합 196종이다. 문집 같은 것은 이 수에 포함되지 않는다.

『삼조북맹회편(三朝北盟會編)』은 원문에서 산삭한 바가 없으며 논단도 없다. 아마도 시비의 차이점을 양쪽 다 남겨두어 후대인의 결정을 기다린 것일 터이니, 방법이 매우 좋다. 금(金)나라, 송(宋)나라의 관계 및 남송(南宋)에서 북송(北宋)으로의 교체라는 정치 상황을 연구할 때 이 책보다 풍부한 사료는 없다. 연대순으로 편찬하였으므로 편년체에 속하지만, 단지 송나라와 금나라의 교섭과 전쟁만을 기록하였으므로 기사본말체에 가깝기도 하다. 편년체와 기사본말체의 중간이라고 할 수 있다.

제3절 여러 종류의 『속자치통감(續資治通鑑)』

『자치통감』을 이은 저작은 명(明)나라, 청(淸)나라 2대에 4종이나 있다. 설응기(薛應旂)의 『송원자치통감(宋元資治通鑑)』157권, 왕종술(王

宗沭)의 『송원자치통감(宋元資治通鑑)』 64권, 서건학(徐乾學)의 『자치
통감후편(資治通鑑後編)』 184권, 필원(畢沅)의 『속자치통감』 220권이
그것이다. 설응기와 왕종술의 두 책은 사람들이 중시하지 않는다. 장학
성(章學誠)은 「대필원여전신미론속감서(代畢沅與錢辛楣論續鑑書)」[필
원을 대신하여 전신미와 『속감(續鑑)』을 논하는 편지]에서 "진(陳)[진
학(陳鶴)], 왕[왕종술], 설[설응기] 세 사람의 송나라 역사와 원나라 역
사에 대한 언급은 요나라와 금나라 정사(正史)를 보지 않고 단지 송나
라 사람이 기록한 글에 의거하고 대략 요나라와 금나라의 연대만을 말
하였으니 거칠고 비루함은 말할 것도 없다"라고 하였다.

　서건학과 필원의 두 책도 또한 『통감』을 잇는 방식으로 『송사』와
『원사』를 기재한 것이지만 서건학의 책에는 '「고이(考異)」'가 붙어 있
다. 그러나 아직 웅극(熊克), 이심전(李心傳)의 역사서가 『영락대전』에
서 집일되어 나오기 이전이므로 『속자치통감장편』의 유전도 완전한
책은 아니었다. 그러므로 북송의 사적에 대하여 인용이 미비하였다. 하
지만 서건학은 때마침 『대청일통지(大淸一統志)』 편찬의 임무를 맡고
있어 송·원 방지(方志)를 본 것이 매우 많았고 또 당시 만사동(萬斯
同), 염약거(閻若璩) 등이 조력하여 그 체제에 볼 만한 것이 있으므로,
설응기나 왕종술의 책보다는 훨씬 낫다. 필원이 마침내 이 책에 근거
하고 청 건륭(乾隆) 연간 새로 유전된 사료를 보태어 더욱 상세하게 하
였다. 그러나 원나라 때에 대한 기록이 빈곤한 점은 서건학의 책과 같
다. 이 책은 필원의 저작이라고는 하지만 실상은 다른 사람들이 저작
한 부분이 많다. 그 중에서도 소진함(邵晉涵)이 작업한 부분이 많은데,
소진함 또한 건륭 연간의 유명한 역사가이다. 그러나 장학성은 이견을
갖고 있다. 지금의 판본은 필원의 문객이 정한 것으로서, 소진함의 원
고는 버리고 쓰지 않았다는 언급이 장학성의 『문사통의』 「소여동별전
(邵與桐別傳)」에 보인다.

청나라 때에 이르러 진학(陳鶴)이 『명기(明紀)』 60권을 찬술하였으며, 하섭(夏燮)이 『명통감(明通鑑)』 90권 및 「부기(附記)」 6권을 찬술하였는데, 모두 『자치통감』의 범례를 따라서 명(明)나라의 일을 찬술한 것이다. 『명기』에는 또 「고이(考異)」 13권이 있지만 아직 간행되지 않았다. 진학은 취사선택이 근엄한데 건륭(乾隆), 가경(嘉慶) 연간 때 사람들의 고증 방법이 이와 같았기 때문이다. 다만 시의에 거스를까 조심하여 지나치게 간단하다는 단점이 있다. 하섭(夏燮)의 「부기」는 오로지 명(明)나라 복왕(福王) 등의 일을 기록하기 위한 것이다.

제4절 『통감강목(通鑑綱目)』

(1) 『자치통감강목(資治通鑑綱目)』

전부 59권으로서 남송의 주희(朱熹)가 찬한 것이다. 그 서례에 따르면 이 책을 만든 의도를 상세히 알 수 있다. 그는 여기에서 다음과 같이 언급하였다.

온공[사마광]은 『통감』[『자치통감』]을 완성하자 또 그 핵심을 모아 따로 『목록』 30권을 만들어 함께 올렸다. 만년에 이 책이 본문은 너무 상세하고 목록은 지나치게 간략한 것을 병통으로 여겨 다시 『거요력(擧要歷)』을 80권 정도로 만들어 중용을 취하도록 계획하였으나 완성하지 못하였다. 소흥(紹興) 연간 초, 옛 시독관(侍讀官)인 남양(南陽)의 호문정공(胡文定公)이 비로소 공의 유고에 근거해 다시 시작하여 『거요력보유(擧要歷補遺)』 약간을 찬수, 완성하였는데, 문장은 더 간략하지만 일은 더 잘 갖추어졌다.……지금 동지들과 두 분의 네 책을 토대로 하고 별도로 의례를 만들고 증감・정리하여 이 편[『자치통감강목』]을 만들었다. 연대를 표시하여 매년 앞머리에 두고 연도에 따라 계통을 드러내며……큰 글자로 요점을 드러내고 분주에서 상세히 언급하였다. 이리하여 세월의 멀고 가까움, 나라 계통의 이합, 언어 상략, 의론의 동이가 관통하고 밝게 나누어져 손바닥을 들여다보듯 쉽게 하였다. 이름을 『자치통감강목』이라고 하였다.

대체로 『자치통감』은 『좌전』을 본떠서 만든 것이며 『자치통감강목』은 『춘추』를 본떠서 만든 것이다. 이른바 강(綱)은 『춘추』에 해당하고, 이른바 목(目)은 『춘추』3전에 해당한다. 이 책은 명목상 주희의 저작이지만 범례 1권만 그의 손에서 나온 것이다. 그 가운데 강(綱) 부분은 문인이 범례에 의거해 수찬한 것이며 그 가운데 목(目) 부분은 전적으로 조사연(趙師淵)이 한 것이다. 진경운(陳景雲)의 『강목정오(綱目訂誤)』에서 "조사연 한 사람이 혼자서 그 일을 맡았으니 어찌 완벽할 수 있었겠는가"라고 하였다. 더욱이 몸소 강당에 주자를 모시고 앉아서 하나하나 토론한 것이 아니다. 몇 권을 완성할 때마다 보내면 주자가 다시 편지를 보냈는데, 주자는 왕왕 "볼 겨를이 없었다"라고 하였다. 그러므로 분주(分注)가 모두 반드시 주자의 눈을 거친 것은 아니다. 이를 통해 강과 목의 서술이 반드시 주자의 뜻에 합치되는 것은 아니며 그 책의 의미는 서법으로 포폄을 드러내어 정통 관념에 유의하는 데에 있음을 알 수 있다. 예를 들면, 『자치통감』은 한(漢)나라 이후 위(魏)나라를 정통으로 하였으나 『강목』은 촉(蜀)나라를 정통으로 하여 위(魏)나라에게 정통을 주지 않았다. 아마도 송나라 때는 『춘추』 연구가 극성한 때였으므로 여러 사가들의 저술이 찬란하였으며 존왕양이(尊王洋夷)의 설도 이에 따라 일어나게 되었을 것이다. 따라서 앞에는 구양수의 『신오대사』가 있고, 뒤에는 『강목』이 있어 그 사상이 대체로 일관되었다.

(2)『송구조편년비요(宋九朝編年備要)』

총 30권으로 진균(陳均)이 찬술한 것이다.『문헌통고』「경적고」를 살펴보면,『황조편년거요(皇朝編年擧要)』30권,『비요(備要)』30권이 열거되어 있으며 따로『중흥편년거요(中興編年擧要)』14권,『비요』(備要) 14권이 있다.『직재서록해제(直齋書錄解題)』에 따르면 이 책은 대체로『통감강목』을 본뜬 것이며『거요』는 강(綱)에 해당되고『비요』는 목(目)에 해당된다.『통감』과 다른 점은 일에 의거해 직서하고 포폄을 가하지 않은 점이다. 현재 남아 있는 것은『비요』한 책만이며 주이존(朱彛尊)은 왕종술(王宗沭), 설응기(薛應旂) 등의 여러『속통감』에 비하여 좋다고 평가하였다. 또 별도로『양조강목비요(兩朝綱目備要)』16권이 있는데 찬자의 성명을 기록하지 않았으나 광종(光宗), 영종(英宗) 2조의 일을 기록한 것이므로 곧 진균(陳均)의 책[『송구조편년비요』]을 이은 것임을 알 수 있다. 진균의 책은 재료를『속자치통감장편』에서 취하였고 이 책은 두 황제의 실록에 기본하였다. 비록 강목이라는 이름을 붙이지는 않았으나 두 책은 모두 강목류에 속한다고 할 수 있다.

후대인 가운데에도『통감강목』을 계승한 사람들이 있다. 예를 들면『속편』27권은 송나라와 원나라의 일을 기록한 것으로서 명나라 상로(商輅) 등이 찬술하였으며『통감강목삼편』은 명나라 일을 기록하였는데 청나라 건륭제 때의 관찬이다. 이들은 모두『통감강목』을 계승한 것이다.

제5절『통감기사본말(通鑑紀事本末)』

송나라 이전 역사가가 사용한 체제로는 기전체(紀傳體)와 편년체(編年體) 밖에 없었다. 유지기의『사통』을 고찰해 보면 비록 6가라고 칭하였으나 결국은 이 두 체제로 귀결된다. 다만 기전체는 때때로 한 가지 일이 거듭 여러 편에 나오는 폐단이 있으며 편년체는 한 가지 일이 본 말이 서로 멀리 떨어져 있거나 찾기 어려운 경우가 있다. 이 때문에 원추(袁樞)는 스스로 기사본말체(紀事本末體)를 창안하였다. 원추는 남송(南宋) 때의 사람으로서 사마광의 『자치통감』에 근거하여 문목(門目)을 구분하고 각 사건에 대하여 그 전말을 상세히 밝혀 3가의 춘추시대 진(晉)나라의 3분(分)에서 시작하여 오대(五代)의 후주(後周) 세종(世宗)이 회남(淮南)을 정벌한 일까지, 전부 239목(目), 도합 42권을 완성하였다. 남송 효종(孝宗) 순희(淳熙) 3년 엄주(嚴州)에 조서를 내려 판각하게 하였는데 주희는 이 책을 칭하여 문목의 이합 사이에 모두 은미한 뜻이 있다고 하였다. 원추의 책에서 처음으로 시도된 후, 기사본말체는 드디어 기전체, 편년체와 더불어 정립(鼎立)하게 되었다. 후대인 가운데 이를 본뜬 것이 상당히 많다. 예를 들면 명나라 진방첨(陳邦瞻)의 『송사기사본말(宋史紀事本末)』 등이 이것이다. 표로 열거하면 아래와 같다.

서명	권수	저자
『송사기사본말(宋史紀事本末)』	26	명(明) 풍기원(馮琦原) 편 진방첨(陳邦瞻) 찬보
『원사기사본말(元史紀事本末)』	4	명 진방첨 찬술
『서하기사본말(西夏紀事本末)』	36	명 장감(張鑑) 찬술
『좌전기사본말(左傳紀事本末)』	53	청(淸) 고사기(高士奇) 찬술
『요사기사본말(遼史紀事本末)』	40	청 이유당(李有棠) 찬술
『금사기사본말(金史紀事本末)』	52	청 이유당 찬술
『명사기사본말(明史紀事本末)』	80	청 곡응태(谷應泰) 찬술
『속명사기사본말(續明史紀事本末)』	18	청 예재전(倪在田) 찬술
『명조기사본말보편(明朝紀事本末補編)』	15	청 팽손이(膨孫貽) 찬술
『삼번기사본말(三藩紀事本末)』	4	청 양륙영(楊陸榮) 찬술
『황송통감장편기사본말(皇宋通鑑長編紀事本末)』	150	송(宋) 양중량(楊仲良) 찬술
『통감전편기사본말(通鑑前編紀事本末)』	100	심조양(沈朝陽) 찬술
『속자치통감기사본말(續資治通鑑紀事本末)』	110	청 이명모(李銘模) 찬술

제9장 송대(宋代)의 역사고증학

제1절 『신당서규류(新唐書糾謬)』

당나라 이전 역사학은 서법에 치중한 것이 많았고 고증에는 소홀하였으며, 유지기의 『사통』에 이르러 처음으로 이에 대하여 토론하였다. 그러나 당나라 때의 역사고증학은 그다지 세밀하지 못하며, 송나라 이후 비로소 전문적으로 차이를 고증하고 사료의 선택을 비평하는 책이 나오게 되었다. 예를 들면 『신당서규류(新唐書糾謬)』가 그런 것이다. 『신당서규류』는 총 20권으로서 오진(吳縝) 정진(廷珍)이 찬한 것이다. 20문목으로 나누어지며 마지막 한 문목이 자서(字書)의 시비와 점획을 비평하여 의미가 적은 것을 제외하면 나머지 문목은 모두 의미가 있다. 여기에 몇 가지 예를 들어보면 다음과 같다.

『신당서』의 찬수는 구양수(歐陽修)와 송기(宋祁) 두 사람의 손에서 나온 것이다. 구양수는 기(紀), 표(表), 전(傳)을 찬술하였고 송기는 전적으로 열전을 맡았다. 그러나 수찬 이전에 미리 『자치통감』처럼 먼저 장편(長編)을 만들지 않았고 찬수할 때에도 서로 상의하지 않아 그 가운데 서로 모순되는 곳이 있다. 오진이 권9에 기(紀), 전(傳), 표(表) 가운데 서로 부합되지 않은 것이 모두 54조라고 한 것이 그 예이다. 또 권10의 경우 한 가지 일이 두 곳에 보이며 차이가 나서 불완전한 것이 모두 22조이다. 그 원인은 위에 언급한 이유와 동일하다.

　또한 송기 혼자서 지은 「열전」 내에서도 서술이 서로 합치되지 않는 경우가 있다. 예를 들면, 권12 이소(李愬)와 이광안(李光顔)이 채(蔡) 지역을 평정한 공로를 서술한 조목의 경우, 「이소전(李愬傳)」의 찬에서는 "채(蔡) 지역을 평정한 공로는 이소가 많다"라고 하였다. 그러나 지금 이광안(李光顔)의 찬(贊)을 살펴보면, "세상은 모두 이소가 단독으로 채 지역에 들어가 적을 포박하는 기이한 공로를 이루었다라고 하면서 이광안이 채 지역 평정에 공로가 많은 것을 모른다"라고 하였다. 이 두 사람이 모두 채 지역을 평정한 공로가 크다면 누가 공이 있는 것인가?

　연대가 잘못된 것을 지적한 경우도 있다. 예를 들면, 권5 이소가 채 지역을 평정한 조목 가운데 「이소전」 부분에서 "원화(元和) 11년 10월 기묘(己卯)일에 군사가 밤에 일어났고 여명에 눈이 그치자 이소가 원제(元濟)의 집 바깥채에 주둔하였다. 채 지역의 관리가 놀라서 '성이 함락되었다. 원제가 죄를 청하고 사다리로 내려와 서울로 압송되었다'라고 외쳤다"라고 하였다. 그러나 지금 「헌종기(憲宗紀)」를 살펴보면 "원화 12년 10월 계유(癸酉)일에 채주(蔡州)를 정복하였다"라고 하였다. 또 한유(韓愈)의 「평채비(平蔡碑)」에서는 "12년 8월 승상이 건너와 군대에 도달하였다. 10월 임신(壬申)일에 이소가 포로로 잡은 적장을 이용하여, 문성(文城)에서부터 큰 눈 사이를 뚫고 120리를 달려 야반에 채 지역에 도착하여 그 문을 깨뜨리고 원제를 잡아서 바쳤다"라고 하였다. 그렇다면 「헌종기」는 새로 써서 사실에 맞는 것이고 「이소전」에서 "원화 11년 10월 기묘"라고 한 것은 오류이다. 이것이 연대 차이가 나는 예이다. 『통감고이(通鑑考異)』에서도 이 조목을 논하여 12년 10월 신미(辛未)일이며 이른바 10월 기묘(己卯)일은 상주문이 도착한 날이라고 단정하였다.

　또 정인(鄭絪)이 재상이었을 때의 연대가 모두 틀린다고 하였다. 오

220

진(吳縝)은 「본전」 및 「헌종본기」, 「연표」 및 「이길보전(李吉甫傳)」 등을 갖고 서로 대조, 증명하여 구체적으로 열거해 표로 만들어 이때가 맞는지 밝혔다. (권2에 보임)

또 전혀 그런 일이 없는데도 전문(全文)이 역사에 기록된 예도 있다고 하였다. 대종(代宗)의 생애가 그것이다. 숙종(肅宗)의 「장경오황후전(章敬吳皇后傳)」에는 다음과 같은 기록이 있다.

황후가 어려서 액정(掖庭)에 들어왔는데 숙종(肅宗)은 아직 동궁에 있었다. 재상 이림보(李林甫)가 몰래 불측한 일을 꾸미고 있어 태자가 속으로 불안하여 머리가 여기저기 빠졌다. 나중에 [숙종이] 들어가 알현하니 [현종(玄宗)이] 보고 나서 기분이 좋지 않아 동궁에 가 보았다. 청소가 되어 있지 않고 악기에는 먼지와 벌레가 있었으며 좌우에는 모시는 사람이 없었다. 황제는 슬프게 고력사(高力士)에게 "아이가 거처가 이와 같은데 장군은 왜 내게 알리지 않았는가? 조서를 내려 서울 양가 자제 5인을 선발하여 태자를 모시게 하라"라고 하였다. 고력사가 "서울에서 선발하면 말이 있을 것이니 액정의 의관 자제를 취하는 것이 어떠합니까"라고 하자 "좋다"고 하였다. 이리하여 3인을 얻었는데 황후[장경황후 오씨]가 그 가운데 있었으며 이로 인해 성은(聖恩)을 입게 되었다. [오씨가] 갑자기 잠에서 깨어나 정신이 없어 하였다. 태자가 무슨 일인지 물었다. 대답하기를 "꿈에 신령이 나에게 내려와 칼로 내 갈비를 째고 들어 왔는데 감당하지 못하였습니다"라고 하였다. 촛불을 들고 보니 그 흔적이 아직 남아 있었다. 이리하여 [오씨] 대종(代宗)을 낳아 황제의 적손이 되었다. 대종이 태어난 지 3일 만에 황제[현종]가 동궁에 임하여 보았다. 황손의 몸이 약하므로 보모가 그것을 꺼려하여 다른 궁에서 낳은 아이를 올렸다. 황제가 보고 즐거워하지 않자 보모가 머리를 조아리며 "이 아이가 아닙니다"라고 하였다. 황제가 "네가 알 바 아니다. 가서 아이를 데리고 오라"고 하였다. 이리하여 적손[대종]을 보고서 황제가 크게 기뻐하고 해를 향하여 "복이 그 아비

보다 넘치도다"라고 하였다. 황제가 돌아갔으나 내악(內樂)과 연회 기구는 모두 그대로 두게 하였다. 고력사가 말하기를, "태자를 모시고 하루에 세 분 천자를 알현할 수 있었으니 즐겁도다. 모후의 성품이 겸손하니 태자의 예우함이 깊도다"라고 하였다.

이에 대하여 오진은 다음과 같이 비판하였다.

　　지금 「본기」를 살펴보면 대종은 대력(大歷) 14년에 붕어하였으며 그때가 나이가 53세이었고 이 해는 기미(己未)년이었으므로 역산해 보면 대종의 생년은 실제로는 개원(開元) 15년 정묘(丁卯)년이며 이림보(李林輔)는 개원 20년 재상이 되었다. 그리고 「이림보전」을 살펴보면 그가 재상이 되기 전에 불측한 일을 도모하여 동궁을 폐출시키려 한 일이 없다. 이것이 첫 번째 증거이다.

　　또 개원(開元) 15년 태자 영(瑛)이 아직 동궁에 있었으며 [개원] 25년에 이르러 태자 영이 비로소 폐출되었다. 개원 26년 6월에 숙종이 태자가 되었으며 이 해가 무인(戊寅)년이므로 대종은 이미 12세였다. 이것이 두 번째 증거이다.

　　그리고 숙종이 태자가 되고 나서부터는 그 궁실 내의 청소와 악기 정돈 등은 의당 담당 부서가 있었을 것이다. 현종이 동궁에 임한다면 담당부서에서 당연히 청소와 정돈을 하였을 것이다. 담당자가 어찌 준비하지 않고 기다릴 수 있었겠는가? 숙종이 실로 이림보가 음모를 꾸미는 것을 알고 있었다면 위험을 안고서 마음속으로만 염려하고 있지는 않았을 것이다. 어찌 청소와 직분을 담당하는 사람들이 그 직분을 담당하지 않을 수 있었겠는가? 이것이 세 번째 증거이다.

　　대종이 벌써 현종의 적장손으로 결정되고 태어난 지 3일 만에 직접 와서 살피는 것은 너무 경솔한 일이고 보모가 감히 경솔하게 아이를 바꾸어 기망하여 황제에게 보여드릴 수 있겠는가? 가만히 그 말을 생각해 보면 일종의 희극이다. 사가에서도 이런 일을 할 수 없는데 어찌

222

지존 앞에서 할 수 있겠는가? 이것이 네 번째 증거이다. 이로써 보면
「오황후전」에서 말한 것은 황당한 것임을 알 수 있다. 아마도 소설을
전해 듣고 보태어 꾸민 것일 것이므로 후대에 신뢰를 받기에는 부족하
다.

전대흔(錢大昕)이 대종이 붕어할 때 나이가 54세이었음을 고증하였
으므로 대종이 한 살이었다면 오진의 규명은 더욱 잘 성립된다. 혹자
는 이 이야기가 유씨(柳氏)에게서 나왔는데 역사 찬술자가 고증을 하
지 않고 임의로 채용하였다고 하였다. 착오가 있음을 면할 수 없다. 오
진이 사용한 고증 방법은 이 편목에서 잘 살펴볼 수 있었다.

또 오진이 지적한 것 가운데 『신당서』가 스스로 범례를 어지럽힌 잘
못에 대한 지적이 있다. 예를 들면, 제7권에서 들어서 언급한 부조(父
祖)와 자손(子孫)의 전(傳)의 범례 및 방지(旁支)와 원예(遠裔)의 별전
(別傳) 범례의 경우, 몇 군데에서 스스로 정한 범례를 어기고 관련문헌
을 참조하지 않았다는 것이다.

그리고 사람의 성명을 잘못 기록한 경우도 있다고 하였다. 예를 들
면, 제6권의 양자림(楊子琳)을 두 번 양혜림(楊惠琳)으로 하였다. 양혜
림은 당 헌종(憲宗) 때 사람이고 양자림은 덕종(德宗) 때 사람이므로
서로 20여 년 차이가 난다. 『신당서』「유창예전(劉昌裔傳)」 및 「대숙륜
전(戴叔倫傳)」에서 모두 양자림을 양혜림으로 잘못 기록하였다. 오진
처럼 「본기」 및 각 「열전」 가운데 일들을 서로 참조하여 비교하면 잘
못을 알았을 것이다. 착오가 이미 두 곳에 있으므로 필사자의 잘못이
아니고 역사 찬술자가 신중하지 못한 잘못임을 알 수 있다.

이상과 같은 오진의 고증은 정확하지만 약간의 잘못도 있다. 예를
들면, 조공무(晁公武)의 『독서지(讀書志)』에서 다음과 같이 언급하였
다.

오진은 구두 떼기에 능하지 못해 오류가 많다. 예컨대, 「장구령전(張九齡傳)」에서 "무혜비(武惠妃)가 태자 영(瑛)을 함정에 빠뜨린 일을 장구령이 상주하였다. 그가 재상에 마치기까지는 태자에게 해가 없었다(武惠妃陷太子瑛事 九齡奏之 故卒九齡相而太子無患)"라고 하였다. 오진은 이것을 장구령이 재상이 되었으나 태자는 결국 폐사하고 말았다고 해석하고 신서[『신당서』]는 사실인 것 같지만 허위라고 하였다. 생각하건대, 이 문장은 "장구령이 재상의 지위를 마칠 때까지는 태자에게 해가 없었다"라는 의미이다. 어찌 "장구령이 졸지에 재상이 되어 태자에게 없었다"라고 해석할 수 있겠는가?(원문은 『규류』 권2에 보임) 이것이 오진의 소략한 점이다.[1]

이런 조공무의 비판에 대하여 장학성은 『문사통의』 권8에서 "20편의 책에 400여 가지 일이 있는데 우연히 한 가지 일을 점검하지 못하여 크게 비판이 있게 되었다. 어찌 각박하다고 하지 않겠는가"라고 하였다. 작은 오류로써 오진의 『신당서규류』 전부를 비판할 수는 없다는 것이다.

왕씨(王氏)[왕명청(王明淸)]의 『휘진록(揮塵錄)』에서는 다음과 같이 언급하였다.

오진이 처음 과거에 급제하였을 때 범경인(范景仁)을 통해 문충(文忠 : 구양수)에게 관속의 말단에라도 참여하게 하여 달라고 청탁을 하였다. 문충이 그가 연소하고 경박하다고 여겨 거절하였으므로 신서(新書 : 『신당서』)가 이루어지자 그 하자를 지적하여 『규류』(『신당서규류』)를 짓고 늙어 군수가 되었을 때 『오대사찬오(五代史纂誤)』와 함께 간행하였다. 소흥(紹興) 연간 오중실(吳仲實)이 호주(湖州)의 교수(教授)

---

1) 역자주 : 위 인용문을 오진은 "장구령이 졸지에 재상이 되어 태자에게 해가 없었다"라는 식으로 해석한 것에 대한 비판이다. 위 인용문에서 '卒' 부사가 아니라 동사로서 '구령상'을 목적어로 한다.

224

가 되었을 때 군(郡)의 학교에서 다시 간행하고 또 「후서(後序)」를 지었으니 오진이 책을 지은 본의를 몰랐기 때문이다.

왕씨의 말이 맞다고 하면 오진은 충후(忠厚)한 장자의 도리에 어긋나므로 오진의 사람됨은 비판할 수 있다. 그러나 『신당서규류』의 방법은 후대의 역사고증학자들이 소중히 여겨야 한다. 그 가운데 또한 다소 잘못이 있는 것에 대하여는 전대흔(錢大昕)이 몇 조목 지적하였다. 오진은 말하기를, "유굉기(劉宏基) 등이 설거(薛擧)를 정벌하다가 전몰하였는데 그 지역은 마땅히 고허(高墟)에 있어야 하지 천수원(淺水原)에 있는 것은 아니다"라고 하였다. 전대흔은 이에 대하여 다음과 같이 언급하였다.

「설거전(薛擧傳)」에서 이르기를, "진왕(秦王)이 고허(高墟)에 장벽을 쌓고 적을 공파할 수 있는 계책을 세워 장군 방옥(龐玉)을 보내어 종라후(宗羅侯)를 천수원에서 치게 하였다. 전투 중에 진왕이 경병(勁兵)을 보내 배후를 치게 했다"라고 하였다. 이 천수원은 본래 고허와 서로 가까우므로 태종이 고허에 장벽을 쌓고 적을 천수원에서 패퇴시킬 때, 유문정(劉文靜) 등은 고허에서 열병하였고 8총관(總管)은 천수원에서 패한 것이다. 일이 서로 합치된다. 오진이 망녕되게 잘못이라고 지적한 것은 본래 지리에 통달하지 못한 때문이다.

또 오진이 "최관(崔瓘) 한 사람에 대하여 「본기」에서는 단련사(團練使)라고 하고 「전」에서는 관찰사(觀察使)라고 하여 서로 다르다"라고 한 것에 대하여 전대흔은 다음과 같이 고증하였다.

당나라 때 절도(節度), 도단련(都團練), 도방어(都防禦)는 그 도(道)의 관찰사를 당연직으로 겸직하였다. 절도와 단련은 군사를 맡고 관찰은 인민을 담당하여 각기 인장이 있었다. 역사가가 문장을 생략하여 절도 라고만 하고 관찰이라고는 하지 않았다. 단련과 방어에 대하여는 단지 관찰이라고만 하였다. [절도라고만 하고 관찰이라고는 하지 않은 것은] 절도사의 진(鎭)을 중시하였기 때문이다. 최관(崔瓘)이 병마사(兵馬使)에게 살해당하였는데 역사가가 함부로 관장을 죽인 것을 싫어하여 단지 "단련"이라고만 쓰고 "관찰"은 쓰지 않았다. 진광모(秦匡謀)의 경우 때로는 관찰이라고도 하고 때로는 경략(經略)이라고도 하였다. 이로써 경략이 관찰을 겸하였음을 알 수 있다. 오진이 이를 모두 비판하였으나 이것은 관제에 통달하지 못한 때문이다.[2)]

아마도 오진은 지리 및 관제에 대하여 상세히 고찰하지 못하였고 또한 반드시 그 점을 감추려고도 하지 않았던 것 같다. 그러나 전대흔은 지리 및 직관에 정밀하여 오진의 잘못을 규명할 수 있었다.

제2절 『오대사찬오(五代史纂誤)』

오진의 저서로는 또 『오대사찬오(五代史纂誤)』가 있는데 그 성격은 『신당서규류』와 비슷하다. 오로지 구양수의 『오대사』[『신오대사』] 관련 기록에 대하여만 그 착오를 찾아 비판하였다. 남송 때에 일찍이 『신당서규류』와 합쳐서 간행된 적이 있다. 조공무(晁公武)의 『독서지(讀書志)』, 진진손(陳振孫)의 『서록해제(書錄解題)』에서는 모두 5권이라고 하였으나, 『송사』「예문지」에서는 3권이라고 하였다. 이 책은 오랫동안 일실되어 있었으나 청나라 건륭제 때 『영락대전』에서 144조를 초출한 것이 현존본이다. 조공무는 열거된 200여 가지 일 가운데 현존본이

---

2) 이상은 지부족재본(知不足齋本) 『당서규류』에 대한 전대흔의 「발문(跋文)」에 보임.

보유하고 있는 것은 단지 절반이라고 하였다. 오진이 사용한 방법은
『오대사찬오』와 『신당서규류』가 서로 같다. 지금 두 가지를 예를 들면
아래와 같다.

(갑) 양섭(楊涉)의 일
"조부 양수(楊收)는 당나라 의종(懿宗) 때의 재상이며 부친은 양엄(楊
嚴)이다." (『신당서』)

(오진이) 지금 생각하건대, 『당서』의 「양수전(楊收傳)」에는 재상의 세
계표가 있다. 양유직(楊遺直)은 아들 넷을 낳았는데 각기 이름이 양발
(楊發), 양가(楊假), 양수(楊收), 양엄(楊嚴)이다. 아마도 4계절에서 뜻을
취한 것 같다. 4인이 낳은 아들들의 이름도 또한 그러하다. 따라서 양
발의 아들은 목(木)을 따랐고 양수의 아들은 금(金)을 따랐으며 양엄의
아들은 수(水)를 따랐다. 오직 양가(楊假)만은 「양수전」의 표 가운데 전
혀 실려 있지 않다. 그러나 또한 추정해 보면 알 수 있다. 이로써 말하
면 양수와 양엄은 형제이며 부자 관계가 아니다. 지금 책(『신당서』)에
서 양섭(楊涉)의 조부라고 하는 것은 잘못이다.

(을) 소순(蘇循)의 일
"양나라[후량] 군대가 양행밀(梁行密)을 공격하다가 비하(淠河)에서
대패하였고 이듬해 양나라 태조가 즉위했다." (『오대사』)

(오진이) 생각하건대, 당나라는 천우(天祐) 4년 정묘(丁卯)년 4월에 후
량에 선위하였다. 지금 이 「전」에서는 "이듬해 양나라 태조가 즉위했
다"라고 하였다. 그렇다면 양나라가 양행밀을 공격하다가 비하에서 패
한 것은 천우(天祐) 3년 병인년이 된다. 『당서』의 「기」(紀), 「양행밀전」
및 구양수의 양나라 「본기」, 「양행밀세가」를 두루 살펴보면 천우 3년
양나라 군대가 양행밀을 공격하다가 비하에서 패한 일이 전혀 없다.

그리고 양행밀은 천우 2년 11월 이미 죽었다. 어찌 천우 3년에 양나라 군대를 패배시킬 수 있었겠는가? 이것은 심한 잘못이다.

생각하건대, 후량 태조는 4번 군대를 회남(淮南)에 보냈으나 모두 패배하였다. 처음 대순(大順) 원년에 방사고(龐師古)를 보내 손유(孫儒)를 회남에서 공격하다가 대패하여 돌아왔다. 두 번째는 건녕(乾寧) 4년 방사고, 갈종주(葛從周)를 보내 양행밀을 공격하였으나 청구(淸口)의 비하(淠河)에서 대패하였다. 세 번째는 천우 원년 11월 또 다시 회남을 공격하여 광주(光州)를 얻고서 수주(壽州)를 공격하였으나 이기지 못하고 돌아왔다. 네 번째는 천우 2년 9월 또 광주를 나와서 수주를 공격하였으나 이기지 못하고 대패하여 돌아왔다. 그런데 구양수가 천우 2년 수주의 패배를, 비하의 패배로 잘못 생각하여 위와 같은 말이 있게 되었다. 비하의 패배는 이보다 9년 전에 있었음을 몰랐던 것이다. 사실은 천우 2년에 수주를 공격하다가 패하였고 천우 4년에 당나라가 선위하였으므로 "이듬해에 양나라 태조가 즉위했다"라고 한 것 또한 잘못이다. 구양수는 서법만을 존중하여 고증에 서투르다. 그가 지은 『오대사』의 기록은 이런 경향이 『신당서』보다 더욱 심하다.

제3절 『양한간오보유(兩漢刊誤補遺)』

처음에 유경(劉儆), 유반(劉攽) 및 유봉세(劉奉世)는 모두 『한서(漢書)』에 정통하여 각기 교감·주석이 있었다. 유반의 저작은 『양한서간오(兩漢書刊誤)』라 하였고 뒤에 3인의 저작을 합쳐 『삼유한서표주(三劉漢書標注)』라고 하였다. 남송 효종(孝宗) 때에 이르러 오인걸(吳仁傑)이 또 3유(劉)의 책에 의거하여 『양한서간오보유(兩漢書刊誤補遺)』

를 지었다. 『문헌통고』에서는 이 책이 15권이라고 하였으나 『송사』「예문지」는 10권이라고 하여 현존본과 같다. 예를 들면, 이 책의 「작고(作誥)」조에서는 『한서』에서 '원수(元狩) 6년 책문'이라고 한 것의 오류를 다음과 같이 변증하였다.

　　처음 고(誥)를 지은 것에 대하여 이비(李斐)는 "책문이며 「무오자전(武五子傳)」에 보인다"라고 하였다. 인걸[오인걸]이 말한다. "연호는 원정(元鼎) 4년에 시작되었는데 무릇 『사기』와 『한서』에서 이 해 이전 일들에 대하여 연호가 붙은 것은 역사가가 추급하여 붙인 것이다. 그러나 「무오자전」의 책문은 당시의 원문인데 책문의 문장에 '원수(元狩) 6년 4월 을사일에 황제가 어사대부(御史大夫) 탕묘립(湯廟立)의 아들 탕굉(湯宏)을 제왕(齊王)으로 삼게 하였다'라고 하였고 『한기(漢紀)』의 기록 또한 이에 근거한 것이다. 그렇다면 '원수(元狩)'라는 칭호는 추급하여 고친 것이 아니고 당시 책문이 이미 이와 같았던 것처럼 여겨지기도 한다. 하지만 「삼왕세가(三王世家)」를 참고해 보면 책문 셋에서 모두 '유륙년을사'(有六年乙巳)라고 하였다. 이를 읽어보고 「무오자전」의 '원수'라는 글자가 추급한 것임을 깨달았다. 사건을 기록하면서 추급하여 연호를 기록하는 것은 있을 수 있는 일이다. 지금 책문이 자세히 당시의 본문을 갖추고 있는데 다시 원수라는 두 글자를 덧붙이니 어찌 후세를 의혹시키지 않겠는가?"

무제(武帝)의 연호를 추가한 일에 대하여는 「연호」조에서 다음과 같이 논하였다.

　　「무기(武紀)」에서 건원(建元) 원년에 대하여 안사고(顏師古)는 "예전에는 제왕(帝王)에게 연호가 없었으나 여기에서 비롯되었다"라 하였고 『간오』에서는 "연호는 원정(元鼎)에서 시작되었다"라고 하였으며 『통감고이』에서는 "원정(元鼎)이라는 연호는 건원(建元), 원광(元光)과 같

이 모두 뒤에 추급하여 고친 것이다"라고 하였다. 인걸[오인걸]이 생각
하건대, "위(魏)나라 사공(司空) 왕랑(王朗)이 말하기를, 옛날에는 연수
(年數)는 있었으나 연호는 없었고 한(漢)나라 초에도 여전히 그러하였
다. 그 뒤에 중원(中元), 후원(後元)이 있게 되고 원년의 개시(改始)가
더욱 많아져 다시 아름다운 이름을 빌리게 되었다. 아마도 문제(文帝)
는 모두 두 번 개원하였으므로 전과 후로 구별하였고 경제(景帝)는 모
두 세 번 개원하였으므로 전, 중, 후로 구별하였을 것이다. 무제(武帝)
는 즉위 이후 대략 6년에 한번 개원하여 27년 사이에 개원한 것이 5번
이었다. 당시에는 일원(一元), 이원(二元), 삼원(三元), 사원(四元), 오원
(五元)이라고 하여 구별하였다. 오원(五元) 3년에 담당자가 '원(元)이라
는 것은 하늘의 상서(祥瑞)로써 하는 것이 마땅하지, 일·이(一·二)로
하는 것은 옳지 않다'라고 한 것이 바로 이것이다. 이때 담당자의 의견
을 따라서 일원(一元)을 건원(建元)으로 고치고 이원(二元)은 원광(元
光)으로, 삼원(三元)은 원삭(元朔)으로, 사원(四元)은 원수(元狩)로 하였
으나 오원(五元)에 대하여는 이름이 없었다. 장차 황제의 뜻을 기다리
기 위해서였다. 이듬해 보정(寶鼎)이 출현하자 마침내 오원을 원정(元
鼎)으로 고치고 이 해를 원정 4년이라고 하였다. 그런즉 연호가 원정
(元鼎)에서 시작되었다는 것은 맞는 말이며 원정이 후대에 추급하여
고친 것이라는 것도 틀리지 않는 말이다"라고 하였다.

이상은 『신당서규류』 및 『오대사찬오』와 마찬가지로 『양서간오보
유』가 고증에 그치지 않는 것임을 보여준다. 또 하나 해석이 있는데
「동서향(東西鄕)」 조목은 바로 한(漢)나라 때의 좌석의 상하를 해석하
여 청나라 때의 『십칠사상각(十七史商権)』, 『이십이사차기(二十二史箚
記)』 등의 길을 열었다.

230

제4절 『자치통감고이(資治通鑑考異)』

사마광은 『자치통감』을 짓기에 앞서서 먼저 편집하여 각종의 서로 상충되는 사료들을 두루 배열한 뒤에 취사를 정하고 산삭해서 간략한 『통감』을 만들고, 취사한 근거를 설명하기 위해 『고이(考異)』[『자치통 감고이』]를 짓게 되었다. 그러나 근거를 설명하는 외에 후대인들에 대 하여 또 하나의 영향을 주었다. 즉 각종 자료의 차이를 비교함으로써 이를 통해 사마광의 역사 고증법을 엿볼 수 있게 했다. 지금 두 종류로 나누어 아래와 같이 열거한다.

(갑) 본서의 「기(紀)」와 「전(傳)」을 대조하거나 각 「전(傳)」을 서로 대 조한 경우
예를 들면 다음 여러 조목과 같다.
(1) 『한서』의 여러 「전」의 상호 대조 : 원삭(元朔) 원년 2월 황자(皇 子) 거(據) 출생
『한서』「무오자전」의 찬, "건원 6년 봄, 여태자(戾太子) 출생하다."
「외척전」, "위황후(衛皇后)가 원삭(元朔) 원년 아들 거(據)를 출산하 다."
* 생각하건대, 「매고전(枚皐傳)」에 "무제(武帝) 춘추 29세에 황자를 낳았다"라고 하여 「외척전」과 합치된다. 아마도 「무오자전」의 찬 은 치우(蚩尤)의 깃발로 인해 이런 오류가 있게 된 것 같다. 이것 은 또한 오성(五星)이 모인 것이 진(秦)나라 2세 말년에 있었는데 잘못 한(漢)나라 원년이라고 한 것과 같다.

(2) 『후한서』의 「기」와 「전」의 상호 대조 : 18년 주천(周泉) 태수 단팽 (段彭)
* 「경공전(耿恭傳)」에서 '진팽(秦彭)'이라 하였으나 지금 「제기(帝 紀)」를 따라 '단팽(段彭)'으로 한다.

(3) 『진서(晉書)』「기」와 「전」의 상호 대조 : 팽성왕(彭城王)의 아들 준(浚)을 고밀왕(高密王)에 봉하다.
* 「종실전」에서 '준(俊)'이라 하였으나 지금 「제기」를 따라 '준(浚)'으로 한다.

(을) 두 종 혹은 두 종 이상의 책을 서로 대조한 경우
(1) 『한서』로 『사기』를 교감한 경우 : 여후대(酈侯臺)
* 『한서』「외척후표(外戚侯表)」 및 「고오왕전(高五王傳)」, 모두 '부후(酈侯)'라 하였으나 지금 『사기』「본기」와 「공신후표(功臣侯表)」를 따라 '여후'로 한다.

(2) 『후한서』로 『후한기』를 교감한 경우 : 30년 11월 가복(賈復)이 훙하다.
* 본전[가복전] '31년'이라 하였으나 지금 『원기(袁紀)』[원추(袁樞)의 『통감기사본말』]를 따라 '30년'으로 한다.

(3) 제가(諸家)의 『후한서』와 『후한서』·『후한기』를 서로 대조한 경우 : 4년 3월 '북향후(北鄕侯) 의(懿)'를 세우다.
* 『동관기(東觀紀)』와 『속한서(續漢書)』에서는 '북향후(北鄕侯) 독(犢)'이라 하였으나 지금 『원기』와 『범서(范書)』[범엽의 『후한서』]를 따라 '북향후(北鄕侯) 의(懿)'라고 한다.

(4) 『후한서』와 『구주춘추(九州春秋)』를 서로 대조한 경우 : 공주(孔伷)가 예주자사(豫州刺史)가 되다.
* 『구주춘추』에서는 '공주(孔胄)'라 하였으나 지금 「동탁전(董卓傳)」을 따라 '공주(孔伷)'로 한다.

(5) 『진서(晉書)』와 『십륙국춘추(十六國春秋)』를 서로 대조한 경우 : 5월 석준(石遵)이 세(世)를 봉하여 초왕(譙王)으로 하고 유씨(劉氏)를

폐하여 태비(太妃)로 하다.

＊『진춘추(晉春秋)』및『십륙국춘추』에서는 모두 "태후를 폐하여 소
의(昭儀)로 하다"라고 되어 있다. 지금『재기(載記)』를 따른다.『십
륙국춘추』및『재기』에서는 또 '세립(世立) 33일'이라고 하였다. 살
펴보건대 4월 기사(己巳)일에서 5월 경인(庚寅)일까지는 모두 22일
이다.

(6)『위서(魏書)』와『송서(宋書)』를 상호 서로 대조한 경우 : 11월 양
난당(楊難當)이 양보종(楊保宗)을 시켜 동정(童亭)에 진을 치게 하다.

＊『후한서』에는 '훈정(薰亭)'이라 되어 있으나『송서』에서는 '동정(童
亭)'이라 하였다. 지금『송서』를 따른다.

(7)『송서(宋書)』와『송략(宋略)』을 서로 대조한 경우 : 21년 정월 기
해(己亥)일에 토지 등록을 하도록 하고 대사면을 행하다.

＊『송략』에는 '신유(辛酉 : 신유일)'라 하였으나 아래에 무오(戊午)가
있고 또 신유가 있으니 잘못이다. 지금『송서』를 따라 '기해'로 한
다.

(8)『북제서(北齊書)』와『위서(魏書)』를 서로 대조한 경우 : 8월 하남
왕(河南王)의 세자 복련주(伏連籌)

＊『제서』[『북제서』]에는 '세자 휴류성(休留城)'이라 하였으나 지금
『위서』를 따라 '복련주(伏連籌)'로 한다.

(9)『남제서(南齊書)』와『양서(梁書)』를 서로 대조한 경우 : 을사(乙
巳)에 연건아(衍建牙)가 무리를 소집하다.

＊「제본기」[『남제서』「본기」]에는 "12월 양왕(梁王)이 양양(襄陽)에
서 기병하였다"라고 하였으나 잘못이므로 지금『양서』「고조기(高
祖紀)」를 따른다.

(10) 『위서(魏書)』「기(紀)」·「전(傳)」 및 『북사(北史)』를 서로 대조한
경우 : 5월 위(魏)나라 광양왕(廣陽王) 심(深)
* 『위서』「제기」에는 '연(淵)'이라 하였으나 지금 「열전」 및 『북사』를
따라 '심(深)'으로 한다.

(11) 『양서(梁書)』, 『위서(魏書)』, 『남사』·『북사』를 서로 대조한 경우
: 종(綜)이 이름을 '찬(贊)'으로 고치다.
* 『양서』, 『남사』에는 모두 "이름을 찬(纘)으로 고치다"라고 하였으
나 지금 『위서』와 『북사』를 따라 '찬(贊)'으로 한다.

(12) 『북사』와 『주서(周書)』를 서로 대조한 경우 : 2년 3월 위(魏)나라
'만사오(万俟仵)'
* 『북사』에는 '만사행추(万俟行醜)'라 하였으나 지금 『주서』를 따라
'만사오(万俟仵)'로 한다.

(13) 『북제서(北齊書)』와 『진서(晉書)』를 서로 대조한 경우 : 2년 '2월'
심태(沈泰)가 제(齊)나라로 달아나다.
* 『북제서』「제기(帝紀)」에는 '8월'이라 하였으나 지금 『진서(晉書)』
「제기」를 따라 '2월'로 한다.

(14) 창업 기거주(起居注)와 [당나라] 『실록(實錄)』을 서로 대조한 경
우 : 4월 이연(李淵)을 산서하동 위무대사(山西河東慰撫大使)로 삼다.
* 창업주에 "황제[당고조]가 위위소경(衛尉少卿)에서 우효위장군(右
驍衛將軍)으로 전보되고 조서를 받들어 태원도안무대사(太原道安
撫大使)가 되다. 즉 수(隋)나라 대업(大業) 12년 양제(煬帝)가 누번
(樓煩)에 행행(行幸)하였을 때이다"라고 하였다. 살펴보건대, 12년
황제[수나라 양제]가 누번에 간 적이 없으므로 지금 고조[당나라
고조]『실록』에서 분양궁(汾陽宮)에 행행하였을 때의 일로 한 것을
따른다.

234

(15) 『당서』와 『수서』를 서로 대조한 경우 : 공제(恭帝) 의령(義寧) 원년 정월 두복위(杜伏威)가 진릉(陳稜)을 대파하다.

  * 『수서』「진릉전(陳稜傳)」에 "왕왕 크게 이겼다"라고 하였고『당서』「두복위전」에서는 "진릉이 겨우 몸만 빠져나왔다"라고 하였다. 아마도 진릉이 먼저 이자통(李子通)등을 격파한 뒤에 두복위에게 격파 당하였을 것이다. 지금『당서』를 따른다.

(16) 『신당서』, 『구당서』, 『당력(唐曆)』, 『당회요』를 서로 대조한 경우 : 중종(中宗) 신룡(神龍) 원년 정월 임오일에 사면하고 연호를 고치다.

  * 「신기(新紀)」[『신당서』「중종본기」]에 "장안(長安) 5년 정월 임오일에 크게 사면을 행하고 갑자일에 태자감국(太子監國)이 연호를 고치다"라고 하였고 「구기(舊紀)」[『구당서』「중종본기」], 『당력통기(唐曆統紀)』, 「회요」[『당회요』]도 모두 마찬가지이다.『기년통보(紀年通譜)』에서도 신룡(神龍)은 무후(武后)의 연호인데 중종(中宗)이 그대로 따랐다"라고 하였다. 「신기」가 잘못이다[신룡(神龍) 원년이 맞다].

(17) 당나라 『실록』들을 서로 대조한 경우 : 13년 정월 안록산(安祿山)이 입조하다.

  * [당나라]『숙종실록(肅宗實錄)』12년 "양국충(楊國忠)이 누차 간언하여 안록산이 몰래 역모를 도모한다고 하였다. 5월 현종이 보구림(輔璆琳)을 보내 살피게 하였으나 안록산이 보구림에게 후하게 뇌물을 주자 안록산이 국가에 충성한다고 적극적으로 변호하였다. 양국충이 다시 안록산을 이제부터는 더 볼 수 없을 것이라고 하자 [당나라] 현종(玄宗)은 손수 안록산에게 조서를 보내 불러들여 안록산이 입조하였다"라고 하였다. 「구전(舊傳)」[『구당서』「안록산전」]에도 마찬가지 언급이 있다. 살펴보건대, [당나라]『현종실록(玄宗實錄)』에 "구림을 파견하고 감자(甘子)를 범양(范陽)에 보내어 안록산의 반란 상황을 살피게 하였다"라는 기사가 14년 5월에

있다. 그러나 [당나라] 『숙종실록』 및 「구전」에는 '12년'이라고 하였는데 잘못이다. 지금 『당력(唐曆)』을 따라 13년으로 한다.

(18) 당나라 『실록』과 『구오대사』를 서로 대조한 경우 : 극용(克用)이 아들 존욱(存勖)을 행재소에 가게 하다.
*『실록』에는 '존정(存貞)'이라고 되어 있으나 후당(後唐)의 『실록』과 설거정(薛居正)의 『오대사』에 따르면 장종(莊宗)은 이름을 '존정(存貞)'이라고 한 적이 없다. 아마도 『실록』이 잘못일 것이다['존욱(存勖)'이 맞다].

(19) 『신당서』와 『구당서』를 서로 대조한 경우 : 3월 황제의 동생(皇弟) 숭(崇)이 태원(太原)에 윤(尹)으로 가다.
*『설사(薛史)』[설거정(薛居正)의 『오대사』]에 "숭(崇)은 [당나라] 고조(高祖)의 사촌동생(從弟)이다"라 하였고 왕보형(王保衡)의 『진양견문록(晉陽見聞錄)』에는 '둘째동생(仲弟)'이라고 하였으며 『구양사(歐陽史)』[구양수의 『신오대사』]에는 '모제(母弟)'라고 하였다. 지금 『실록』을 따라 '황제의 동생(皇弟)'이라고 한다.

사마광은 단지 차이점을 비교하였을 뿐 아니라 때때로 당시의 정황과 이치를 논단의 표준으로 하였다. 예를 들면, 후대인이 항상 말하던 '사호고사(四晧古事)'에 대하여 사마광은 다음과 같이 사실이 아니라고 하였다.

(사마광이) 생각하건대, 고조(高祖)는 강맹하고 사나워서 진신(搢紳)들의 비판과 의론을 두려워하지 않았다. 다만 대신들이 모두 따르고자 하지 않았으므로 자신의 뒤에 조왕(趙王)이 홀로 서지 못할까 두려워 하였기 때문에 하지 않았을 따름이다. 만약 결단코 태자를 폐하고 여의(如意)를 세우자고 하였다면 의리를 돌아보지 않을 것이다. 유후(留

236

侯)는 오랫동안 매우 신뢰를 받았는데도 오히려 "말로 다툴 수 있는 바가 아니다"라고 하였으니 어찌 산림의 네 노인의 단편적인 말이 갑자기 그 일을 막을 수 있었겠는가? 네 노인이 그 일을 막고자 하였다면 고조의 칼날을 더럽히는 데 불과하였을 따름이니 슬프게 노래하여 "우핵(羽翮)이 이미 이루어졌는데 증격(繒繳)을 어찌 펼칠까"라고 하기까지에 이를 수 있었겠는가? 만약 네 노인이 실로 고조를 제지하여 감히 태자를 폐하지 못하게 할 수 있었다면 이것은 유후가 아들로서 당(唐)나라를 세워 아버지를 제지한 것이 된다. 유후가 어찌 이렇게 할 수 있었겠는가? 이것은 단지 말 잘하는 선비가 네 노인의 일을 과장하여 그렇게 말한 것일 것이다. 이것은 또한 "소진(蘇秦)이 6국의 합종(合從)을 약속하게 하여 진(秦)나라 군사가 함곡관(函谷關) 너머를 엿보지 못한 것이 15년이다"라고 한 것, "노중련(魯仲連)이 신원연(新垣衍)을 꺾은 것을 진(秦)나라 장수가 듣고 군대를 50리 퇴각시켰다"라고 한 것 등과 같을 따름이다. 무릇 이런 일들은 모두 사실이 아닌데 사마천이 기이한 것을 아주 좋아하여 채택한 것이므로 지금 모두 감히 취하지 않는다. (「태자객사여석지야견려후(太子客使呂釋之夜見呂后)」조)

또 예를 들면, 장종(莊宗)의 삼시(三矢)의 일에 대하여 『신오대사』에서는 극히 칭찬하였으나 사마광은 그렇지 않다고 여겼다. 『오대사궐문(五代史闕文)』에 다음과 같은 언급이 있다.

세상에서 전하기를, "무황(武皇)이 죽음에 임하여 화살 3개(三矢)를 장종에게 주면서 말하기를, '화살 하나로 유인공(劉仁恭)을 토벌하라. 너는 먼저 유주(幽州)로 내려가지 말라. 하남(河南)은 아직 도모할 때가 아니다. 하나[두 번째 화살]로는 거란을 쳐라'라고 하고 또 말하기를, '아보기(阿保機)[거란의 야율아보기(耶律阿保機)]와 나는 팔뚝을 잡고서 맹세하여 형제를 결의하고 당(唐)나라의 사직을 회복하자고 서약하였다. 지금은 배반하여 양(梁)나라에 붙었으니 너는 반드시 그를 쳐라.

하나[세 번째 화살]로는 주온(朱溫)을 멸하라. 너는 좋은 뜻을 완수할
수 있을 것이니 죽어도 한이 없다'라고 하니 장종이 세 화살을 무황의
묘정(廟廷)에 감추어 두었다가 유인공을 토벌할 때 막리에게 명을 내
려 소뢰를 바치고 묘정(廟廷)에 고하게 하고 화살 하나를 갖고 오도록
한 뒤, 금낭에 넣고서 친한 장수로 하여금 이를 지고서 선봉이 되게 하
였다. 개선하는 날 말하기를, '포로의 머리를 태묘에 바치라'라고 하였
다. 거란을 칠 때와 주씨[주온]를 멸할 때도 마찬가지였다"라고 한다.

(사마광이) 생각하건대, 『설사(薛史)』[설거정의 『오대사』] 「거란전」에
"장종(莊宗)이 처음 제위를 이어받았을 때 [거란에] 사신을 보내어 슬
픈 일을 고하고 금증(金繒)을 뇌물로 주고 기마병을 구하면서 노주(潞
州)의 구원을 요청하였다. 거란이 그 사신에 답하여, '나와 선왕은 형제
이다. 형의 아들은 바로 나의 아들이다. 아비로서 어찌 아들을 돕지 않
겠는가'라고 하고서 출병을 허락하였으나 노주가 평정되어 그만 두었
다. 『광본(廣本)』[3]에서는 '유수광(劉守光)이 수문(守文)의 공격을 받고
누차 후진(後晉)에 구원을 요청하자 후진 왕이 부병 5천을 보내어 구원
했다'라고 하였다. 그렇다면 이때 장종은 아직 거란 및 수광과 적이 된
것이 아니었다. 이것[삼시(三矢)고사]은 아마도 후대인이 장종의 성공
한 것을 근거로 하여 이를 말하여 그 영웅적 무공을 과장한 것일 따름
일 것이다"라고 하였다. (2년 정월 「진왕명극녕등입존욱(晉王命克寧等
立存勗)」조)

이상을 통해 사마광의 역사가로서의 안목을 살펴볼 수 있다.

---

3) 『광본』은 유서(劉恕)가 편찬한 책이며 『고이』(『자치통감고이』) 가운데에서 또
한 때때로 유서의 『광본』이라고 하였다. 혹시 『오대장편(五代長編)』의 별칭
일 수 있다.

제10장 통사(通史)와 정초(鄭樵)

   [경(經), 사(史), 자(子), 집(集)이라는 중국전통적 도서 분류체계 가운데] 사부(史部)에 속하는 역사서의 여러 체재 중 기전체, 편년체, 기사본말체 3종이 전통적 분류 방식이기는 하지만, 이와 달리 2종으로 나누는 방법이 있다. 즉 통사(通史)와 단대사(斷代史)가 그것이다. 『사기』는 200여 년의 일을 포괄하고 『자치통감』은 1300여 년의 일을 포괄하므로 양자 모두 한 시대[왕조]를 목표로 한 것이 아니다. 두 책 가운데 하나[『사기』]는 기전체이고 다른 하나[『자치통감』]는 편년체이지만 통사라는 점에서는 서로 같다. 정사(正史) 가운데 『사기』를 제외한 나머지 것들은 한 왕조의 시대를 대상으로 한 것이다. 『한서』이후 여러 역사서가 대체로 그러하다. 그 사이에 통사를 찬술하는 사람이 있었으나 단대사에 비교하면 적다. 이연수(李延壽)의 『남사』와 『북사』는 각기 4대를 포괄하여 통사적인 성격이 있다. 이연수 이전에 남조 양(梁)나라 무제(武帝) 때 일찍이 통사를 찬술한 적이 있는데 오균(吳均)이 주관하여 상고에서 시작하여 아래로는 남조의 제(齊)나라에 이르렀으며 「본기」, 「세가」, 「열전」으로 분류한 것을 합치면 모두 600권이었다. 「열전」의 수찬이 끝나기 전에 오균이 졸하였다.[1] 이 원고는 뒤에 강릉(江陵)에서 불태워졌다. 아마도 일의 규모가 지나치게 커서 한 사람이 완

성할 수 있는 일이 아니었을 것이다.

송(宋)나라 정초(鄭樵)에 이르러 비로소 다시 통사 편찬을 시도하였다. 정초는 자가 어중(漁仲)으로 북송(北宋) 말에 태어났으며 저술이 매우 많다. 사학에 대하여는 통사를 해야 한다고 극력 주장하였다. 따라서 반고(班固)에 대하여 힘써 비판을 가하였다. 『통지(通志)』의 「서문」 가운데 이와 관련하여 상세한 언급이 있다.

『춘추』 이후 오직 『사기』만이, 천단(擅斷)이기는 하지만 규모 있는 역사서이고 불행히 반고[『한서』]는 제대로 된 역사가가 아니어서 마침내 회통의 뜻을 상실하여 사마씨(司馬氏)의 문호[역사학]는 이로부터 쇠퇴하여 갔다. 반고라는 사람은 부화한 선비이다. 전혀 학술이 없으며 오로지 표절만 일삼았다.……그가 한(漢)나라만을 끊어내어 단대사로 책을 만들었기에 주(周)나라, 진(秦)나라와 연결되지 않게 되어 고(古)와 금(今)에 간격이 생기게 되었다. [한나라] 고조에서 무제에 이르기까지 앞부분 6세대 모두를 사마천의 책[『사기』]에서 표절해 왔으면서도 부끄러운 줄을 몰랐다. 한(漢) 소제(昭帝)에서 평제(平帝)까지 모두 6대는 가규(賈逵), 유흠(劉歆)에 의존하였으면서도 수치스러운 줄 몰랐다. 더욱이 조대가(曹大家)가 책을 완성하였으므로 반고가 한 부분은 거의 없다. 반고의 흉중에서 나온 것은 「고금인표(古今人表)」밖에 없다. 다른 사람은 이런 잘못이 없다. 후대에 여러 사람이 책을 찬술하면서 길가에 집을 짓듯이 남의 글을 훔치는 것은 모두 반고를 본뜬 것이다.

또 다음과 같은 언급도 있다.

공자께서 "은(殷)나라는 하나의 예법을 따랐으니 그 잘잘못을 알 수 있으며 주(周)나라는 은나라의 예법을 따랐으니 그 잘잘못을 알 수 있다"라고 하셨으니 이것은 서로 계승하여 이어짐을 말씀한 것이다. 반고는 단대사를 만들었으므로 서로 계승하여 잇는 뜻이 없다. 비록 공자 같은 성인이라도 그 잘잘못을 알 수 없다. 회통의 도리가 여기에서 없어졌다.

중복된 면을 살펴보면 기(紀)를 만들고 또 기를 만들어 한 황제에 몇 개의 기(紀)가 있고, 전(傳)을 만들고 또 전을 만들어 한 사람에 몇 개의 전(傳)이 있다. 천문(天文)이란 것은 천고에 변함이 없는 모습인데도 대대로 「천문지(天文志)」를 만들고 「홍범(洪範)」의 오행(五行)이란 한 사람의 글인데 대대로 「오행전(五行傳)」이 있다. 이와 같이 하면 번거로움을 어찌 감당할 수 있겠는가?

단절되는 점을 말하면, 앞의 왕이 뒤의 왕에 연결되지 않고 뒤의 일이 앞의 일에 접속되지 않는다. 군현은 각각이 한 구역이 되어 연혁을 잘 알 수 없고, 예악은 저절로 바뀌어 마침내 풍속이 다른 정치가 이루어지게 된다. 이와 같이 하면 어찌 이루 다 구분할 수 있겠는가?

정초(鄭樵)의 위와 같은 주장은 반고를 반대하고 사마천을 극력 높이는 것이어서 유지기(劉知幾)의 견해와는 상반된다. 유지기는 사마천에 대하여는 반대하였으나 단대사에 대하여는 적극적으로 찬성하였다. 이 밖에 정초는 역사서의 표(表)에 대하여도 유지기와 견해가 다르다. 유지기는 역사서의 표를 반대하였으나 정초는 "『사기』 한 책의 공로는 10표에 있다. 이것은 옷에 면류관이 있는 것과 같고 나무와 물에 본원이 있는 것과 같다"라고 하였다. 따라서 『통지』에서의 보(譜)는 『사기』의 표(表)와 마찬가지이다. 그리고 정초는 지(志)에 대하여 더욱 힘을 쏟았는데, 『통지』의 20략(略)은 즉 지로서 그가 스스로 가장 기뻐한 것이 20략이다. 여기에서는 각종 사물에 대하여 모두 상세한 분석에 의거하여 그 내부 상황을 밝히고 실제의 관찰에 주의하여, 경솔하게 기존의 주석을 신뢰하지 않았다. 그 책 가운데 말하는 것은 인정과 사리에 관하여 자기 의견으로서 추구한 것이라고 할 수 있다. 천문, 지리, 기물(器物), 초목, 조수(鳥獸), 충어(蟲魚) 등의 경우 만약 실제 조사하지 않았다면 확실히 알 길이 없는 이름이다. 그러므로 [정초의] 학문은 반드시 실제의 관찰에 따라 입수한 것이고 또 반드시 도보(圖譜)의 학문에 치중하였다. 덧붙여 정초는 역사서가 논찬에 주의를 기울이는 것을 비판하고 후대인의 잘못은 『춘추』를 모방하여 포폄에 주의를 기울인 데에 있고 이것은 후대의 역사서는 『춘추』보다 내용이 자세하여 선악이 저절로 드러나므로 역사가의 포폄이 필요 없음을 모른 데에 기인한다고 하였다. 역사를 짓는 사람은 단지 문자를 상세하게 기록이 완벽하기만 하면 된다는 것이다. 이에 따라 각 정사의 논찬에 대하여 또한 산삭할 것을 주장하였다. 논찬 가운데 포폄 성격의 것이 많기 때문이다.

『통지』에 대하여 후대에 찬성과 반대의 두 견해가 있다. 찬동자 가운데 으뜸이 되는 것은 장학성(章學誠)이다. 『문사통의』 가운데 「석통(釋通)」과 「신정(申鄭)」 2편이 있는데 모두 통사에 찬성하고 단대사를 반대하는 점에서 정초의 견해와 같다. 장학성은 통사의 체재는 대체로 이하 4종의 범위를 벗어나지 않는다고 하였다.

(1) 정초(鄭樵)의 『통지(通志)』
고금의 학술의 종합하되 본기, 열전 모두 『사기』를 표준으로 하였다.

(2) 사마광(司馬光)의 『자치통감(資治通鑑)』
각 역사서의 본기, 열전의 글을 종합하되 편년체로 고쳤다.

(3) 두우(杜佑)의 『통전(通典)』
각 역사서의 지(志)를 모아서 이룩하였다.

(4) 배린(裴潾)의 『태화통선(太和通選)』
각 시대의 문장을 모아서 사료를 보존하였다.

이후의 저작자는 모두 위의 각 체재를 벗어나지 않는다.

한편 통사의 편찬에는 "(1) 중복을 피함, (2) 분야별 균형을 취함, (3) 배치를 편하게 함, (4) 시비를 공평하게 함, (5) 상호 차이를 없앰, (6) 관련된 일을 상세히 함"이라는 6가지 편리한 점이 있다.『통지』의 장점으로는 "(1) 정돈됨, (2) 가법을 세움"이라는 두 가지가 있다. 만약 단대사라면 시대가 바뀔 때의 인물과 사실이 두 역사서에 중복하여 출현하지만 통사를 하면 이런 중복을 피할 수 있다.

그리고 각 역사서의 지(志)와 표(表)의 명칭이 항상 다르고 내용도 매양 서로 바뀌는데 통사라면 통일적으로 할 수 있다. 통사를 한다면 다른 시대의 자손을 조(祖)와 부(父)의 전(傳) 가운데 붙일 수 있고 시대가 달라도 성격이 유사한 인물을 한 열전에 넣을 수 있다. 예를 들면,『사기』의 굴원(屈原)과 가생(賈生)이 그러하다. 이것이 이른바 배치를 편하게 한다는 것이다. 단대사를 하면 대상 시대와 너무 가까워 시비 곡직을 논정하기 어렵지만 통사를 하면 시비 판단이 공정할 수 있다. 전후 두 시대의 역사가 동일 사건을 기록할 때 매양 차이가 있으나 통사는 이런 잘못을 피할 수 있다. 사이(四夷) 혹은 인국(隣國)은 통상 본국[중국] 한 왕조대와 시작과 끝이 같지 않으므로 단대사를 한다면 그 일부만을 기록할 수 있어 전모를 알 수 없다.

이상은 장학성의 이른바 통사의 6가지 편리한 점이다. 두 가지 장점의 경우, 여러 역사서를 통합하여 하나의 통일적인 범례를 만들 수 있으며 아울러 결락을 면할 수 있어 정돈되게 할 수 있다. 또 독창적인 견해가 있으면 사실 자체는 구사와 다르게 하지 않더라도 스스로 새로운 견해를 내세울 수 있으니 이것이 이른바 가법이다.[2] 통사 가운데 장학성은『통지』를 높이 평가하여, "정초는 천년 뒤에 태어나 능히 고인 저술의 근원을 볼 수 있었고 또 그 저술의 종지를 알 수 있었다"고

---

2)「석통」편에 보임.

하였다. 또 독자적으로 마음속의 판단을 내려 일가의 견해를 갖추었으
므로 마단림(馬端臨)이 비할 바가 아니라고도 하였다.[3] 그러나 장학성
은 또한 『통지』의 잘못으로 "(1) 너무 긺, (2) 원제목을 그대로 따름, (3)
표목(標目)을 잊음"이라는 3가지가 있다고 하였다. 통사를 짓는 자는
항상 각 역사의 원래의 표제를 사용하여 고치지 않으며, 통사가 포괄
하는 범위가 너무 길고, 독자는 전(傳)에 대하여 대상 인물의 시대를
잘 모르게 된다. 그러나 이 3가지 점은 고치기 쉬운 것이므로 통사의
편리함은 폐단보다 크다고 할 수 있다.[4]

---

3) 「신정」편에 보임.
4) 「석통」편에 보임.

제11장 전문 역사

전문사(專門史)라는 것은 한 가지 일 혹은 같은 종류의 일의 시말을 기록하는 것이므로 그 체재는 각 역사서의 지(志)에 가깝다. 이런 종류 저작의 탄생은 중국에서는 비교적 늦었다. 지금 잠정적으로 두 가지로 크게 나누고자 한다. 하나는 전제사(典制史 : 국가제도사)로서 오로지 한 시대 혹은 역대의 제도만을 기록하는 것이고, 다른 하나는 오로지 한 시대 혹은 역대의 학술만을 기록하는 것이다. 아래에서 두 종류로 나누어 서술하고자 한다.

제1절 국가제도사

옛 사람들은 이른바 국가의 제도를 총칭하여 '예(禮)'라고 하였다. 동주(東周) 이전에는 역사기록과 예의 기록을 사관(史官)이 관장하였다. 그러므로 한선자(韓宣子)가 노(魯)나라에 가서 "『역상(易象)』과 『노춘추(魯春秋)』를 태사씨(太史氏)를 통해 보고서", "주례(周禮 : 주나라의 제도)가 모두 노나라에 있다"라고 하였다.[1] 예(禮 : 제도)와 역사가 그

---

1) 역자주 : 여기에서 '주례(周禮)'는 '주나라의 제도'라는 의미이지 책 이름 『주례(周禮)』를 말하는 것이 아니다. 『주례』의 성립 연대에 대하여는 여러 가지 설이 있지만 책이 이루어진 것은 대체로 전한 말엽으로 생각된다. 다만 이 책에는 주(周)나라 때 제도의 모습을 보여주는 부분이 있다.

때에는 아직 분화되지 않았음을 알 수 있다. 그리고 한(漢)나라 이후 역대의 정사 가운데에는 예악(禮樂), 여복(輿服) 등의 여러 지(志)를 포함한 것이 많다. 그리고 경(經), 사(史), 자(子), 집(集)의 4부 분류를 보면 고례(古禮)가 경부(經部)에 속한 것을 제외하면 후세의 제도로서 여전히 사부(史部)에 속한 것이 많다. 이것은 예(禮)와 사(史)의 관계가 비교적 늦게까지도 여전히 매우 긴밀하였음을 보여준다. 고례도 경부에 속하지만 또한 옛 역사서인 『춘추』, 『좌전』 같은 것들도 경부에 속한다. 경(經)과 사(史)의 분류는 연대의 원근에 따른 것이지 성격의 차이에 의한 것은 아니다. "육경개사(六經皆史 : 육경은 모두 역사서)"란 주장은 왕양명(王陽明)이 『전습록(傳習錄)』 가운데 일찍이 그 단서를 연 것이지 장학성(章學誠)에게서 시작된 것이 아니다. 그러므로 경과 사의 밀접한 관계는 또한 괴이할 것이 없다.

정치제도에 관한 저작 가운데 가장 두드러진 것은 마땅히 당나라 두우(杜佑)의 『통전(通典)』을 들어야 할 것이다. 그 전에 유지기(劉知幾)의 아들 유질(劉秩)이 일찍이 『정전(政典)』 25권을 찬술한 적이 있는데 두우는 이를 다시 확대하여 200권으로 하였다. 두우의 「자서」에 다음과 같은 언급이 있다.

내가 편찬한 『통전』은 실로 여러 말을 채용하여 장차 인사에 징험함이 있게 하고 정치에 도움이 되게 하려는 것이다. 무릇 도리의 우선은 교화를 행하는 데에 있으며 교화의 근본은 의식을 풍족하게 하는 데에 있다. 『역(易)』에서 "사람을 모으는 것은 재물"이라고 하였고 『서(書)』 「홍범(洪範)」편의 8정(政)에 "첫째로 식(食), 둘째로 화(貨)"라 하였으며 관자(管子)는 "창고가 차야 예절을 알며 의식이 족해야 영욕을 안다"고 하였다. 공자께서 "부유하게 한 뒤에 교화한다"라고 하신 것은 이를 가리키는 것이다.

무릇 교화를 행하는 것은 직관을 설치하는 데에 있으며 직관을 설치

246

하는 것은 관재(官才 : 관리로서의 자질)를 살피는 데에 있고 관재를 살피는 것은 선거(選擧)를 정밀하게 하며 예(禮)를 제정하여 풍속을 단정하게 하고 음악으로써 마음을 조화시키는 데에 있다. 이것은 먼저 철왕(哲王) 정치의 큰 방략이다. 따라서 관직이 제대로 설치된 뒤에 예악이 일어나게 되며, 교화가 행해진 뒤에 형벌을 사용하고 주군(州郡)을 배치하여 나누어 거느리게 하고, 변방의 방어를 설치하여 융적을 막는다.

『통전』 전체 책은 모두 「계식화(計食貨)」, 「선거(選擧)」, 「직관(職官)」, 「예(禮)」,2) 「악(樂)」, 「병형(兵刑)」, 「주군(州郡)」, 「변방(邊防)」의 8문으로 나누어지며 각 문(門)에는 다시 여러 목(目)이 있다.

제도사에 속하는 것으로 또 각 왕조의 회요(會要)가 있다. 당나라 소면(蘇冕)은 일찍이 당 고조(高祖)에서 덕종(德宗)까지 9대의 일을 정리하여 『회요(會要)』 40권을 지었다. 당 선종(宣宗) 대중(大中) 7년에 또 양소복(楊紹復) 등에게 조서를 내려 덕종 이후의 일을 정리하게 하여 『속회요(續會要)』 40권을 지었다. 송나라에 이르러 왕부(王溥)가 다시 선종 이후의 일을 보완하여 『당회요(唐會要)』 100권을 만들었다. 동시에 왕부는 다시 오대(五代)의 제도를 수집하여 『오대회요(五代會要)』 30권을 지었다.

송나라 때에는 자기 왕조의 『회요』를 만드는 데에 크게 관심을 기울였다. 송 인종(仁宗) 천성(天聖) 연간 장득상(章得象)이 『삼조국조회요(三朝國朝會要)』 150권을 지어 오로지 태조(太祖), 태종(太宗), 진종(眞宗)조의 일만을 기록하였다. 신종(神宗) 때에 이르러 또 왕규(王珪)에게 명을 내려 이어 짓도록 하여 태조 건륭(建隆) 연간에서 신종 희령(熙寧) 10년의 일까지 『육조국조회요(六朝國朝會要)』 300권을 짓게 하였

---

2) 역자주 : 여기에서의 예(禮)는 제도 전반을 의미하는 것이 아니라 협의의 '예법(禮法)'을 말하는 것이다.

는데 총 111류(類), 858문(門)으로 구성되었다. 휘종(徽宗) 때에 이르러 왕적(王覿) 등에게 조서를 내려 속찬하게 하였으나 완성을 보지 못하였다. 정화(政和) 연간 말엽에 이르러 「제계(帝系)」, 「후비(后妃)」, 「길례(吉禮)」의 3류, 총 111권만을 올렸다. 이 책에 장득상, 왕규의 편찬을 통해 점차 희령 연간 이후의 일을 보태었다. 이것이『정화회요(政和會要)』이며『신속수회요(新續修會要)』의 일부분일 것이다.

송나라 고종(高宗) 소흥(紹興) 4년 다시 조서를 내려 신종(神宗) 초에서 정강(靖康) 말년까지의 부분을 속찬하도록 하였다. 이것이『속회요』 300권인데 21류, 666문으로 구성되어 있다. 뒤에 또『중흥회요(中興會要)』 200권을 찬술하였는데 고종 1대의 제도만을 기록하였다. 그 뒤 다시『순희회요(淳熙會要)』 368권,『가태효종회요(嘉泰孝宗會要)』 200권, 『경원광종회요(慶元光宗會要)』 100권,『가태영종회요고정(嘉泰寧宗會要考正)』 100권,『속수(續修)』 200권이 있었다.『송회요(宋會要)』는 오랫동안 일실되어 있었으나 청나라 서송(徐松)이『영락대전』에서 집출하여 도합 200책, 17문으로 편찬하였다. 이것이 바로 현재의 영인본이다.

송나라 서천린(徐天麟)은『송회요』와『당회요』를 본떠서『서한회요(西漢會要)』 70권,『동한회요(東漢會要)』 40권을 편찬하였지만 그 자료는 대부분 반고의『한서』와 범엽의『후한서』에서 나온 것이므로『당회요』와『송회요』가 동시대에 수찬한 것으로서 자료가 정사(正史)에 비해 많은 부분이 다르므로 아울러 논하기에는 가치가 적다.

세칭 삼통(三通)은 당나라 두우의『통전』, 송나라 정초의『통지』, 마단림의『문헌통고』를 말한다.『통전』에 대하여는 이미 앞에서 말한 바와 같다. 정초의『통지』는 비록 20략을 포괄하고 있지만 그 성격은 통사에 속한다.『통전』및『문헌통고』와 같이 오로지 제도사에만 속하는 것과는 다르다. 20략 이외에 기(紀)가 있는데 이것은 「본기」이며 「열

전」은 각 역사서의 열전을 모아서 이룩한 것이다. 「재기(載記)」가 있는
것은 『진서(晉書)』 「재기」의 예를 모방하였기 때문이다. 20략의 경우
각 역사서의 지(志)에 해당하며 이 부분이 바로 제도사에 속하는 것이
다. 정초는 「자서」에서 다음과 같이 언급하였다.

이제 천하의 큰 학술을 통일하고 그 강목을 조목조목 설명하여 '약
(略)'이라고 이름을 붙이니 무릇 20략이다. 백대의 헌장과 학자의 능사
가 여기에서 다 언급되었다고 하겠다. 이 가운데 5략은 한당(漢唐)의
여러 유자들이 이미 듣던 것이고 나머지 15략은 한당의 여러 유자들이
미처 듣지 못하던 것이다.

그 가운데 「도읍략(都邑略)」과 「씨족략(氏族略)」은 모두 유지기의
『사통』 「서지(書志)」편에서 의논한 「도읍지(都邑志)」와 「씨족지(氏族
志)」를 모방한 것이며, 「곤충초목략(昆蟲草木略)」은 유지기의 「방물지
(方物志)」를 본뜬 것이다. 정초는 "금석·초목, 호저(縞紵)·사시(絲枲)
따위, 조수(鳥獸)·충어(蟲魚), 치혁(齒革)·모우(毛羽) 따위는 혹 여러
오랑캐가 바친 것이고 혹 여러 나라가 바친 것이다. 「하서(夏書)」는
『상서』 「우공(禹貢)」편에 따라 편집되었고, 「주서(周書)」는 왕회(王會)
에 의존하였다. 또한 도형(圖形)·구목(九牧)의 정(鼎), 열상(列狀)·사
황(四荒)의 경(經)이 있어서 보는 자로 하여금 견문을 넓히도록 하고
배우는 자로 하여금 식견을 늘리도록 했다"라고 하였다.

이 3가지 약(略) 외에 다시 「천문략(天文略)」, 「재상략(災祥略)」, 「지
리략(地理略)」, 「시략(諡略)」, 「기복략(器服略)」, 「악략(樂略)」, 「예문략
(藝文略)」, 「금석략(金石略)」, 「도보략(圖譜略)」, 「교수략(校讎略)」, 「육
서략(六書略)」, 「칠음략(七音略)」을 덧붙였는데 이른바 이 15략은 한당
의 여러 유자들이 듣지 못하던 것이다. 이 가운데 명칭이 기존 역사서

지(志)의 명칭과 동일한 것이 있으나 실제는 다르다. 예를 들면, 「재상략(災祥略)」에서 정초는 다음과 같이 언급하였다.

『상서』「홍범(洪範)」의 오행(五行)이란 것은 무고(巫瞽)의 학문입니다. 역대 사관(史官)이 이에 근거하여 「오행지」를 만들었으나 천지 사이에 재상(災祥)은 1만 종이나 되며 인간의 화복은 아득하여 알 수 없습니다. 어찌 한 버러지의 요사함, 한 물체의 잘못됨 같은 것을 다 오행으로 설명할 수 있겠습니까? 또 진(晉)나라 여공(厲公)이 한번 멀리 본 것과 주(周)나라 단자(單子)가 한마디 말이 서서히 나간 것을 어찌 오행과 관련지을 수 있겠습니까? 진(晉)나라 신생(申生)의 옷 하나가 치우친 것, 정(鄭)나라 자장(子臧)의 관(冠) 하나가 다른 것이 어찌 오행과 관계되겠습니까? 동중서(董仲舒)는 음양학(陰陽學)으로 이런 말을 창도하고서 『춘추』에 근거지우고 견강부회하였습니다. 역대 사관들이 스스로 자신들의 안목을 어리석게 하여 머리숙여 거짓을 받아들여 천하를 기만하였습니다. 따라서 신(臣)은 오행을 제거하고 「재상략」을 지었습니다.

그의 논의는 매우 명쾌하다. 이름을 '재상(災祥)'이라고 하였으나 전대 역사가가 잘못하여 오행을 믿은 것과는 전혀 견줄 바가 아니다.

그러나 지나치게 광범위한 측면도 있다. 예를 들면 「육서략(六書略)」, 「칠음략(七音略)」 같은 것이 이에 해당한다. 정초는 「육서략」과 「칠음략」에서 오로지 자기 개인의 문자, 음운의 연구만을 발휘하였다. 이러면서도 '약(略)'이라는 명칭을 붙일 수 있다면 '약'이라고 이름붙일 수 있는 것이 너무 많게 될 것이다. 『사고전서총목제요』에서 이를 비판한 것은 타당하다고 할 수 있다. 『사고전서총목제요』에서 또 『통지』의 「기(紀)」와 「전(傳)」은 여러 역사서를 산록하고 조금 배치를 바꾸어 편집하여 대체로 옛 목차를 따랐으며 범례가 순일하지 않다고 한 것도 정당한 지적이다. 대체로『통지』라는 책은 의도가 고금에 통달하는 데 있었으나 정초의 재주와 능력이 이를 하기에는 부족하였던 것이다. 따라서 후대인의 평가가 같을 수 없었다.『통지』를 변호하는 사람들은 취지가 관통하여 살피는데 있으므로 단대사와 같을 수 없다고 하고, 비판하는 사람들은 고증을 상세하게 하지 못하여 오류와 소략한 곳이 많다고 한다. '삼통(三通)'을 서로 비교하면『통지』는『문헌통고(文獻通考)』에 뒤떨어진다.

고금의 제도를 종합하여 살핀 것으로 송(宋)나라 마단림(馬端臨)의『문헌통고』348권이 있다.「전부(田賦)」,「전폐(錢幣)」,「호구(戶口)」,「직역(職役)」,「정각(征榷)」,「시적(市糴)」,「토공(土貢)」,「국용(國用)」,「선거(選擧)」,「학교(學校)」,「직관(職官)」,「교사(郊社)」,「종묘(宗廟)」,「왕례(王禮)」,「악(樂)」,「병(兵)」,「형(刑)」,「경적(經籍)」,「제계(帝系)」,「봉건(封建)」,「상위(象緯)」,「물이(物異)」,「여지(輿地)」,「사예(四裔)」등 모두 24문(門)으로 나누어져 있으며 조목조목 분석하여 살피는 자로 하여금 종합적으로 사고할 수 있게 한다. 그리고 여기에 실린 송나라 제도는 가장 상세하여『송사』각「지(志)」에 실리지 않은 것들이 많으며 안설 또한 고금을 관통하여 타당한 결론을 내었으므로 고금의 제도를 집대성한 것이라고 할 수 있다. 마단림의 의도는 사마광의『자치통감』을 모방하여 역대 제도의 통사를 만드는 데에 있었다. 그는「자서」에서 다음과 같이 언급하였다.

사마온공은『통감』을 만들면서 1천 3백여 년의 사적, 17사(史)의 기술을 취해 모두 모아 하나의 책으로 하였다. 그런 뒤에야 학자가 책을 펼칠 때 고금이 모두 있게 되었다. 그러나 사마온공의 책은 치란(治亂)과 성쇠(盛衰)에 대하여는 상세하지만 제도에 대하여는 소략하다. 공의 지식이 미치지 못한 바가 아니라 분량이 방대하고 저술에는 체요(體

要)가 있어야 하므로 형세 상 두 가지 다 할 수는 없었기 때문이다. 가만히 일찍이 생각해 본적이 있는데 치란과 성쇠는 모두 같은 원인에서 생기는 것이 아니다. 진(秦)나라의 득국(得國) 과정은 한(漢)나라와 다르며 수(隋)나라가 나라를 잃은 원인은 당(唐)나라와 다르다. 각 시대마다 각기 다른 역사가 있으므로 한 시대를 종관하는 것으로 자족해야지 서로 참조해 살필 필요는 없다. 그러나 제도는 서로 이어 받는 것이다. 은(殷)나라는 하(夏)나라를 따랐으며 주(周)나라는 은나라를 따랐으므로 주나라를 계승한 나라의 손익은 100세가 지나도 알 수 있음을 성인(聖人 : 공자)이 이미 미리 말씀하셨다. 따라서 진(秦)나라와 한(漢)나라로부터 당나라 · 송나라에 이르기까지의 예약과 형정의 제도, 부세와 선거의 법규에서 관명의 개혁, 지리의 연혁이 모두 다 같을 수는 없으나 처음부터 크게 다르지는 않다. 예를 들면, 한(漢)나라의 조의(朝儀)와 관제는 본래 진(秦)나라를 따른 것이고 당나라의 부위(部衛 : 부병제)와 조용조(租庸調) 제도는 본래 주(周 : 북주)의 제도이다. 변통하고 경장하였으므로 착종됨을 잘 이해하고 시종을 잘 살펴보지 않으면 실로 쉽게 말하기가 어렵다. 서로 원인이 다른 것은 사마온공의 책이 있지만 서로 계승한 것은 이 책이 없다면 후학이 궁구할 수 없지 않겠는가?

이전에 비록 두우(杜佑)의 『통전(通典)』이 있었으나 "그러나 때에 고금이 있고 서술에 상략이 있어서 절목 사이에 명확하지 않은 부분이 있고 채택하고 빼는 데에 정밀함을 잃은 부분이 많았다." 이리하여 마단림이 이미 있는 것을 갖고서 미비한 사적을 보충하고 아울러 문류를 나누었다.

나머지 「경적고(經籍考)」, 「제계고(帝系考)」, 「봉건고(封建考)」, 「상위고(象緯考)」, 「물이명고(物異名考)」 같은 것은 두우의 『통전』에 없던 것을 새로 증가시켰다. 명명의 의도와 재료의 채택에 대하여 마단림은 다음과 같이 언급하였다.

무릇 사건의 서술은 경(經)과 사(史)에 근본하고 역대의『회요』를 참
고하였으며 백가의 전기 같은 것에도 미치었다. 믿을 만한 증거가 있
는 것은 채택하고, 괴이하여 의심스러운 것은 기록하지 않았다. 이것이
이른바 '문(文)'이다.

사건의 논평은 먼저 당시의 신료들의 주소(奏疏)를 취한 다음 근대
여러 유자들의 평론을 언급하고 명류들의 한담과 패관 기록에 이르기
까지, 무릇 하나의 이야기, 하나의 말로서 전고의 득실을 정정하고 역
사 전승의 시비를 증명할 수 있는 것은 채택하여 기록하였다. 이것이
이른바 '헌(獻)'이다.

여러 역사 전승의 기록 가운데 의심스러운 것은 여러 선유의 논변을
상고하여 마땅하지 않은 것은 정밀하게 연구하고 깊이 생각하여 그윽
한 가운데 얻음이 있으면 가만히 자기의 뜻을 드러내어 그 뒤에 붙였
다. 이 책을 이름하여『문헌통고(文獻通考)』라고 하였다.

'삼통(三通)' 각각에 대하여 후대인이 속편을 지었다. 송나라 때 송백
(宋白)이 지은『속통전(續通典)』200권에 대한 언급이『송사』「예문지」
에 실려 있으나 이 책은 완전하지가 않다. 명나라 왕기(王圻)의『속문
헌통고(續文獻通考)』254권은 마단림의 책이 견줄 바 아니다. 청나라
건륭(乾隆) 연간 '삼통관(三通館)'을 설치하고『속통전』144권,『속통
지』527권,『속문헌통고』252권을 찬술하였다. 덧붙여『황조통전(皇朝
通典)』100권,『황조통지(皇朝通志)』200권,『황조문헌통고(皇朝文獻通
考)』266권도 편찬되어, 원래의 삼통과 합쳐서 세상에서 '구통(九通)'이
라고 한다. 근래 또『속황조문헌통고(續皇朝文獻通考)』를 더하여 '십
통(十通)'이 되었다. 뒤의 4종은 오직 청대(淸代)의 제도만을 기록하였
다.

원대(元代)의 제도는 모두『경세대전(經世大典)』에 보이지만 이 책
은 이미 오랫동안 산일되어 있었다.『영락대전』가운데 실린 부분도

모두 엉성하여 상고할 만한 것이 되지 못한다. 현재 전하는 것은 단지 『원전장전집(元典章前集)』60권인데 그 분류가 『회요』에 매우 가깝다. 원대의 제도를 연구하는 사람이 참고하는 데에 도움을 준다. 이 밖에 『명회요(明會要)』180권이 굉치(宏治) 10년에 편찬되었는데 만력(萬曆) 연간에 증수하여 228권이 되었다. 『청회전(淸會典)』은 강희(康熙) 연간 편찬한 것인데 옹정(雍正) 연간에 속편을 편찬하여 모두 100권이 되었다. 건륭 29년 속수본(續修本)은 『회전』100권 외에 다시 『칙례(則例)』180권을 증보하였다. 가경(嘉慶) 23년 제4차 중수본의 경우 『회전』80권, 『사례(事例)』920권으로 도합 1000권이다. 광서(光緖) 25년 제5차 중수본은 『회전』100권, 『사례』1220권, 도합 1320권이다. 이상 2종은 모두 명, 청 두 시대의 제도를 연구하는 사람들의 필독서이다.

제2절 학술사

학술사의 출발은 비교적 늦어 대체로 북송(北宋)·남송(南宋) 때 시작되었다. 송나라 사람들에게는 이학(理學)이 번성하였는데 아울러 낙학(洛學)과 민학(閩學) 두 파가 각기 모두 전수(傳授) 연원이 있었다. 그러므로 최초의 학술사의 목표는 역사를 찬술하는 데 있었던 것이 아니고, 자기 학파의 계보 및 학설을 서술하는 데 있어서 규모가 모두 비교적 적었다.

진실로 학술사로 일컬을 수 있는 것은 황종희(黃宗羲)가 찬술한 『명유학안(明儒學案)』62권에서 비롯된다. 여러 학자의 어록과 문집에 근거하여 종파를 분석하여 명대(明代)의 학술을 전후 3시대로 나누었다.

제1기는 송(宋)나라 사람들의 실마리에서 시작하여 정주(程朱)의 학문을 연구하여 밝혔다. 「숭인학안(崇仁學案)」은 오여필(吳與弼)을 서두로 하고 「하동학안(河東學案)」은 설선(薛瑄)을 서두로 하였는데 모두 이 시대의 대표에 속한다. 「백사학안(白沙學案)」을 덧붙이고 진헌장(陳獻章)을 서두로 하였는데 육상산(陸象山)의 학문에 가까워 왕수인(王守仁 : 왕양명) 학파의 선구가 된다.

제2기는 즉 왕학(王學 : 양명학) 시대이다. 「요강학안(姚江學案)」은 오직 왕양명(王陽明)만을 기록하였고 이하 절중(浙中), 강우(江右), 남중(南中), 초중(楚中), 북방(北方), 월민(粤閩) 지역에서의 각 왕양명 문하의 학안은 모두 왕양명의 지파에 소속시켰다. 따라서 왕학(양명학)이 당시 널리 퍼졌음을 볼 수 있다. 끝 부분은 「동림(東林)」, 「즙산(蕺山)」 두 학안인데 각기 고헌성(顧憲成), 유종주(劉宗周)를 서두로 한다. 왕학 말류의 폐단을 시정하여 청대(淸代) 절서(浙西) 학술의 풍모를 열었다고 할 수 있다. 아울러 큰 종파에 속하지 않는 여러 유자의 학안들을 덧붙여 열거하였다. 각 학안은 이미 학자들의 생애를 말하고 아울러 그 학문의 요지를 서술하여 "언행이 아울러 실리고 지파가 각기 나누어졌으며, 선택이 정밀하고 말이 상세하며 핵심을 잘 포착하고 한 시대 학술의 원류가 또렷이 손바닥 안에 있는 것 같았다."[3]

이 이후 황종희는 다시 『송원학안(宋元學案)』 찬술을 시도하였는데 겨우 17권만을 이룩하고 죽었다. 그의 아들 황백가(黃百家) 및 전조망(全祖望)이 작업을 계속하여 보충하였으나 여전히 책 전체를 완성하지는 못하였다. 지금 간행본 『송원학안』 100권은 다시 황치규(黃稚圭), 왕재재(王梓材)의 보완을 거친 것이다. 체례는 『명유학안』과 서로 같으나 조직이 더욱 완벽하며 하나의 학안 앞에 각기 표 하나를 만들어 상세하게 사우(師友), 제자(弟子)의 연원을 열거하여 사람들로 하여금 이 표를 통해 간단명료하게 전수의 계통을 알 수 있게 한다. 그 가운데 「염계(濂溪)」, 「명도(明道)」, 「이천(伊川)」, 「횡거(橫渠)」, 「회옹(晦翁)」,

---

3) 「중각명유학안서(重刻明儒學案序)」.

「상산(象山)」의 6학안이 주체가 되고 나머지 각 학안은 부속이다.

그리고 청나라 당감(唐鑑)이 『국조학안소지(國朝學案小識)』 15권을 찬술하였고, 근대에 서세창(徐世昌) 역시 『청유학안(淸儒學案)』을 찬술하였으나 규모는 모두 앞의 두 책을 넘지 못한다. 청대의 유자 가운데에는 고증을 중시하는 사람이 많으며 성리학을 말하는 사람이 적다. 따라서 학술상 공헌이 비록 극히 많으나 사상가는 거의 없다. 이로 인해 청대사상사를 찬술하는 사람은 곤란을 느낀다. 이는 작자의 재주 때문만이 아니라 또한 의거할 재료가 그렇게 만드는 것이다.

이 밖에 강번(江藩)에게 『한학사승기(漢學師承記)』 8권, 『송학연원기(宋學淵源記)』 2권이 있어 가경(嘉慶) 연간 이전 청대 학자의 학문방법을 서술하였다. 청대의 학술에는 한학(漢學), 송학(宋學)의 구분이 있다. 한학가(漢學家)는 경사(經史)의 고증을 위주로 하여 멀리 전한(前漢)·후한(後漢)의 가법을 계승하였고 가까이는 당나라 사람들의 주소(注疏)를 사용하는 방식을 채택하였다. 송학가(宋學家)는 오로지 성리학 연구만을 위주로 하였다. 강번은 한학가(漢學家)에 속하여 성리학을 말하는 사람들을 상당히 경시하였으므로 『한학사승기』는 건륭·가경 이전 학술의 근본을 잘 서술하였으나 『송학연원기』는 상당히 학파적 편견이 있어 공평한 저작이라고 하기 어렵다.

이상 각 책은 모두 사람 혹은 학파가 주체가 되는데 비하여, 저작이 주체가 되는 것으로는 주이존(朱彝尊)의 『경의고(經義考)』 300권, 옹방강(翁方綱)의 『경의고보정(經義考補正)』 12권, 사계곤(謝啓昆)의 『소학고(小學考)』 50권이 있다. 경학(經學) 혹은 소학(小學)에 속하는 것은 현존 유무를 떠나 모두 서명과 권수, 찬자, 서문과 발문 등을 상세히 빠짐없이 기록하였다. 그러나 서술이 없고 체계적인 총론도 없으므로 학술사라기보다는 목록이라고 할 수 있다. 장학성이 이 예를 모방하여 『사학고(史學考)』를 만들고자 하였으나 완성하지 못하였다. 근대의 사국정(謝國楨)의 『만명사적고(晩明史籍考)』는 이 체재를 따르되 범위를 '만명(晩明)'으로 축소한 것이다.

청나라 완원(阮元)에게는 『주인전(疇人傳)』 46권이 있는데 오직 역대로 천문・역산에 밝은 학자들만에 대하여 기술하였다. 나사림(羅士琳)의 『속주인전(續疇人傳)』 6권, 제가보(諸可寶)의 『주인전(疇人傳)』 3편 7권은 모두 완원(阮元)의 책을 이은 것이다. 완원은 따로 『유림전(儒林傳)』을 지어 청나라 가경 연간 이전의 학자들만을 기록하였다. 이 또한 학술사에 속한다. 이 밖에 『화사휘전(畵史彙傳)』 등과 같은 책은 예술가와 기타 전문가를 기술한 것인데 이 또한 간단한 학술사라고 할 수 있다. 중화민국 건국 이래 서구문화의 영향으로 점차 정치사 이외의 각종 전문사에 주의를 기울이게 되어 계속하여 많은 저작이 나왔다. 중국사학사 상에서 전문사의 발전은 현재(1950년대) 맹아 단계에 있다고 할 수 있다.

제12장 지방사·종족사·가보·연보

소위 정사(正史)란 총괄적인 성격을 가리키는 경우가 많다. 이미 한 작은 지역에 국한되지 않으며 또한 한 시대의 작은 종족에 국한되지도 않는다. 그러나 지방사 혹은 종족사는 그 목적이 정사와 성격이 다른 것이 아니고 단지 범위가 비교적 작을 따름이다. 아래에 분류하여 서술하기로 한다.

제1절 지방사

지방사 혹은 구역사(區域史)의 기원은 오래되었다. 늦어도 후한(後漢)에서 시작되었으며, 유지기의 『사통』에서는 '군서(郡書)'라고 하였다. 『사통』「잡술(雜述)」편에 다음과 같은 언급이 있다.

여영(汝穎) 지방의 기사(奇士), 강한(江漢) 지방의 영령(英靈) 같은 인물이 탄생하면 군국(郡國)을 빛나게 한다. 향리의 학자들이 편찬하여 기록한다. 권칭(圈稱)의 『진류기구(陳留耆舊)』, 주비(周斐)의 『여남선현(汝南先賢)』, 진수(陳壽)의 『익도기구(益都耆舊)』, 우예(虞預)의 『회계전록(會稽典錄)』 같은 것은 모두 군서라고 한다.

『수서(隋書)』「경적지(經籍志)」는 이런 지방사 31종을 함께 기록한 외에, 별도로 『당서』의 지(志) 및 『수경주(水經注)』, 『북당서초(北堂書鈔)』 등에 인용된 것 12종을 기록하여 도합 43종에 대하여 언급하였다. 이들은 모두 수(隋)나라 이전 사람들이 지은 것이다. 가장 이른 것은 조기(趙岐)의 『삼보결록(三輔決錄)』 7권[1]이라고 할 수 있으며, 이 책은 오직 한(漢)나라 삼보(三輔) 지역의 인물들의 고사만을 기록한 것이다. 그 「서문」에 아래와 같은 언급이 있다.

> 삼보(三輔)란 본래 옹주(雍州) 지역이다. 대대로 공경(公卿) 이천석(二千石) 및 고자(高眥)를 사민(徙民)시켜 여러 능들을 모시게 하여 여러 지역의 풍속이 두루 모였으므로 한 나라의 풍속이 아니었다. 『시경』에서 말하는 「진풍(秦風)」, 「빈풍(豳風)」에 한정되는 것이 아니다. 이곳의 선비는 고상함과 의리를 숭상하여 명분 있는 행실을 귀하게 여긴다. 이런 풍속이 없어지면 권도만을 좇고 이익만을 살핀다. 나는 재주는 없지만 서토(西土)에서 태어나 귀로 고로(故老)의 말을 익히 듣고 눈으로 의관의 자태를 익히 보아 마음으로 잘 알고 그 현명함과 어리석음을 볼 수 있었다.……근래 건무(建武) 연간으로부터 지금에 이르러 사람들이 이미 죽었으나 행실은 서술할 수 있으므로 옥과 돌, 붉은색과 자주색은 이로써 서로 구분할 수 있다. 따라서 이름에 '결록(決錄)'이라는 말을 붙인 것이다. (『후한서』 조기(趙岐) 「전주인(傳注引)」)

이 책은 오래 전에 일실되었으나 청대에 집일본이 나왔다. 「서문」 및 원래 책을 보면 인물들에 대하여 기록하였던 책임이 확실하다. 이런 종류 지방사의 대표격이라고 할 수 있다. 같은 시기에 오로지 각 지방의 지리만을 기록한 책이 있다. 하순(賀循)의 『회계기(會稽記)』같은

---

1) 『수서』 「경적지」 및 『구당서』 「지(志)」는 모두 7권이라고 하였으나 『신당서』에서는 10권이라고 하였다.

것은 전적으로 지리만을 기록하였으며, 혹 주처(周處)의『풍토기(風土記)』같은 것은 전적으로 풍속만을 기록하였다. 이런 종류는『수서』「경적지」에 매우 많이 기록되어 있다. 또 우연히 인물을 기록한 것도 있으나 이것만을 의도한 것은 아니며 또 항상 상세한 것도 아니다. 그러므로 지리사라고 해야지 지방사라고 할 수 있는 것이 아니다. 북송 초부터 지방사와 지리는 막 합류하기 시작하여 '지방도경(地方圖經)'이 성립되고 뒤에 이를 지방지(地方志)라고 일컫게 되었다. 도경(圖經)이라는 명칭은 당나라 이전에 시작되었다.『문선(文選)』의 주에 인용된『옹주도경(雍州圖經)』,『선성도경(宣城圖經)』이 이것이다. 다만『문선』의 주에 인용된 각 조목은 모두 지리에 대한 언급이고 인물에 대한 언급은 없으므로 당나라 때의 도경(圖經)에 지방사와 지리 두 가지 모두를 포함하였는지 여부에 대하여 확정적으로 말할 수 없다. 현재 전모를 알 수 있는 것 중 가장 이른 시기의 책으로『오군도경속기(吳郡圖經續記)』3권이 있는데 송나라 주장문(朱長文)이 찬술한 것이다. 주장문은 소식(蘇軾)과 같은 시기 인물이다. 성읍, 호구, 풍속 등 외에 다시 목수(牧守), 인물이 있으므로 두 종류[지리사, 지방사]가 북송 때 합류되기 시작하였다고 하여도 지나치게 틀린 말은 아닐 것이다. 이 이후 원, 명, 청 각 시대마다 지방지가 많이 나왔다. 뒤에 다시 각 부(府)와 현(縣)을 합쳐 '성(省)'의 '통지(通志)'로 만든 것이 있다. 그 범위가 비교적 넓어지고 인물 기재도 뒤로 올수록 복잡해졌으나 지방사의 범주를 벗어나는 것은 아니다.

청대에 이르러 장학성이 지방지의 수정에 힘을 쏟았다. 이에 대한 전문서로『방지약례(方志略例)』2권이 있고 이 밖에 또 방지에 대해 논한 글이 많은데 이들을『문사통의』및『장씨문집(章氏文集)』에서 볼 수 있어 현재 모두 장학성의 유저 가운데 들어 있다. 장학성의 주장은 4가지로 나눌 수 있다.

(1) 고대의 지방사는 원래 그 지역의 모든 사적과 인물, 제도 및 지리를 기록한 것으로, 지리만을 기록한 것이 아니었다. 뒤에 점차 지리 위주로 변하여 사적과 인물은 부차적인 것이 되었다. 실로 애초 지방사의 의미를 상실한 것이다. 장학성은 원래 지방사의 모습을 회복하여 지리로만 한정하지 않을 것을 주장하였다.

(2) 지방사는 하나의 독립적 역사서가 될 뿐 아니라 전체 국사(國史)의 편찬에 도움을 준다. 이른바 "방지(方志)는 국사(國史)의 요산(要刪)"이라고 한 것이 이 말이다. 장학성은 후대의 국사가 개인적으로 찬술한 저작인 비문·전(傳) 등을 많이 채용하게 된 것은 지방사가 본래의 뜻을 잃어 국사의 수요를 충족시키지 못하고 공적으로 편찬한 방지(方志)를 사용할 수 없어서 역사가의 찬술을 채용할 수밖에 없었기 때문이라고 하였다. 방지는 원래 국사와 관련이 있으므로 국사에 실을 수 있는 인물의 열전을 방지에 중복하여 넣을 필요는 없다. 단지 인물표(人物表) 가운데 성명을 갖추어 두기만 하면 된다.

(3) 방지는 3부문으로 나눌 수 있다. "기전체의 정사(正史)를 모방하여 지(志)를 만드는 방식, 율령과 전례의 체례를 모방하여 장고(掌故)를 만드는 방식, 『문선(文選)』과 『문원(文苑)』의 체례를 모방하여 문장을 만드는 방식이 있다. 3부문은 서로 보완적이라고 할 수 있어 하나만 빠뜨려도 불완전하지만 합쳐 하나로 함은 더욱 옳지 않다."[2]

① 지(志)는 정사와 같아서 장학성이 편찬한 『호북통지(湖北通志)』는 2기(紀), 3도(圖), 5표(表), 6고(考), 4략(略), 53전(傳)으로 나누어진다.

② 장고(掌故)는 정사 외의 『통전』 등과 같이 오직 제도만 기록한 것이다. 장학성은 다음과 같이 언급하였다.

역사학은 당나라 때에 망하여 역사의 법식 역시 당나라에서는 갖추

---

2) 『방지약례』「방지립삼서의(方志立三書議)」.

어지지 않았다. 구양수『당서』의「지」가 나오기 전에 당나라 사람들이
이미 제도를 정사(正史)의 지(志)에서 완전하게 살펴볼 수 없는 것을
알고서 유지기가『정전(政典)』을 짓고 두우가『통전』을 지었다. 아울러
『주관(周官)』의 육전을 모방하여서 제도를 망라하여 크고 작은 것들을
모두 수록하여 책이 거질이 되었다. 아닌 것이 아니라, 군신의 사적은
기(紀)와 전(傳)에 상세하나 제도와 명물(名物)은 서(書)와 지(志)에서
완전히 갖추어지기 어려우므로 부지런히 찬술하였다. 송나라 초에 왕
씨(王氏)가『당회요(唐會要)』를 지은 뒤, 서씨(徐氏)가 다시『양한회요
(兩漢會要)』를 지어 이전 시기에 대하여 보충하고 시대를 총괄하여 책
을 만들었다. 비록 유지기의『정전』, 두우의『통전』과는 다소 다르지만
요는 모두 제도 핵심을 총괄하여 정사의 지와는 다르게 하고자 함이니
의례의 명료함을 변경할 수 없다. (『방지약례』「호주지장고예의(毫州
志掌故例議)」)

대체로 장학성의 뜻은 장고라는 한 문목은 비록 방지 가운데의 고략
(考略)과 성격이 비슷하지만 장고는 고략에 비해 상세하다는 것이었다.
③ 문징(文徵)은 오직 역사적 사실을 증명할 수는 기록만을 싣는 것
이니 사료집과 같다. 이 3부문 외에 들어가지 않는 나머지 자료를 차마
버리지 못하여 편집하여 총담(叢談) 부문을 만든다. 그러나 해당 지역
의 이런 자료의 존재 유무와 다과를 살펴서 정하는 것이지 앞의 3부문
처럼 불가결한 것은 아니다.
(4) "한 지방의 문헌을 때에 맞춰 망라하지 못하여 편차에 제대로 못
된 것이 많고 취사선택이 타당하지 않으면 장래에 일실되어 상고할 수
없고 인멸되어 들을 수 없는 것이 있게 될 것이다."[3] 따라서 모름지기
각 현에는 지과(志科 : 방지 담당과)를 설치하여 문서와 편지는 즉시
그 대략을 취해 두며 관장이 떠나간 뒤 그의 평소 행사 가운데 실제

---

3)『방지약례』「기여대동원논수지(記與戴東原論修志)」.

262

근거가 있는 것은 그 본말을 기록해 둔다. 개인이 지은 가보 및 전과지 또한 부본을 만들어 두고 찬술된 책 역시 부분을 만들어 둔다. 금석문의 경우도 탁본을 만들어 모두 방지 담당과에 가서 보관하게 한다. 현 가운데 창설과 폐지가 있으면 모두 방지 담당과를 거쳐 등록하도록 한다. 이상은 모두 방지를 수찬하는 준비이다. 현대적 용어로 말하면 지과는 문헌위원회이다. 장학성은 아울러 일찍이 이 주장을 실천하여 『호북통지(湖北通志)』,『박주지(亳州志)』,『영청현지(永淸縣志)』,『화주지(和州志)』 등을 지었다.

제2절 종족사 및 가보

종족사는 전적으로 한 종족의 역사를 기록한 것으로서 그 유래가 당연히 지방사에 비해 오래되었다. 봉건시기[주(周)나라 시기] 귀족은 정치를 담당하여 각 종족은 나라에서 독립적 지위를 갖고 있었으므로 각 종족에게는 모두 그 종족의 역사가 있었다. 이것은 그 종족의 사람이 써서 그 종족의 사람들이 보관하였다. 전국(戰國)시대 이후 귀족정치가 붕괴되자 이 풍조는 일시적으로 중지되었다. 한(漢)나라 때에 새로운 문벌이 발생하게 되었고 후한(後漢) 때에는 더욱 심하게 되었다. 그러므로 오랫동안 단절되었던 종족사가 마침내 이 시기부터 새롭게 발전하게 되었다. 『사통』의 「잡적(雜迹)」편에 다음과 같은 언급이 있다.

높은 가문의 장자, 세상을 바꿀 유덕자, 재주 있는 사람들이 가문을 잇고 부모를 현창하고자 하여 이로 말미암아 선열을 기록하여 후대에 남겨주었다. 양웅(楊雄)의 『가첩(家諜)』, 은경(殷敬)의 『세전(世傳)』, 손씨(孫氏)의 『보기(譜記)』, 육종(陸宗)의 『계력(系歷)』 같은 것을 가사(家史 : 가문사)라고 일컫는다.

『수서』「경적지」에는 「태원왕씨가전(太原王氏家傳)」 등 모두 20종
을 기록한 외에 별도로『당서』「지(志)」에 수록된 31종을 보태어, 도합
51종에 대한 언급이 있다. 이들은 수(隋)나라와 당(唐)나라 두 시기에
존재하고 있던 것들이다. 이미 실전된 것까지 더하면 실제 수치는 이
보다 더 많았을 것이다. 육조(六朝)에서 수나라, 당나라까지는 문벌을
매우 중시하여 종족사의 보존 또한 매우 중시되었다.

가보(家譜)라는 것은 또한 종족 가운데 한 지파이며 전기(傳記)를 고
쳐 계보도(系譜圖)로 하여 약간 차이 나게 한 것에 지나지 않는다. 그
유래를 논하자면 매우 오래되어 위로는『세본(世本)』에까지 소급할 수
있다.『세본』은 황제(黃帝) 이래 제왕, 제후 및 경(卿)·대부(大夫)의 계
보·시호, 이름을 기록한 것이므로 여러 종족의 구보(舊譜)를 합쳐서
책을 만든 것이다.『수서』「경적지」는 또 제(齊)나라와 양(梁)나라의
『제보(帝譜)』 4권과『경조한씨보(京兆韓氏譜)』 2권 등 10종을 싣고 있
으며,『당서』의 「지」 및『세설신어주(世說新語注)』,『문선주(文選注)』,
『사기정의(史記正義)』,『한서주(漢書注)』는 모두 가보(家譜) 여러 종을
인용하였다.

남조 송(宋)나라 말엽에 이르러 유담(劉湛)이 처음으로 여러 가보를
합쳐『백가보(百家譜)』 2권을 만들었는데 양(梁)나라 무제(武帝) 때 왕
승유(王僧儒)가 조서를 받들어 30권으로 중수하였다.4) 왕승유는 별도
로『십팔주보(十八州譜)』 712권을 만들었는데『신당서』와『구당서』의
「지」 모두 이에 대하여 기록하였다. 이것은 실로 족보의 집대성이라고
할 수 있다.

당나라 때에 이르러 고사렴(高士廉) 등이『대당씨족지(大唐氏族志)』
100권을 찬술하였고, 허경종(許敬宗) 등이『성씨보(姓氏譜)』 200권을
편찬하였으며, 유충(柳沖)이『대당성족계록(大唐姓族系錄)』 200권을

---

4)『수서』「경적지」에 의거함.

264

만들었다. 이들의 목적은 문벌의 고하를 판정하기 위한 것이었으나 그 결과는 각 종족에 대한 통합 족보를 만드는 것이 되었다. 이것은 또 가보(家譜)의 한 변화이기도 하며, 멀리『세본』의 계통을 이은 것이라고 하겠다. 구양수가 편찬한『신당서』의「재상세계표(宰相世系表)」는 여기에서 자료를 많이 취하였다.

당나라 사람들은 비록 남북조시대의 풍조를 이어받기는 하여 여전히 문벌을 중시하였으나 이미 선거제[과거제]를 시행하였고 송나라 때에 이르러 더욱 확대되었다. 이리하여 세가(世家)라도 영원히 보존할 수 없어서 계보의 학은 점차 쇠퇴하여 갔다. 더욱이 남쪽으로 천도한 이후 옛날 전적들이 없어져 남송 이후 일족의 가보는 이미 예전처럼 성행하지 않았고 통합 족보도 명맥이 끊어지게 되었다. 따라서 사학사상에서 보학(譜學)은 송대에 끝났다고 할 수 있다.

제3절 유전(類傳) 및 별전(別傳), 연보(年譜)

유전(類傳)이란 같은 부류의 사람 몇을 합하여 전(傳)을 작성하는 것이다. 같은 부류의 여러 사람이 반드시 같은 지역에 한정되지는 않으므로 지방사라고 할 수 없다. 또한 모두 같은 종족에 속하는 것도 아니므로 종족사도 아니다. 그 뜻과 행동이 유사하여 합쳐서 전(傳)을 만든 것이다. 그 체재는 실로 멀리는『사기』의「자객전(刺客傳)」및「화식전(貨殖傳)」등에서처럼 합쳐서 전을 만든 것까지 소급할 수 있다. 그 뒤 한나라 유향(劉向)의「열녀전(列女傳)」, 서진(西晉) 때 황보밀(皇甫謐)의「고사전(高史傳)」을 거쳐 아래로 육조(六朝)에 이르기까지 이런 저작이 매우 많았다. 송(宋)나라 때에 이르러 쇠퇴하여, 유전은 점차 줄어들었다.

별전(別傳)이란 오직 한 사람의 사적만을 기술한 것으로서 한(漢)나라 이후의 저작이 매우 많다.『삼국지주(三國志注)』,『세설신어주(世說新語注)』는 모두 항상 이것들을 인용하였고 여기에『문선주(文選注)』,『예문유취(藝文類聚)』,『초학기(初學記)』,『북당서초(北堂書鈔)』,『태평어람(太平御覽)』에 인용된 것을 더하면 모두 184종이나 된다. 당나라 이후 각종 문집에는 항상 전(傳) 및 가전(家傳)이 있는데 모두 이런 종류에 속한다. 다만 따로 독립적으로 있는 것이 아니므로 명칭이 다를 따름이다.

고서(古書) 가운데 인용된 별전(別傳), 예를 들면『삼국지주』에 인용된 「관녕별전(管寧別傳)」 등은 모두 당시 사람이 한 사람을 위해 지은 전(傳)이므로 유지기의 이른바 별전(別傳)과는 다르다.『사통』「잡술(雜述)」편에 인용된 별전 4종, 즉 유향(劉向)의 「열녀전(列女傳)」, 양홍(梁鴻)의 「일민전(逸民傳)」, 조채(趙采)의 「충신전」, 서광(徐廣)의 「효자전」은 모두 동종의 사람 몇 명에 대하여 전을 지은 것이므로 한 사람을 위해 지은 것이 아니다. 유지기는 또 "별전(別傳)이란, 단순히 착상에서 나오는 것이 아니고 기저(機杼 : 문장의 결구)에 통한 것도 아니며 오로지 전대 역사에서 널리 채택하여 책을 완성하는 것"이라고 언급하였다. 따라서 동시대인이 지은 것이 아니므로 여러 고서 가운데 인용된 별전과는 다르다. 따라서 명칭을 정리하여 동시대인이 한 사람을 위하여 지은 것은 '별전(別傳)', 비슷한 부류 몇 사람을 모아서 전을 만든 것을 '유전(類傳)'이라고 하기로 한다. 별전은 동시대인이 지은 것이고 유전은 후대인이 지은 것이므로『사통』에서 말한 바와는 차이가 있다.

또 같은 시대 몇 사람의 전(傳)을 합쳐 책을 만든 것이 있는데 그 성격은 유전과 유사하지만 각 편은 원래 독립적으로 편성되어 있으면서도 역사의 전(傳)이 될 수 있다. 이것은 유전(類傳)의 각 인물이 원래 서로 연결되어 이루어진 것과는 다르다. 유전이라고 하기보다는 '별전집교(別傳集較)'라고 부르는 것이 합리적이다. 이런 종류의 책으로서 현존하는 것 가운데 가장 오래된 것은 송나라 때 두대규(杜大珪)가 편찬한 『명신비전완염집(名臣碑傳琬琰集)』107권이다. 이 책 가운데 상집(上集)은 신도비(神道碑), 중집(中集)은 묘지명(墓誌銘)·행장(行狀), 하집(下集)은 별전이 많다. 묘지명·행장은 비록 전기와는 체재가 다르지만 한 사람의 사적을 기록한 것이므로 서로 유사한 점이 있다. 청나라 때에는 전의길(錢儀吉)의 『비전집(碑傳集)』 및 무전손(繆荃孫)의 『속비전집(續碑傳集)』 등이 있는데 이들이 모두 이 부류에 속한다.

별전(別傳) 가운데 다른 하나의 체재가 '연보(年譜)'이다. 한 사람의 사적을 전기체로 쓰는 것이 아니라 편년체로 하는 것이다. 송나라 때 시작되었는데 현존하는 것으로 『공자편년(孔子編年)』 5권이 있다. 남송(南宋) 고종(高宗) 소흥(紹興) 연간 호순척(胡舜陟) 및 그의 아들 호자(胡仔)가 편찬한 것으로서 연보 종류에 속한다. 그 뒤 연보의 편찬이 번성하여 송나라 이래 여러 『주자연보(朱子年譜)』 편찬이 있었는데 그 가운데 가장 유명하고 근래 사람들이 존중하는 것으로 청대 왕무횡(王懋竑)이 편찬한 것이 있다. 왕무횡은 이묵당(李默唐)의 편찬본 및 홍씨(洪氏)의 속편본에 근거하고 다시 『주자어록(朱子語錄)』 및 『문집(文集)』을 참고하여 이 책을 만들었다. 또 취사선택의 근거를 제시한 『고이(考異)』 4권도 만들었다. 송나라 주희(朱熹)의 학술에 대한 기록은 조리가 분명하여 후대 사람들로 하여금 당시 문화계의 동태 및 주자의 학문 방법에 대하여 잘 알게 하여 준다. 연보이면서 학보(學譜)를 겸하였다고 할 수 있고 지금 사람들이 편찬한 연보 가운데 이 방법을 채용한 것이 많다. 연보의 대상이 되는 사람만이 아니라 겸하여 당시의 정치 혹은 학술에 대하여도 언급하였으므로 그 시대를 논하는 사람들은 여기에서 얻는 바가 많다.

제13장 명대(明代)의 역사학

제1절 관찬 『원사(元史)』

원(元)나라 세조(世祖) 중통(中統) 3년 왕악(王鶚)이 전왕조의 일에 대한 기록을 사관에 보낼 것을 청하였고 지원(至元) 2년 한림원(翰林院)에 명령을 내려 역대 왕조의 사적을 수집하도록 하였다. 그러나 원나라 때에는 일력관(日曆官) 및 기거주관(起居注官)을 두지 않고 단지 중서성(中書省)에 시정과(時政科)만을 두고서 당안(檔案)을 사관(史館)에 보내도록 하고, 다음 대에 이에 의거해 실록(實錄)을 작성하도록 하였다. 따라서 원대에 대하여는 일력 및 기거주가 없고 세조(世祖) 이후에서야 실록이 있게 되었다.[1]

명(明)나라 홍무(洪武) 연간에 처음 조서를 내려 『원사(元史)』를 편수하도록 하였다. 『폭서정집』「조훈전(趙壎傳)」에 다음과 같은 언급이 있다.

홍무(洪武) 원년 황제가 삭방(朔方 : 북방)을 평정하고 겨울 11월 조서를 내려 비부(秘府)에 소장된 『원십삼조실록(元十三朝實錄)』을 꺼내도록 하고 송렴(宋濂), 왕위충(王褘充)을 총재관(總裁官)으로 하였다. 산림에 숨어 있는 선비들을 징발하여 『원사(元史)』를 편수하게 하였다.

---

[1] 주이존(朱彝尊), 『폭서정집(曝書亭集)』「서일기전(徐一夔傳)」.

왕극관(王克寬), 호한(胡翰), 송희(宋禧), 도개(陶凱), 진기(陳基), 조방
(趙汸), 장문해(張文海), 서존생(徐尊生), 황호(黃箎), 부서(傅恕), 왕기
(王錡), 부저(傅著), 사휘(謝徽), 고계(高啓), 증로(曾魯), 조훈(趙壎) 등
모두 16인이 이에 참여하였다. 다음해 2월 사국(史局)을 천계사(天界
寺)에 개설하여 가을 8월에『원사』가 완성되었다.「본기」 37권,「지」
53권,「표」 6권,「전」 63권이다. 중서좌승상 겸태자소사(中書左丞相兼
太子少師) 선국공(宣國公) 이선장(李善長)이 표를 올렸다.

이상은 명나라가 수찬한『원사(元史)』가운데 첫째 부분이다. 그러
나 원 순제(順帝)에게는『실록』이 없고 원나라 말의 사료에 결핍이 많
아서 어쩔 수 없이 널리 사료를 수집하여『원사』를 속찬하게 하였다.
이에 대하여 다음과 같은 언급이 있다.

　　이리하여 한림학사(翰林學士) 송렴(宋濂), 예부상서(禮部尚書) 최량
(崔亮), 주사(主事) 황숙(黃肅)이 범례를 만들었다. 주견사(奏遣使) 여복
(呂復), 구양우(歐陽佑), 황앙(黃盎) 등 12인이 두루 천하를 다니면서 역
사와 관련된 것은 모두 관으로 보냈으며 다시 북평(北平)에 이르러 유
생 위어(危於) 등을 연(燕) 지역 남북으로 나누어 보냈다. 옛 국자감(國
子監)에 사국(史局)을 설치하고 조령(詔令)·장소(章疏), 임명·파직·
주청에서 야사(野史)·비갈(碑碣)에 이르기까지 채방하지 않은 것이 없
었다. 몽고어로 된 것은 번역하고 행중서(行中書)에 보내 관인(官人)으
로 봉하게 하여 서울에 보냈다.
　　3년 2월 또 송렴(宋濂), 왕위충(王禕充)을 총재관으로 임명하고『원
사』를 속찬하게 하였다. 찬수자는 주우(朱右), 패경(貝瓊), 주세렴(朱世
廉), 왕렴(王廉), 왕이(王彝), 장맹겸(張孟兼), 고손지(高遜志), 이무(李
懋), 이문(李汶), 장선(張宣), 장간(張簡), 두인(杜寅), 유인(兪寅), 은필(殷
弼), 조훈(趙壎) 등 15인이다. 가을 7월 책이 완성되어 진상하였다. 권
수를 계산하면「기」 10,「지」 5,「표」 2,「전」 36권으로서 앞의 책의 미

비점을 보완하여 보충하였다. 간행하라는 조서를 내렸다. (『폭서정집』 「조훈전」)

위에서 언급한 것이 명나라 때의 제2차 『원사』 편찬이다. 두 차례에 모두 200권을 완성하였다. 그러나 수찬 시간이 너무 짧아서 착오가 아주 많다. 고염무(顧炎武)의 『일지록(日知錄)』에서는 『원사』「열전」제8의 속불태(速不台)는 제9의 설불태(雪不台)이며 제18의 완자도(完者都)는 20권의 완자발도(完者拔都)이고, 제30의 석말야(石抹也)는 제39의 석말아신(石抹阿辛)인데도 한 사람에 대하여 두 개의 전을 지었다고 지적하였다. 그리고 원나라 말에 순절한 여러 신하 가운데 태불화(泰不華), 여궐(余闕) 등의 「전」이 제33권에 있는데 뒤에 다시 사국을 개설할 때, 야율초재(耶律楚材), 유병충(劉秉忠)의 「전」을 편입해 넣었으므로 전후가 도치되었다. 아마도 제2차 편찬 때 미처 정리 못하여 이런 오류가 있게 되었을 것이다.

당시 원나라 유민의 여러 문집이 아직 간행되지 않았으므로 참고자료 또한 지나치게 간략하였다. 이렇게 『원사』 편찬에 오류가 많은 것은 시간이 짧은 것만이 아니라, 시간이 너무 이른 데에도 원인이 있다. 서일기(徐一夔)는 왕위(王禕)의 추천을 받아 『원사』를 편술하도록 위촉되었으나 사직서를 보내고 나아가지 않았다. 사료가 너무 결핍되어 편찬이 쉽지 않았기 때문이었다. 그리고 원나라 때에는 나라의 강역이 광활하고 통치 받는 인민들의 언어가 제각각이었는데도 명나라 초에 편사자들이 각지의 사료를 구하려는 노력을 않은 데 더하여 몽고어를 이해하지 못하였으므로 오류가 생기기 쉬웠다. 청나라 때 위원(魏源)이 『원사』를 개수하고자 하여 「원사신편표(元史新編表)」를 올렸는데 구 『원사』에 대한 비판이 다음과 같이 매우 상세하다.

　　사람들이 『원사』가 명나라 초 신료들의 거친 손에 의해 이루어진 것은 알지만 그 기록·장고(掌故)가 황당하고 오류가 매우 심한 것이 모두 원나라 사람들이 자초한 것인지는 모른다. 병적(兵籍)의 다과는 훈척으로서 추밀원(樞密院)을 맡은 한 두 사람이 미리 아는 외에는 한사람도 그 숫자를 알지 못하였다. 타포적안(拖布赤顔)[원주 : 탈복적안(脫卜赤顔)]의 한 책은 『성무개천기(聖武開天記)』를 번역하여 개국공신을 기록하고 스스로 사관에 보냈다. 중엽에 『태조실록(太祖實錄)』을 편찬할 때 이 책을 요청하였으나 반출해 주려고 하지 않았다. 천력(天曆) 연간 『경세대전(經世大典)』을 편찬할 때 다시 책을 요청하였으나 내주려고 하지 않았다. 따라서 『원사』 가운데 국초 3조의 본기는 전도·중복되고 겨우 전문(傳聞)에 의거했을 따름이다. 국초 수만리에 걸쳐 부락을 평정하였지만 『경세대전』에서는 서북 지역 번봉의 강역, 기록, 병마에 대하여 겨우 헛되이 편명만을 열거하였다. 금궤와 석실에 비장된 책을 보여주는 것을 꺼려하여 이렇게 철저히 숨겨 두었다. 『원일통지(元一統志)』 또한 겨우 내지의 각 행성만을 싣고 번봉(藩封) 및 막북(漠北), 서역(西域)은 모두 자세하지 않다. 문헌으로 징험할 수 없는 시대가 된 것이 괴이할 것도 없다. 이리하여 강역은 비록 넓으나 강역이 없는 것과 같게 되었다. 무공은 찬란하나 공이 없는 것과 같게 되었다. 더욱이 명나라 사관의 신하들은 번역을 못하여 마침내 오류가 더 커져 거의 쓸모없는 것이 되고 말았으니 다시 새롭게 하지 않는다면 의거할 문헌이 없다.

　　이상에서 『원사』 편찬의 오류를 알 수 있었다. 그러나 『원사』 가운데 여러 「지」는 『경세대전』에 근거한 것이 많아 한 왕조의 제도치고는 기재된 것이 상당히 자세하다. 중엽 이후의 각 「전」은 문인에 대한 것이 몽고인에 비하여 상세하다. 이것 역시 문인에게는 비전(碑傳)이 있으나 몽고인의 사료는 이해할 수 없었던 데에 기인한다. 이 또한 사관이 몽고어를 해독하지 못하였던 데에 따른 폐단이다.

제2절 관찬(官撰) 및 사찬(私撰) 명대사(明代史)

명나라의 황제들에 대하여는 모두 『실록』이 있다. 다만 건문(建文) 황제 때의 사적은 『태조실록(太祖實錄)』 속에 들어가 있고 경태(景泰) 황제 때의 사적은 『영종실록(英宗實錄)』에 들어가 있다. 『태조실록』은 건문 연간에 처음 편찬되었다가 영락 초년에 다시 편찬되었으며 현존하는 것은 영락 15년 편찬본이다. 『희종실록(熹宗實錄)』은 천계(天啓) 4년 기록이 통째로 빠져 있으며 천계 6년 6월의 1권도 빠져 있어서 지금 영인본은 저보(邸報)로 보충하였다. 사종(思宗)의 경우 실록이 없으며 『숭정장편(崇禎長編)』 몇 권만 있다. 청나라에서 『명사(明史)』를 수찬할 때 보충하였으므로 명대에 편찬된 것이 아니다. 이상에 대하여는 현재 모두 영인본이 있다. 이 밖에 현존하는 것으로 만력(萬曆) 연간의 기거주(起居注) 몇 권이 남아 있다. 비록 잔권이어서 불완전하기는 하지만 이를 통해 명대 기거주의 체재를 살필 수 있다.

명대의 공령문(功令文)은 청대와 달랐다. 『명실록(明實錄)』은 허가를 받아 필사할 수 있었으나 『청실록(淸實錄)』은 궁궐 및 사관에 비장되어 있었다. 『명실록』은 베낄 수 있었으므로 명대에는 개인이 지은 역사서가 매우 풍부하며 대부분이 『실록』, 『명회전(明會典)』 및 개인의 비문(碑文), 전기(傳記)를 자료로 하였다. 이 가운데 중요한 것을 들면 진인석(陳仁錫)의 『황명세법록(皇明世法錄)』 92권 같은 것은 정치·군사·제도에 대하여 항목을 분류하여 완성한 것이다. 또 초횡(焦竑)의 『국사헌징록(國史獻徵錄)』은 명대의 전기(傳記)를 집대성한 것이다. 같은 종류의 것으로 뇌례(雷禮)의 『열경기(列卿記)』, 항독수(項篤壽)의 『금헌비유(今獻備遺)』, 서굉(徐紘)의 『명명신완염록(明名臣琬琰錄)』 및 『속록(續錄)』이 있는데 모두 명대 명인(名人)의 전기를 만드는 것을 목표로 하였다. 이런 종류의 책은 극히 많아서 이루 다 상세하게 열거할 수 없다. 가장 최근의 것으로는 주국정(朱國禎)의 『사개(史概)』가 있는데 모두 「황명대사기(皇明大事記)」, 「대정기(大政記)」, 「대훈기(大訓記)」 및 「개국공신전(開國功臣傳)」, 「손국전(遜國傳)」의 5종으로 구성되어 있다. 이 가운데 앞의 3종은 편년체에 속하고 뒤의 2종은 기전체에 속하는데, 도합 120권이다.

총괄적으로 논하면 명대(明代)에 개인이 수찬한 역사서는 매우 많으며, 위에서 열거한 외에 계통적이지 못한 단사(短史) 역시 많다. 위로는 송대와 견줄 만하며 아래로 청대가 능히 미칠 바가 아니다. 그러나 『속자치통감강목장편(續資治通鑑綱目長編)』은 북송(北宋) 한 시대의 역사를 망라하였으나 오류와 빠진 것이 많다. 이것은 명대 사람의 역사식견이 끝내 송대 사람에 미치지 못하였기 때문이다. 수량으로 말하면 두 시대가 비슷하지만 질로 말하면 명대는 송대에 비해 많이 뒤떨어진다. 그리고 명대 왕종술(王宗沐), 설응기(薛應旂) 두 사람 모두 『송원자치통감(宋元資治通鑑)』을 지었는데 왕종술의 책은 64권이며 설응기의 책은 157권이다. 두 책 모두 사마광의 『자치통감』을 잇고자 한 것이다. 그러나 송나라와 원나라에 대한 사료를 볼 수 없어서 연대가 잘못되고 사건의 경과가 완전하지 못한 흠이 있으므로 사마광의 책에 비하여 수준이 많이 떨어진다. 이것 또한 명대 역사학이 송나라만 못함을 보여주는 한 가지 예이다.

명대의 역사기록 가운데 가장 결핍된 부분은 남명(南明) 시기이다. 남아 있는 사료는 국부적인데 청나라가 파괴하였고 당시는 아직 당쟁의 여파가 제거되지 않아 기록 역시 항상 편견이 있어 진위를 구별하기 어렵다. 연구자들로 하여금 선택을 어렵게 한다. 따라서 남명의 역사 연구를 제창한 사람은 매우 많았으나 제대로 계통적인 남명사(南明史)를 완성할 수 있었던 사람은 아직 없다. 이것 역시 현재 사람들이 잘 보충해야 할 부분이다.

제14장 청대(淸代)의 역사학

제1절 관찬(官撰) 『명사(明史)』

『명사(明史)』의 편찬은 청나라 순치(順治) 2년 5월에 시작되었다. 청나라 『세조실록(世祖實錄)』에 다음과 같은 언급이 있다.

> 내삼원대학사(內三院大學士) 풍전(馮銓), 홍승주(洪承疇), 이건태(李建泰), 범문정(范文程), 강림(剛林), 기충격(祁充格) 등이 "신(臣)등이 성상(聖上)의 유시를 받들어 『명사』를 총재하게 되었읍니다"라고 상주하였다.

옹정(雍正) 13년 12월 책 전부가 완성되었다. 그 사이 91년이란 오랜 세월이 경과되었는데, 이는 역대 관찬 역사서들 가운데 가장 시간이 오래 걸린 것이다. 대략 3시기로 나눌 수 있는데 제1시기는 순치(順治) 2년에서 강희(康熙) 18년까지 모두 34년으로서 예비 기간이라고 할 수 있다. 당시는 당안(檔案)이 불완전하였고 인재 또한 많지 않았다. 예를 들면, 다음과 같은 언급이 있다.

> 순치 5년 경오일 내삼원(內三院)에 유시하여, "지금 『명사』를 수찬함에 천계(天啓) 4년과 7년의 『실록』 및 숭정(崇禎) 원년 이후의 사적이

274

결여되었는데 안으로 육부(六部)・도찰원(都察院) 등의 아문, 밖으로 독무(督撫)・진안(鎭按) 및 도(都)・포(布)・안(按) 삼사(三司) 등 아문들은 결여된 시기의 기록과 관련해 상하로 공문을 보내어 정사(政事)에 관계있는 것은 속히 예부로 송달하고 내원에 모아 보내어 수찬에 대비하게 하라"고 하였다. (청『세조실록』)

이것은 난을 경유한 뒤 사료의 결핍이 있었음을 증명해 준다. 더욱 이『세조실록』은 편찬은 중간에 삼번(三藩)의 난이 있어서『명사』편찬이 일시 중지되어 강희 18년에 이르러서도 아직 책이 완성되지 못하였다.

제2시기는 강희 18년에서 61년까지로 도합 44년이다. 이때가 가장 열성적으로『명사』편찬을 위해 노력하던 시기로서, 이 시기 말엽에 이르러『명사』의 대략이 형성되었다. 강희 18년 봄 각 성에서 추천한 박학다식한 선비들이 이미 북경(北京)에 당도하여 시험에 응하였으며, 이 결과 50명을 선발하였는데 모두에게『명사』편찬 업무를 분담시켰다. 이에 따라 다년간 적극적으로 작업을 할 수 없었던 명사관(明史館)이 큰 응원군을 얻게 되어 큰 성과를 낼 수 있었다. 작업 과정은, 당시 참가한 사람들 가운데 모기령(毛奇齡), 주이존(朱彝尊) 등의 기록을 보면, 우선 명나라 홍무(洪武)에서 정덕(正德) 연간까지 각 황제의 역사를 분찬하면서 기(紀), 표(表), 지(志), 전(傳)을 포함시켰고, 이 작업이 강희 19년에서 20년 사이에 대략 완료되었다. 강희 20년부터는 명나라 태창(泰昌), 천계(天啓), 숭정(崇禎) 3황제의 사적을 분찬하였다. 숭정 황제에 대하여는 실록이 없고 천계 황제의 경우는 결질이 있으므로 먼저『숭정장편(崇禎長編)』을 만들었다. 주이존의『폭서정집』에 따르면『숭정장편』은 겨우 저보(邸報)를 편집해 만들었으므로 결여된 사적이 여전히 많았다. 따라서 주이존은 가전(家傳) 및 야사를 찾아서 보충할 것을 주장하였다. 비록 강희 21년에 이르러 3황제 사적에 대한 원고가 완성되었지만 수찬자들 또한 감히 제대로 된 것이라고 생각하지 않았다.[1]

이후 명나라 가정(嘉靖), 융경(隆慶), 만력(萬曆) 3황제의 사적을 분찬하였다. 만력 연간은 당쟁이 매우 심하여 근거 자료로서 『실록』이 있지만 믿을 수 없었다. 이 역시 논쟁의 여지가 많은 사료일 뿐이다. 강희 22년에 이르러 3황제에 대한 부분이 완성되었다. 편찬이 완성되었다는 것은 각 사관 개인이 분담한 부분의 원고들이 완성되었음을 가리키는 것이다. 아직 전체적으로 살펴서 정하는 일이 남아 있었다. 그 뒤에 총재관이 각 원고를 개정하였다. 강희 23년 서원문(徐元文)이 총재관을 맡았을 때 만사동(萬斯同)에게 함께 개고 작업을 하자고 하였다. 만사동은 황종희(黃宗羲)의 제자로서 절서(浙西) 사학의 의발을 이어받은 사람이다. 그는 포의로서 12년간 개고 작업에 참여하여 오직 서원문(徐元文)만을 도왔다.

강희 30년에 이르러 서원문이 죽었고 33년 왕홍서(王鴻緖)가 총재관의 임무를 이어받아 만사동에게 「열전」을 핵정하도록 하였으나, 만사동 역시 이 일을 맡은 직후 죽었다. 뒤에 몇 년이 지나 강희 53년에 왕홍서가 마침내 「열전」의 여러 원고, 도합 205권을 올렸다. 뒤에 왕홍서 「명사고열전(明史稿列傳)」이라고 칭해지는 것이 이것이다.

옹정 원년에 이르러 왕홍서가 다시 「본기」 19권, 「지」 70권, 「표」 9권(「열전」을 합쳐 300권)을 올렸다. 왕홍서가 의거한 것은 이전 명사관(明史館)의 사람들이 분찬한 원고를 산삭한 것이다. 그는 책을 올릴 때에 이미 관직에서 은퇴하여 집에 머문 지 오래 되었으므로, 실지로는 관찬이지만, 명목상으로는 사찬이다. 이때부터 제3시기에 들어간다. 옹정 원년 7월 또 유시를 내려, 『명사』를 속찬하게 하여 23인이 분찬하였

---

1) 방상영(方象瑛), 「명사분고자서어(明史分稿自序語)」.

276

고 장정옥(張廷玉) 등이 총재관을 맡아 옹정 13년에 이르러 완성되었다. 장정옥 등이 올린 「진명사표(進明史表)」 가운데 다음과 같은 언급이 있다.

　생각하옵건대, "옛 신하 왕홍서의 사고(史稿)는 명인(名人) 30년의 노력을 거친 뒤 상주되어 단 위에 있고 비각에 나누어 두었습니다. 수미가 대략 갖추어지고 사적이 자못 상세합니다. 『한서』는 사마천에서 체재를 따왔고 『당서(唐書)』는 유구(劉昫)에 기본하였으나 실로 시비가 제대로 되었습니다. 인습하였으면서도 잘못이 없이 곧바로 편찬을 완성하여 초고가 이루어졌습니다."라고 하였다.

　이것은 대체로 왕홍서의 원고가 저본이 되고 의심스러운 것이 없으므로 책의 완성이 비교적 빨랐음을 말하여 준다. 권수는 왕홍서의 원고와 약간 차이가 있어서 「본기」 24권, 「지」 75권, 「표」 13권, 「열전」 220권, 「목록」 4권 도합 336권이다. 이것이 '24사' 가운데 속하는 『명사』이다.
　현존 『명사(明史)』 및 『명사고(明史考)』는 모두 판각본이다. 이 밖에 북평도서관에 『명사고본』 2종이 있는데 1종은 명 만계야(萬季野 : 만사동)선생 『명사고』라고 제목이 되어 있고, 다른 1종은 416권 본 『명사고』로서 작자의 성명이 표시되어 있지 않다. 만사동의 원고는 모두 313권으로서 단지 「본기」 및 「열전」만 있고 권수도 방포(方苞)가 지은 「만계야묘표(萬季野墓表)」와 부합되지 않는다. 「묘표」에서는 만사동이 지은 「본기」와 「열전」이 모두 160권이라고 되어 있다. 이상 2종은 서로 다르며 『명사고』와도 다르다. 어떤 사람은 만사동의 원고가 가장 먼저이고 416권 본은 만사동의 원고를 개고한 것이며, 왕홍서의 『명사고』는 416권 본을 산삭하여 완성된 것이고, 가장 나중에 산삭하여 이루어진 것이『명사』라고 생각하는데, 그 경과는 이상에서 언급한 바와 같다.『명사』의 완성은 90여 년간이라는 오랜 세월을 경과한 것일 뿐 아니라 여러 사람의 찬술 및 개수를 거친 것이다.

당시 참여한 여러 사람들, 예를 들면 우동(尤侗), 모기령(毛奇齡), 탕빈(湯斌), 방상영(方象瑛), 주이존(朱彝尊), 시규장(施閏章), 왕완(王琬), 심형(沈珩), 만방영(萬邦榮), 왕원(王源) 등을 살펴보면 그들의 문집 가운데 각자가 지은 국부적인 역사 원고가 있어 분담 상황을 명확하게 알 수 있다. 찬술과 정정에 참여한 사람들은 많지만, 제각기 공이 있는 것은 이 때문이다. 당나라 이후 편찬된 여러 역사서 가운데 체례 및 엄정함의 측면으로 말하면,『명사』가 당연히 으뜸이다.

『명사』편찬의 완성은 여러 사람의 힘에 의한 것이고 오랜 시간을 경유하였음은 앞에서 이미 언급하였다. 사료 채방, 체례에 대한 여러 차례의 토론 역시 다른 역사서에 비해 완벽하게 된 원인이다. 순치 5년에 천계, 숭정 연간 관련 당안을 베껴 사관에 보내도록 유시하였음은 앞에서 이미 언급하였다. 순치 8년에 이르러 또 상을 내걸고『천계실록초』,『숭정실록초』및 저보를 구하였다. 일찍이 순치 12년과 강희 4년에 유시를 내려 저보 및 야사를 구한 적이 있으나 탕빈(湯斌) 등이 누차 유서를 구할 것을 건의하였다. 이로 인해 수집한 사료가 비교적 완비되었다. 반뢰(潘耒)는『식화지초록(食貨志抄錄)』을 찬술하였는데, 홍무 연간에서 만력 연간까지 관계되는 60여 본이다. 사관에서 베낀 엄숭(嚴嵩), 장거정(張居正), 주연유(周延儒)의 사적 각 500여 항목, 위충현(魏忠賢)의 사적 1000여 항목 등은 모두 양춘(楊椿)의「상명감강목관총재서(上明鑑綱目館總裁書)」[명감강목관총재에게 올린 편지]에 보인다. 근거 사료를 필사하여 초본을 만든 것을 상세히 알 수 있다.[2] 그

---

2) 양춘이 "이때 반군(潘君) 가당(稼堂 : 반뢰)이「식화지(食貨志)」를 이어서 찬술하여 홍무 연간에서 만력 연간까지 초본이 600여 본이었는데 잔글자로 빽빽

리고 청나라 초『실록』을 사용하여 명나라와 청나라의 사료로 하여금
상호 비교되게 하여 사실의 진상을 알 수 있다.

체례의 측면에 관해서는 주이존(朱彝尊)이 누차 총재관에게 편지를
올렸으며 서건학(徐乾學)이 「수사조의(修史條議)」를 정하였고, 탕빈(湯
斌)이 「명사범례의(明史凡例議)」를 올렸으며, 시윤장(施閏章)과 심형균
(沈珩均)이 「수사의(修史議)」를 올렸다. 반뢰(潘耒)도 「수명사의(修明
史議)」를 올렸으며 왕홍서(王鴻緒)는 「사례의(史例議)」를 올렸다. 이들
은 모두 역사 편수에 대한 의견을 올린 것이다. 이 가운데 가장 논쟁적
인 부분은 「유림전(儒林傳)」 외에 「도학전(道學傳)」을 세우는 문제였
다.『송사』에는 이런 예가 있으나 많은 사람들이 이를 비판하였다. 서
원문(徐元文)은 「도학전」을 세우자고 주장하였으나 주이존(朱彝尊), 황
종희(黃宗羲)는 모두 극력 반대하였다. 현존본『명사고』및『명사』에
는 모두 「도학전」이 없다. 반대자의 의견을 따른 것이다. 또한 이전에
는 없었으나『명사』에만 있는 것이 있다. 예를 들면 「토사전(土司傳)」
이 그것인데 이것은 전 왕조는 없던 것이고 「지리지」에 속할 수도 없
으므로 한 항목을 새로 만들지 않을 수 없었다. 이전 각 역사서의 「예
문지」에는 역대의 서적을 다 싣고자 하였으나,『명사』는 유지기의 주
장을 따라서 명나라 한 시대의 저작만을 수록하였다. 판각이 유행한
이후 고서 가운데 보존된 것이 많아 만약 고금의 것을 모두 싣고자 한
다면 매우 번거로워져서 옛 체례를 바꾼 것이다.

하게 썼고 각 책이 많은 경우 40여 장이고 적은 경우 20여 장이었으며, 도합
초본 60여 본이다"라고 한 것이 바로 이 책이다. 다만 각 책은 단지 많은 경
우 40여 장이며 적은 경우 20여 장이다. 반뢰의「상총재관서」(총재관에게 올
린 편지)에서는 "이 300여년에 대한 실록은 방대하기가 바다 같아서 1년을 1
본이라고 계산하면 각 본의 초출 분량이 많은 경우 40여 장, 적은 경우 20여
장이다. 홍무 연간에서 만력 연간까지 잔글자로 빽빽이 써서 60여 본이다"라
고 하였다. 이것은 각 보나『실록』에서 초출한 부분의 분량을 말하는 것이지
60여 본의 각 책 분량을 말하는 것은 결코 아니다.

『명사』는 비록 관찬이기는 하지만 사실상 만사동(萬斯同) 한 사람의 손에서 개수가 이루어진 것이라고 할 수 있으므로, 그 가치가 다른 관찬의 역사서들에 비하여 가장 완벽하다. 때문에 칭찬하는 사람은 많고 비판하는 사람은 적다. 다만 약간의 착오가 있음은 면할 수 없어 서로 조금 다른 기록이 있다. 본래 명나라 말엽 당쟁은 청나라 초에 이르러서도 일부 사람들의 가슴 속에 남아 있었고 편수자들 역시 문호의 견해에 영향을 받으면서 집필하였다. 이런 현상은 옹정 연간에 이르러 점차 묽어졌다. 이 덕에 최후에 성립된 『명사』는 비교적 공정할 수 있었다.

만사동의 『명사고』는 대체로 명나라 『실록』을 근거로 하였다. 이 점에 대하여 만사동은 방포(方苞)에게 다음과 같이 언급하였다.

[명나라] 『실록』은 바르게 그 사건과 말을 수록한 것이므로 증가시키거나 수식할 필요가 없다. 『실록』 가운데 상세히 알기 어려운 부분은 내가 다른 책으로 증명하였다. 책 가운데 잘못되고 분별이 없는 부분은 내가 『실록』에서 얻은 지식으로 판단하였다. 비록 믿을 만한 것이라고 감히 단언하지는 못하지만 시비가 잘못된 것은 거의 없을 것이다.

실록은 군주가 붕어한 뒤에 바로 이루어지는 것이므로, 그 당시에는 사료의 결핍이 없다. 이것이 실록의 장점이다. 그러나 대상 시기와의 거리가 너무 가까워 감추는 바 있음을 면할 수 없으며 은원 관계에서 오는 편견도 완전히 피할 수 없다. 이리하여 사료의 선택에 있어서 편견이 없을 수 없다면 소위 실록 또한 모두 다 진실은 아닐 것이다. 만사동은 이미 『실록』에서 채용하여 글을 지은 것이 많았으므로 그 영향을 적어도 간접적으로는 반드시 받았을 것이다. 이것은 후대의 역사 가운데 전 왕조의 실록을 믿고 따르는 것이 많은 통폐 가운데 하나이다. 반드시 장구한 시간이 경과한 뒤, 다른 종류의 사료가 점차 나온 이후 비교적 객관적인 저작이 나올 수 있다. 이 점에서 간행본 『명사』는 이전 역사 원고들에 비하면, 비교적 이런 폐단이 적다.[3]

제2절 청나라 관찬(官撰) 『국사(國史)』

청나라 『태조실록(太祖實錄)』은 태종(太宗) 숭덕(崇德) 연간에 처음으로 편수되었고, 순치(順治) 연간에 이르러 다시 수찬되었으며, 건륭(乾隆) 연간에 재차 편수되었다. 『태종실록(太宗實錄)』은 순치 연간에 편수되었으나 강희(康熙) 연간 다시 수찬하고 건륭(乾隆) 연간 재차 편수되었다. 청 『세조실록(世祖實錄)』과 『성조실록(聖祖實錄)』은 두 차례 편찬되었다. 아래로 『목종실록(穆宗實錄)』의 경우 광서(光緒) 연간에 편찬되어 각 황제는 모두 실록이 있었으나 『덕종실록(德宗實錄)』만은 중화민국 때에 이루어졌다. 현재 모두 영인본이 있다. 이 밖에 기거주(起居注)는 강희 이후 연월에 따라서 모두 책으로 정리되어 있는데 매월 각 2책이다. 청나라의 사관(史館)은 『실록』 등의 자료에 근거하여 다시 『국사(國史)』를 편찬하였다. 『청회전(淸會典)』에 다음과 같은 언급이 있다.

『국사』의 체제는 첫 번째 「본기」, 두 번째 「전」으로 정한다. 「전」의 항목에는 「대신전(大臣傳)」, 「충의전(忠義傳)」, 「유림전(儒林傳)」, 「문원전(文苑傳)」, 「순리전(循吏傳)」, 「효우전(孝友傳)」, 「열녀전(列女傳)」, 「토사전(土司傳)」, 「사예전(四裔傳)」, 「이신전(貳臣傳)」, 「반신전(叛臣

---

3) 역자주 : 편찬에 비교적 오랜 시간이 경과하였고 여러 전문가들의 손을 거쳤기 때문이다.

傳)」으로 한다. 세 번째로는 「지」가 있다. 「지」의 항목에는 「천문지(天文志)」, 「시헌지(時憲志)」, 「예지(禮志)」, 「병형지(兵刑志)」, 「악지(樂志)」, 「예문지(藝文志)」, 「지리지(地理志)」, 「하거지(河渠志)」, 「여복지(輿服志)」, 「의위지(儀衛志)」, 「식화지(食貨志)」, 「직관지(職官志)」, 「선거지(選擧志)」로 한다. 네 번째로는 표(表)가 있다. 표의 항목은 「대신연보표(大臣年譜表)」, 「종실왕공공적표(宗室王公功績表)」, 「종실왕공은봉표(宗室王公恩封表)」, 「외번몽고회부왕공표(外藩蒙古回部王公表)」로 한다.

이 가운데 「대신전」, 「유림전」, 「문원전」 등을 제외하면 모두 판각본이 없는데 이 점은 『실록』과 같다. 모두 인민에게 유포하는 것을 금하였기 때문이다. 따라서 명나라 사람은 '이십일사(二十一史)' 외에도 항상 역대의 실록을 열람할 수 있어서 야사 및 개인 저작들이 실록을 인용하였다. 청나라 때에는 단지 「대신전」 등에만 판각본이 있었는데 「만한명신전(滿漢名臣傳)」이라고 칭하였다. 중화민국 시대에 이르러 다시 「대신전」에 새로운 당안을 합쳐 「청사열전(淸史列傳)」을 간행하였다. 즉 「청국사열전고(淸國史列傳稿)」이다.

『실록』에 의거하면서 산삭하여 『동화록(東華錄)』을 만든 사람들이 있는데 이것을 시작한 사람은 장양기(蔣良騏)이다. 뒤에 왕선겸(王先謙)이 증보하고 목종(穆宗) 이전 각 황제 부분을 속찬하여 도합 10황제의 사적이 되었다. 그러나 장양기가 지은 『동화록』의 태조, 태종 두 황제 부분이 왕선겸 본과 다 같지는 않다. 장양기가 근거한 것은 건륭 연간 이전에 편찬된 『실록』이며 왕선겸이 근거한 것은 건륭 연간의 수정본이기 때문이다. 두 종류 『실록』의 본체가 원래 서로 다 같지는 않다. 청나라 때에는 사관(史館)이 동화문(東華門) 안에 있었고 장양기는 사관 안에서 초록하였으므로 『동화록』이라고 이름을 붙였다. 광서 연간에 이르러 『동화록』은 다시 주수팽(朱壽彭)이 편찬하여 선통(宣統) 연간에 완성하였다. 이때 『덕종실록』은 아직 편찬되지 않았으므로 주수팽은 저보(邸報) 초록 및 보장(報章) 등에서 자료를 구하였다. 이리하여 이전의 각 『실록』에 근거한 부분과는 다르게 되어, 그 가운데 실린 것 또한 『실록』과는 상세함과 간략함의 면에서 차이가 있다.

청나라 때에는 『국사』와 『실록』을 제외하고도 따로 '방략(方略)'이라는 종류의 책이 있었다. 그중 가장 이른 것으로는 『평정삼역방략(平正三逆方略)』 60권을 들 수 있다. 이 책은 강희 21년 완성되었는데 오로지 오삼계(吳三桂), 상지신(尙之信), 경정충(耿精忠)을 평정한 일만을 기록하였다. 그 뒤 건륭에서 광서 연간에 이르기까지 각각 차례로 병사(兵事)에 대한 방략을 기록한 책들이 나오게 되었다. 군주의 명령과 신하들의 장주(章奏) 등을 모두 날짜에 따라 편집하고 실어 그 시말을 상세하게 밝혔다. 체재로서 논하면 편년체에 속하지만 한 전쟁의 전후를 논하였으므로 기사본말체에 속하기도 한다. 이 때문에 『사고전서』에서는 기사본말류에 넣었다.

청대 방략표

서명	권수	편찬연대
『평정삼역방략(平定三逆方略)』	60권	강희(康熙) 21년
『평정라찰방략(平定羅刹方略)』	4권	강희 27년
『친정평정삭한방략(親征平定朔漢方略)』	48권	강희 47년
『평정금천방략(平定金川方略)』	32권	건륭(乾隆) 13년
『평정준갈이방략전편(平定俊噶爾方略前編)』	54권	건륭 37 년
『평정준갈이방략정편(平定準噶爾方略正編)』	85권	건륭 37년
『평정준갈이방략속편(平定準噶爾方略續編)』	33권	건륭 37년
『임청기략(臨淸紀略)』	16권	건륭 42년
『평정양금천방략(平定兩金川方略)』	152권	건륭 46년
『난주기략(蘭州紀略)』	20권	건륭 46년
『석봉보기략(石峯堡紀略)』	20권	건륭 49년
『대만기략(臺灣紀略)』	70권	건륭 53년
『안남기략(安南紀略)』	32권	건륭 56년

『곽이객기략(廓爾喀紀略)』	54권	건륭 60년
『파포륵기략(巴布勒紀略)』	26권	건륭 연간
『평정묘비기략(平定苗匪紀略)』	52권	가경(嘉慶) 2년
『초평삼성사비방략전편(勦平三省邪匪方略前編)』	361권	가경 15년
『초평삼성사비방략속편(勦平三省邪匪方略續編)』	36권	가경 15년
『초평삼성사비방략부편(勦平三省邪匪方略附編)』	12권	가경 15년
『평정교비기략(平定敎匪紀略)』	42권	가경 21년
『평정회강초금역후예방략(平定回疆勦捦逆後裔方略)』	80권	도광(道光) 9년
『초평월비방략(勦平粵匪方略)』	420권	동치(同治) 11년
『초평염비방략(勦平捻匪方略)』	320권	동치 11년
『평정섬서신강회비방략(平定陝西新疆回匪方略)』	320권	광서(光緖) 22년
『평정운남회비방략(平定雲南回匪方略)』	50권	광서 22년
『평정귀주묘비기략(平定貴州苗匪紀略)』	40권	광서 22년
『도광조주판이무시말(道光朝籌辦夷務始末)』	80권	함풍(咸豊) 연간
『함풍조주판이무시말(咸豊朝籌辦夷務始末)』	80권	동치 연간
『동치조주판이무시말(同治朝籌辦夷務始末)』	100권	광서 연간

제3절 청나라 초기의 역사학자

청대에는 '문자(文字)의 옥(獄)'이 심했으므로 학자들은 마침내 감히 『명사(明史)』 및 당대사[청대사]를 연구하지 못하여, 역사가는 단지 초기에 몇 사람, 말기에 몇 사람 있을 뿐이다. 중간에는 단지 역사 고증가만 있고 순수한 역사가는 없다. 청나라 초기 역사가로는 황이주(黃梨洲)를 들어야 할 것이다.[4] 황이주는 이름이 종희(宗羲)이고 절강성 여요(餘姚) 사람이다. 그의 아버지 황준소(黃遵素)가 환관 위충현(魏忠賢)에게 해를 당한 뒤, 황종희는 유종주(劉宗周)에게 수학하였다. 황종희는 성리학을 공리·공담하는 것을 즐기지 않고 사공학(事功學)에 힘을 쏟았다. 때 마침 명나라가 멸망하자 벼슬하지 않고 경(經)과 사(史) 연구에 전념하였다. 황종희는 일찍이 『헌징록(獻徵錄)』을 읽어 명나라

---

4) 역자주 : 원서에 黃黎洲라고 되어 있으나, '黎'는 '梨'의 오식이다.

284

때의 고사를 잘 알았는데 명나라가 망하자 명대의 역사적 사실을 보존하고자 하였다. 그가 편집한 『명문해(明文海)』 600권은 오로지 역사 관련 문헌만을 모은 것이다. 따로 『명사안(明史案)』 244권이 있으나 아직 전체를 보지는 못하였다. 현존하는 것으로는 『행조록(行朝錄)』이 있는데 역시 명나라의 일을 기록한 것이다. 황종희의 『명유학안(明儒學案)』, 『송원학안(宋元學案)』에 대하여는 이미 앞의 전문사 장에서 언급하였다.

황종희의 역사학을 계승한 주요 제자는 제1절에서 언급한 만사동(萬斯同)이다. 만사동 및 그의 형 만사대(萬斯大)는 모두 절서(浙西) 지방의 저명한 학자이다. 그의 조카 만언(萬言)과 더불어 모두 일찍이 『명사』 편찬에 참여한 적이 있다. 만사동의 『명사』 편찬이 명나라 『실록』을 저본으로 하는 것을 주안점으로 하였음은 이미 제1절에서 언급하였다. 이 밖에 또 『역대사표(歷代史表)』 53권을 편찬하였는데 이 책에서는 『후한서』 이하 여러 역사서의 표에서 빠진 부분을 보충하기도 하고 새로 표를 만들어 넣기도 하였다. 이것은 매우 정밀하여 정사의 부족함을 능히 보완할 수 있다.

다음으로 전조망(全祖望)은 절강성 은현(鄞縣) 사람으로서 황종희의 영향을 받았고 역시 역사 전적을 보존하고자 하였다. 비록 전문서를 만들지는 못하였으나 그가 지은 명대인에 대한 비문(碑文), 전(傳)은 매우 많은데 모두 『길기정집(鮚埼亭集)』에서 볼 수 있다. 그의 『송원학안』은 황종희의 미완성 원고를 보완한 것이다. 이상은 모두 절서 지방의 역사가들이다.

이 밖에 강소성에 본관을 둔 오염(吳炎), 반정장(潘檉章)이 있다. 두 사람은 모두 오강(吳江) 사람으로서 처음에 『명사』를 찬수하고자 하여 명 『실록』을 강령으로 하고 방지(方志), 비문·전 등 『명사』와 관계있는 것은 모두 초록하여 종류별로 분류하고 그 차이점을 상고하여 허실

을 판정, 먼저『국사고(國史考)』라는 책을 만들어 편사의 준비 작업을
마쳤다. 현재 남아 있는 것은 6권인데 모두 홍무(洪武), 건문(建文), 영
락(永樂) 연간의 일만이므로 온전한 것이 아니다. 책 가운데에서『실
록』과 야사를 서로 비교하여 조리가 명확하고 고증이 정밀하여 역사가
의 고증학 가운데 명저이다. 애석하게도 두 사람은 호주(湖州) 장씨(莊
氏)의 사안(史案 : 역사기록에 의한 문자의 옥)과 연관되어 죽는 바람
에 그들의 뜻을 완수할 수 없었다. 장씨 사안의 영향은 당시 사학계에
매우 깊었다. 고염무(顧炎武)가 오염과 반정장 두 사람의 일에 대하여
쓴 글이 있는데 이를 읽으면 그 대략을 알 수 있다.

  장정롱(莊廷鑨)이라는 사람은 눈이 둘 다 멀었다. 고금에 크게 통달
  하지는 못하였으나 사마천이 "좌구(左丘)가 실명하여『국어(國語)』를
  짓게 되었다"라고 한 것처럼 분발하여 저술하고자 하였다. 그의 집 인
  근에 옛 각보(閣輔) 주국정(朱國禎)의 집이 있었다. 주국정은 일찍이
  [명나라]『국사(國史)』및 공경(公卿)의 지(誌), 장(狀), 소(疏) 등의 초본
  을 모아 서리에게 초록하도록 하여 수십 질이 되었으나 책을 이루지
  못하고 죽었다. 정롱이 이를 얻고서 빈객을 초치하여 밤낮으로 편집하
  여『명서(明書)』를 만들었다.

뒤에 정롱이 죽자 그의 부친이 이 책을 판각하여 이름 있는 몇 사람
에게 열람하도록 하였는데 그들 가운데 오염과 반정장이 있었다. 뒤에
어떤 사람이 혐의를 갖고 고발하였다. 책 가운데 청나라 조정에 대한
금기어가 있었으나 장정롱이 미처 산삭하지 못하였었다. 이로 인해 큰
옥사가 일어나 장정롱의 부형・조카 등 책에 이름이 열거된 18인은 모
두 사형 판결을 받았다. 오염과 반정장 두 사람도 모두 여기에 포함되
었다. 장씨 사안은 청나라 초 '문자의 옥'으로서 강희 3년에 발생하였
다. 이후 사람들은 감히 명대의 일을 기록하려고 하지 않았고, 혹 기록

286

하더라도 감히 간행하고자 하지 않았다.

예를 들면 전조망(全祖望)의 『길기정집』이 도광(道光) 연간에 이르러 비로소 판각이 있게 된 것은 이 때문이다. 청나라 중엽 학자들은 혹 역사 고증을 하거나 혹 명나라 이전 역사서에 대하여 보주를 하거나 각 시대 역사서의 지(志)를 보충하거나 표(表)를 만드는 작업을 하였다. 이것은 문자의 옥이 중국의 역사학에 영향을 끼칠 수밖에 없었음을 말해 준다. 따라서 이상과 같이 장씨 사안에 대하여 약술하였다.

이후 사학계는 3부류로 나누어졌다. 첫째는 장학성(章學誠)을 대표로 하는 역사학 방법 및 이론에 치중하는 부류이고, 둘째는 명나라 이전 역사의 고증에 치중하는 부류이고, 셋째는 명나라 이전 여러 역사서의 지, 표 등을 보충하는 부류이다. 이들 부류 및 장학성의 역사학에 대하여는 별도의 장에서 언급하기로 한다.

지금 언급하고자 하는 것은 건륭 이후의 역사 고증학이다. 다만 이상 3부류 가운데 모 학자는 오직 명대 이전의 역사만을 연구하고 명, 청 두 시대는 논하지 않음으로써 필화를 피하고자 하였다. 이것은 명대 사람들이 『명사』를 사찬한 것과 다르며 청대 초 여러 학자들이 명나라 역사를 연구한 것과도 다르다. 장학성에 대해 논하자면, 저서 가운데 방법 및 이론에 관한 것이 많은데 이 역시 당대사를 외면한 것이다. 역사 고증이 북송에서 연원하였음은 이미 제7장에서 상세히 언급하였다. 그 계승은 원대 왕응린(王應麟)을 거쳐 청대에 크게 번성하였다. 가장 중요한 것으로는 『이십이사고이(二十二史考異)』100권을 들어야 할 것이다. 저자 전대흔(錢大昕)은 가정(嘉定) 사람으로서 정밀하게 역사를 연구하였고, 지리 연혁과 금석문에도 능통하였다. 원나라 및 요나라 역사를 매우 깊이 연구하여 그가 보충한 『원사』「예문지」및 「씨족지」는 모두 유명한 저작이다. 그의 제자 양옥승(梁玉承)은 『사기지의(史記志疑)』와 『한서고금인표(漢書古今人表)』를 저술하였는데 깊

이와 폭의 면에서는 전대흔에 미치지 못하지만 그의 계통을 이은 역사 고증학자라고 할 수 있다.

또 다른 책으로는 『이십이사차기(二十二史箚記)』 36권이 있다. 저자 조익(趙翼)은 양호(陽湖) 사람으로서 그의 저술 목적이 전대흔과 완전 히 같지는 않다. 그러나 방법은 마찬가지이다. 전대흔은 사실의 고정과 연월의 변증에 치중하였고 조익은 비교적 범위를 넓혀 같은 종류의 사 실들 혹은 연관되는 사실들을 갖고서 비교, 참증하여 한 시대의 특징 을 찾고자 하였다.

세 번째 책으로는 『십칠사상각(十七史商榷)』 100권이 있다. 저자 왕 명성(王鳴盛) 또한 가정(嘉定) 사람으로서 그의 책은 전대흔의 책과 조 익의 책의 중간적 성격을 지녔다. 세상 사람들은 이상 3책을 함께 열거 한다. 그러나 사실 왕명성의 학문은 전대흔보다 못하여 고증이 다소 정밀하지 못한 면이 있다. 그리고 종합 능력 또한 조익보다 못하여 한 시대의 특징을 상세하게 열거하지 못하였다. 이상의 3책은 모두 역사 를 고증한 전문 서적이다. 이 밖에 같은 방법을 사용하여 연구한 사람 들이 자못 없지는 않은데, 대략 차기(箚記) 혹은 문집에서 살필 수 있 으나 대체로 영성하고 단편적이다. 전조망의 『경사문답(經史問答)』이 바로 이런 종류에 속한다.

이어 가경 이후에 이르면 사상통제가 점차 이완되어 비로소 감히 다 시 명나라 역사를 연구하는 사람들이 나타나게 되었다. 진학(陳鶴), 하 섭(夏燮)이 찬술한 『명기(明紀)』 및 『명통감(明通鑑)』은 바로 이 시기 에 지어진 것이다. 이후 또 『소전기년(小腆紀年)』이 나왔는데 남명(南 明)에 대하여 연구한 것이다. 이상의 3서는 모두 편년체에 속한다. 이 밖에 『잔명재보연표(殘明宰輔年表)』, 『잔명대통력(殘明大統曆)』이 광 서 연간에 찬술되었다. 이상은 모두 청대 역사학이 정치와 밀접한 관 계에 있었고, 사학자 역시 문을 닫고 저술하여도 외부의 영향을 안 받기는 어려웠음을 증명한다.

제4절 청대 후기의 역사학자

청나라 후기에 이르면 사상통제가 점차 이완되어 비로소 거듭 명나라 말기의 사료를 다시 수집하는 사람들이 나타나게 되었다. 금서(禁書)에 더욱 관심을 기울였고 남명(南明)의 역사를 쓰는 사람도 또한 이 시기에 출현하였다. 그 가운데 중요한 것으로는 예를 들면, 『남강일사(南疆逸史)』 40권은 온예림(溫睿臨)의 찬술이며, 『소전기년부고(小腆紀年附考)』 20권과 『소전기전(小腆紀傳)』 65권 및 『보유』 5권은 모두 서내(徐鼎)가 찬술한 책이다. 전기(錢綺)는 『남명서(南明書)』 44권을 찬술하였다. 이 밖에 『형타일사(荊駝逸史)』가 있는데 오로지 명나라 말의 망국에 대하여만 기록한 것이다. 이 역시 청나라 중기의 역사가들이 감히 쓰거나 소장하지 못하던 부류이다.

청나라 말엽에 이르러 혁명과 만주족 배척의 주장이 일어났으나 청나라 조정은 이미 통제할 힘이 없었다. 이리하여 사학계는 다시 다투어 명·청 교체기 및 태평천국(太平天國)의 역사를 연구하였다. 이런 풍조는 중화민국 시대까지 계속 이어졌다. 그러나 규모가 크고 내용이 정밀한 저작은 아직 많지 않다. 단지 맹삼(孟森)의 『명원청통기(明元淸通紀)』는 오로지 『조선실록(朝鮮實錄)』과 『명청실록(明淸實錄)』만을 서로 대비하여 만주인의 입관(入關) 이전의 역사적 사실을 연구한 것이지만 자못 소득이 있었다. 다만 맹삼이 죽을 때까지 미처 완성되지 못하였다.

태평천국 시기에 대하여는 약간의 사료가 이미 간행되기는 하였지만, 아직 전문 연구서는 나오지 못하였다. 따라서 청나라가 입관하기 이전부터 신해혁명(辛亥革命)에 이르기까지의 역사는 장기적인 연구를 기다려야 하며 국부적으로 보충할 것이 아니다. 청나라 역사를 찬술하는 방법은 의당『자치통감』의 예를 따라서 먼저 '장편(長編)'을 찬술하여야 하며, 그 차례는 청나라『실록』및 강희 연간 이후의 기거주를 근거로 하여 연대순으로 하여야 할 것이다. 초고가 완성되면 공가(公家)의 당안을 갖고 대조하여 다시 사가(私家)의 문집, 행장(行狀), 비(碑), 전(傳)과 대조해야 하며 차이점을 살펴야 한다. 그 차이가 나는 부분에 대하여는 반드시 그 원인을 찾아 공정하게 선택하도록 한다. 이것이 장편의 완성고이다. 만약『청사(淸史)』를 편찬하지 않는다면 장편만을 존재시켜 한 시대의 가장 완벽한 사료집으로 하는 것도 무방하다. 만약『청사』를 편찬한다면 장편을 저본으로 하여 그 번거로움을 산삭한다면 필시 성공하기가 용이할 것이고, 또 각 부분이 서로 모순되는 폐단도 피할 수 있을 것이다. 역사 편찬의 방법으로서 이보다 나은 것은 없다.

제15장 주사(注史)와 보사(補史)

　역사가 근거로 하는 사료는 대부분 이전 시대에 속한 것인데, 시대가 올라갈수록 문자가 매양 난해하다. 이리하여 주해를 하지 않을 수 없다. 이것이 주사(注史)가 성행하게 된 이유이다. 각 역사서의 표(表)와 지(志)는 『후한서(後漢書)』 이하로는 빠뜨리고 짓지 않거나 지어도 불완전한 경우가 많다. 이리하여 후대인이 그 가운데 빠진 부분을 보충하고자 본기, 열전 및 기타 자료를 이용하여 완전히 빠진 부분 혹은 불비한 부분을 보충하였다. 주사와 보사(補史)는 서로 도움이 된다. 모두 한 시대 역사의 진선진미함을 추구한다. 이를 두 절로 나누어 다음과 같이 언급하려고 한다.

제1절 주사(注史)

　역사서에는 자주(自注 : 저자 자신의 주)가 있는 것이 있는데, 이것은 『낙양가람기(洛陽伽藍記)』에서 시작되었다. 다른 사람이 주를 단 것은 한(漢)나라 복건(服虔), 응소(應劭)가 『한서(漢書)』에 주를 단 것에서 비롯하였다. 안사고(顔師古)의 「한서서례(漢書敍例)」에서 "『한서』는 예전에 주해가 없었는데 복건(服虔)과 응소(應劭)만이 각기 음의(音義)를 지어 별도로 행해지게 하였다"라고 하였다. 진(晉)나라 서광(徐

廣)이『사기』에 주석을 단 것은 그 뒤의 일이다. 그러나 매우 간략하
다. 남조 송나라 배인(裴駰)이 다시 서광의 주를 확장하여『사기집해
(史記集解)』를 지었다. 이들은 현존『사기』주석과『한서』주석 가운데
가장 오래된 것이다.

남북조에서 당나라에 이르기까지는 역사서에 주석을 다는 일이 성
행하였다. 예를 들면『한서』의 주석자로는 한(漢)나라에서 남북조시대
에 이르기까지 안사고(顔師古)가 열거한 바에 따르면 23인이 있다. 뒤
에 안사고는 다시 여러 사람들의 주장을 모아『한서주(漢書注)』를 지
었다. 이것이 바로 현존본『한서(漢書)』에 붙어 있는 주이다. 이런 종류
에 대하여『사통』에서는 다음과 같이 언급하였다.

호사가들이 새로운 전문을 넓히고자 생각하지만 재주와 역량이 모자
라 독자적으로 저술을 하지 못하므로 천리마 꼬리에 붙어 천리를 가고
자 하여 마침내 여러 역사서에 대한 다양한 주석을 모아서 이전 역사
의 빠진 부분을 보충하고 하였다. 배송지(裴松之)의『삼국지주』, 육징
(陸澄)·유소(劉昭)의『한서주』·『후한서주』, 유동(劉彤)의『진기주(晉
紀注)』, 유효표(劉孝標)의『세설주(世說注)』따위가 이런 것들이다.
(『사통』「보주(補注)」편)

유지기가 이런 것들에 대하여 경시하였고 역사서 주석 작업은 찬술
작업과 다른 것이기는 하지만 구문(舊聞)을 수집하여 상세히 해설하는
작업 역시 쉬운 일은 아니다. 그리고 후세의 독자에게 극히 편리하므
로 이 또한 중요한 작업이다. 배송지의『삼국지』주석 같은 것은 그 공
력이 저자 진수(陳壽) 못지 않으므로 유지기의 주장은 타당성을 잃은
것이다.『삼국지』이하로는 단지『신오대사』에 대하여 서무당(徐無黨)
의 주가 있을 뿐이다. 그러나 거칠고 간단하여 사주(史注)라고 칭할 것

이 못 된다. 아래로 청대에 이르러 역사서에 주를 다는 풍조가 다시 성
행하여『한서』와『후한서』에 대하여 왕선겸(王先謙)의『한서보주(漢書
補注)』및『후한서집해(後漢書集解)』가 있고『진서(晉書)』에 대하여는
오사감(吳士鑑)의『진서각주(晉書斠注)』가 있으며『신오대사』에 대하
여는 팽원서(彭元瑞)와 유봉고(劉鳳誥)의 『신오대사보주(新五代史補
注)』가 있다. 마지막의『신오대사보주(新五代史補注)』는 청 가경(嘉慶)
연간에 편성된 것으로서 팽원서(彭元瑞)가 시작하고 유봉고(劉鳳誥)가
완성한 책이다. 일찍이 주이존(朱彛尊)의 옛 원고를 채용하여 정밀함
이 서무당(徐無黨)의 주를 훨씬 능가한다. 이 밖에 당경숭(唐景崇)은
『신당서보주(新唐書補注)』를 의작하였으나 단지 잔고(殘稿)만 남아 있
고 책을 이루지는 못하였다.

　이런 종류에 가까운 것으로 '합초(合鈔)'가 있다. 두 종류의 서로 비
슷한 역사서를 합쳐 베껴서 이룩한 것이다. 내용이 같은 것은 그대로
두고 다른 부분을 아래에 주로 단다. 청대에 찬술된 것으로는 두 가지
가 있는데 하나는 심병진(沈炳震)의『신당서구당서합초(新唐書舊唐書
合鈔)』로서 대체로『신당서』를 위주로 하여『구당서』의 차이점을 아래
에 주로 단 것이다. 다른 하나는 이청(李淸)의『남북사합초(南北史合
鈔)』가 있는데 그 방법은『남사』·『북사』를 정문(正文)으로 하고 남조
의 송(宋), 제(齊), 양(梁), 진(陳) 그리고 북조의 위(魏), 제(齊 : 북제), 주
(周 : 북주) 및 수(隋)나라의 각 역사를 주로 단 것이다. 이청은 명나라
말의 유로(遺老)로서 그의 책은 처음에는『사고전서』에 들어갔으나 뒤
에 다시 빠졌다. 따라서 이 책은 단지 초록본이 있을 뿐이다. 이런 종
류의 체제는 사실상 배송지의『삼국지주』와 비슷하다. 단지 배송지가
인용한 각 책들이 현재 존재하지 않는데 비해, 심병진과 이청이 인용
한 각 책은 현재 그 원본이 남아 있다는 차이가 있음에 불과하다.

주사(注史)·보주(補注) 표

서명	권수	저자
『사기천관서고증(史記天官書考證)』	10권	손성연(孫星衍)
『독사기십표(讀史記十表)』	10권	왕월(汪越)
『사기삼서정와(史記三書正譌)』	3권	왕원계(王元啓)
『사기월표정와(史記月表正譌)』	1권	왕원계
『사기삼서석의(史記三書釋疑)』	3권	전당(錢塘)
『사기혜경간후자연표교보(史記惠景間侯者年表校補)』	1권	노문초(盧文弨)
『사기천관서항성도고(史記天官書恒星圖考)』	1권	주문흠(朱文鑫)
『교한서팔표(校漢書八表)』	8권	하섭(夏燮)
『교정고금인표(校正古今人表)』	9권	적운승(翟云升)
『한서인표고(漢書人表考)』	9권	양옥승(梁玉繩)
『한서인표고교보(漢書人表考校補)』	1권, 속1권	채운(蔡雲)
『한서지리지계의(漢書地理志稽疑)』	6권	전조망(全祖望)
『한서율력지정와(漢書律曆志正譌)』	2권	왕원계(王元啓)
『신각주한서지리지(新斠注漢書地理志)』	16권	전점(錢坫)
『한서지리지교본(漢書地理志校本)』	2권	왕원손(汪遠孫)
『한서지리지보주(漢書地理志補注)』	103권	오탁신(吳卓信)
『한서석지략(漢書釋地略)』	1권	왕사탁(汪士鐸)
『한서지리지수도도설(漢書地理志水道圖說)』	7권	진례(陳澧)
『한서지의(漢書志疑)』	1권	왕사탁
『한서지리지보교(漢書地理志補校)』	2권	양수경(楊守敬)
『한서수도소증(漢書水道疏證)』	4권	홍이훤(洪頤煊)
『한서지리지교주(漢書地理志校注)』	2권	왕소란(王紹蘭)
『한서지리지수도도설보정(漢書地理志水道圖說補正)』	2권	오승지(吳承志)
『한서지리지상석(漢書地理志詳釋)』	4권	여오조양(呂吳調陽)
『한서예문지조리(漢書藝文志條理)』	8권	요진종(姚振宗)
『한서예문지습보(漢書藝文志拾補)』	6권	요진종
『전한서예문지주(前漢書藝文志注)』	1권	유광분(劉光賁)
『전한서식화지주(前漢書食貨志注)』	1권	유광분
『한서서역전보주(漢書西域傳注)』	2권	서송(徐松)
『후한서군국지교보(後漢書郡國志校補)』	권수 없음	주우증(朱右曾)
『후한서군국연혁고(後漢書郡國沿革考)』	1권	황대화(黃大華)
『군국영장고(郡國令長考)』	1권	전대소(錢大昭)
『속한서율력지보주(續漢書律曆志補注)』	2권	전당(錢塘)
『진서지리지교보(晉書地理志校補)』	1권	방개(方愷)
『송주군지교감기(宋州郡志校勘記)』	1권	성유(成孺)
『보양서강역지(補梁書疆域志)』	4권	홍치손(洪齒孫)

294

『위서지형지교록(魏書地形志校錄)』	3권	온왈감(溫曰鑑)
『위서종실전주(魏書宗室傳注)』	6권	나진옥(羅振玉)
『위서관씨지소증(魏書官氏志疏證)』	1권	진의(陳毅)
『수서지리지고증부보유(隋書地理志考證附補遺)』	9권	양수경
『수서경적지고증(隋書經籍志考證)』	13권	장종원(章宗源)
『수서경적지고증(隋書經籍志考證)』	52권	요진종(姚振宗)
『신당서천문지소증(新唐書天文志疏證)』	100권	장종태(張宗泰)
『신당서예문지주(新唐書藝文志注)』	8권	무전손(繆荃蓀)
『당서방진표고증(唐書方鎭表考證)』	100권	동패(董沛)
『당번진연표(唐藩鎭年表)』	1권	황대화(黃大華)
『당서재상세계정와(唐書宰相世系訂譌)』	12권	심병진(沈炳震)
『오대기연표(五代紀年表)』	1권	주가유(周嘉猷)
『오대지리지(五代地理志)』	1권	진서(陳恕)
『송사서하전소증(宋史西夏傳疏證)』	1권	나복장(羅福萇)
『송사예문지보(宋史藝文志補)』	1권	예찬(倪燦)
『요사지리지고(遼史地理志考)』	5권	이신유(李愼儒)
『금사예지보탈(金史禮志補脫)』	1권	노문초(盧文弨)

(이상 모두 청대인 저작)

제2절 보사(補史)

　보사(補史) 자체는 다시 두 종류로 나뉘어진다. 첫째는 사료를 증가시키거나 체제를 변경하여 책 전체를 개수하는 것이고, 둘째는 책 전체의 일부 혹은 표에 대하여 검토하거나 원래 빠진 부분을 보충하는 것이다.

　첫 번째 부류에 속하는 것 가운데 태반은 3시대, 즉 삼국(三國), 송(宋), 원(元) 시대에 집중되어 있다. 삼국시대에 대하여는 정통(正統) 논쟁이 많은데 이것은 진(晉)나라 때 이미 시작되어 습착치(習鑿齒)의 『한진양추(漢晉陽秋)』에서는 위(魏)나라의 정통을 폐지할 것을 극력 주장하였다. 남송(南宋) 사람들은 이 문제에 더욱 관심을 기울여 주희(朱熹)의 『통감강목』[『자치통감강목』]에서는 촉(蜀)나라를 황제로 하였다. 송(宋)나라 소상(蕭常) 및 원(元)나라 학경(郝經)은 모두 『속후한서(續後漢書)』를 찬술하였는데 소상의 책은 47권이며 학경의 책은 90권이다. 두 책 모두 촉나라를 정통으로 하였다. 학경의 『속후한서』는 원(元)나라 세조(世祖) 지원(至元) 9년에 완성되었고 소상의 것은 조금 뒤이다. 다만 서로 독립적으로 작업을 하여 책을 지은 것이지 함께 도모한 것은 아니다. 소상의 『속후한서』는 「제기(帝紀)」 2권을 두고 촉한(蜀漢)의 일을 기록하면서 위(魏)나라와 오(吳)나라의 일을 덧붙였다. 학경의 책은 위나라와 오나라를 열전에 넣었으며 아울러 『팔록(八錄)』을 만들어 지의 결여를 보충하였다. 두 책은 모두 진수의 『삼국지』의 체제를 바꾼 것이다.

송대에 관하여는 명나라 사람들이 체재를 변경하는 것을 목적으로 한 것이 많다. 이런 것들 가운데 두 종이 있는데 하나는 왕수(王洙)의 『송사질(宋史質)』 100권이고 다른 하나는 가유기(柯維騏)의 『송사신편(宋史新編)』 100권이다. 왕수의 체례는 명나라가 송나라를 계승한 것으로 하고자 하는 것으로서, 요(遼)나라, 금(金)나라를 외국에 넣었을 뿐 아니라, 원(元)의 연호도 모두 삭제하였다. 송나라 말에 바로 이어 명나라 태조(太祖)가 송나라의 계통을 이은 것으로 한 것이다. 그 의도는 가유기의 『송사신편』과 대략 같다. 가유기 또한 요나라, 금나라와 서하(西夏), 고려(高麗)를 함께 배열하였다. 이 밖에 왕유검(王惟儉)이 찬술한 『송사기(宋史記)』가 있는데 가유기의 책에 근거하면서 보정한 것이다. 마찬가지로 송나라와 명나라를 「본기」에 넣고 요나라, 금나라를 외국에 넣었으나 구사에 비해 자료를 증가시키지는 못하였다.

청대에 이르러서 『송사』를 보수한 사람들의 방법은 자료의 보충에 치중하여 명대 사람들이 체재의 변경에 힘을 기울였던 것과는 달랐다. 건륭 연간 진황중(陳黃中)이 『송사고(宋史稿)』 219권을 찬술하여 구사의 잘못을 바로잡고, 송대의 여러 책을 모아 시비와 차이를 고찰하였으며, 문장은 (구)『송사』보다 간결하였다. 애석하게도 진황중이 졸할 때까지 미처 완성된 원고를 만들지 못하였으며 전대흔(錢大昕)의 『잠연당문집(潛硏堂文集)』 가운데 이에 대한 발문이 있다. 이 밖에 청나라 때에는 전조망(全祖望), 항세준(杭世駿), 소진함(邵晉涵), 장학성(章學誠) 같은 사람들도 모두 『송사』를 보수할 뜻을 갖고 있었으나 모두 책을 짓지 못하였다. 사실 『송사』는 지나치게 번잡하지만 거기에 보존된 송대의 사료는 『요사』가 지나치게 간단한 것보다는 훨씬 낫다. 『요사』와 반대로 후대인이 살필 자료가 있기 때문이다. 『송사』를 산삭하고자 하는 사람들이 많았는데, 예를 들면 진황중은 496권을 219권으로 축소하였다. 사실 다시 수찬하고자 하는 사람은 단지 고찰하여 정정하는 노력을 들이고 착오를 증명하는 것만으로 충분하다. 반드시 산삭하여 역사의 자취가 감소하게 할 필요는 없다.

『원사(元史)』에 관하여는 명나라 때의 관찬에 따른 불만이 많았다. 예를 들면, 『원비사(元秘史)』에서 개국 때의 일을 기록한 것은 매우 상세한데도 『원사』 찬술자들이 채용하지 못하였다. 더욱이 원나라와 관계된 것이 중국만이 아니며 관련 사료 역시 중국 문자가 아닌 것이 많으므로 당시의 상황을 명료하게 알고 기록에 누락이 없게 하려면 중국 문자 이외의 사료에서도 취해야 한다. 이리하여 청나라 후기 사가들 가운데 서방의 기록을 갖고서 중국에서 잘 모르던 일 혹은 확실히 모르던 일을 증명한 경우가 많다. 이런 작업의 발단으로는 홍균(洪鈞)의 『원사역문증보(元史譯文證補)』30권을 들어야 할 것이다. 홍균[사덕(使德)]은 사람들을 시켜 다상(多桑)과 납시특(拉施特)의 책을 번역하였다. 다상과 납시특은 모두 몽고제국에 대하여 상세한 기록을 남겼다. 홍균은 이 자료를 갖고서 『원사』 가운데 미결로 남아 있는 부분을 증명하거나 『원사』에서 빠진 부분을 증명하였다. 번역문에서 온 것이 많으므로 이름에 '역문'을 붙였다. 역사 자취를 증명하고 빠진 부분을 보충할

수 있었으므로 '증보(證補)'를 이름에 붙인 것이다. 원고 분량이 매우
많았으나 홍균이 죽은 뒤 그의 친구가 원고 가운데 비교적 완전한 것
들을 골라서 간행하였다. 나머지 남겨진 원고는 실로 이에 그치지 않
는다. 그 뒤에 도기(屠寄)의『몽올아사기(蒙兀兒史記)』160권 및 가소
문(柯紹忞)의『신원사(新元史)』257권이 나왔는데 홍균 및 이전 각 연
구자들에 의거한 바가 많다. 도기는 몽고 역사의 자취는 중국 원(元)
왕조의 범위보다 훨씬 넓다고 생각하였다. 원나라 역사는 몽고사를 포
괄하기에 부족하고 몽고사에는 원나라 역사가 포함되므로 '몽올아사
기'라는 이름을 붙였다. 이 이전에 위원(魏源)이『원사신편(元史新編)』
95권을 지었는데 그 가운데『원비사(元秘史)』및『경세대전(經世大
典)』에서 채용한 것이 많았다. 두 책 다『원사』편찬자들이 보지 못하
던 책이다. 그리고 전대흔 역시『원사』에 대하여 정밀하게 고증하였는
데 모두 가소문의『신원사(新元史)』에 수용되었다. 전대흔의 본래 의
도는 고증서 하나를 만들어 자료의 출처를 설명하려는 것이었으나 애
석하게도 단지 몇 권밖에 이룩하지 못하였다.

　이상 여러 사람들은 모두 원나라 역사에 공헌한 바가 매우 많지만
가소문처럼 서방의 사료를 보지 못했거나, 보았더라도 홍균처럼 제대
로 이해하지 못했거나 하여 심히 정밀하지 못한 부분이 있음을 면하기
어려웠다. 이 때문에 후생의 연구를 기다리는 부분이 아직 많다. 근년
에 다상의 책이 풍승균(馮承鈞)에 의해 중문으로 번역되었다. 앞으로
다시 납시특 등의 책이 번역된다면 자료가 더욱 풍부하게 될 것이다.
그런 뒤에 가소문, 홍균 등의 책을 다시 보충, 고정할 수 있어 원나라
한 시대의 제도·사적 기록이 보다 상세하게 될 수 있을 것이다.

　두 번째 종류의 보사(補史)는 역사서의 표(表) 혹은 지(志)를 보충한
것이다.『후한서』이래로 각 역사서에는 항상 표 혹은 지가 없었으며
혹 있더라도 불비하였다. 그리하여 표와 지를 보충하려는 풍조가 일어

났다. 이 풍조는 송나라 때 시작되었는데, 현재 존재하는 것으로는 웅방(熊方)의 『보한서표(補漢書表)』 10권 및 전문자(錢文子)의 『보한병지(補漢兵志)』가 있다. 이 두 사람은 모두 남송 때 사람이다.[1] 청나라 때에 이르러 이 풍조는 더욱 심해졌다. 당대사 연구를 회피하려는 사람들은 명나라 이전의 역사의 보궐로 향할 수밖에 없었기 때문이다. 가장 이른 것으로는 만사동(萬斯同)의 『역대사표(歷代史表)』를 들어야 할 것이다. 이 책은 역대 정사(正史) 가운데 말미에 표가 없는 것들에 대하여 일일이 보충한 것으로서 모두 60편이다. 별도로 『명사표(明史表)』 13편이 있다. 주이존(朱彝尊)은 그 서문에서 "마음 가운데 만리를 살피고 서적 사이에서 백세를 망라하여 그 마음 씀이 근면하고 생각함이 해박하여 보는 이로 하여금 마음이 상쾌하게 한다. 학문을 이루는 데 도움이 되고 번거롭고 무용한 잘못이 없을 것이다. 그 뒤 작자가 더욱 많아졌는데, 홍양길(洪亮吉), 전대흔(錢大昕)은 그 가운데 두드러진 사람이다"라고 하였다.

---

1) 전문자의 책은 초록본만 남아 있는데 주이존의 『폭서정집』에서 볼 수 있음.

보사(補史) 표

시대	서명	권수	찬자
한(漢)	『초한제월표(楚漢帝月表)』	1권	오비(吳非)
	『초한제후강역표(抄漢諸侯疆域表)』	3권	유문기(劉文祺)
	『후한서보표(後漢書補表)』	8권	전대소(錢大昭)
	『후한황자왕세계표(後漢皇子王世系表)』	1권	황대화(黃大華)
	『후한서중흥공신후세계표(後漢書中興功臣後世系表)』	1권	황대화
	『후한삼공연표(後漢三公年表)』	1권	황대화
	『후한공경연표(後漢公卿年表)』	1권	연서(練恕)
	『후한삼공연표(後漢三公年表)』	1권	화담은(華湛恩)
	『후한서삭윤표(後漢書朔閏表)』	5권	서소정(徐紹禎)
	『보속후한서예문지(補續後漢書藝文志)』	1권	전대소(錢大昭)
	『보후한서예문지(補後漢書藝文志)』	4권	후강(侯康)
	『보후한서예문지(補後漢書藝文志)』	10권	고회삼(顧懷三)
	『후한서예문지(後漢書藝文志)』	4권	요진종(姚振宗)
	『보후한서예문지(補後漢書藝文志)』	1권	증박(曾樸)
삼국	『삼국기년표(三國紀年表)』	1권	주가유(周嘉猷)
	『삼국삼공재보표(三國三公宰輔表)』	3권	황대화(黃大華)
	『삼국지세계표(三國志世系表)』	1권	주명태(周明泰)
	『삼국직관표(三國職官表)』	3권	홍이손(洪飴孫)
	『삼국군현표부고증(三國郡縣表附考證)』	8권	오증근(吳增瑾)찬 양수경(楊守敬) 보정
	『삼국대사표(三國大事表)』	1권	사종영(謝鍾英)
	『삼국강역표(三國疆域表)』	2권	사종영
	『삼국강역지보주(三國疆域志補注)』	15권	사종영
	『삼국강역지의(三國疆域志疑)』	1권	사종영
	『보삼국강역지(補三國疆域志)』	2권	홍양길(洪亮吉)
	『보삼국예문지(補三國藝文志)』	4권	후강(侯康)
	『삼국예문지(三國藝文志)』	4권	요진종(姚振宗)
진(晉)	『보진서종실왕후표(補晉書宗室王侯表)』	1권	진석전(秦錫田)
	『보진서이성봉작표(補晉書異姓封爵表)』	1권	진석전
	『보진서참국연표(補晉書僭國年表)』	1권	진석전
	『보진서집정표(補晉書執政表)』	1권	진석전
	『보진서방진표(補晉書方鎭表)』	1권	진석전
	『보진병지(補晉兵志)』	1권	전의길(錢儀吉)
	『보진서예문지(補晉書藝文志)』	4권	정국균(丁國鈞)
	『보진서예문지(補晉書藝文志)』	6권	문정식(文廷式)

	『보진서예문지(補晉書藝文志)』	4권	진영광(秦榮光)
	『보진서예문지(補晉書藝文志)』	4권	오사감(吳士鑑)
	『보진서예문지(補晉書藝文志)』	4권	황봉원(黃逢元)
	『동진강역지(東晉疆域志)』	4권	홍양길(洪亮吉)
	『신교진서지리지(新校晉書地理志)』	1권	방개(方愷)
십육국	『십륙국년표(十六國年表)』	1권	장유증(張愉曾)
	『서진백관표(西秦百官表)』	1권	연서(練恕)
	『십륙국강역지(十六國疆域志)』	16권	홍양길(洪亮吉)
남북조	『송서보표(宋書補表)』	4권	성대사(盛大士)
	『보송서형법지(補宋書刑法志)』	1권	학의행(郝懿行)
	『보송서식화지(補宋書食貨志)』	1권	학의행
	『보송서종실세계표(補宋書宗室世系表)』	1권	나진옥(羅振玉)
	『보송서예문지(補宋書藝文志)』	1권	섭숭기(聶崇岐)
	『보남제서예문지(補南齊書藝文志)』	4권	진술(陳述)
	『보양서강역지(補梁書疆域志)』	4권	홍기손(洪齮孫)
	『보진강역지(補陳疆域志)』	4권	장려화(臧厲龢)
	『보위서병지(補魏書兵志)』	1권	곡제광(谷霽光)
	『북주공경표(北周公卿表)』	1권	연서(練恕)
	『보남북사연표(補南北史年表)』	1권	주가유(周嘉猷)
	『보남북사제왕세계표(補南北史帝王世系表)』	1권	주가유
	『보남북사세계표(補南北史世系表)』	5권	주가유
	『동진남북조여지표(東晉南北朝輿地表)』	28권	서문범(徐文范)
	『남북사보지(南北史補志)』	14권	왕사탁(王士鐸)
	『보남북사예문지(補南北史藝文志)』	3권	서숭(徐崇)
수당	『수당지제월표(隋唐之際月表)』	1권	황대화(黃大華)
	『수당경적지보(隋唐經籍志補)』	2권	장붕일(張鵬一)
오대	『보오대사예문지(補五代史藝文志)』	1권	고회삼(顧懷三)
송·요·원	『송사예문지보(宋史藝文志補)』	1권	예찬(倪燦)
	『서하예문지(西夏藝文志)』	1권	왕인준(王仁俊)
	『요예문지(遼藝文志)』	1권	무전손(繆荃蓀)
	『요사예문지보증(遼史藝文志補證)』	권수 없음	왕인준(王仁俊)
	『보요사경적지(補遼史經籍志)』	1권	황임긍(黃任恆)
	『보원사씨족지(補元史氏族志)』	3권	전대흔(錢大昕)
	『보원사예문지(補元史藝文志)』	4권	전대흔
	『보요금원예문지(補遼金元藝文志)』	1권	예찬(倪燦)
	『보삼사예문지(補三史藝文志)』	1권	김문조(金文詔)
	『금사씨족지(金史氏族志)』	2권	진술(陳述)

	『요사기년표(遼史紀年表)』	1권	왕원손(汪遠孫)
	『서요기년표(西遼紀年表)』	1권	왕원손
	『금재보연표(金宰輔年表)』	1권	황대화(黃大華)
	『원분번제왕세표(元分藩諸王世表)』	1권	황대화
	『원서역삼번연표(元西域三藩年表)』	1권	황대화
	『송요금원사사삭윤고(宋遼金元四史朔閏考)』	2권	전대흔(錢大昕)
명(明)	『건문손국지제월표(建文遜國之際月表)』	2권	유정란(劉廷鑾)
	『잔명재보연표(殘明宰輔年表)』	1권	부이례(傅以禮)
	『잔명대통력(殘明大統曆)』	1권	부이례
	『명재보고략(明宰輔考略)』	1권	황대화
	『명칠경고략(明七卿考略)』	1권	황대화

제16장 장학성(章學誠)의 역사학

장학성(章學誠)은 자는 실재(實齋)이며 절강성 회계(會稽) 사람이다. 청(淸)나라 건륭(乾隆) 3년(1738)에 태어나 가경(嘉慶) 6년(1801)에 졸하였다. 유년 시에 역사 관련 책들을 특별히 좋아하였다. 그의 「가서(家書)」에 다음과 같은 언급이 있다.

[내 나이] 20세 이전에 매우 아둔하여 책을 하루에 2~3백 자도 읽지 못하였으며 오래 기억하지도 못하였다. 21, 22세 때부터 점차 향상되어 두루 여러 책을 보게 되었으나 경전 훈고는 이해하지 못하였다. 그러나 역사 관련 서적은 눈에 접하기만 하면 바로 오랜 기간 익힌 것처럼 읽었다. 그러면서 득실을 논하여 저절로 잘 말할 수 있었고 말하는 것이 그대로 타당하였다. 사람들은 모두 [유지기]『사통』에서 득력하였다고 하지만 내가 『사통』을 본 것은 28세 때이다. 23, 24 때 필기한 것을 지금은 잃어버렸으나 여러 역사서의 본기, 표, 지, 전 외에 그림을 만들어야 하며 열전은 유림전(儒林傳), 문원전(文苑傳) 외에 사관전(史官傳)을 세워야 한다는 것이 당시의 주장이었다.……내가 15~16세에 성정이 이미 역사학에 친근해져 학숙(學塾)의 숙제를 한 여가에 사사로이 『좌전』 등을 취하여 기, 전, 표, 지로 나누어 『동주서기급(東周書幾及)』 100권을 만들었다. 이것은 아이 때의 일이나 근래 동자들 가운데는 드물게 있는 일이었다. (『장씨유서(章氏遺書)』 제9권, 「가서」6)

장학성은 뒤에 주균(朱筠)의 지우를 받았으므로 장학성의 문장 및 사상은 주균(朱筠)의 영향을 받았다고 할 수 있다. 주균의 자는 사하(筍河)이며 건륭조에 대사(大師)가 되었다.『영락대전(永樂大典)』을 자료로 하여 일서(佚書) 집일 작업을 한 것은 그의 건의에 의한 것이다. 즐겨 후배 학자들에게 학문을 권장하였다. 장학성이 지은 책 가운데 가장 중요한 것은『문사통의(文史通義)』와『교수통의(校讐通義)』이다. 『문사통의』라는 것은 문장과 역사를 관통한다는 말로서 그 뜻은『문심조룡(文心雕龍)』은 문장을 말하는데 치중하였고『사통』은 역사를 말하는데 치중하였다는 것이다. 세상에서 문장을 잘 하는 사람이 반드시 역사에 정통한 것은 아니고, 역사를 잘 하는 사람이 항상 문장을 잘 하는 것은 아니다. 따라서 양자를 소통하여 잘 하겠다는 취지로 이『문사통의』를 지은 것이다. 건륭(乾隆) 37년에 작업을 시작하여 25년 뒤에 비로소 일부만을 간행하였다. 각종 저작이 중화민국 9년 비로소 합쳐져『장씨유서(章氏遺書)』로 간행되었다.

그가 주장한 바는 부분적으로 유지기에 연원하지만 나머지는 그가 창안한 것이다. 지금 나누어 서술하기로 한다.

(1) '육경(六經)'은 모두 역사이다[육경개사(六經皆史)]

육경이 모두 역사라는 주장은 사실 장학성이 발명한 것이 아니다. 유서(劉恕)가『통감외기서(通鑑外紀書)』에서 언급한 적이 있으며 왕응린(王應麟)이『곤학기문(困學紀聞)』권8에서 인용한『문중자(文中子)』「왕도(王道)」편 및 육로망(陸魯望)의「복우생논문서(復又生論文書)」에도 이 주장이 있다. 두 사람[문중자, 육로망]은 당나라 때 태어났으므로 일찍이 송나라 이전에 이런 주장이 있었던 것이다. 이 의미는 명대에 이르러 더욱 확장되어 왕수인(王守仁 : 왕양명)이『전습록(傳習錄)』권1에서 다음과 같이 언급하였다.

304

사(事)로써 말하는 것을 사(史)라 하고 도(道)로써 말하는 것을 경(經)
이라고 한다. 사(事)가 바로 도이며 도가 바로 사건이다. 『춘추』 또한
경(經)이며 '오경(五經)' 또한 역사이다. 『역(易：주역)』은 포희(庖犧)의
역사이며 『서(書：상서)』는 요(堯)·순(舜) 이하의 역사이다. 『예(禮：
예기)』·『악(樂：악경)』은 삼대의 역사이다. 오경은 역사이다. 역사로
써 선악을 밝히고 훈계를 보이며 그 자취를 보존하여 법을 보인다.

또 왕세정(王世貞)의 『엄원호언(弇苑巵言)』 권1에서는 "천지에 역사
가 아닌 것은 없다. 육경은 역사로써 이치를 말한 것이다"라고 하였고
호응린(胡應麟)의 『소실산방필총(少室山房筆叢)』 권2에서는 "하(夏)나
라와 상(商)나라 이전에 경(經)은 바로 역사이었다. 주(周)나라와 진(秦)
나라 즈음에 제자백가는 곧 문집이었다"라고 하였으며 고염무(顧炎武)
의 『일지록(日知錄)』 권3에서는 "맹자(孟子)가 이르기를 '그[『춘추』] 문
장은 역사'라고 하였다. 『춘추』만 그런 것이 아니라 육경(六經)이 다 그
러하다"라고 하였다. 이상 언급들은 모두 장학성보다 오래 전에 있던
것인데 장학성이 그 의미를 현창하였을 따름이다. 그는 다음과 같이
말하였다.

'육경(六經)'은 모두 역사이다. 고인은 저서를 하지 않았고 고인은 사
건을 떠나서 이치를 말하지 않았다. 육경은 모두 선왕의 정전(政典)이
다. 혹자가 묻기를, "『시(詩)』, 『서(書)』, 『예(禮)』, 『악(樂)』, 『춘추(春秋)』
의 경우에 대하여는 이미 말씀을 이해하겠습니다. 『역(易：주역)』은 음
양을 말한 것인데 다른 역사들[『시』, 『서』, 『예』, 『악』, 『춘추』]과 함께
정전(政典)이 되는 까닭을 듣고자 합니다"라고 하였다. 대답하기를,
"여러 선생들의 말씀을 들으면, 대저 『역』이란 사물을 열어주어 천하
의 도(道)를 펼치며 내왕을 알아서 길흉에 인민과 어려움을 함께 하므
로 그 도는 정교(政教)와 제도가 미치지 못하는 바까지 포괄한다. 천지

의 상을 보고 본받으니 이것은 신(神)과 사물 이전부터 있던 것으로서 백성이 그 가르침을 따른 것이 정교와 전장보다 앞서서였다"라고 하였다. (「역교(易敎)」상)

또 다음과 같은 언급도 하였다.

  어리석은 자의 소견으로는 천지 사이 저술의 숲에 가득 차 있는 것은 모두 사학(史學)이라고 생각합니다. 육경은 단지 성인(聖人)이 6종의 역사를 취하여 교훈을 보인 것일 따름입니다. 자, 집을 지은 여러 선생들은 그 근원이 모두 역사에서 나왔습니다. 말류가 그 연원을 잊고서 자신을 구분하니 천지 사이에 따로 한 종류가 되어 수습할 수 없게 되고 달리 분류하지 않을 수 없어 4종 문호[경(經), 사(史), 자(子), 집(集) 4부]가 되었습니다. (「보손연여서(報孫淵如書)」[손연여에게 답하는 편지])

이 밖에 장학성은 또 천하의 책은 모두 관례(官禮 : 관청의 예)라고 하였다[「예교(禮敎)」편]. 이 말은 표면적으로는 '육경개사'의 주장과 모순되는 것처럼 보이지만 그 내용을 살펴보면 마찬가지 의미이다. 육경은 모두 옛 정치 전적이고 정치 전적은 바로 '예(禮)'이기 때문이다. 정치 전적은 모두 사관에게서 나왔고 역사는 또 복축(卜祝)과 유사한 면이 있으므로 예의 범위를 벗어나지 않는다. 따라서 두 주장은 모순되지 않는다.

  (2) 기주(記注)와 찬술(撰述)
  장학성은 기주(記注 : 기록 주)와 찬술(撰述)을 구분하였다. 이것은 유지기에서 연원하는데 그는 「서교(書敎)」상편에서 다음과 같이 논하였다.

관청의 예제(禮制)는 엄밀하여 뒤에 기주하는 것이 법으로 규정되었다. 기주는 법으로 규정되었으나 후대의 찬술에 대하여는 정해진 명칭이 없었다. 제도가 완비되면 담당자가 각기 책을 완성하는 것으로 생각하였기 때문이다. 나는 단지 그 가운데 중차대한 것만을 들어서 드러내어 제왕 경세(經世)의 대략을 보이고자 한다. 전(典), 모(謨), 훈(訓), 고(誥), 공범(貢範), 관형(官刑) 따위의 상세함·간략과 선택은 모두 뜻대로 하는 것이지 반드시 정해진 법식이 있었던 것은 아니다. 이렇게 이루어진 『서(書)』는 경세하는 방법을 보여준다.

관청의 예가 폐지됨에 이르러 주기가 전체 모습을 갖추기 어려워져 『춘추』는 비사(比事)로써 말을 이었고 좌씨(左氏)는 여러 관리의 자료를 취하고 여러 나라의 귀중한 책들을 구하여 사건의 본말을 갖추지 않을 수 없었다. 형세 상 그렇게 된 것이다. 사마천(司馬遷), 반고(班固) 이하는 좌씨에게서 연원하여 더욱 번창해 갔다. 이리하여 기주에 대하여는 정해진 규정이 없는데 찬술에는 정해진 이름이 있게 되었다.

또 기주(記注)와 찬술(撰述)의 성격에 대하여 서교 하편에서 다음과 같이 논하였다.

찬술(撰述)은 총괄하여 신통력을 얻으려는 것이고 기주(記注)는 반듯함으로써 지혜롭게 되고자 하는 것이다. 지혜로움으로써 오는 것에 대비하고 신통력으로 앞의 일을 안다. 기주는 지난 일을 잊지 않으려는 것이며 찬술은 올 일의 흥기를 예측하려는 것이다. 그러므로 기주에 과거를 간직해 두는 것은 지혜롭고, 찬술로 미래를 아는 것은 신과 같다. 과거를 빠짐없이 간직해 두고자 하므로 체재에 일정함이 있으며 그 덕이 반듯하다. 미래를 알아 거취를 미리 정하고자 하므로 체례가 일정한 데 구애되지 않고 그 덕은 원융하다.

또 다른 한 편에 비슷한 논의가 있어 대비하여 보면 사람들로 하여금 장학성의 의도를 더욱 명확하게 알 수 있게 해 준다. 「보황대유선생서(報黃大兪先生書)」[황대유선생께 답하는 편지]에서 다음과 같이 언급하였다.

옛 사람은 한 가지 일에 반드시 몇 가지 학문을 갖추었습니다. 저술과 비류 두 가지가 그 대요였습니다. 반고는 『한서』를 찬하면서 한 가지 일, 저술을 하였습니다. 유흠(劉歆)과 가호(賈護)의 『한기(漢記)』는 그것의 비류(比類)입니다. 사마광(司馬光)의 『자치통감』은 일가의 저술이 될 만합니다. 유씨(劉氏)와 범씨(范氏)의 장편(長編)은 그것의 비류(比類)입니다. 두 가지는 본래 서로 연관되지만 방해되지 않았습니다. 나의 「서교(書敎)」편 가운데 이른바 원용, 반듯함이라고 한 것은 또한 이런 의미입니다. 다만 반드시 자기의 비류와 저술이 연원이 있음을 알아야 하며, 비류의 엄밀함으로 저술의 소략함을 비웃어서는 안 되며, 비류의 정제함으로 저술의 정돈되지 못함을 비웃어서도 안 됩니다. 대체로 저술은 한신(韓信)의 용병에 비유할 수 있고, 비류는 소하(蕭何)의 군량 공급에 비할 수 있습니다. 두 가지 가운데 하나라도 없으면 안 됩니다. 사람의 재주는 처지를 바꾸면 다를 수 있습니다.

이 단락은 앞의 두 단락과 가리키는 바가 비록 다르지만 취지는 유사하다. 기주는 그 자리에서 쓰는 것이므로 기거주(起居注)에 견줄 수 있다. 기거관(起居官)은 관례에 따라서 계단 곁을 따르면서 그때그때 일을 기록한다. 비류는 『자치통감장편(資治通鑑長編)』과 같은 것이니 즉 저작을 위해 미리 자세히 원고를 만드는 것이다. 두 종류의 유래는 비록 다르지만 모두 필요하다. 아울러 정해진 격식에 따라 필사하므로 같은 종류에 넣을 수 있다. 그러나 저술은 다르다. 저술이라는 것은 기주 혹은 비류에 의거해서 필삭을 더하는 것이다. 장학성의 의도는 정사(正史)를 저술(著述)에 귀속시키고 나머지는 기주(記注)로 하는 것이었다. 다만 기주와 저술은 어떤 때는 구별하기 쉽지만 어떤 때는 구별하기가 어렵다. 사료가 기주가 되는 것에는 의문의 여지가 없다. 하지만 역대 왕조의 실록에 대하여 어떤 사람은 기주로 간주하고 어떤 사람은 저술로 간주한다. 그 차이를 확정짓기가 어렵다. 장학성은 전자의 설에 기울어진 것 같다. 하지만 사실 실록은 역사적 사건기록에서 이미 취사선택한 것이다. 그러므로 찬술에 속한다. 기주와 찬술의 구별은 장학성의 논의보다 더욱 상세해져야 할 것이다.

(3) 역사가의 덕(德)

유지기는 『사통』에서 사가는 응당 3가지 장점 즉 재(才 : 재주), 학(學 : 학문), 식(識 : 식견)을 갖추어야 한다고 하였다. 식견이 없으면 의리를 정할 수 없다. 역사의 의리는 바로 서법이다. 재주가 없으면 문장을 잘 표현할 수 없다. 역사가의 재주는 잘 쓰는 기술이라고 할 수 있다. 학문이 없으면 역사적 사건을 수집할 수 없다. 장학성에 이르러서는 역사가의 덕을 추가하였다. 그는 이에 대하여 다음과 같이 언급하였다.

역사가의 덕이란 무엇인가? 저자의 심술이다. 무릇 역사를 더럽히는 것은 스스로를 더럽히는 것이 된다. 남을 비방하는 글은 스스로를 비방하는 것이 된다. 평소의 행실이 부끄러운 것이면 글이 족히 취할 만한 무게를 갖겠는가? 위수(魏收)가 무고한 것과 심약(沈約)이 악을 숨긴 것은 그들의 책을 읽는 사람이 먼저 그들의 사람됨을 믿지 않으므로, 그 폐단이 심하게 되지는 않는다. 걱정해야 할 심술은 군자의 마음이 있으되 소양이 빼어나지 못한 데에 있다. (「사덕(史德)」편)

이 편의 의미는 「문덕(文德)」편의 다음과 같은 언급과 서로 통한다.

무릇 옛날에는 글을 쓰는 것이 반드시 경건하고 너그러웠다. 글쓰기에 임하여 경건하였다는 것은 덕을 닦았다는 의미가 아니다. 옛날에 반드시 너그러웠다는 것은 관용하였다는 의미가 아니다. 경건함이 덕을 닦았음을 의미하는 것이 아니라는 말은, 기(氣)가 떨리면 멋대로 되고 멋대로 되면 절도에 맞을 수 없다는 의미이다. 너그러움이 관용을 의미하는 것이 아니라는 말은, 고인처럼 몸을 펴고 제대로 자리 잡으라는 의미이다.

수사(修辭)의 경건함에 대하여 「사덕」편 가운데 다음과 같이 유사한 언급이 있다.

무릇 여기에 싣는 것은 사건이다. 사건은 반드시 글에 의거해 전해진다. 따라서 좋은 역사가 가운데 글에 공을 들이지 않는 이는 없다. 그러나 글은 일에 부림을 당할 수 있음을 알아야 한다. 대체로 일에는 득실과 시비가 없을 수 없다. 일단 시비와 득실이 있게 되면 출입과 여탈이 있어 시끄럽게 갈등한다. 시끄러운 갈등이 그치지 않으면 기(氣)가 쌓이게 된다. 일에는 성쇠와 소장이 없을 수 없다. 일단 성쇠와 소장이 있게 되면 왕복과 매달림, 생성과 흐름이 잇달아 있게 된다. 흐름이 잇달아 있게 되면 정(情)이 깊어진다. 글은 사람을 움직이기에 부족하다. 사람을 움직이는 것은 기이다. 글은 사람의 마음에 들어가기 부족하며 사람의 마음에 들어가는 것은 정이다. 기가 쌓이면 글이 창대해지고 정이 깊으면 글이 진지해진다. 기가 창대해지고 정이 진지해지면 천하에서 지극히 훌륭한 문장이다. 그러나 그 가운데에는 자연스런 것도 있고 인위적인 것도 있으므로 구별하지 않을 수 없다.

유지기와 장학성 두 사람의 취지를 살펴보면 역사를 찬술하는 자는 반드시 학문이 있어 널리 사료를 수집해야 하고 집필 시에는 반드시 문장을 단아하게 해야 오래 전할 수 있다는 뜻이다. 다만 사료는 너무 많다. 반드시 취사선택이 있어야 하며 그렇지 않으면 찬술을 할 수 없고 단지 기주의 글이 될 뿐이다. 취사선택하는 기준은 식견에 있는데 식견은 사관(史觀)이라고도 할 수 있다. 다만 유지기와 장학성의 차이점은 전자는 사가의 식견으로 만족한 데 비하여, 후자는 역사가의 덕을 추가해야 사관(史觀)이 공정할 수 있다고 생각한 점이다. 그리고 유지기는 사가의 식견이 있으면 저절로 불공정한 이치가 없어질 것이라고 여겼다. 이것이 조금 다른 점이다. 장학성은 또 반드시 경건함을 위주로 해야 하고 경건한 뒤에 하늘과 합치될 수 있다고 생각하였고, 비록 기(氣)와 정(情)이 있더라도 서술한 역사가 반드시 공정한 것은 아니라고 하였다.

(4) 사학(史學) 별록(別錄)

기전체는 편년체의 사실들을 종류에 따라서 모은 것이다. 후대 편년의 역사서에서는 기와 전에 있는 사실들을 합쳐 연대에 따라 편정하였다. 순열의 『한기』의 재료는 대부분 반고의 『한서』에서 따온 것인데 본기, 표, 열전 가운데 있는 일들을 연대에 따라 편정한 것은 명백히 한 예이다. 그러나 두 가지[편년체와 기전체]는 모두 폐단이 있다. 편년체는 사건의 처음과 끝을 찾기가 매우 어렵고 기전체는 동일 사건이 기(紀), 표(表), 지(志), 전(傳) 가운데 나뉘어 들어가게 된다. 심한 경우 중복되기도 한다. 이리하여 장학성은 사학 별록을 지을 것을 제창하여 다음과 같이 논하였다.

　　지금 편년을 하면서 별록을 만들어 각 제왕 기년의 서두에 그 후비와 황자, 공주와 종실, 훈척과 장상, 절진(節鎭)과 경윤(卿尹), 대간과 시종, 군현과 수령 등속에 대하여 이름을 적어 놓고 시작이 언제이고 마친 것이 언제인지 주를 달아 놓으면 편년 속에서 열전의 규모를 볼

수 있게 된다. 그리고 그 제왕의 큰 제작, 큰 전례, 큰 형옥, 큰 경영 등
에 대하여도 사건마다 이름을 붙여 놓고 품목을 구분하여 시작하고 끝
난 시기를 주로 단다. 이것은 편년체 가운데 지(志)를 도입하는 것이다.
두 나라 사이의 조빙, 동맹, 전쟁 등에 대하여도 대략 연월을 쓰고 사
건에 이름을 붙인다. 이것은 편년체 가운데 표력(表曆)을 도입하는 것이
다. 만일 어떤 사건이 한 군주 내에서 끝나지 않았다면 처음에 그 시
기 황제의 이름을 쓰고 마지막에 해당 시기 황제의 이름을 쓴다. (「사
학별록예의(史學別錄例議)」)

장학성은 또 시험 삼아 『속통감』에 이 체재를 사용하고 이 방법을
사마광의 『자치통감』에도 적용하고자 하였다. 기전체의 역사에 대하여
자신의 주를 다는 것은 편년체에 별록을 만드는 것과 서로 도움이 된
다고 하였다.

(5) 장학성이 여러 차례 정사(正史)를 시험 삼아 개작하다
"지금 기전체에 의거하면서도 기사본말체의 방법을 사용하여 도보
(圖譜)의 범례를 증가시키고 서(書)·지(志)의 이름을 산삭한다."[1] 그리
고 『속자치통감』을 증수하여 송·원, 두 시대의 일을 기록하였지만 그
책은 전해지지 않는다. 이 밖에 또 『사적고(史籍考)』를 저술하였으나
장학성 혼자 한 것이 아니며 현재에는 목록만 남아 있다. 「제서(制書)」
를 제외하고 모두 11부 즉 「기전(紀傳)」, 「편년(編年)」, 「사학(史學)」, 「패
사(稗史)」, 「성력(星曆)」, 「보첩(譜牒)」, 「지리(地理)」, 「고사(古事)」, 「목
록(目錄)」, 「전기(傳記)」, 「소설(小說)」로 구성되었다.[2]
그러나 역사 편찬은 성공하지 못하였으므로 장학성은 다시 방지(方

---

1) 「여소이운논수송사서(與邵二雲論修宋史書)」[소이운과 『송사』를 수찬하는 일
   을 논하는 편지].
2) 모두 『유서』[『장씨유서』] 보편에 보임.

志)를 편찬하였다. 『천문현지(天門縣志)』, 『호북통지(湖北通志)』 및 『영평부지(永平府志)』 등은 모두 그가 지은 것이다. 그가 방지를 논한 부분은 이미 지방사 장에서 언급하였다. 이 밖에 장학성은 통사를 극력 주장하고 단대사를 반대하며 정초(鄭樵)를 매우 높여「석통(釋通)」, 「신정(申鄭)」 두 편을 지었음은 이미 앞의 제9장에서 언급하였다.

장학성은 청 건륭, 가경 연간 사람이지만 훈고와 명물(名物)의 학을 극력 반대하였고 대진(戴震)과 왕중(汪中)에 대하여는 더욱 공격을 심하게 하였다. 그러므로『문사통의』의 논의는 매양 당대 사람들과 다르다. 다만 그 가운데 의논할 만한 것은 위도(衛道)[도(道)의 보위]와 니고(泥古)[상고(上古)에의 집착]이다. 장학성은 유지기와 마찬가지로 사학의 표준은 가장 오래된 역사서 즉『상서』와『춘추』에 있으며 후대로 내려올수록 역사서가 질이 떨어진다고 여겼다. 또 장학성은 별도로 『교수통의(校讐通義)』를 지었는데 위로 유향(劉向)의 『칠략(七略)』을 이어서 목록분류학을 한 것이다. 이것은『문사통의』와 의도가 서로 부합된다.

제17장 수(隋)·당(唐) 이후의
사관(史官) 및 사관(史館)

    수·당 이후의 사관(史官)은 이미 고대의 천인(天人) 상관 관념을 벗어나 전문적으로 역사서를 찬술하였다. 이리하여 태사령(太史令)과 사관이 나뉘어져 둘이 되었다. 전자는 오로지 천상을 맡았고 후자는 사람의 일을 기록하는 데에 치중하였다. 당나라 때 사관은 나뉘어 2종이 되었는데, 하나는 전대 역사를 수찬하는 것으로 임시 기구적 성격을 갖는 것이어서 책의 편수가 이루어지면 그 직무도 끝나는 것이었다. 태종(太宗), 고종(高宗) 사이에 수찬된 진(晉), 양(梁), 진(陳), 제(齊 : 북제), 주(周 : 북주), 수(隋) 각 왕조를 위한 사관(史館)이 바로 이 종류에 속한다. 다른 하나는 국사관(國史館)이다. 『실록』과 『국사(國史)』를 편찬하기 위한 것으로서 그 성격이 비교적 첫 번째 것보다는 항구적이다. 겸직도 있어 재상으로 충당하는 경우가 많았으나 어떤 사관(史官)은 집필을 전담하기도 하였다. 어떤 때에는 사관은 외직에 있으면서 역사서를 편수하기도 하였다. 개원(開元) 연간의 장열(張說) 및 오긍(吳兢), 장경(長慶) 연간의 심전(沈傳), 부사(傅師) 등이 모두 이런 사람들이다.[1] 사관(史館)의 자료 수집과 관련하여 『당회요』에서 여러 관청이 응당 사관에 보내야 할 사례에 대하여 다음과 같은 자세한 언급이 있

---

1) 『당회요(唐會要)』 권63에 보임.

다.

　　상서(祥瑞), 천문상이(天文祥異), 번국조공(蕃國朝貢), 번이(蕃夷)의
입구(入寇) 및 내항(來降), 음률 개변 및 곡조 창조, 주현 치폐 및 효의
(孝義)·정표(旌表), 법령 개변, 단옥(斷獄)의 신의(新議), 아울러 홍수·
가뭄·충해·폭풍·우박 및 지진, 강의 범람, 여러 봉건, 서울 여러 관
청 수장들의 죽음, 자사(刺史)·도독(都督)·도호(都護) 및 행군부총관
(行軍不總管)·대총관(大總管) 이하의 죽음, 공주와 백관(百官)의 시호,
여러 왕들의 입조(入朝) 등, 이상의 일들은 모두 본 조목의 담당처를
경유하여 즉시 사관(史館)에 보고하여 『국사(國史)』에 넣도록 한다.

　오대(五代)에서 행해진 사관(史館)의 조례는 대략 당나라 시대와 같
음을 『오대회요(五代會要)』에서 살필 수 있다. 송대에는 사관을 삼관
(三館) 가운데 하나로 하였다. 남송(南宋)의 『실록』과 『국사』는 처음에
는 모두 사관에서 수찬하였으나 뒤에 사관이 혁파되자 『실록』은 실록
원(實錄院)에서 편찬하였다. 『국사』를 위해서는 국사원(國史院)을 설립
하였다. 원나라는 한림국사원(翰林國史院)이 『국사』 편찬을 담당하였
고, 명나라에서는 한림원이 『국사』를 관장하였다. 청나라에서는 국사
관(國史館)을 설치하였다. 이들은 모두 『국사』의 편찬을 전담하는 책
임을 가진 기구들이었다. 당나라에서 사관을 설치한 이후 『국사』는 마
침내 집단 작업에 의한 것이 되어 사마천, 반고처럼 한 사람이 하는 것
과는 다르게 되었다. 집단과 개인이라는 두 가지 방식에 대하여 각기
찬성자와 반대자가 있다. 그러나 사회가 이미 변하였으므로 역사서의
함의 또한 뒤로 갈수록 더욱 넓어지고 사료 또한 뒤로 갈수록 더욱 많
아지므로 한 사람의 힘으로 수십 년 혹은 수백 년에 대한 역사서를 포
괄적으로 짓는 것은 형세 상 불가능해졌다. 그렇다면 여러 사람의 힘
으로 완성하는 것은 어쩔 수 없는 일이다.

국사관 이외에 당나라는 또한 기주관(記注官)을 창설하였다. 대체로 한나라, 진(晉)나라에서 유래하는데 서일기(徐一夔)가 이에 대하여 다음과 같이 상세히 언급하였다.

근세의 역사 논의 가운데 일력(日曆)보다 더 중요한 것은 없다. 일력이라는 것은 역사의 근저이다. 당나라 장수(長壽) 연간에 사관 요수(姚璹)가 시정기(時政記)를 찬술할 것을 주청하였고 원화(元和) 연간에 위집의(韋執誼)가 또 일력 찬술을 주청하였다. 일력이라는 것은 사건을 날짜별로 기록하는 것으로서 날짜들은 1개월을 단위로 묶고 월력은 계절별로 묶으며 계절은 1년 단위로 묶는 것이니 『춘추』와 같은 성격이 있으며 기거주(起居注)의 경우 또한 오로지 육십갑자만을 사용하는 것으로서 사건 기록의 방법으로 이보다 나은 것이 없다. 송나라는 역사적 사실을 매우 중시하여 일력을 편찬한 여러 관청은 반드시 공식적으로 보고하도록 하였다. 조(詔)와 고(誥) 같은 것은 삼성(三省)에 반드시 써두고 군사기밀은 추사(樞司)에 반드시 보고하며, 백관의 진퇴, 형벌·상의 시행, 대간의 논의, 급사중의 비판, 경연의 문답, 신료의 답변, 시종들의 어전 계사(啓事), 중외의 봉사(封事)·상주(上奏) 등에서 아래로 전곡(錢穀)과 갑병(甲兵), 옥송 심리 등 정치의 체모와 관련 있는 것은 날짜에 따라 모두 기록하게 하였다. 이렇게 하면서도 그것들이 서리의 기록이므로 잘못이 염려되어 구양수는 연말에 재상이 감수하여 수찬관들의 일력을 조사하여 실수가 있으면 처벌하도록 하였다. 이와 같이 하면 일력에 거짓이 없게 되어 나중에 이를 근거로 회요(會要)를 편찬할 수 있으며, 실록을 이에 의거해 수찬할 수 있고, 백년 뒤의 기(紀), 지(志), 열전(列傳)도 이에 의거할 수 있다. 이 때문에 송나라의 역사는 정밀하고 정확할 수 있었다.[2]

기주(記注)는 역사서를 찬술하는 것이라고는 할 수 없지만 마찬가지

---

[2] 『명사(明史)』「문원전(文苑傳)」과 주이존의 『폭서정집』 사이에 약간 자구 상의 차이가 있다.

로 사관(史官)이 관장하였다. 아래로 청나라 말엽에 이르기까지 기주관 (記注官)은 폐지되지 않고 존속되었다. 아마도 중국 사관(史官)의 직권 은 시대에 따라 변화가 있어 확대되기도 하고 축소되기도 하였지만, 면면히 이어진 것이 사오천 년이나 된다. 전문적이고 장구하다고 할 수 있다. 세계의 다른 나라에는 있을 수 없는 일이었다.

제18장 이십오사(二十五史) 통론(通論)

각 시대의 역사 편찬에 대하여는 이미 앞의 여러 장에서 나누어 설명하였다. 각 시대에 편찬된 역사서 가운데 다수가 이미 존재하지 않으며 현재 존재하는 것은 단지 25사(史)뿐이다. 즉 보통 이른바 정사(正史)라고 하는 것이 이것이다.

25사라는 명칭이 있기 전 삼국 이래 중화민국 시대에 이르기까지, 정사에 들어간 것들을 총괄하는 명칭은 11종, 즉 3사, 10사, 13사, 17사, 18사, 19사 21사, 24사가 있었다. 이들이 각기 총괄하는 역사서는 다음과 같다.

(1) 3사 A : 삼국 및 진(晉), 남북조 사람들이 사용하던 명칭으로서 『사기(史記)』, 『한서(漢書)』 및 『동관한기(東觀漢記)』를 가리킨다. 예를 들면 오지 「여몽전(呂蒙傳)」의 주에서 「강표전(江表傳)」을 인용하여 "고통군(孤統軍) 이래, 3사 제가(諸家)의 병서를 살펴 크게 유익함이 있었다"라거나 『진서(晉書)』 「부혁전(傅弈傳)」에서 "3사의 고사를 논하여 득실을 평하였다"라고 한 것이 이것이다.

(2) 3사 B : 당나라 이후에 3사라고 칭한 것은 『사기』, 『한서』 및 범울종(范蔚宗)의 『후한서(後漢書)』이며 일찍이 3사로 선비들에게 시험을 보였다. 『옥해(玉海)』 권49에서 양조(兩朝 : 당과 송)의 지(志)를 인

용하여 "국초에는 당나라의 구례를 따라서 『사기』와 양한서[『한서』와 『후한서』]를 3사라고 하여 과거 시험과목으로 하였다"라고 하였다. 송과 당나라는 같이 이 3사[『사기』, 『한서』, 『후한서』]로서 시험을 본 것이다.

(3) 10사 : 『삼국지(三國志)』, 『진서(晉書)』, 남조의 『송서(宋書)』, 『제서(齊書)』, 『양서(梁書)』, 『진서(晉書)』 및 북조의 『위서(魏書)』, 『제서(齊書)』, 『주서(周書)』 그리고 『수서(隋書)』를 가리킨다. 『송사(宋史)』 「예문지」 유사류(類史類)에 '십사사어(十史事語)' 10권 및 '십사사류(十史事類)' 12권이라는 서목이 있다. 당나라 사람이 지은 것이므로 10사라는 통칭은 필시 그 때에 사용되었을 것이다.

(4) 13사 : 위에서 든 10사에 다시 3사 B를 더하여 13사라고 한 것이다. 『송사』 「예문지」 문사류(文史類)에 오무릉(吳武陵)의 『십삼사박의(十三史駁議)』 12권 등이라는 서목이 있다. 오무릉은 당나라 때 사람이므로 13사라는 명칭도 당나라 때에 시작되었을 것이다.

(5) 17사 A : 송나라 사람들이 말한 17사에는 3종이 있는 것 같다. 첫 번째는 『사기』에서 『수서』까지의 13사에 『구당서』, 『신당서』 및 『구오대사』, 『신오대사』를 더한 것이다.

(6) 17사 B : 둘째로는 『신당서』 및 『신오대사』를 포함시키지 않고 남북조사가 있는 것이다. 예를 들면 여조겸(呂祖謙)의 『십칠사상절(十七史詳節)』은 『사기』, 『한서』, 『후한서』, 『삼국지』, 『진서(晉書)』, 『남사』, 『북사』, 『수서』, 『당서』, 『오대사』를 포괄한다. 17사 A와 17사 B식의 총칭은 둘 다 남송 때 성행하였을 것이다. 조공무(晁公武)의 『군재독서지언(郡齋讀書志言)』을 보면 송 인종(仁宗) 가우(嘉祐) 연간부터 이미 조서를 내려 남조의 송(宋), 제(齊), 양(梁) 및 북조의 위(魏), 제(齊), 주(周) 각 왕조의 역사를 교열하게 하였으나, 휘종(徽宗) 정화(政和) 연간에 이르러 비로소 학관에 반포하였다고 하므로, 북송 말엽에

이르러서야 각 왕조 역사서가 마침내 완전하게 된 것이다. 또 여조겸 의 책은 발췌서로서 문인으로 하여금 보게 한 책일 것이므로『신당서』 와 대략 같은 성격의 책일 것이다. 이 책은 "여조겸이 문도에게 준 것 으로서, 신사(新史)를 읽기가 어려울까 염려하여 요점을 뽑고 문인이 초록하여" 이루어진 것이다.1) 이 또한 남송 때의 일이다.

(7) 17사 C : 명나라 급고각(汲古閣)에서 간행한 17사에는『남사』와 『북사』가 있으나『구당서』와『구오대사』가 없다. 이것을 17사 C라고 할 수 있을 것이다.

(8) 18사 : 원나라 사람이 17사 외에 송나라 일을 더한 것이다. 예를 들면 원나라 증선지(曾先之)가 편찬한『십팔사략(十八史略)』이 이것이 다.

(9) 19사 : 명나라 초 양맹인(梁孟寅)이『십팔사략』에 다시 원나라 일 을 더하여『십구사략(十九史略)』이라고 하였다. 또『속자치통감장편』 의 진종(眞宗) 대중상부(大中祥符) 8년 7월조에서 "주상께서 19사의 시 (詩)를 읽고 근신들에게 창화하게 하였다"라고 한 것에 대하여 전대흔 은 17사의 잘못이라고 하였다. 이 말이 매우 옳다. 송나라 진종 때에는 『신당서』및『신오대사』모두 아직 지어지지 않았으므로 위 인용문에 서 가리킨 것은 17사 B이다.

(10) 21사 : 명나라 세종(世宗) 가정(嘉靖) 연간 초엽 "주상이 명을 내 려 국자감(國子監)의 17사 구판을 수보하도록 하여 광동(廣東)의『송사 (宋史)』판목을 가지고 부감하고,『요(遼)』,『금(金)』2사와 같이 목판이 없는 부분은 선본을 매입하여 번각하도록 하였다. 11년 7월에 완성되 자 좨주(祭酒) 임문준(林文俊) 등이 표를 올렸다."2) 이것이 21사이다.

(11) 24사 : 청나라 건륭 연간『명사』편찬이 완성되자 다시『구당

1)『직재서록해제(直齋書錄解題)』.
2) 고염무(顧炎武),『일지록(日知錄)』.

서』 및 『구오대사』를 합쳐 24사로 하였다. 최초의 간행본은 무영전(武英展) 관본(官本)이다.

(12) 25사 : 중화민국 초에 『신원사(新元史)』를 정사(正史)에 포함시켜 25사가 이루어졌다.

3사에서 25사까지의 경과는 대략 위와 같다. 이제 25사의 각 부분을 통론하여 역사를 읽는 사람들로 하여금 먼저 그 대략을 알 수 있게 하고자 한다. 이른바 부분은 6종, 즉 본기(本紀), 표(表), 유전(類傳), 자서(自序), 논찬(論贊)으로 나눌 수 있다. 이하 각 절에서 언급하기로 한다.

제1절 본기(本紀)

대체로 기전체 역사서는 한 황제에 대하여 하나의 본기로 하여 개국의 군주에서 시작하지만 예외도 있다. 예를 들면 『진서(晉書)』는 진나라 무제(武帝)가 아니라 선제(宣帝)에서 시작하였다. 기전체의 체례로 논하면 이것은 다른 기전체 역사서들과 다르며 실제로 불합리하다. 선제와 그의 두 아들이 위(魏)나라의 정권을 잡기는 하였으나 독자적으로 건국한 것은 아니므로 건국은 무제부터이다.[3] 『진서』는 아마도 진나라 무제 이전의 일을 위(魏)나라 역사에 포함시키고 싶지 않아서, 육기(陸機)의 『진기(晉紀)』가 3조를 기록한 예를 따라서 진나라 역사의 앞에 둔 것일 것이다. 본래 중국의 군주가 아니며 건국하여 여러 해가 지났고 스스로 중국에 들어와 황제로서 처음 군주가 된 것도 아니지만 해당 왕조의 이전 여러 군주를 열거한 경우도 있다. 이런 사정은 예를 들면 북위와 원나라가 그러하다. 그러나 모두 진(晉)나라의 경우와는

---

3) 역자주 : 선제는 진(晉) 건국 이후에 추존한 것이다.

다르다. 『사기』에는 「세가(世家)」가 있는데 수록된 사람들은 천하의 공동 주인은 아니지만 한 나라의 세습 군주에 해당된다. 『진서(晉書)』의 「재기(載記)」 가운데 수록된 각국에는 황제에 신속한 것은 아니므로 열전에 넣을 수 없고, 대등한 국가도 아니어서 따로 역사를 편찬하여 이 '재기(載記)'라는 명목을 사용한 경우가 있다. 그러나 기재 내용이 사실상 '본기(本紀)'와 다름이 없으며 단지 명칭만 다를 뿐이다. 본기 내에 붙이는 것이 옳다.

제2절 지(志)

지(志)라는 체재는 『사기』에서 시작되었지만 사마천은 '지(志)'라고 하지 않고 '서(書)'라고 하였다. 이후 각 역사서는 지(志)라고 한 경우가 많다. 지의 숫자가 가장 많은 것은 『송사』로서 도합 15종이다. 그리고 『신오대사』가 가장 적어 단지 「사천고(司天考)」, 「직방고(職方考)」만이 있다.

명칭을 논하면 대체로 이름이 같은 것은 내용이 서로 유사하지만 이름이 같아도 내용이 조금 다른 경우도 있다. 예를 들면 『사기』의 「천관서(天官書)」는 성상(星象)을 기록한 내용이 많지만 송나라 이후 천문지(天文志)는 천문을 기록한 내용이 많다. 전자는 상대적으로 미신적이고 후자는 보다 실제 증험의 측면이 있다. 『한서』「오행지(五行志)」에는 오행의 상응을 기록한 내용이 많지만 후대의 오행지는 지진 등 재이(災異)를 기록하기는 하지만 반드시 천인(天人)의 상응 관계를 상세히 언급하는 것은 아니다. 이것은 모두 역사학이 아래로 내려올수록 애초의 천인 상관적 관념을 벗어나게 되기 때문이다.

북위(北魏)의 정치조직은 원래 부락제도에서 기원하여 씨족과 관직

제도가 상관성이 있으므로 「관씨지(官氏志)」를 두었다. 요(遼)나라의 병제(兵制)는 다른 시대와 다르므로 「병위지(兵衛志)」 외에 다시 「영위지(營衛志)」를 두었다. 「병위지」는 다른 역사서의 병지(兵志)와 유사하지만 「영위지」는 요나라에 고유한 것이다.

그리고 예지(禮志), 악지(樂志)는 혹 합치기도, 혹 나누기도 하였으며 예문지(藝文志)는 있기도 하고 없기도 한다. 『명사(明史)』이후에는 유지기의 설을 채택하여 오로지 명나라 사람의 저작만을 기록하여 이전의 예문지가 전대 왕조의 저작을 함께 수록한 것과는 다르다. 후대로 올수록 서적이 많아져 이루 다 수록할 수 없으므로 『명사』에서 체재를 바꾼 것은 형세 상 어쩔 수 없는 것이었다. 역사 저술에는 지를 짓는 것이 가장 어려우며 역사서를 읽는 사람도 지를 가장 어렵게 여긴다.

제3절 표(表)

표(表)는 고대의 보첩(譜牒)에서 유래한 것으로서 본기(本紀)와 열전(列傳)의 부족한 점을 보완하는 기능을 한다. 예를 들면 열후(列侯)와 장상(將相)을 전(傳)에는 이루 다 기록할 수는 없지만, 표(表)에 실으면 간편하다. 사마천이 처음 10표를 만들었고 반고 또한 이를 따라 10표를 만들었다. 다만 『사기』 가운데 「삼대세표(三代世表)」, 「십이제후연표(十二諸侯年表)」, 「육국표(六國表)」는 모두 한(漢)나라와는 관련이 없으므로 나머지 『한서』 가운데, 7표만이 『사기』에 접속되는 것이다. 또한 「외척은택후표(外戚恩澤候表)」, 「백관공경표(百官公卿表)」, 「고금인표(古今人表)」는 반고가 새로 창안한 것이다. 「외척은택후표」, 「백관표공경표」는 한(漢)나라의 역사적 사실에 대하여 기술할 때 매우 유익하다. 다만 「고금인표」는 상고에서 한나라 때까지의 인물들을 9등으로 나눈 것이 이미 공정한 평가라고 하기 어렵고, 한나라 이전의 인물들을 곁가지로 넣어 스스로 자신이 정한 단대사의 원칙을 파기하였으므로 후대의 비평자들이 심히 불만스럽게 여겼다.『후한서』에서 남북조에 대한 역사서까지는 모두 표가 없다.『신당서』에는 「재상표(宰相表)」, 「방진표(方鎭表)」, 「종실세계표(宗室世系表)」의 3표가 있다.『신오대사』에는 「십국세가연보(十國世家年譜)」가 있는데 「십국표」와 같은 성격의 것이라고 할 수 있다.『구오대사』에는 이것이 없다.『송사』에는 「재상표」와 「종실표」의 2표가 있다.

거란이 나라를 세운 데에는 특징이 있으므로『요사』에는 표가 특히 많아 「세표(世表)」, 「황자표(皇子表)」, 「공주표(公主表)」, 「황족표(皇族表)」, 「외척표(外戚表)」, 「유행표(遊幸表)」, 「부속표(部屬表)」, 「속국표(屬國表)」 등 모두 8표가 있으며,『금사』에는 「종실표(宗室表)」, 「교빙표(交聘表)」의 2표가 있다.『원사』에는 「후비표(后妃表)」, 「종실표(宗室表)」, 「세계표(世系表)」, 「제왕표(諸王表)」, 「공주표(公主表)」, 「삼공재상표(三公宰相表)」의 6표가 있고,『명사』에는 「제왕표(諸王表)」, 「공신표(功臣表)」, 「외척표(外戚表)」, 「재보표(宰輔表)」, 「칠경표(七卿表)」 도합 5표가 있다. 이상이 여러 역사서의 표의 대강이다.

제4절 유전(類傳)

각 역사서 가운데 열전은 시대에 따라 다르고 사람에 따라 다르므로 반드시 토론할 필요는 없다. 여기에서는 유전(類傳)에 대하여만 토론하기로 한다. 유전(類傳)이란 같은 성격의 인물들을 모아서 전(傳)을 만든 것이다. 유림전(儒林傳)은 사마천에서 시작되었는데 25사 가운데 몇 종을 제외하고는 각 사에 모두 유림전(儒林傳)이 있다. 원나라에서는『송사』를 찬술하면서 성리학자들을 추숭하고자 하여 마침내 유림전 외에 다시 도학전(道學傳)을 만들었다. 이것은 후대인의 매우 많은 비판을 초래하였다. 주이존(朱彝尊) 같은 이의 언급은 그 가운데 대표적인 것이다.

> 유림(儒林)에 대하여 전(傳)을 세운 것은 사마천에게서 비롯되었다. 반고 이래 역사가들은 이를 따르고 고치지 않았다. 송왕(宋王)이 『동도사략(東都史略)』을 짓고 다시 이름을 유학(儒學)으로 바꾸어 주돈이, 장재, 정호·정이 형제를 여기에 넣었다. 원나라가 『송사』를 편찬할 때 처음으로 「유림전」과 「도학전」으로 나누어 둘로 만들었다. 경학(經學)을 한 사람들은 「유림전」에 넣고 성리학을 한 사람들은 따로 「도학전」에 넣었다. 그리고 낙(洛), 민(閩) 지역 사람들은 「도학전」에 넣고 다른 사람들은 「유림전」에 넣었다. 경학은 거친 것이고 성리학은 정밀한 것이라는 생각에서였다. 주자가 정학(正學)이 되고 양(楊), 육(陸)은 이단이 되었다.……그러므로 유림은 도학을 포괄할 수 있으나 도학은 유림을 거느릴 수 없었다. (『폭서정집』 권32)

순리전(循吏傳), 혹리전(酷吏傳), 영행전(佞幸傳)은 모두 『사기』에서 시작되었는데 비록 후대의 역사서에서 이름은 다 같지는 않지만 종지는 유사한 것들이 있다. 『사기』 가운데 유전(類傳)은 모두 9종으로서 후대에 계속 사용한 것은 유림전 및 순리전, 혹리전, 영행전 3종이다. 남북조는 문벌을 중시하여 한미한 가문 출신으로서 귀하게 된 자는 은행전(恩倖傳)에 들어간 경우가 많다. 은행(恩倖)이란 명칭은 영행(佞幸)과 유사하지만 성격은 다르다.

외척전(外戚傳)은 반고의 『한서』에서 시작되었으나 후대에 외척전이라고 한 것과는 조금 다른 점이 있다. 『한서』는 여후(呂后)가 정권을 장악한 것으로 인해 「고후기(高后紀)」를 세우고, 이를 제외한 각 황후는 모두 「외척전」 가운데 넣고 다시 기(紀)를 세우지는 않았다. 『후한서』에서는 특별히 「후기(后紀)」를 세웠으므로 외척전이 없다. 『진서(晉書)』 이후에는 항상 2종이 병행하였다. 이미 후비열전(后妃列傳)이 있는데 또 외척전이 있다. 이 점이 후대 역사서의 외척전이 반고의 「외척전」과 조금 다른 점이다.

「환자전(宦者傳)」은 『후한서』에서 시작되었는데 그 시대 정치와의 상관성이 매우 밀접하다. 예를 들면, 당나라와 명나라의 환관은 권한이 매우 커서 여러 역사서가 모두 「환자열전(宦者列傳)」을 실었다.

「문원전(文苑傳)」 또한 『후한서』에서 시작되었는데 이후의 각 역사서에는 때로 문학전(文學傳) 혹은 문예전(文藝傳)이라고 한 경우가 있다.

『후한서』의 「방술전(方術傳)」은 오로지 의사와 복자(卜者)만을 수록하여 『사기』의 「일자열전(日者列傳)」과 유사하다. 다만 후대 역사서에는 방기전(方技傳) 혹은 방기전(方伎傳)이라고 제목을 붙인 것이 있으며 혹은 예술전(藝術傳)이라고 한 것도 있는데 그 내용은 유사하다. 『북사』는 예술이 지칭하는 범위에 대하여 매우 상세하게 다음과 같이 언급하였다.

무릇 음양이란 시일을 바르게 하고 기의 순서를 순조롭게 하는 것이며, 복서(卜筮)는 의심스러운 것에 대해 결정을 내려 주고 머뭇거림에 대해 방향을 정해 주는 것이다. 의무(醫巫)는 요사(妖邪)를 막고 성명을 길러 주는 것이며, 음률은 사람과 귀신을 조화시키고 슬픔과 기쁨을 조절해 주는 것이다. 상술(相術)은 귀천을 분변하고 분리를 밝히는 것이며, 기교(技巧)는 기용(器用)을 이롭게 하며 어려운 문제를 해결해 주는 것이다.

　음양(陰陽)과 복서(卜筮), 의무(醫巫)와 상술(相術)은 천인(天人)과 관계되며, 음률 같은 것에 인용된 사광 등은 모두 귀로 들어 길흉을 판단할 수 있으므로 앞의 음양, 복서, 의무, 상술과 서로 유사하다. 그러므로 이른바 예술을 잘 하는 사람은 모두 사람과 하늘의 변화에 잘 통하여, 옛날 사관의 직무와 서로 통하는 점이 있다.

　이 밖에 각 시대의 사회 환경이 다름으로 인해 사관이 중시하는 대상 또한 각기 달랐다. 예를 들면, 골계(滑稽)는 전국(戰國)시대에 성행하였고 자객은 진(秦)나라 이전에 유행하였으며, 유협(游俠)은 한(漢)나라 때 존중받았다. 그리고 화식(貨殖)은 춘추(春秋)시대 이후 계급이 문란해져 평민이 재부로써 지위를 얻을 수 있었던 데 따른 것이었다. 따라서 태사공[사마천]이 이런 종류들에 대한 전을 만들어 세웠다. 후세에는 이와 환경이 달라져 이를 모방한 자가 없었다. 마찬가지로 각 시대의 정치적 상황에 큰 영향을 받았는데 『후한서』에 당고(黨錮), 오대에 참위(僭僞) 및 영관(伶官), 당나라에 번진(藩鎭), 명나라에 유구(流寇)가 있었고 모든 시대에 반역·간신이 있었다. 그리고 명나라 때 토사(土司) 역시 당시의 특수 현상이었다. 역사서들은 이런 현상들에 대하여 매우 주의를 기울여 특별히 「당고전(黨錮傳)」, 「참위전(僭僞傳)」, 「영관전(伶官傳)」, 「번진전(藩鎭傳)」, 「유구전(流寇傳)」, 「반역간신전(叛逆奸臣傳)」 및 「토사전(土司傳)」을 세웠다. 다른 시대에 만약 유사한 현상이 없다면 당연히 모방하여 그에 대한 전을 세울 필요가 없었다. 이것은 자연스러운 이치이다.

　그리고 역사서들의 유전(類傳) 가운데에는 반드시 그런 전(傳)을 세울 필요가 없는 경우도 있다. 예를 들면, 『사기』의 「골계열전」은 후대 유자들이 항상 기롱하는 것이다. 후대에도 골계가 있기는 하였으나 『사기』를 본떠 골계전을 만들지는 않은 것은 이 때문이다. 또 『원사』의 「석로전(釋老傳)」과 같은 것은 원나라 때 도교를 중시하였기 때문에 세운 것이다. 그러나 역대에 항상 석로(釋老)를 중시하는 사람이 있었지만 반드시 전을 세운 것은 아니었다. 『양서(梁書)』「지족전(止足傳)」 같은 것은 각 역사 가운데 독자적으로 새로이 항목을 설정한 열전이다.

『신오대사』는 유전(類傳)의 구조 측면에서 『구오대사』와 완전히 다르다. 『구오대사』에는 「세습전(世襲傳)」과 「참위전(僭僞傳)」이 있기는 하지만 「세습전」은 세가(世家)와 같고 「참위전」은 『진서(晉書)』의 「재기(載記)」와 같으므로 이 두 유전은 다른 역사서들의 유전과 다르다. 따라서 『구오대사』에는 실제로는 유전이 없다고 할 수 있다. 『신오대사』의 경우 구양수가 독자적으로 안출한 각종 유전이 있는데, 「일행전(一行傳)」 같은 것은 5인을 포괄한다. 정오(鄭遨), 장천(張薦)은 방외인으로서 자득하였으므로 은일(隱逸)에 가깝고, 정복찬(程福贊)은 죄를 얻고도 자신을 변명하지 않았으므로 충의에 가깝다. 그러나 구양수는 그들의 한 가지 행위가 전할 만하다고 여겨 합쳐서 「일행전」에 넣었다. 아마도 『후한서』의 「독행전(獨行傳)」을 따른 것이라고 여겨지지만 다른 역사서들과는 다르다. 오대 후당(後唐)의 제왕들은 양자(養子)가 많아 항상 이들을 이용해 천하를 취하였는데, 이것이 당시의 풍조였다. 따라서 특별히 「의아전(義兒傳)」을 세웠다. 또 후진(後晉) 장종(莊宗)이 영인(伶人)에게 곤욕을 당한 것은 후진의 특이한 현상이므로 「영관전(伶官傳)」을 세웠다. 오대에는 당나라의 관습을 이어받아 환관이 정치를 담당하였으므로 「환자전(宦者傳)」을 세웠다. 무릇 이들은 모두 특별히 한 시대의 흥망과 관련되므로 중요성을 인정하여 유전으로 한 것이다. 그 구성은 『후한서』의 각종 유전과 유사하지만 안목은 위로는 태사공을 이은 것이다. 구양수의 역사서가 중시되는 것은 이 때문이다. 오대의 각 왕조는 존속 기간이 모두 짧다. 따라서 한 사람이 여러 왕조에 걸쳐 벼슬한 경우가 있다. 『구오대사』에서는 그 사람이 죽은 당시의 왕조에 열전을 만들었다. 풍도(馮道)가 여러 왕조에서 벼슬하였으나, 오대 후주(後周) 때 죽었으므로 후주 때에 넣은 것이 바로 이것이다.『신오대사』는 모 왕조에 충성을 다한 자는 모 왕조에 넣고 여러 왕조에 벼슬한 사람들에 대하여는 말미에 따로 「잡전(雜傳)」한 항목을 세워 이런 사람들을 기록하였다. 이것은 또 구양수의 독창적 견해이다.

제5절 자서(自序)

자서(自序)는 사마천(司馬遷)에게서 시작되었는데 후대에 개인적으로 역사를 저술한 사람 가운데에는 이를 본뜬 경우가 많다. 관찬서는 여러 사람의 힘을 모아서 이루어지는 것이므로 자연히 자서가 있을 수 없다. 자서는 저자 개인의 가승(家乘)적인 성격이 있다. 예를 들면 태사공의 「자서(自序)」는 첫머리에서 사마씨가 성을 얻은 시초를 서술하고, 다시 두루 주나라 이후 각 지역에 산거한 상황을 서술하여 부친 사마담(司馬談)에 이르고 아래로 사마천 개인의 일에까지 미치었다.

또 반고(班固)의 「서전(敍傳)」은 반씨가 초(楚)나라 출신으로서 두루 진(秦)과 한(漢)을 거쳐 반표(班彪)와 반고에 이르렀음을 서술하였다. 25사 가운데 자서가 있는 것은 6사뿐이다. 즉『사기』,『한서』,『송서』,『위서』및『남사』와『북사』가 그것이다.『양서(梁書)』와『진서(晉書)』는 요씨(姚氏) 부자가 완성한 것이며,『북제서(北齊書)』는 이씨(李氏) 부자가 완성한 것이기는 하지만 조서를 받고나서 구고(舊稿)에 근거해 완성하여 절반은 관찬서에 속하므로 자서(自序)가 없다. 단지 요사렴(姚思廉)이『진서(晉書)』「요찰전(姚察傳)」 말미에 대략 이전에 이미 역사를 찬술한 일을 기록하였을 따름이다. 구양수의『신오대사』는 개인적 저작에 속하지만, 송나라 때에는 이미 자서를 하는 풍조가 쇠퇴하여 자서를 쓰지 않았다.

이 밖에 역사 찬수자는 항상 범례를 두었지만 지금 전하지 않는 것이 많으므로 이에 대하여는 상세히 언급할 수 없다.

제6절 논찬(論贊)

『사기』는 각 편의 말미에 항상 "태사공왈(太史公曰)"이라고 시작되는 평가의 글을 두었다. 후대 역사서는 이로 인해 논(論)이 있게 되고 다시 찬(贊)이 있게 되었다. 다만 『원사』는 기(紀)와 전(傳) 뒤에 논찬이 없다. 일에 의거해 사람을 논한다면 선악이 저절로 드러날 것이라고 생각하였기 때문이다. 아마도 사마천이 논(論)을 하고, 반고가 찬(贊)을 한 것은 원래 후대 역사의 목적과 다르다. 유지기는 일찍이 이 점에 대하여 다음과 같이 논하였다.

> 역사 기록에 논(論)이 있는 것은 중언부언하지 않고 문장을 생략하고자 하여서임을 알 수 있다. 예를 들면 "태사공왈"하고서 "장량(張良)의 모습을 보면 아름다운 부인 같다"라거나 "항우(項羽)는 눈동자가 둘이 있으니 어찌 순임금의 후예가 아니겠는가"라고 한 것 등은 별도로 다른 말을 보태어 보충한 것이니 이른바 중언부언하지 않고자 한 것이다. 또 예를 들면, 반고의 찬에서 "석건(石建)의 완의(浣衣)를 군자가 그르게 여겼다"라거나 "양왕(楊王) 손나(孫裸)의 장례가 진시황보다 훨씬 좋았다"라고 한 것은 간단한 말로 요약하였으나 여러 가지 뜻이 모두 갖추어져 있다. 이른바 "문장을 생략하고자 하여서임을 알 수 있다"는 말에 부합된다. (『사통』「논찬」편)

후대의 사가들이 이 뜻을 잘 이해하지 못하여 논찬에서의 언급이 기와 전의 원문을 중복하여 번거롭게 되는 결과를 낳았다. 그리고 후에 다시 논 다음에 찬을 덧붙이니 이를 유지기는 다음과 같이 기롱하였다.

> 무릇 권마다 논을 세우니 번거로움이 이미 심한데 이에 더하여 찬으로 논을 이으니 번거로움이 더욱 심하게 되었다. 이것은 문사가 비문을 쓰고 다시 명(銘)을 써서 거듭 말하는 것과 같으니 불교의 서술법이 뜻이 끝난 뒤에 게(偈)를 사용해 말하는 것과 같다. 실로 역사를 찬술하는 자가 이와 같다면 의논이 간결하다고 하기 어렵다. (『사통』「논찬」편)

유지기의 주장은 매우 합리적이며 이로 인해 송나라 이후 역사서술 가운데에는 논은 있으나 찬은 없는 경우가 많게 되었다.

제19장 중국사학의 특징

제1절 부단히 누적된 역대의 역사서 및
기록을 전담하는 사관(史官)의 존재

동주(東周) 이전에 이미 사서가 있었으나 현존하는 것으로는 동주 이후의 작품에 속하는 것이 많다. 즉『춘추』및『좌전』으로 논하면 그 기록의 개시 시기는 대략 주(周)나라 평왕(平王)의 동천(東遷)에 가깝다. 그리스의 제1차 올림피아절 및 로마의 건국 연대와 서로 비슷하므로, 오래되지 않았다고는 할 수 없다. 그러나 서구의 역사서는 단속적인 것이어서 중국의 기록이 장구한 것과는 전혀 다르다. 사마천이『사기』를 지은 이후 역대에 모두 역사 저술이 있어, 면면히 이어져 끊이지 않았다. 따라서 오래된 것으로 말하면 중국의 역사서는 그리스, 로마에 뒤지지 않으며, 장구한 것으로 말하면 다른 나라에 비교할 바가 아니다. 이것이 첫 번째 특징이다.

이 첫 번째 특징은 한(漢)나라 이후 아래로 청나라에 이르기까지 모두 기주(記注)를 전담하는 사관(史官)이 있었다는 점에서 유래한다. 사관이 유래가 매우 오래되었음은 이미 제1장에서 상세히 논하였다. 한(漢)나라 이후 저작랑(著作郎), 기거랑(起居郎), 전수국사(專修國史) 등 명칭은 시대에 따라 다르나 그 직책은 혹 기주를 담당하거나 혹 찬술을 전담하거나 하여 모두 당대 국사가 계속 유지되어 끊어지지 않게 할 수 있었다. 역사는 비록 장구하였더라도 이런 지속적인 조직이 없었다면 전대 역사가 오늘날까지 전해질 수 없었을 것이다. 여러 대에 걸쳐 모두 기주를 담당한 사관이 있었던 것, 이것이 두 번째 특징이다.

제2절 정통(正統) 관념

정통(正統) 관념은 현존 사료로 보면 적어도 서주(西周) 초의 사람들에게 이미 있었다. 『상서』의 「다사(多士)」, 「다방(多方)」 등 각 편에는 모두 하(夏)나라가 천명(天命)을 따르지 않아 하늘이 이에 성탕(成湯)으로 하여금 하나라를 대신하게 한 것과, 은나라 주(紂)임금이 천명을 따르지 않아 하늘이 주나라에게 보살피게 되었음을 말하고 있다. 『모시(毛詩)』몇 편 가운데에도 또한 비슷한 견해가 보인다. 그렇다면 상(商 : 은)나라가 하나라를 대신한 것, 주나라가 상나라를 대신한 것은 모두 하늘로부터 정통성을 부여받은 것이다. 따라서 왕손(王孫) 만(滿)이 춘추시대에 초(楚)나라 왕에게 "주(周)나라의 덕이 비록 쇠하였으나 천명은 아직 바뀌지 않았다"라고 한 것은 천명이 바뀔 때는 반드시 주나라의 정통을 대신할 사람이 있어야 한다는 의미이다.

그러나 이때에는 아직 오덕(五德)의 관념이 나타나지 않았다. 오덕의 관념은 대체로 동쪽 지역에서 번성하였다. 그러므로 오덕을 논한 자 또한 제나라 사람 추연이며, 『사기』「맹자순경열전」에서 "천지가 나누어진 이후 오덕이 전이하는데 통치에 마땅함이 있으면 부서(符瑞)의 응함이 이와 같다"라고 한 바이다. 진시황 때에 이르러 그 말을 따라서 "오덕종시(五德終始)를 추정하여 주(周)나라는 화덕(火德)이라고 하였으며, 진(秦)나라는 주(周)나라를 대신하였으므로, 덕은 이길 수 없는 바를 따라서 바로 수덕(水德)이 시작된 것으로 하였다." 이리하여 정통의 관념은 오(五)에서 그치게 되었다. 한(漢)나라 때 이 설이 번성하였으며 남북조 분쟁 때에는 각기 스스로를 정통으로 인정하였다. 송나라 때에 이르러 이적(夷狄)의 침략이 거듭되어 정통 관념이 더욱 엄격해졌다. 그 대략을 사마광의 「답곽순장관서(答郭純長官書)」[곽순 장관에게 답한 편지]에서 엿볼 수 있다.

　무릇 정윤(正閏)의 논의는 진실로 알기 어렵습니다. 근세 구양공[구양수]이 「정통론(正統論)」 7편을 지어 단안을 내리고 스스로 이를 바꿀 수 없다고 하였습니다. 장표명(章表明)이라는 사람이 있어서 「명통론(明統論)」 3편을 지어 비판하였으므로 구양공의 논의에 혹 미진한 점이 있는 것 같습니다. 구양공은 정통이 반드시 항상 서로 이어질 필요는 없으며 때로는 단절될 수 있다고 하였습니다. 이것은 맞는 말입니다. 그러나 진(秦)나라가 천하를 얻은 것은 우왕(禹王) 탕왕(湯王)과 다름이 없다고 하였으며, 진시황은 걸(桀)임금과 주(紂)임금처럼 하(夏)나라와 상(商)나라의 정통을 망치지 않았다고 하였습니다. 그리고 위(魏)나라가 한(漢)나라와 진(晉)나라 사이에 있다고 하여 그 본말을 따져서 [진나라를] 정통으로 하였습니다. 이리하여 이후 장자(章子 : 장표명)의 의문이 있게 되었습니다. 장자는 구양공의 생각이 미치지 못한 점을 보완하여 "진(秦)나라, 진(晉)나라, 수(隋)나라는 이제와 삼왕(三王)과 나란히 정통이 될 수는 없으며, 위(魏)나라는 천하를 다 차지하지 못하였으므로 무통(無統)으로 처리해야 한다"고 하였습니다. 이것은 옳은 말입니다. 그러나 오대(五代) 또한 천하를 다 통일하지 못한 것은 위(魏)나라와 마찬가지인데도 오대에 대하여서만은 정통이 끊어진 것으로 하지 않고 진(秦)나라, 진(晉)나라, 수(隋)나라와 같이 모두 패통(覇統)으로 한 것은 잘못입니다. 족하[그대]께서 이를 분리하여 다시 다른 등급으로 하신 것은 매우 옳습니다. 그러므로 정윤의 논의는 알기 어렵지만 세 분 군자[구양수, 장표명, 곽순]께서 온 마음으로 추구하시어 점차 더욱 정밀해졌습니다. 아마도 거의 완벽한 경지에 이르렀다고 할

수 있겠습니다.……저 사마광은 족하의 후의를 입으니 어찌 마음을 기
울여 좌우에 모두 전파하여 채택하도록 하지 않겠습니까? 공자께서
"이름이 바르지 않으면 말이 불순하다"고 하셨습니다. 선유가 진(秦)나
라를 윤통(閏統)이라고 한 것은 두 대[주(周)나라와 한(漢)나라]의 사이
에 끼어 있으면서 정통이 아니기 때문입니다. 두 달 사이에 끼어 있는
잉여는 정월(正月)이 아닙니다.

　무릇 패(覇)는 백(伯)이라는 의미입니다. 옛날 천자가 2백을 세워 천
하의 제후를 나누어 다스리도록 하였습니다. 주나라가 쇠하자, 방백의
직책이 없어지고 제환공(齊桓公), 진문공(晉文公)이 제후를 거느려 주
(周)나라 왕실을 존중하게 할 수 있었으므로, 천자가 방백(方伯)의 직책
을 이어 받도록 임명하고 이를 패왕(覇王)이라고 하였습니다. 그런데
후세의 학자들이 다시 황제의 왕도(王道)와 패도(覇道)로써 덕업의 차
이를 만들어 그 행한 바가 각기 길이 다르다고 하였습니다. 이것은 곧
유가의 말폐입니다. 지금 장자[장표명]가 패도를 윤통으로 한 것은 잘
못된 것을 옳은 것으로 여긴 것이므로 아마도 따르기 부족할 듯합니
다. 무릇 통(統)이라는 것은 하나로 합쳐져 있다는 말입니다. 지금 나머
지를 다 통(統)이라고 한다면 이름이 바르지 못한 것입니다. 그리고 촉
(蜀)나라 선주(先主 : 유비)가 스스로 중산정왕(中山靖王)의 후예라고
하였으나 세계를 열거하지 못하였습니다. 후당(後唐)은 사타(沙陀)에서
나와 성이 주야씨(朱邪氏)인데 당나라에서 성을 주었으므로 명종(明宗)
은 장종(莊宗)의 족속이 아니며 청태(淸泰)는 또 명종의 아들이 아닙니
다. 이승(李昇)은 시역(廝役)에서 일어나 그 성을 모르며 혹 호주(湖州)
반씨(潘氏)의 아들이라고 하는데, 이신복(李神福)이 포로로 잡아 노복
으로 삼았으나 서온(徐溫)이 풀어주어 아들로 삼았습니다. 황제를 칭함
에 이르러 당나라의 번성함을 흠모하여 스스로 이씨(李氏)라고 성을
칭하고 처음에는 오왕(吳王) 각(恪)을 조상으로 하려고 하다가, 그가 주
살된 것을 혐오하여 또 정왕(鄭王) 원의(元懿)를 조상으로 하고자 하여
유사(有司)에게 명을 내려 두 왕의 후예에 대하여 검토하게 하였습니
다. 유사는 각의 10세손이 되라고 청하였습니다. 이승이 "19명의 황제

가 있었는데 10세로 어떻게 그 기간을 채울 수 있겠는가"라고 묻자 유사가 30년을 1세대로 하였습니다. 의논한 뒤 비로소 결정되었습니다. 족하께서 "선대의 충렬의 은택을 입은 것을 '나머지(餘)'라고 한다"라고 하셨으나 지금 3가를 모두 나머지라고 하는 것이 옳겠습니까? 또 나머지라는 것은 정통의 나머지를 계승했다는 뜻이 아닙니다. 지금 유지원(劉知遠)이 이를 '윤(閏)'이라 하고 유숭(劉崇)은 '나머지(餘)'라 한 것이 옳은 것입니까? 그리고 무릇 천하를 하나로 통합하지 못한 자는 중국에 있든, 외방에 있든 처한 위치가 어떠하든지 요컨대 진정한 천자는 될 수 없는 것입니다. 지금 조위(曹魏), 유석이조(劉石二趙), 부요양진(苻姚兩秦), 원위(元魏), 고제(高齊), 우문주(宇文周), 주량(朱梁), 석진(石晉), 유한(劉漢), 곽주(郭周)가 윤(閏)이 되고 손오(孫吳), 유송(劉宋), 이소제량(二蕭齊梁), 진(陳), 모용연(慕容燕), 혁련하(赫連夏)가 편(便)이 되며 이촉(李蜀), 여이·독발·저거·서량(呂李·禿髮·沮渠·西涼), 걸복진(乞伏秦), 풍연(馮燕), 양오(楊吳), 왕맹·양촉(王孟·兩蜀), 광남한왕윤(廣南漢王閩)이 참(僭)이 됩니다. 3자는 서로 멀지 않으나 원컨대 다시 상세히 살피시기 바랍니다.

저 부씨(符氏), 요씨(姚氏)와 모용씨(慕容氏), 혁련씨(赫連氏)와 탁발씨(拓拔氏)는 각기 한쪽은 관서(關西)에 거하고 다른 한쪽은 산동(山東)에 거하였으니 고제(高齊), 우문씨(宇文氏)와 무엇이 다르겠습니까? 또 천록(天祿)이 이어진 것은 전세(傳世)이든, 부전세(不傳世)이든 마찬가지입니다. 왕망(王莽)이 찬탈하기는 하였으나 천하가 모두 그의 신하가 된 것은 18년이 됩니다. 이것은 진(秦)나라와 유사한 것이니 사이(四夷)의 군도(群盜)와는 다릅니다. 그러므로 당나라의 모후(母后)가 조정에 임하여 칭제(稱帝)한 것은 여후(呂后)와 다름이 없습니다. 다만 '혁명(革命)'이라고 하는 것은 부당하고 '주(周)'라고 칭할 따름입니다. 그 뒤 자손이 서로 이어 천하를 소유하였으므로 생애를 제대로 마치지 못하였다고 할 수 없습니다. 지금 왕망과 마찬가지로 '위(僞)'라고 하는 것은 온당하지 못한 듯합니다. (「사마광답곽순장관서」)

이상에서 송대에 정통론(正統論) 논쟁이 매우 성하였고, 정통론은 완벽하기가 어려워 사마광 같은 역사 식견으로도 단안을 내리기는 어려웠음을 알 수 있다.

제3절 서법(書法)

조천(趙穿)이 임금을 시해하자 동호(董狐)가 "조순(趙循)이 그 임금을 시해했다"라고 쓴 것을 칭하여 공자가 "서법(書法)에 숨김이 없다"라고 하였다. 서법이라는 용어의 유래가 매우 오래되었음을 알 수 있다. 중국의 옛 역사는 천명(天命)의 준수 여부에 매우 엄격하여 이 원칙을 위반하면 필주(筆誅)하고 이 원칙에 맞으면 선양하였다. 이것은 매우 합리적이다. 후대 사관 가운데에도 이 의리를 준수한 사람들이 많았다. 역사서는 권선징악의 작용을 하는 것으로 인식하여 때로는 사실의 고증에는 반드시 정밀함을 추구하지 않았다. 그러나 서법은 정밀하지 않을 수 없었는데, 이 논의는 송대에 더욱 중시되었다. 구양수가 『신오대사』를 찬술할 때 중시한 것은 서법이다. 주희가 『자치통감강목』을 수찬할 때에도 역시 사마광 『자치통감』의 서법이 그다지 정밀하지 못하다고 생각하여 범례 1권을 따로 만들었는데 여기에서 논한 것은 서법에 한정되었다. 이런 견해는 명대와 청대를 지나도 바뀌지 않아서, 청나라 성조(聖祖)는 『자치통감』에 어비(御批)를 붙였으며, 청나라 고종(高宗)에게는 또 『어비통감집람(御批通鑑輯覽)』이 있다. 모두 제왕(帝王)으로서 이 의리를 제창한 것이다. 서법은 고인에 대하여 시행되지만 그 영향은 현재의 사람에게 미친다. 먼 역사적 사실을 기재하여 포폄 작용을 하는 것, 이것은 중국사학사의 특징이다. 이로 인해 역사적 사실의 진위를 소홀히 하는 경향이 생긴 것은 중국사학사의 폐단이기도 하다.

제4절 존왕(尊王)과 양이(攘夷)

주(周)나라 무왕(武王)이 은(殷)나라 주왕(紂王)을 정벌하고 성왕(成王)과 주공(周公)이 천엄(踐奄)한 이후 주나라 사람들은 동성(同姓) 및 친척을 동방(東方)에 봉하여, 이로부터 은나라와 주나라의 문화가 점차 합성되어 하나로 되었다. 이에 만이(蠻夷)와 구별되는 제하(諸夏 : 중화)라는 관념이 생겨나게 되었다. 제하란 주나라 희씨(姬氏)성 및 그 친척을 근간으로 하고 상(商 : 은)나라 사람을 외위(外圍) 집단으로 한다. 춘추(春秋)시대 이전에는 주나라 왕이 제하 수령의 지위로서 이적(夷狄)을 물리쳤다. 주 왕실이 동쪽으로 천도한(東遷) 이후, 왕실이 점차 쇠미하고 패주(覇主)가 출현하여 한편으로는 존왕(尊王)을 내세우고 다른 한편으로는 양이(攘夷)를 말하였는데 이 둘은 한 관념의 두 측면이라고 할 수 있다. 이런 주의는 고대사의 역사서 가운데 현저히 드러나 있다.

전국시대 이후 문화가 점차 통일되고 진(秦)나라에 이르러 정치가 통일되자 이전의 소위 만이(蠻夷) 가운데에도 일부 제하(諸夏)에 융합되는 일이 생겨 제하의 정의 및 범위는 보다 확대되었다. 대체로 중국의 국세가 강할 때에는 이런 관념은 비교적 사람들에게 주목되지 않고 만이가 번갈아 침략할 때에는 이런 관념이 강렬해진다. 청나라 사람은 이민족으로서 중국에 들어와 주인이 되었지만 한족에게 동화되고 스스로 제하와 같다고 생각하여 다른 민족을 도리어 이적시하였다. 따라서 청말 양이론(攘夷論)이 서구 제국에 대하여 발생하였다. 이렇게 면면히 이어지는 관념이 중국사학사의 또 하나의 특징이다.

제20장 사료 범위의 확대 및 사학의 장래

제1절 사료 보존 및 유포 방법의 증가와 사료 범위의 확충

역사 찬술은 사료에 의거한다. 사료 자체가 바로 역사서는 아니지만 사료가 없으면 역사를 찬술할 수 없다. 또 역사적 진실을 어떻게 고증할 수 있겠는가? 그러므로 사료가 없으면 역사서도 없으며, 역사학도 불가능하다. 역사학과 사료의 밀접한 관계를 알 수 있다. 이전에는 역사를 찬술할 때 의거한 자료가 주로 문자 기록에 속하였고, 기록 또한 특별히 보존할 방법이 없었다. 지난 천년 이래 사료는 이미 점차 문자 기록 이외의 것들을 포함하여 왔다. 그리고 기록의 보존과 전파 방법 또한 시대가 내려올수록 다양해졌다. 예를 들면, 오대(五代) 이전에는 판각술이 아직 통용되지 않아 서적은 필사본뿐이었으므로 대량으로 전파할 수 없었고 재난을 만나면 훼손 또는 인멸되는 경우가 많았다. 안사(安史)의 난 때 흥경궁(興慶宮)에 보관되어 있던 필사본 『국사(國史)』와 『실록(實錄)』 및 기타 도합 3,682권이 모두 불탔다. 수도를 수복한 이후 상을 내걸고 구입하고자 하였으나, 몇 달 사이에 겨우 조금만을 얻을 수 있었다. 단지 위술(韋述)이 바친, 그 자신이 찬술한 『국사』 113권 뿐이었다.[1] 이로써 필사본이 유실되기 쉬움을 알 수 있다.

판각술이 성행한 뒤에는 상황이 개선되었다. 송(宋)나라 이전 찬술된

---

[1] 제5장에서 인용한 『신당서』 「우휴열전(于休烈傳)」에 보임.

중요 역사서, 예컨대 당나라에서 수찬한『진서(晉書)』등이 모두 간행
되었을 뿐만 아니라 송나라 당대(當代) 사람들의 저작도 많이 간행되
었다. 전파 방법이 비교적 편리해짐에 따라서 송대 저작의 수량이 이
전에 비해 크게 증가하고 지금까지 전해지는 것이 많다.『송사』「예문
지」에 수록된 것을 헤아려 보면 아주 명확한 증거를 찾을 수 있다. 오
대(五代)에서 청나라 함풍(咸豊) 연간까지 약 900여 년이 되는데, 이때
서구의 석판(石版) 인쇄술과 연판(鉛版) 인쇄술이 처음 중국에 들어왔
다.

　이리하여 서적 전파의 속도 및 수량이 진일보하였다. '이십사사(二十
四史)'로 논하면 건륭(乾隆) 12년의 무영전본(武英殿本)2) 간행에서 동
치(同治) 연간까지 120여 년 사이에는 오국합각본(五局合刻本)과 신회
진씨(新會陳氏) 번전본(飜殿本)을 포함하여 3종만 있었다. 그러나 이후
중화민국 25년까지 불과 60여 년 사이에, 기간은 반에 불과하지만 다
시 동문본(同文本), 오주동문본(五洲同文本), 지간재본(至簡齋本), 도서
집성본(圖書集成本), 백납본(百衲本), 사부비요본(四部備要本), 개명본
(開明本) 등 도합 7종이나 더 있게 되었는데, 모두 석인본(石印本) 혹은
연인본(鉛印本)이다. 시간은 절반밖에 되지 않지만 판본은 배를 넘는
다. 신인쇄술의 공로가 이와 같다.

　향후에는 이보다 더 진보할 것이다. 근래 수진본(袖珍本) 영인 혹은
인쇄가 이미 구미에서 성행하고 있다. 중국에서는 북평도서관(北平圖
書館)이 이용한, 이런 종류의 인쇄는 보통 사람들이 잘 사용하지 않던
전적에 더욱 적합하다. 크기가 작고 보관하기가 쉽기 때문이다. 또 대
량 생산할 필요도 없으므로 사료의 부본을 만들어 전문가에게 사용하
는 데에 가장 적합하다. 사료의 보존 및 유포에 효과가 있어 이전의 방

---

2)『사기』앞에 건륭(乾隆) 12년의 「어제서(御製序)」가 있다. 이때에는 단지 '이
　십이사(二十二史)'만 있고『구당서』와『신당서』는 들어 있지 않았다.

법들과 비교가 되지 않는다.

두 번째는 사료 범위의 확충 및 근래 사료의 공개이다. 송나라 사람들은 처음으로 청동기 명문(銘文) 및 석각(石刻)에 유의하여 역사의 증거 자료로 이용할 수 있었다. 예를 들면 구양수(歐陽修)는『집고록발미(集古錄跋尾)』10권, 조명성(趙明誠)은『금석록(金石錄)』30권, 왕구소(王俅嘯)는『집고록(集古錄)』2권을 찬술하였다. 이런 풍조는 청나라에 이르러 크게 발달하였다. 그러나 금석문은 여전히 문자라는 사실에는 변함이 없으며 미처 문자 이외의 사료로 확충되어 가지는 않았다. 근대에 들어와 구미 역사학의 영향을 받아 마침내 문자 이외의 사료로 범위가 확대되었다. 예를 들면 용문(龍門)과 운강(雲岡)의 석불은 미술사 연구를 위한 최고의 자료이다. 산서성(山西省) 등지의 옛 묘우(廟宇) 또한 중국건축사 연구를 위한 매우 소중한 자료이다. 그리고 전국(戰國)시대 초기의 초(楚)나라 무덤에서 발굴된 칠기는 또한 고대 공예사 연구에 큰 도움을 준다. 고고학적 발굴, 즉 북경인(北京人)의 발견 같은 것은 마침내 중국고대사의 기원을 50만 년 이상 끌어올렸다.

이런 것들은 모두 사료가 문자 이외로 확충된 것이다. 더욱 중요한 것은 내각(內閣) 당안(檔案) 및 군기처(軍機處) 당안의 공개는 청나라 역사를 연구하는 사람들로 하여금 근거가 되는 원자료를 얻을 수 있게 하여 주었다. 실록을 찬술하는 데에 사용될 수 있을 뿐만이 아니다. 향후 반드시 연구가 더욱 진실로 가까워지도록 할 수 있어서 전시대의 역사가 달성할 수 있었던 바를 넘어설 수 있게 할 것이다.

제2절 통사(通史)·전문역사의 연구 및 집단 편찬

앞으로 역사학의 추세는 통사를 더 중시하게 될 것이며, 전문적인

분류사를 강조하게 될 것이다. 여기에서의 통사 개념은 예전과는 다소
차이가 있다. 예전의 통사는 단대사[한 왕조 또는 시대의 역사]에 대한
개념이어서 한 왕조에 그치지 않고 수백 년, 수천 년 여러 왕조의 사적
을 포괄하는 것을 의미하였다. 현재의 통사 개념은 이런 의미 외에 횡
적으로도 관통한다는 의미가 있다. 즉 포괄 범위가 이전의 정치사만이
아니라, 그와 아울러 사회의 모든 동태, 예를 들면 사회사, 학술사, 문
화사 등에까지 미친다.

통사 이외에는 각종의 전문사[분류사]가 있다. 이전의 정사(正史)는
정치사 중심이었지만, 전장·제도사 및 학술사, 전문사가 이미 중국에
맹아적으로 있었음을 앞의 제12장에서 언급한 바 있다. 다만 세상 사
람들이 그 중요성을 정치사만큼 인정하지 않았고 정치사에 비해 저술
이 아주 적었을 따름이다. 정사 가운데에도 정치 이외의 사건을 기록
한 부분이 있는데, 식화지 같은 것은 경제사로, 예문지 및 문원전은 학
술사로 볼 수 있다. 가장 나중에 편찬된 『명사』를 갖고 논하면, 전체
336권 가운데 「식화지」는 겨우 6권이며 「예문지」 및 「유림전」·「문원
전」은 도합 겨우 11권일 따름이다. 「식화지」는 『명사』 전체의 56분의
1이며, 「예문지」 및 「유림전」·「문원전」은 다 합쳐도 전체의 30분의 1
이다. 정치 부분 기록의 비중과 비교된다. 지금은 각 전문사가 모두 정
치사와 동등한 지위를 갖게 되어 종속적 위치에 있던 부용국(附庸國)
이 상국(上國)과 동등하게 되었다.

현재 역사학이 포괄하는 과목이 이렇게 번창하고, 의거하는 자료가
이와 같이 풍부하게 됨에 따라, 마침내 현재 역사서를 저술하는 사람
은 혼자 힘으로 머리가 백발일 때까지 부지런히 해도 시간이 모자라게
되었다. 이로 인해 부득이 여러 사람이 힘을 합쳐 작업하지 않을 수 없
게 되었다. 당나라 이후 사관에서는 여러 사람이 힘을 합쳐 역사를 수
찬하였으므로 비록 표면상으로는 현재가 말하는 것과 비슷하지만 내

용은 다르다. 이전 사관의 폐단은 의례를 획정하지 못하는 경우가 많아 분담하는 각자의 책임으로 하는 일이 있었다.『신당서』의 기, 표, 지는 구양수가 주관하였고, 열전은 송기가 주관하였으며 두 사람 아래에 편수관이 몇 명씩 있었다. 이미 사전에 편수관들이 함께 준수해야 할 의례를 획정하지 못하였고, 책이 이루어진 뒤 편수자들이 서로 대조하여 모순되는 부분이 없도록 한 것도 아니었다. 지금은 이와 달라서 사전에 공동으로 체례를 정하고 사후에 각자가 책임을 나누어지도록 한다.

그리고 둘째로, 예전에는 찬수자가 역사서를 편찬하는 목적이 적어도 일부의 경우에는 승진에 있었고, 역사 편찬 자체를 위해 편찬 작업에 참여한 것이 아니었다. 현재 역사 편찬에 참여하는 사람들은 목적이 학술 연구에 있으므로, 힘써 역사적 사실에 부합되기를 추구하기에 목적이 다르다. 따라서 구식 사관의 방식은 반대하여야 하며 신식 집단작업에 의한 역사 편찬은 전문가들의 장점을 모아서 함께 거대한 저작을 만드는 것이므로 좋을 뿐 아니라 편리하기도 하다. 이 일을 서구 제국에서는 이미 행하여 효과가 좋으므로 중국의 역사 편찬작업 또한 이런 방법을 채택해야 할 것이다.

총괄하여 말하면, 통사와 전문사의 체재를 병용하되 집단적 서술 방식으로 하여야 한다. 이것은 앞으로 중국 역사학의 새로운 길이 되어 2천여 년 면면히 이어진 역사학을 더욱 빛나고 크게 할 것임을 미리 점친다.

附錄

1945년 해방 이후 한국의
중국사학사연구 논저목록

조성을 작성

저서

전해종(全海宗), 『東夷傳의 文獻學的 研究』, 일조각, 1980.
홍순창(洪淳昶), 『史記의 세계』, 영남대출판부, 1982.
황종동(黃宗東), 『梁啓超研究』, 영남대 박사논문, 1982.
탁용국(卓用國), 『중국사학사대요』, 탐구당, 1986.
신승하(辛勝夏), 『중국사학사』, 고려대출판부, 2000.
한영우, 『역사학의 역사』, 지식산업사, 2002.
권중달(權中達), 『육일승천하는 중국의 힘 『자치통감』에 있다』, 푸른역사, 2002.
이계명, 『중국사학사강요』, 전남대출판부, 2003.
우실하, 『동북공정의 선행 작업들과 중국의 국가 전략』, 울력, 2004.
기수연, 『後漢書 「東夷列傳」研究』, 백산자료원, 2005.
이개석 외, 『중국의 동북공정과 중화주의』, 고구려재단, 2005.
김선자, 『만들어진 민족주의의 黃帝 신화』, 책세상, 2007.

번역서

민두기 편, 『中國史時代區分論』, 창작과 비평사, 1985.
민두기 편, 『중국의 역사인식』 상・하, 창작과 비평사, 1986.
권중달・문명숙 편역, 『문화대혁명 전후의 중국역사해석』, 집문당, 1991.
坂本太郎(박인호・임상선 역), 『일본사학사』, 첨성대, 1991[원제 『日本の修史と史學』, 至文堂, 1958].
尹達(김동애 역), 『중국사학사』(상), 1998[원제 『中國史學發展史』, 中州古籍出

344

版社, 1985].

高國抗(조병한·오상훈 역),『중국사학사』(상·하), 1999[원제『中國古代史學
    史槪要』, 廣東高等敎育出版社, 1985].

劉節(신태갑 역),『중국사학사강의』, 신서원, 2000[원제『中國史學史考』, 中州
    書畵社, 1982].

웨난(윤소영·심규호 역),『夏商周 斷代 工程』1·2, 일빛, 2005.

비슬리 편(이윤화·차자영 역),『중국과 일본의 역사가들』, 신서원, 2007.

논문

고병익(高柄翊),「중국인의 역사의식과 역사서술」,『사상계』, 1959.

홍순창(洪淳昶),「左氏春秋國名考」,『사학연구』15, 1963.

황원구(黃元九),「王夫之의 史論」,『사학회지』9, 1965.

이한조(李漢祚),「伯夷와 司馬遷 -『史記』「총서」로서의 백이열전」,『대동문화
    연구』8, 1971.

이성규(李成珪),「史記에 있어서의 역사와 인간」,『서울대문리대학보』 20,
    1974.

황원구,「明史 朝鮮傳 역주」(1·2),『동방학지』14~15, 1973~1974.

전해종(全海宗),「중국인의 역사의식과 역사서술」,『역사의 이론과 서술』, 서
    강대 인문과학연구소, 1975.

김정학(金廷鶴),「魏志 韓傳考」,『부산대학교문리과대학논문집』41, 1975.

권중달(權重達),「王夫之의 史論」,『중대사론』2, 1975[『중국근세사상사연구』,
    중앙대출판부, 1998 재수록].

고병익,「中共의 역사학」,『東亞史의 전통』, 일조각, 1976.

이영덕(李榮德),「司馬光 사상에서의 分의 성격」,『南溪曺佐鎬博士 화갑기념
    논총』, 1977.

이영덕,「司馬光의 사회관과 그 배경」,『사림』2(성균관대), 1977.

김염자,「唐代 史官의 歷史意識 - 韓愈의 史論을 중심으로 - 」,『역사학보』
    80, 1978.

전해종,「중국인의 전통적 역사관」,『사관이란 무엇인가』(차하순 편), 청람,
    1978.

오상훈(吳相勳),「李卓吾의 交友觀과 死生觀」,『전해종박사화갑기념사학논
    총』, 1979.

전해종,「고대중국인의 韓國觀 - 正史 朝鮮傳을 중심으로」,『진단학보』46·

47합, 1979.

홍순창, 「史記의 세계」, 『全海宗박사화갑기념사학논총』, 1979.

최병수(崔秉洙), 「章實齋의 史學 방법론 - 記注를 중심으로 - 」, 『호서사학』 8 · 9합, 1980.

문명숙(文明淑), 「『史通』에 나타난 劉知幾의 文論」, 『중국문학』 8, 1981.

백남욱(白南郁), 「『三國志 韓傳』의 國의 문제」, 『백산학보』 26, 1981.

권중달, 「資治通鑑著述攷」, 『중대논문집』 26, 1982.

신용철, 「中共에 있어서의 李贄 像의 정치적 수용」, 『경희사학』 9 · 10합, 1982.

권중달, 「章實齋의 博約」, 『중국학보』 24, 1983.

김용만(金容萬), 「章學誠의 역사관에 대한 일고 - '六經皆史'說과 관련하여 - 」, 『동양사학연구』 18, 1983.

박종철(朴宗喆), 「劉知幾의 문학론과 역사관」, 『경주사학』 2, 1983.

신용철, 「李贄(卓吾)의 역사관 시론」, 『경희사학』 11, 1983.

전해종, 「『魏略』과 『典略』 : 그 내용과 연대에 관한 비교 검토」, 『역사학보』 99 · 100합, 1983.

신용철, 「李卓吾(1527~1601)의 사회비평 - 그의 여성관을 중심으로」, 『동양사학연구』 19, 1984.

신용철, 「李卓吾의 역사인물 비평 - 명대 사평에의 한 공헌」, 『역사와 인간의 대응』(고병익선생 화갑기념논총), 한울, 1984.

조병한(曹秉漢), 「章學誠 儒學思想의 基本觀念과 그 政治的 意味 - 傳家와 史의 槪念分析을 중심으로 - 」, 『역사학보』 103, 1984.

고병익, 「중국인의 역사관」, 『중국의 역사인식』 상, 창작과 비평사, 1985.

고병익, 「유지기의 史通과 史評 이론」, 『중국의 역사인식』 상, 창작과 비평사, 1985.

민두기(閔斗基), 「중국에서의 역사의식의 전개」, 『중국의 역사인식』 상, 창작과 비평사, 1985.

민두기, 「1980년대 초의 역사동력 논쟁」, 『중국의 역사인식』 상, 창작과 비평사, 1985.

이성규, 「史記의 역사서술과 文史一體」, 『중국의 역사인식』 상, 창작과 비평사, 1985.

최병수(崔秉洙), 「章學誠의 사학이론 소고 - 그의 '史'意를 중심으로」, 『호서사학』 13, 1985.

유인희(柳仁熙), 「주회의 역사철학」, 『철학』 23, 1985.

최병수, 「장학성의 方志學 시론」, 『충북대학교논문집』 31, 1986.

최병수, 「장학성」 사학상의 述而不作에 관하여」, 『충북사학』 1, 1987.

이성규, 「『史記』해설」, 『사마천 사기』, 서울대출판부, 1987.

정기돈(鄭起燉), 「史記와 兩漢書의 對外觀에 대하여 - 東夷・朝鮮傳의 검토」, 『충남사학』 2, 1987.

박지훈(朴志君), 「歐陽修의 華夷觀」, 『이대사원』 22・23합, 1988.

김양섭(金陽燮), 「方孝孺(1357~1402)의 사학사상」, 『경희사학』 15, 1988.

김양섭, 「遼・金・元 삼사 편찬에 대하여 - 下命 시기와 조기 미성 요인을 중심으로」, 『중앙사론』 6, 1989.

안명자(安明子), 「李贄의 史學에 대한 考察」, 『숙대사론』 13・14・15합, 1990.

전해종, 「『魏略』과 『翰苑』」, 『제4기중국역외한적국제학술회의논문집』, 1991.

이성규(李成珪), 「先秦 文獻에 보이는 東夷의 성격」, 『한국고대사논총』 1, 1991.

김학철(金學哲), 「歐陽脩의 사관에 관한 연구 -『신오대사』의 馮道傳을 중심으로 - 」, 『경희사학』 16・17합, 1991.

이범학(李範鶴), 「司馬光의 正名 사상과 인치주의의 전개」, 『동양사학연구』 37, 1991.

김경순(金庚順), 「章學誠의 경세사상」, 『경희사학』 16・17합, 1991.

김택중(金澤中), 「萬斯同의 歷史敍述論」, 『서울여대인문사회과학논총』 6, 1991.

이윤화(李潤和), 「梁啓超와 申采浩 史學의 비교 연구」, 『역사교육논문집』 17(경북대), 1992.

권중달, 「明末 三遺老 역사관의 연구」, 『명청사연구회보』 2, 1993.

김귀달(金貴達), 「요・금・원 삼사와 그가 중국에 끼친 영향」, 『전북사학』 16, 1993.

최병수, 「章學誠의 良史論」, 『충북대인문학지』 11, 1994.

고병익, 「東亞 諸國에서의 實錄의 편찬」, 『학술원논문집』(인문사회과학)34, 1995.

윤용구(尹龍九), 「三國志 韓傳 對外關係 記事의 검토」, 『마한사연구』, 충남대출판부, 1998.

윤용구, 「3세기 이전 中國史書에 나타난 한국고대사 像」, 『한국고대사연구』 14, 1998.

문석윤(文錫允), 「주희에서의 이성과 역사」, 『태동고전연구』 16, 1999.

전해종(全海宗), 「『魏略』과『典略』」, 『東아시아의 비교와 교류』, 지식산업사, 2000.

김인규, 「王夫之 華夷論에 있어서의 민족주의적 성격 - 조선후기 홍대용 화이론과의 비교를 중심으로 - 」, 『온지논총』 7, 2001.

박지훈, 「南宋代 春秋學의 華夷觀」, 『경기사학』 6, 2002.

권중달, 「중국사학사 연구서설」, 『한국사학사학보』 5, 2002. 3.

신용철, 「16세기 李卓吾의 진보적 역사관」, 『한국사학사학보』 6, 2002. 9.

이성규, 「고대 중국인이 본 한민족의 원류」, 『한국사시민강좌』 32, 2003.

윤용구(尹龍九), 「『翰苑』蕃夷部의 기초적 연구」, 『한국동양사학회 2003년 추계학술대회발표요지』, 2003.

심재훈(沈載勳), 「고대 중국 이해의 상반된 시각 - 疑古와 信古」, 『역사비평』 63, 2003.

조성을(趙誠乙), 「주희와 이익의 역사이론 비교」, 『한국사연구』 122, 2003.

최병수, 「『史記』와『尙書』의 상호관계 비교 고찰」, 『한국사학사학보』 9, 2004. 3.

박찬승, 「1920년대 申采浩와 梁啓超의 역사방법론 비교」, 『한국사학사학보』 9, 2004. 3.

권중달, 「중국의 확대와 漢族觀」, 『한국사학사학보』 10, 2004. 9.

이개석, 「현대 중국역사학의 추이와 동북공저의 역사학」, 『중국의 동북공정과 중화주의』, 고구려재단, 2005.

이춘복(李春馥), 「康有爲『上淸帝第六書』의 사료가치와 그 의의」, 『한국사학사학보』 12, 2005. 12.

김택중(金澤中), 「錢穆의『國史大綱』저술동기」, 『한국사학사학보』 12, 2005. 12.

곽승훈(郭丞勳), 「『翰苑』신라전 연구」, 『한국고대사연구』 43, 2006.

방향숙, 「夏商周 斷代 공정의 현황과 의미」, 『북방사논총』 10, 2006.

권중달, 「중국전통시대의 서술에서 정통의 문제」, 『한국사학사학보』 13, 2006. 6.

최병수, 「중국고대의 역사교육 일고」, 『한국사학사학보』 14, 2006. 12.

심재훈, 「夏商周 斷代 공정과 信古 경향 고대사 서술」, 『한국사학사학보』 15, 2007. 6.

김택중, 「錢穆의 通史 연구론」, 『한국사학사학보』 15, 2007. 6.

이개석, 「정통론과 13~14세기 동아시아 역사서술」, 『대구사학』 88, 2007. 8.

김종완(金鍾完), 「『翰苑』의 문헌적 검토」, 『于湖전해종선생구순기념한중관계사연구』, 소나무, 2008.

348

김병곤(金炳坤), 「『翰苑』 찬자의 삼한전에 대한 서술 이해」, 『한국사학사학보』
　　18, 2008. 12.

이개석, 「東아시아 13~14세기 歷史像과 민족주의」, 『한국사학사학보』 18,
　　2008. 12.

권중달, 「동아시아 역사학의 변천」, 『21세기 역사학의 길잡이』, 경인문화사,
　　2008. 12.

윤휘탁, 「민족사의 남용 - 현대중국에서의 역사해석」, 『21세기 역사학의 길잡
　　이』, 경인문화사, 2008. 12.

찾아보기

354

356

358

360

364

368

역자 후기

본 역서『중국사학사』는 이종동(李宗侗) 저,『중국사학사(中國史學史)』(華岡出版公司, 臺北, 1953)의 완역이다. 이 책은 이미 중국사학사 연구에서 고전으로 되어 있으나 국내에서는 지금까지 번역이 없었다. 역자는 학부시절 고(故) 고병익(高柄翊) 교수님께 중국사학사 강의를 들을 기회가 있었으며, 그 때 이 책에 대하여 알게 되었다. 그 강의를 통해 중국사학사에 대해 약간의 지견을 갖게 되었고 이것이 나중에 한국사학사를 공부하게 되는 한 요인이 되었다. 그 시절 이종동의『중국사학사(中國史學史)』에 대하여 알게 되기는 하였지만 당시 학부생으로서는 읽기 쉬운 책이 아니었다.

그러나 틈틈이 이 책을 읽으면서 중국사학사에 대한 지견을 넓혀 갈 수 있었으며 여기에 고(故) 민두기(閔斗基) 교수님께서 편집한『중국사 시대구분론』(창작과 비평사, 1985),『중국의 역사인식』(창작과 비평사, 1986)을 통한 지식의 확대로 한국사학사를 공부할 수 있는 기초 지식이 형성되었다.

최근에는 국내 학자들에 의하여 중국사학사 개설서가 저술되기도 하고 고국항(高國抗), 유절(劉節) 등의 책도 번역되어, 좋은 참고서로서의 기능을 하고 있다. 그러나 우리가 문헌 고증학의 본령에 토대하여 중국사학사를 공부하고 그 기초 하에 한국사학사를 공부하고자 할 때, 이종동의『중국사학사』는 여전히 우리에게 필독서로서의 가치를 갖는다. 이 책은 개설서로서 집필되었으면서도, 여러 곳에서 엄밀한 문헌고증을 통해 논문을 쓰는 것과 같은 모습을 보여 주어 우리가 논문을 쓸 때 하나의 전범이 될 수 있다. 또 이런 논증 과정에서 인용된 자료들 가운데 다수는 우리가 중국사학사를 공부할 때 반드시 읽어야 할 책이다.

특히 이 책에는 『사통(史通)』, 『문사통의(文史通義)』, 『이십이사차기(二十二史箚記)』, 『사고전서총목제요(四庫全書總目提要)』 등이 자주 인용되고 있는데 본 역서를 읽은 독자들은 이들 책을 직접 읽어 보기를 권한다.

아마도 중국사학사는 물론 중국 문헌학사에 대하여 깊은 이해를 갖게 될 것이다. 역자는 본 역서에 이어서 『이십이사차기』의 번역을 계획하고 있다. 또 『문사통의』는 일부가 번역되어 있으며, 『사통』의 경우에는 어느 전공자가 번역을 계획하고 있는 것으로 알고 있다.

본서를 번역하면서 본 역자의 역량 부족과 그동안의 나태함을 절실하게 느꼈다. 오류가 적지 않을 것으로 여겨진다. 혜안을 가지신 분들의 준엄한 질정을 바란다. 끝으로 본 역서에 대하여 치밀한 교정과 깔끔한 편집을 하여 원래의 모습에서 훨씬 나아지게 도와주신 도서출판 혜안의 김태규 선생과 편집부 여러분들께 진심으로 감사의 마음을 표하고 싶다.

끝으로 본 역서는 아주대학교 인문과학연구소의 연구비 지원으로
이루어졌음을 밝혀 둔다.

2009. 6. 19. 오전
아주대학교 다산관 연구실에서
조성을 삼가 쓰다.

저자 **이종동** (李宗侗, 1895~1974)
臺灣의 역사학자. 字는 玄伯. 중국 河北省 高陽縣에서 출생. 조부 李鴻藻는 同治光緖년간에 宰相을 지냄. 17세에 프랑스로 유학, 리옹 및 파리의 대학들에서 수학. 1924년 귀국 후 北京大學 교수, 故宮博物院秘書長 등으로 재직. 1948년 이후 國立臺灣大學 歷史系 敎授 및 中央硏究院通訊硏究員, 故宮博物院管理委員會委員 등을 역임.
저서로 『中國古代社會史』, 『中俄密約』, 『史學槪要』, 『資治通鑑今註』(15책), 『蛻變中的中國社會』, 『春秋左傳今註今釋』(3책) 등이 있다.

역자 **조성을**
1956년 경북 상주 출생
서울대학교 동양사학과 졸업, 연세대학교 사학과 석사·박사과정 졸업
현재 아주대학교 인문학부 사학전공 교수
논저로 『여유당집의 문헌학적 연구』(혜안, 2004), 『조선후기사학사연구』(한울, 2004), 『정약용의 정치·경제 개혁사상연구』(박사학위논문) 외 다수가 있다.

중국사학사
李宗侗 저 | 조성을 역

2009년 7월 31일 초판 1쇄 발행

펴낸이·오일주
펴낸곳·도서출판 혜안
등록번호·제22-471호
등록일자·1993년 7월 30일

㉾ 121-836 서울시 마포구 서교동 326-26번지 102호
전화·3141-3711~2 / 팩시밀리·3141-3710
E-Mail hyeanpub@hanmail.net

ISBN 978-89-8494-366-7 93910

값 16,000원